TU LIBRO CONTINÚA EN INTERNET > CONÉCTATE

smLIBROSVIVOS.NET

CULTURA CLÁSICA

Patricia Cañizares Ferriz
Óscar Martínez García

ESO
sm
SECUNDARIA

PROYECTO
CONECTA 2.0

Conoce tu libro

Presentación de la unidad

Las unidades comienzan con una doble página en la que una gran imagen y un texto presentan un tema interesante relacionado con los contenidos que se van a tratar.

- Presentación de los **objetivos** de la unidad.
- La sección **Desarrolla tus competencias** presenta un texto e imágenes para iniciar el trabajo de las competencias básicas.

Desarrollo de contenidos

Los contenidos se exponen de forma clara, sencilla y estructurada. Incluyen actividades, vínculos a la web, documentos, fichas y tablas.

- **Documentos** con actividades para su análisis.
- Definición de conceptos y términos en un **vocabulario** al margen.
- Propuesta de **actividades** en cada doble página para consolidar el aprendizaje y trabajar las competencias básicas.

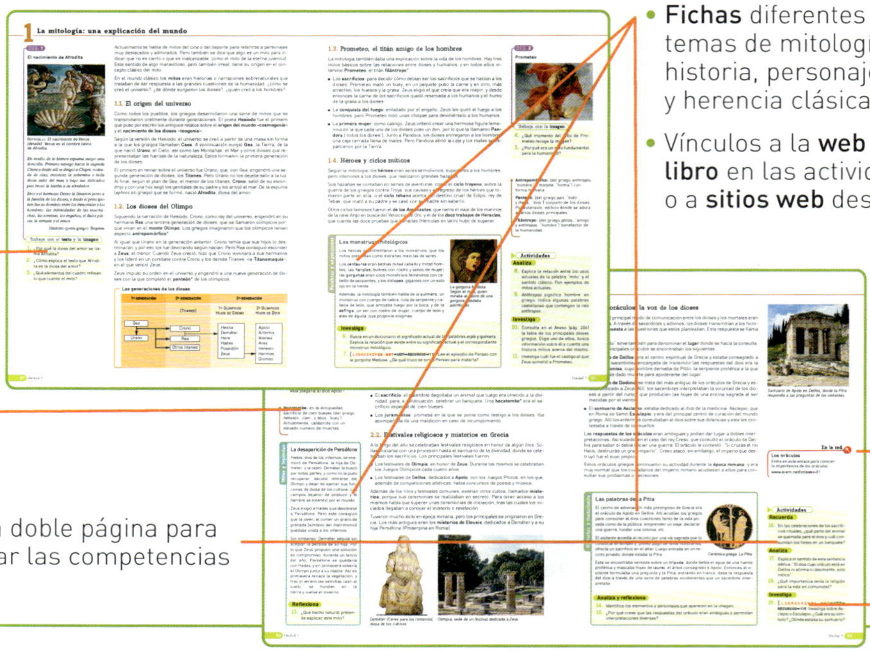

- **Fichas** diferentes con temas de mitología, historia, personajes, lengua y herencia clásica.
- Vínculos a la **web de tu libro** en las actividades o a **sitios web** destacados.

Resumen y actividades

Después de los contenidos se presenta una doble página con un resumen, una propuesta de recursos adicionales y una página de actividades de síntesis.

- El **mapa conceptual** resume los contenidos básicos de la unidad.
- La sección de **Otros recursos** propone libros, películas, series de televisión o páginas web relacionadas con la unidad.

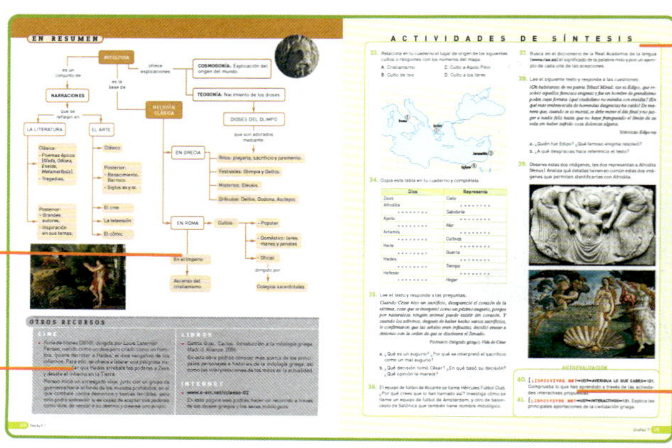

- Las **actividades de síntesis** repasan los aspectos fundamentales de la unidad.
- Al final se presenta una propuesta de **autoevaluación en la web** del libro.

Taller de lectura

Una doble página desarrolla un tema relacionado con los contenidos de la unidad, a través de varios textos de autores clásicos o modernos. Se propone un análisis pautado de uno de los textos.

- Una **introducción** centra el tema tratado.
- Varios **documentos** presentan diversas perspectivas sobre la cuestión.
- **Actividades** de comprensión o reflexión sobre cada documento.

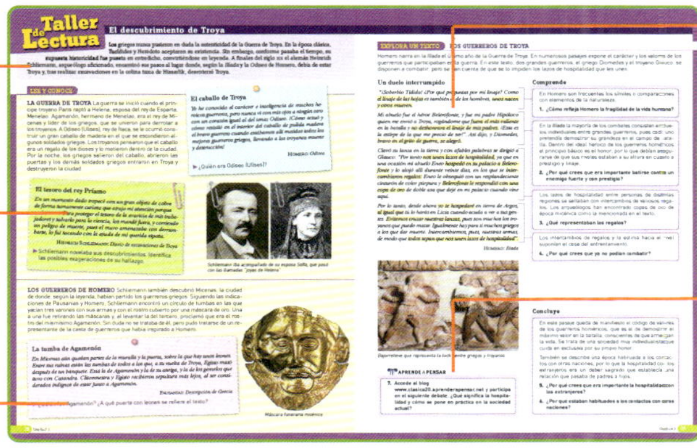

- Se **explora un texto** siguiendo unas **pautas** y se proponen **cuestiones** acerca del mismo y actividades para trabajar en grupo.

APRENDE A PENSAR

Una propuesta que invita a compartir reflexiones a través del blog:

www.clasica20.aprenderapensar.net

Pon a prueba tus competencias

Cada unidad se cierra con una doble página en la que se pone a prueba el grado de adquisición de las competencias básicas mediante actividades en torno a un tema.

- Se estudia un **tema** a través de diferentes secciones.
- Las **propuestas de trabajo** se centran en las competencias básicas que se han trabajado a lo largo de la unidad.

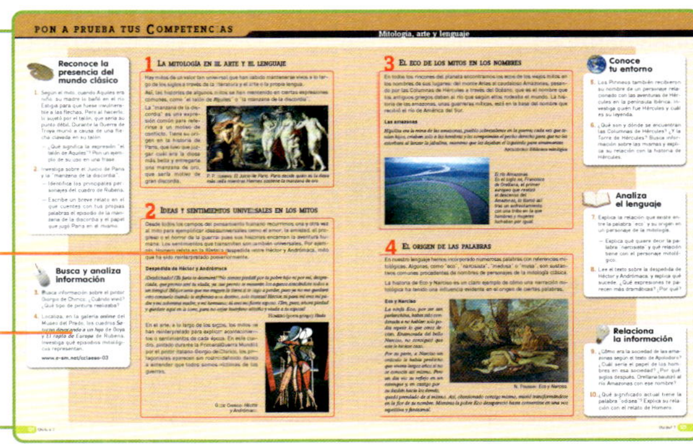

Anexo

Al final del libro se encuentra un anexo que contiene:

- **Vocabulario** y **expresiones latinas** comunes.
- **Ejes cronológicos** y **mapas históricos** de Grecia y Roma.
- **Dioses** principales de la mitología clásica.
- Esquemas de los **sistemas políticos** de Grecia y Roma.

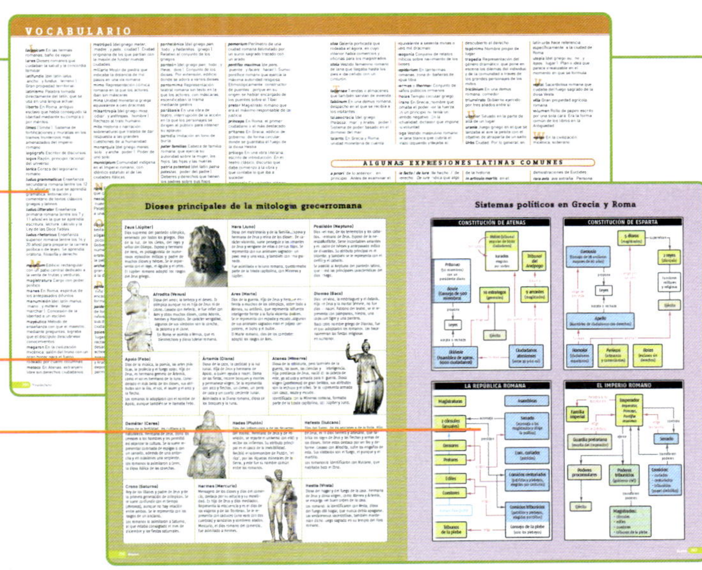

Índice

TÍTULO		PÁG.
Introducción al mundo clásico	1. El mundo clásico: la cultura clásica 2. De la Antigüedad al siglo XXI 3. El mundo clásico y nosotros	6

TÍTULO	APERTURA: DESARROLLA TUS COMPETENCIAS	CONTENIDOS	TALLER DE LECTURA	PON A PRUEBA TUS COMPETENCIAS	PÁG.
1 Los griegos y su mundo	El afán por conocer: historia y ser humano	1. Grecia en el tiempo y el espacio 2. El origen de la civilización griega 3. La época clásica 4. La época helenística	El descubrimiento de Troya – *Textos de Homero, Pausanias y Heinrich Schliemann.*	El afán por conocer	16
2 La vida en el mundo griego	Los filósofos y la política	1. Los sistemas de gobierno 2. La polis griega 3. La vida cotidiana en Grecia 4. Educación y actividades ciudadanas	Las olimpiadas – *Textos de Homero, Píndaro y la Carta olímpica.*	Los filósofos y la política: la importancia de la educación	32
3 Roma: doce siglos de historia	Leyendas de Roma: una ciudad con ombligo	1. Realidades y leyendas de los orígenes de Roma 2. La República romana 3. De la República al Imperio 4. El Imperio romano	Roma, ciudad eterna – *Textos de Tito Livio, Suetonio y Edward Gibbon.*	Leyendas de Roma	48
4 Sociedad, poder y vida cotidiana en Roma	La sociedad romana: crítica del ascenso social	1. Sociedad y política en la Roma clásica 2. Organización y economía del Imperio romano 3. La vida cotidiana en la antigua Roma 4. Espectáculos y ocio en Roma	Un día en Pompeya – *Textos de Plinio el Joven, los grafitis pompeyanos y Primo Levi.*	La sociedad romana y la alimentación	64
5 Las lenguas clásicas: el griego y el latín	La escritura: un origen mítico	1. El origen de las lenguas clásicas 2. La lengua griega 3. La lengua latina	Descifrar lenguas antiguas, secretas y… futuras – *Textos de Heródoto, Plutarco y Umberto Eco.*	La escritura: letras y soportes	80
6 La imaginación literaria de los clásicos	La literatura, reflejo de la vida	1. La poesía griega: épica y lírica 2. La tragedia y la comedia en Grecia 3. Los inicios de la literatura latina 4. La plenitud de la literatura latina	Ayer y hoy del teatro y la lírica – *Textos de Aristóteles, C.M. Bowra y Constantinos Cavafis.*	La literatura, reflejo de la vida	94
7 Mitología y religiones en Grecia y Roma	Mitología, arte y lenguaje: el enigma de la Esfinge	1. La mitología: una explicación del mundo 2. La religión en el mundo griego 3. La religiosidad romana 4. La influencia de los mitos en la cultura	El mito del laberinto del Minotauro – *Textos de Apolodoro, Catulo, Ovidio y Jorge Luis Borges.*	Mitología, arte y lenguaje	110

TÍTULO	APERTURA: DESARROLLA TUS COMPETENCIAS	CONTENIDOS	TALLER DE LECTURA	PON A PRUEBA TUS COMPETENCIAS	PÁG.
8 **Las bellas artes en el mundo clásico**	Un arte para la eternidad: la escultura	**1.** La arquitectura griega **2.** La arquitectura romana **3.** La escultura clásica **4.** La cerámica, la pintura y el mosaico	La acrópolis de Atenas – *Textos de Heródoto, Vitruvio y Henry Miller.*	Un arte para la eternidad	**126**
9 **Filosofía, ciencia y concepción del mundo**	Contar el tiempo: del mito a la ciencia	**1.** Filosofía: el amor a la sabiduría **2.** Oratoria: el poder de la palabra **3.** Ciencia: el conocimiento del mundo	Un cielo lleno de mitos – *Textos de Eratóstenes, Homero y Marco Manilio.*	Contar el tiempo	**142**
10 **Las ciudades y la genialidad técnica**	La organización de la sociedad: fundar una ciudad	**1.** La ciudad antigua **2.** La vivienda romana **3.** La ingeniería romana	El arte de la guerra – *Textos de Homero, Plutarco, Tirteo de Esparta y Julio César.*	La organización de la sociedad: planificar y diseñar una ciudad	**156**
11 **El legado clásico y su transmisión**	Las virtudes cívicas: Cincinato, un modelo de honradez política	**1.** La pervivencia del mundo clásico: las ideas **2.** La pervivencia de las instituciones y de las costumbres **3.** La transmisión de las obras clásicas	El enigma de la Atlántida – *Textos de Platón y Jonathan Swift.*	Las virtudes cívicas	**170**
12 **El patrimonio clásico en España**	La conservación del patrimonio: yacimientos arqueológicos	**1.** La presencia griega en la Península **2.** La Hispania romana **3.** Las huellas de Roma	De Iberia a Hispania: la Península en las fuentes clásicas – *Textos de Estrabón, Aristóteles, Catulo y Apiano.*	La conservación del patrimonio	**184**
Anexo	– Vocabulario. – Algunas expresiones latinas comunes. – Cronología de Grecia y el mundo helénico. – Cronología de Roma.		– Mapas históricos de Grecia y Roma. – Dioses principales de la mitología grecorromana. – Sistemas políticos en Grecia y Roma.		**198**

Introducción al mundo clásico

Aprenderás...

1. Qué es el mundo clásico y en qué consiste su cultura.
2. Cómo se ha transmitido la cultura clásica hasta nuestros días.
3. Qué presencia tiene el mundo clásico y su cultura en la actualidad.

Serás capaz de...

- Comprender la importancia que ha tenido el mundo clásico para nuestra tradición cultural.
- Valorar la necesidad de conservación del patrimonio artístico clásico.
- Reconocer los elementos griegos y romanos que aún siguen presentes en nuestro mundo.

DESARROLLA TUS COMPETENCIAS

Una cultura "de primera clase"

La cultura clásica -el arte, la literatura, la ciencia, el pensamiento, las instituciones, las tradiciones y las lenguas del mundo clásico- destaca por su valor sobresaliente para nuestra tradición cultural. Un especialista británico en la cultura griega explica así su importancia:

> *El "mundo clásico" es el mundo de los antiguos griegos y romanos, unas cuarenta generaciones anterior a la nuestra, pero capaz aún de suponer un reto al compartir con nosotros una misma humanidad. La palabra "clásico" es de origen antiguo: deriva de la palabra latina* classicus, *es decir, "lo de primera clase". Los griegos y los romanos tomaron prestadas muchas cosas de otras culturas, de iranios, fenicios, egipcios o judíos, entre otros. Su historia enlaza a veces con esas otras historias paralelas, pero es su arte y su literatura, su pensamiento, su filosofía y su vida política lo que con razón se considera "de primera clase" en su mundo y en el nuestro.*
>
> ROBIN LANE FOX (helenista británico): *El mundo clásico*

- ¿Qué quiere decir *clásico*? Busca la palabra en el diccionario y compárala con la definición del texto.
- Explica qué quiere decir la palabra *clásico* en expresiones como "un coche clásico", "cine clásico", "un clásico de las vacaciones". ¿Tiene el mismo significado que en el texto?
- Observa la imagen de la derecha que muestra una escultura de un dios griego en el Museo Arqueológico de Atenas. ¿Por qué conservamos las esculturas antiguas? ¿Qué interés tienen en la actualidad?

Analiza la imagen

La Villa Adriana, en Tivoli, cerca de Roma, fue construida por el emperador romano Adriano en el siglo II d. C. ¿Qué elementos de la imagen son "clásicos"? ¿Por qué los consideras así?

1 El mundo clásico: la cultura clásica

DOC. 1

Artes y técnicas clásicas

Trabaja con las imágenes

1. Identifica cuál de estas obras es griega y cuál es romana. ¿Qué crees que aporta cada una de estas obras a nuestra cultura?

Denominamos *cultura clásica* a todo aquello que la **civilización griega y romana**, es decir, la civilización clásica, nos ha dejado como **herencia**. Se trata de un conjunto de obras, de conocimientos, de formas de pensar y de costumbres que perviven en nuestra cultura occidental.

1.1. La herencia clásica

Parte del legado clásico es fácilmente identificable: conservamos muchas **obras de su literatura** en nuestras bibliotecas, de sus **obras artísticas** en nuestros museos y ciudades. Asimismo, algunas de nuestras **tradiciones** más populares, como los juegos olímpicos, remontan a ese pasado común.

Sin embargo, en el mundo que nos rodea hay muchas más facetas que tienen su origen en la civilización griega y romana, aunque no seamos conscientes de ello: nuestra **lengua**, nuestro **modo de organizarnos**, nuestra **forma de pensar**, el calendario por el que nos regimos, y un largo etcétera.

Por todo ello, el mundo clásico **explica y da sentido a nuestra cultura** y, por extensión, a nuestra propia vida: sin conocer su pasado y a sus protagonistas resulta muy difícil entendernos a nosotros mismos.

1.2. La cultura griega

La historia de la antigua Grecia ocupa un extenso arco de tiempo desde la entrada de los primeros pobladores griegos en el ámbito del Mediterráneo oriental, unos **2000 años a. C.**, hasta la conquista del territorio griego por parte de los romanos en el **siglo II a. C.** Por ese motivo se suele dividir en distintas etapas.

Aunque todas las épocas de la historia griega tuvieron importancia para el desarrollo de nuestra civilización, cuando hablamos de la antigua Grecia solemos referirnos especialmente al período denominado **época clásica** (siglos V y IV a. C.). Fue una etapa en la que tuvieron lugar muchas manifestaciones culturales que están en la base de la cultura occidental:

- De Grecia deriva el **alfabeto** que hoy empleamos para comunicarnos, y allí es donde se originó la **filosofía** y la **ciencia** mediante las que tratamos de comprender el mundo.
- En Grecia también surgieron los **mitos**, los **géneros literarios** (como la poesía, el teatro y la novela) y los **modelos artísticos** que continúan vigentes en nuestro arte y nuestra literatura.
- Allí se desarrollaron **instituciones** y **formas de gobierno** (como los tribunales de justicia o la democracia) sin los cuales sería imposible entender el mundo tal y como es hoy día.

Personajes

Los protagonistas del mundo clásico

Virgilio, poeta romano.

Existen una serie de personas que dieron a Grecia y Roma la grandeza que aún nos sirve de modelo y guía. En la literatura, las figuras de Homero y Virgilio todavía ofrecen argumentos a la literatura actual, y gracias a Safo y a Horacio supimos dar expresión artística a nuestra intimidad. Pocas figuras de la historia han conseguido el genio militar y las conquistas de Alejandro Magno y Julio César. Con Pericles y Augusto, Atenas y Roma alcanzaron un extraordinario esplendor político y cultural.

Reflexiona

2. ¿Por qué estos personajes siguen llamando nuestra atención después de tantos siglos?

1.3. La cultura romana

El mundo romano nació en torno al **siglo VIII a. C.** con la fundación de Roma. Con el paso de los siglos, esta ciudad se convirtió en el centro de un gran **imperio** que dominó gran parte de Europa y el Mediterráneo. Pero en el **siglo V d. C.** fue invadido por los pueblos germánicos del norte de Europa.

La huella del mundo romano está presente en nuestra cultura:

- Los romanos se convirtieron en los **transmisores de la cultura griega**, ya que desde el siglo II a. C. Grecia pasó a ser territorio romano y su cultura fue admirada y asimilada por la cultura romana.
- Los romanos fundaron innumerables **ciudades** a las que dotaron de importantes e innovadoras **infraestructuras**, como puentes, acueductos, calzadas, etc. La mayoría de estas ciudades siguen formando parte de nuestra geografía, como Londres, París, Nápoles o Toledo.
- En su afán por extender su cultura, los romanos impusieron su lengua, el **latín**, que con el paso del tiempo dio origen a buena parte de las **lenguas** que hoy se hablan en el mundo entero, como el español, el francés, el italiano, el portugués o el rumano.

1.4. Formas de conocer el pasado

Aunque el conocimiento de la historia y la cultura de civilizaciones tan lejanas como la griega o la romana es una tarea difícil, disponemos de bastante información. Los **historiadores**, con la ayuda de otras ciencias especializadas, interpretan este material para reconstruir y explicar cómo era ese pasado clásico.

- La **filología clásica**: se encarga de descifrar y estudiar los textos de las obras clásicas y de traducirlos a las lenguas modernas. Contamos con un gran número de obras de autores clásicos, transmitidas mediante copias escritas a mano (copias manuscritas). La mayoría de las copias que han sobrevivido fueron realizadas durante la Edad Media y hoy constituyen los tesoros de las grandes bibliotecas del mundo.
- La **epigrafía**: es la ciencia que cataloga y estudia los textos escritos sobre piedra o metal. Griegos y romanos también dejaron su historia grabada sobre piedras (arcos del triunfo, monumentos conmemorativos, estelas, tumbas, etc.). Aunque se trata de textos por lo general breves, gracias a ellos podemos conocer de primera mano la escritura original de las lenguas griega y latina.
- La **historia del arte**: los museos más importantes de Occidente albergan obras artísticas y objetos creados por griegos y romanos. Gracias a los historiadores del arte se conserva este patrimonio y podemos comprender la influencia que ha ejercido en nuestra historia.
- La **arqueología**: el estudio de los restos materiales por parte de los arqueólogos nos ayuda a reconstruir cómo vivieron los griegos y los romanos.

Restos arqueológicos romanos en Pompeya.

Mitos y leyendas

El rapto de Europa

Cuenta la leyenda que, enamorado de una joven princesa fenicia, el dios griego Zeus surgió de las profundidades del mar bajo la forma de un hermoso toro. La princesa, hechizada por la mansedumbre y la belleza del animal, se subió a sus lomos y, sin que ella se diera cuenta, el toro la condujo a través de las olas hasta las costas de Creta, donde yació con ella.

El nombre de la princesa era Europa y este simbólico mito de la llegada de Europa a suelo cretense refleja un hecho conocido por la arqueología: que las bases de la civilización europea y occidental comenzaron a establecerse en el II milenio a. C. en el ámbito del Mediterráneo oriental. El mito también expresa simbólicamente que en los comienzos de esta civilización tuvieron gran influencia otras culturas como la fenicia.

Recuerda

3. ¿Quiénes eran los fenicios? ¿Qué es un mito?

Actividades

Explica

4. ¿Por qué han tenido una relevancia especial las civilizaciones griega y romana en nuestra cultura?
5. ¿A través de qué fuentes conocemos el pasado?
6. ¿Qué importancia tiene la filología para el estudio del mundo clásico?

DOC. 2

Nuestra literatura

La literatura europea es tan vieja como la cultura europea, es decir, que abarca 25 siglos. Quien solo conozca la Edad Media y la Moderna no comprenderá siquiera estas dos, pues en su reducido campo de observación se encontrará con fenómenos cuya historia y significado no se comprenden sino partiendo de etapas más antiguas de la literatura europea.

ERNST ROBERT CURTIUS (filólogo alemán): *Literatura europea y Edad Media latina*

Trabaja con el texto

7. ¿A qué etapas más antiguas de la literatura europea se refiere el texto?

2.1. La transmisión de la cultura clásica en la Edad Media

A pesar de la caída del Imperio romano, la cultura clásica no se extinguió. En el **Imperio bizantino**, la parte oriental del Imperio romano, la cultura clásica continuó hasta que este fue conquistado por los turcos en el siglo XV. En la parte occidental, el **cristianismo** actuó como agente transmisor de una parte importante de esta herencia, haciéndola llegar hasta nuestros días.

Gran parte de las obras clásicas se salvaron gracias a la labor de los monjes de los **monasterios**, que copiaron aquellos **textos de la Antigüedad** que consideraron más afines a su cultura.

En Europa occidental, la **lengua latina** siguió siendo el vehículo de difusión de la cultura escrita durante toda la Edad Media. Por su parte, tras la desmembración del Imperio romano, el latín hablado fue transformándose en las diferentes **lenguas románicas** que hoy se hablan en el sur de Europa.

En el Imperio bizantino se siguió hablando el griego, la única lengua que los romanos respetaron tras su conquista. Con el paso del tiempo, este griego dio lugar a la **lengua griega moderna**.

2.2. El renacer de la cultura clásica (siglos XIV-XVIII)

A partir del siglo XIV, **escritores y artistas** europeos sintieron la necesidad de recuperar el legado clásico, y se dedicaron con entusiasmo al estudio e imitación de las lenguas, la literatura y el arte clásicos:

- En el **Renacimiento** (siglos XIV-XVI), los **humanistas** recuperaron los textos de la literatura clásica que dormían olvidados en las bibliotecas de los monasterios medievales. En el siglo XV, gracias a la invención de la **imprenta**, estos textos se difundieron por toda Europa y pudieron ser accesibles a un gran público. Los **artistas y arquitectos** tomaron como modelo estético la proporción y armonía del **arte clásico** y escogieron para sus representaciones escultóricas o pictóricas mitos y referencias clásicas.
- En el **Barroco** (siglo XVII), a pesar de su espíritu de ruptura con respecto al Renacimiento, la literatura y el arte también tomaron los **temas y formas** de la cultura clásica. En la pintura y escultura, por ejemplo, triunfaron los temas de la **mitología**.
- El **Neoclasicismo** (siglo XVIII) retornó al equilibrio y proporción de la Antigüedad griega y romana, cuyas **formas plásticas y literarias** imitaron con gran fidelidad.

NICOLAS POUSSIN: *El Parnaso.*
Según la mitología, el monte Parnaso estaba consagrado a Apolo y las Musas, diosas inspiradoras de las artes.

La herencia clásica

La invención de la imprenta

En pleno Renacimiento europeo, a mediados del siglo XV, el alemán Johannes Gutenberg ideó uno de los inventos que más repercusiones ha tenido en nuestra civilización: la imprenta de tipos móviles, el embrión de nuestra imprenta moderna.

Con esta genial invención los textos tenían una difusión mucho mayor, por lo que los manuscritos dejaron de utilizarse como forma principal de transmisión de los textos. En pocos años, y gracias a la labor de los humanistas, se imprimieron todas las obras hasta entonces conocidas de los autores clásicos.

Investiga

8. [LIBROSVIVOS.NET ➡ UDO ➡ RECURSOS ➡ 10. Entra en este enlace para conocer más acerca de la historia de la imprenta y realiza las actividades propuestas.

2.3. El redescubrimiento de Grecia

El reencuentro de Occidente con la lengua y literatura griegas se produjo cuando los turcos tomaron **Constantinopla** en 1453. Con la caída de la capital del Imperio bizantino, guardián del legado cultural griego, los estudiosos bizantinos buscaron refugio en las ciudades renacentistas de Europa, llevando consigo sus conocimientos.

Desde entonces el prestigio del mundo griego fue en aumento, llegando a provocar una idealización que en ocasiones se alejaba de la realidad.

En el **Neoclasicismo** (siglo XVIII), **Johann Winckelmann**, fundador de la Historia del arte, consideraba que el arte griego había alcanzado la perfección y que la única manera de alcanzar la grandeza artística era imitando a los griegos.

Esta corriente **filohelénica*** llegó a su punto máximo con el **Romanticismo** (siglo XIX). Muchos pintores y escritores poblaron sus obras de ruinas del pasado griego, e incluso el famoso poeta romántico **Lord Byron** acudió a Grecia, que estaba en poder del Imperio otomano, para luchar por su independencia.

G. P. PANNINI: *Galería de cuadros con vistas de la Roma antigua. Esta representación ficticia de una galería de esculturas y cuadros con obras romanas expresaba la admiración que se sentía por la Antigüedad en el siglo XVIII.*

La **idealización de Grecia** como cuna de la libertad y la razón también inspiró las grandes **revoluciones** de la época moderna, como la francesa y la americana. Las ideas de sus pensadores penetraron en las clases dirigentes de los países más importantes y de este modo Grecia se convirtió en el modelo político y cultural de Occidente.

* **Filohelénico:** (del griego *philos*, 'amigo', y *helenikos*, 'griego'): amante del mundo griego.

2.4. La ciencia de la Antigüedad

Desde un primer momento los primeros historiadores (los griegos Heródoto y Tucídides) entendieron que para poder explicar los acontecimientos del presente había que acudir a las *arkhaia* o 'hechos del pasado'.

La **arqueología**, es decir, el 'estudio de la Antigüedad', es la ciencia que persigue el conocimiento de las civilizaciones del pasado a través de sus **restos materiales**: construcciones, utensilios o manifestaciones artísticas. En el desarrollo de la arqueología se distinguen varias etapas:

- En el **Renacimiento**, el historiador Flavio Biondo estudió y describió las ruinas de la antigua Roma, generando un gran interés por los restos del pasado.
- En el **siglo XVIII** el descubrimiento de **Pompeya** y **Herculano**, sepultadas bajo las cenizas del volcán Vesubio, y sobre todo las campañas de Napoleón a principios del siglo XIX en tierras de Egipto dieron un gran impulso a la arqueología como ciencia.
- A finales del **siglo XIX** el arqueólogo aficionado Heinrich Schliemann sacó a la luz las fortalezas de **Micenas** y **Troya**, y en el año 1900, Arthur Evans descubrió el palacio de **Cnosos** en la isla de Creta, lo que permitió mejorar nuestro conocimiento no solo de los orígenes de Grecia sino también de Europa.
- Los avances técnicos y el perfeccionamiento de la metodología hicieron posible que a lo largo del **siglo XX** se abrieran nuevas perspectivas, como en el caso de la **arqueología submarina** y, sobre todo, la **arqueología urbana**, que permite conocer la evolución histórica de una ciudad, desde su fundación hasta nuestros días.

Sabías que...

Existen actualmente campañas arqueológicas en marcha para descifrar algunos de los enigmas que aún propone la antigüedad griega, como el de encontrar el lugar en el que se inspiró el mito de la Atlántida o hallar la tumba de Alejandro Magno.

Actividades

Explica

9. ¿Cuáles son las épocas históricas en las que más ha influido el mundo clásico?
10. Realiza un esquema acerca de cómo se transmitió la cultura clásica hasta nuestros días.
11. [LIBROSVIVOS.NET→UD0→RECURSOS→11. Conoce en este enlace algunos de los grandes descubrimientos arqueológicos del mundo clásico.

3 El mundo clásico y nosotros

DOC. 3

Tú también hablas latín y griego

No es una exageración decir que nosotros, por el hecho de hablar una lengua románica, hablamos un latín del siglo XXI. Uno de los tesoros más preciosos del legado clásico es precisamente el lingüístico, ya que el uso de una lengua implica una forma determinada de estructurar el pensamiento y de relacionarse con el mundo.

Para hacernos una idea del alcance de nuestra deuda con las lenguas clásicas, basta hacer un recuento del número de términos derivados de ellas: aproximadamente un 80% de nuestro léxico castellano es de origen latino, y casi un 5% procede del griego. Esta última lengua es, además, la que más préstamos nos ha legado después del latín. Por tanto, conocer el latín y el griego es también conocer nuestra propia lengua.

Trabaja con el texto

12. ¿Qué otras lenguas, además del latín y el griego, han sido importantes para la configuración del léxico de tu propia lengua?

3.1. Nuestras lenguas

La deuda de la mayoría de las lenguas que hoy se hablan en el mundo con el latín y el griego es inmensa. Algunas, como el inglés o el alemán, aunque no deriven de ellas, han heredado muchos términos tanto comunes como técnicos o científicos. En las lenguas románicas la deuda es aún mayor:

- Las **lenguas románicas** surgieron de la evolución, en los distintos territorios ocupados por los romanos, del latín hablado y, por tanto, derivan directamente de esta lengua.
- Además de hablar una lengua derivada del latín, seguimos usando palabras tomadas también del **griego**, en especial en el lenguaje científico.
- En el habla corriente empleamos con frecuencia **expresiones latinas** como *sui generis*, *a priori* o *curriculum*. En el lenguaje jurídico son muy comunes las expresiones y sentencias latinas del tipo *sub iudice*, *in dubio pro reo*, etc.

3.2. Nuestras lecturas

Cuando decimos que una canción o una película es "un clásico" estamos reconociendo su importancia y su capacidad de servir de modelo para otras películas o canciones que vendrán después. En la literatura, los **clásicos** por excelencia son los autores griegos y latinos.

Para el escritor argentino Jorge Luis Borges, un clásico es un libro que las distintas generaciones leen, por diversas razones, con una misteriosa lealtad. Las razones pueden ser que nadie como **Homero** y **Virgilio** han expresado en sus obras el dolor de la guerra o el sabor de la aventura.

Los griegos llevaron el **arte dramático** a su perfección, por eso han sido imitados formalmente y temáticamente por los grandes autores teatrales de todos los tiempos. Los temas que pusieron en circulación los **poetas líricos** griegos y latinos influyeron en todos los genios de la literatura y siguen generando poemas de grandes autores actuales. Sin embargo, quizá no haya habido un poeta tan influyente en todas las ramas del arte (pintura, escultura y literatura) como **Ovidio**.

Mitos y leyendas

El viaje en el tiempo de un mito: Pigmalión y Galatea

Nadie sabe en qué lejano momento surgió el mito de un escultor (Pigmalión) que se enamoró de la estatua que había esculpido (Galatea) y suplicó a la diosa del Amor que le diera vida; la diosa le concedió su deseo y ambos se unieron en matrimonio.

Pasados los siglos, el poeta romano Ovidio (siglo I a. C.) inmortalizó este mito en sus *Metamorfosis*, lo que dio lugar a numerosas recreaciones de él en la literatura y en el arte. Entre ellas está la obra teatral *Pigmalión* (1916) del premio nobel de literatura George Bernard Shaw, que trata de un profesor de lenguas clásicas que asume el reto (por una apuesta) de convertir a una pobre florista en una dama capaz de desenvolverse en una fiesta de la alta sociedad.

El éxito de esta obra hizo que se convirtiera en un musical de Broadway, titulado *My fair lady*, que a su vez fue llevado al cine.

Analiza

13. ¿Qué semejanzas y qué diferencias observas entre el argumento de la obra de Shaw y el mito contado por Ovidio? ¿Son en el fondo la misma historia? Razona tu respuesta.

3.3. Nuestro patrimonio histórico y artístico

Repartidos por el territorio que en su día fue griego o romano encontramos **lugares**, **restos arqueológicos**, **monumentos** y **obras artísticas** pertenecientes al período clásico, que hoy se han convertido, con el auge del turismo cultural, en lugares de máximo interés histórico y artístico.

Asimismo, los **museos** más visitados del mundo, como el Museo del Louvre de París, el British Museum de Londres o el conjunto de museos de Berlín, albergan las piezas maestras de este pasado grecorromano.

Pero además, por toda la geografía de lo que hoy llamamos mundo occidental encontramos obras artísticas, monumentos y edificios que, aun no siendo griegos ni romanos, están directamente **inspirados en el arte y el urbanismo clásico**.

El altar de Pérgamo en el museo de Berlín.

La herencia clásica

Dos titanes en Nueva York

En la famosa Quinta Avenida de Nueva York, uno de los símbolos de la modernidad, se alzan dos figuras cuyas historias comenzaron a ser trasmitidas hace más de tres mil años.

Presidiendo la pista de patinaje del Rockefeller Center se encuentra **Prometeo**, el titán que entregó el fuego a los hombres. Pocos metros más allá **Atlas** sostiene sobre sus hombros el peso de la bóveda celeste.

Son personajes del mito que, todavía hoy, siguen influyendo en diversas áreas de la civilización, renovando su simbología y adaptando su significado a los nuevos tiempos. En este caso simbolizan el progreso del hombre y la necesidad que tiene el ser humano de explorar sus propios límites. Se trata de un ejemplo de cómo los mitos siguen teniendo vigencia en pleno siglo XXI.

Reflexiona

14. ¿Por qué crees que se instaló esta estatua de Prometeo en Nueva York? ¿Qué idea se quería transmitir?

3.4. El mundo clásico en el cine y la televisión

Al igual que en el resto de las artes, la cultura clásica ha contribuido en gran medida al desarrollo del cine. Desde el principio, los directores buscaron inspiración en los **mitos**, en la **literatura** y en la **historia** de Grecia y Roma; muchos de sus **protagonistas** (Helena de Troya, Hércules, Alejandro Magno o Julio César) han aparecido en la gran pantalla.

Aprovechando el interés del público por esta temática, en las décadas de 1950 y 1960 aparecieron películas de **ambientación grecorromana** en las que el referente histórico a veces era solo un pretexto para contar historias llenas de aventuras y romanticismo. Así surgió el llamado género del ***peplum***, que recibió este nombre por la vestimenta típica de esas películas, un tipo de túnica griega llamada *peplum* en latín.

En los últimos tiempos, se ha renovado el interés por el tema clásico con producciones de gran éxito, como *Gladiator* (2000), *Troya* (2004), *Alejandro Magno* (2004) o *300* (2007), que prestan gran atención a los aspectos de ambientación histórica.

También la televisión ha abordado el mundo clásico con series de carácter histórico o de aventuras mitológicas.

Actividades

Explica

15. ¿Por qué se dice que el español y las lenguas romances son lenguas neolatinas? ¿Podríamos decir que hablamos latín moderno?

16. ¿Por qué crees que siguen teniendo gran éxito las películas inspiradas en mitos clásicos o en la historia de Grecia y Roma?

Analiza

17. [LIBROSVIVOS.NET → UDO → INTERACTIVOS → 13. Realiza una actividad interactiva acerca de algunos de los elementos de la cultura actual heredados del mundo clásico.

EN RESUMEN

- **EL MUNDO CLÁSICO**
  - **Cultura clásica**
    - es: La herencia que nos han dejado las civilizaciones griega y romana.
      - está formada por:
        - Literatura.
        - Arte.
        - Tradiciones y costumbres.
        - Lengua.
        - Sistemas políticos y leyes.
        - Ciencia.
        - Pensamiento.
    - Explica y da sentido a nuestra cultura.
  - está constituido por:
    - **Cultura griega**
    - **Cultura romana**
      - **Se han transmitido**
        - En la Edad Media
          - Imperio bizantino.
          - Monasterios.
        - En la Edad Moderna
          - Renacimiento.
          - Barroco.
        - Durante el Neoclasicismo y el Romanticismo
        - Gracias a la arqueología
      - **Tienen presencia actual**
        - En la lengua
          - Lenguas románicas.
          - Palabras griegas.
          - Expresiones latinas.
        - En la literatura
          - Teatro, poesía.
          - Temas y mitos.
        - En el patrimonio artístico
          - Restos arqueológicos.
          - Monumentos.
          - Obras de arte.
        - En el cine y la televisión

OTROS RECURSOS

CINE

- *Alejandro Magno*, (2004) dirigida por Oliver Stone.

Basada en la historia del rey de Macedonia y conquistador del Imperio persa, Alejandro Magno. La película narra distintos momentos de su vida, centrándose especialmente en la conquista del Imperio persa y en la espectacular batalla de Gaugamela, en la que las tropas de Alejandro derrotaron al poderosísimo ejército del rey persa Darío III. A partir de dicha batalla, el Imperio persa quedó a merced de Alejandro Magno.

La película contó con la asesoría histórica de Robin Lane Fox, helenista británico de la Universidad de Oxford, experto en la historia y vida de Alejandro Magno.

INTERNET

- **www.e-sm.net/cclaeso-42**

Consulta algunas expresiones de uso corriente en nuestra lengua que tienen su origen en costumbres o mitos del mundo clásico.

LIBROS

- Spivey, Nigel y Squire, Michael: *Panorama del mundo clásico*. Barcelona, Blume, 2005.

Un retrato de los antiguos griegos y romanos, de sus vidas, costumbres y civilización. Un análisis ameno y riguroso del mundo clásico realizado a partir de las fuentes originales y de las últimas aportaciones de la arqueología, la filología y los estudios culturales.

18. Observa esta imagen y responde a las preguntas.

Termas de origen romano en la ciudad de Bath, en el sur de Inglaterra. Bath fue fundada por los romanos en un lugar de aguas termales.

a. ¿Por qué crees que los romanos fundaron una ciudad en dicho lugar?

b. ¿Qué función tenían las termas romanas?

19. Lee el siguiente texto del poeta romántico inglés Shelley y responde a las preguntas.

Todos somos griegos. Nuestras leyes, nuestra literatura, nuestra religión, nuestras artes tienen sus raíces en Grecia. Si no hubiera sido por Grecia, Roma, la maestra, la conquistadora, la metrópolis de nuestros antepasados, no habría esparcido la luz con sus armas, y ahora podríamos ser salvajes o idólatras.

P. B. SHELLEY: *Hélade*

a. ¿Por qué dice el autor que "todos somos griegos"?

b. ¿Qué significa la palabra *metrópolis*? ¿Por qué considera a Roma "la metrópolis de nuestros antepasados"?

20. Ordena cronológicamente los siguientes hechos o períodos históricos, del más antiguo al más reciente, y señala el siglo o siglos en que tuvieron lugar.

a. Descubrimiento de Micenas.

b. Renacimiento.

c. Caída de Constantinopla.

d. Barroco.

e. Descubrimiento de Pompeya.

f. Neoclasicismo.

21. Copia las siguientes columnas en tu cuaderno y empareja los personajes con las épocas históricas.

Winckelmann •	• Edad Media
Humanistas •	• Romanticismo
Lord Byron •	• Neoclasicismo
Monjes copistas •	• Renacimiento

22. Señala si las siguientes afirmaciones son verdaderas o falsas, y escribe correctamente las falsas en tu cuaderno.

a. Denominamos cultura clásica al legado de la Antigüedad desde los sumerios y egipcios hasta los vikingos.

b. Los museos más importantes de Occidente albergan obras creadas por griegos y romanos.

c. Durante la Edad Media, los textos clásicos fueron copiados en los monasterios de América.

d. La idealización de Grecia como cuna de la libertad y la razón inspiró el pensamiento revolucionario de la época moderna.

e. Algunas lenguas como el español proceden directamente del latín.

f. Los restos arqueológicos de Micenas y Troya fueron descubiertos por Lord Byron en el siglo XIX.

23. Asigna a cada una de estas palabras su definición: clásico, arqueología, filología clásica, epigrafía.

a. Ciencia que estudia los textos sobre soporte rígido como piedra o metal.

b. Disciplina que se ocupa de interpretar los textos de autores antiguos.

c. Perteneciente o relativo a la literatura o al arte de la Antigüedad griega y romana.

d. Ciencia que estudia los restos materiales de civilizaciones antiguas.

24. Los billetes de euro tienen motivos arquitectónicos en ambas caras, un arco o ventana y un puente de distintas épocas. ¿Qué billete tiene imágenes inspiradas en la Antigüedad?

AUTOEVALUACIÓN

25. [LIBROSVIVOS.NET ➞ UD0 ➞ AVERIGUA LO QUE SABES ➞ 15. Realiza las actividades de **autoevaluación** en la web del libro.

1

Los griegos y su mundo

Aprenderás...

1 Cuáles son las características de la civilización griega.

2 Cuál fue el origen de la civilización griega.

3 Cómo fue la época clásica.

4 En qué consistió la época helenística.

▶ Cómo eran los guerreros de Troya y cómo se descubrieron las ruinas de esta ciudad.

Serás capaz de...

→ Valorar los textos y restos arqueológicos del pasado.

→ Discriminar la información que ofrece internet y analizar su fiabilidad.

→ Conocer y valorar el patrimonio cultural de la Grecia antigua.

→ Conocer el origen de la democracia.

→ Comprender la influencia del entorno en los hechos históricos.

DESARROLLA TUS COMPETENCIAS

El afán por conocer: historia y ser humano

En griego, la palabra *historia* tiene un sentido diferente al que le damos en la actualidad. En Grecia significaba 'investigación'. A Heródoto (siglo v a. C.), se le considera el "padre de la Historia", porque escribió una obra que constituye el primer relato acerca del mundo antiguo.

Gran viajero, recopiló acontecimientos y anécdotas de los múltiples territorios que recorrió. En su obra narra los conflictos bélicos describiendo los hechos, las costumbres, la organización política, la geografía y la religión.

Pero los historiadores griegos no se limitaban a narrar los acontecimientos bélicos, sino que estos servían para reflexionar acerca del comportamiento de sus protagonistas. El objetivo era extraer una lección moral mediante la recreación de los protagonistas, sus valores y conductas. Por ello, en el mundo clásico, la Historia se entendía como maestra de vida, porque el relato del pasado servía para anticipar el futuro, dada la naturaleza invariable de los seres humanos.

Los historiadores clásicos también fueron relevantes para tratar los problemas políticos o sociales modernos, y tuvieron gran influencia en los escritores y pensadores de todas las épocas.

- ¿A través de qué otra fuente de datos conocemos los hechos históricos además de por los historiadores?
- Analiza la siguiente imagen. Se trata de una escena del friso del Partenón (Atenas). ¿Qué crees que puede representar?

Analiza la imagen

Se trata de la acrópolis de Atenas. ¿Conoces algún edificio de los que aparecen? ¿Cuál?

1 Grecia en el tiempo y el espacio

DOC. 1

¿Marinos o piratas?

Desde que los griegos del pasado comenzaron a relacionarse entre sí gracias a sus barcos, se dedicaron a la piratería. Iban a su frente los hombres más poderosos, que buscaban su propia ganancia así como medios de subsistencia para los más débiles. Cayendo sobre ciudades que carecían de murallas, las saqueaban, obteniendo de ello su principal medio de vida, ya que este comportamiento aún no significaba desvergüenza alguna, sino que conllevaba más bien incluso algo de gloria. Y aún hoy en día prueban que esto es así algunos pueblos del continente, que presumen de hacerlo bien.

TUCÍDIDES (historiador ateniense): *Historia de la Guerra del Peloponeso*

Trabaja con el texto

1. ¿Cuál crees que fue el motivo por el que, según Tucídides, los griegos se dieron en un principio a la piratería?

* **Colonia:** ciudad fundada por una polis fuera del espacio helénico por intereses comerciales o estratégicos.

Polis: cada una de las "ciudades-estado" que existían en territorio griego y que contaban con sus propias leyes.

La antigua civilización griega abarcaba un espacio mucho más extenso que la actual Grecia. El mundo griego o heleno, la llamada **Hélade**, se extendía por todos los territorios donde había población de origen griego o que hablaba alguna variante del griego. Su núcleo principal se hallaba en torno al **mar Egeo**, pero también se extendió al sur de Italia.

1.1. El territorio de la antigua Grecia

El territorio que ocupaba es muy montañoso, de tierras poco cultivables, y los desplazamientos por tierra siempre fueron dificultosos. Por ello, el pueblo griego vivió volcado hacia el mar desde sus orígenes. Su marco geográfico fue el siguiente:

- **Grecia continental y península del Peloponeso:** en el norte destacan las regiones de Macedonia y Tesalia y en el centro las ciudades de **Tebas** y **Atenas**. Unida por el istmo de **Corinto**, se halla la península del Peloponeso, cuya principal ciudad en época clásica fue **Esparta**, si bien con anterioridad lo había sido Micenas.
- **Grecia insular:** destacan varios archipiélagos, como las Cícladas o el Dodecaneso. Entre las islas más importantes están **Rodas**, **Lesbos**, **Delos** y **Creta**, la mayor de todas.
- **Jonia:** corresponde a las tierras de la **costa occidental de Asia Menor**, con ciudades como Éfeso o Mileto, cuna de la filosofía griega.
- **Magna Grecia:** en la **Italia meridional** y en la isla de **Sicilia**, los griegos fundaron **colonias*** que alcanzaron una prosperidad en ocasiones mayor que la de las ciudades del continente, tal fue el caso de **Siracusa** o **Agrigento**.

1.2. Las etapas de la historia griega

La historia de Grecia se inició hace unos 4000 años aproximadamente. El período que más influyó en el desarrollo de la cultura occidental es el que conocemos como el de "antigua Grecia", en el que se distinguen diversas etapas:

- **Las civilizaciones de la Edad del Bronce (1900-1200 a. C.):** sobre la isla de **Creta** aparece la primera civilización europea, la **minoica**, que ejerció un gran dominio sobre el Mediterráneo oriental. A esta la relevó en el continente la civilización **micénica**.
- **Edad oscura (1200-800 a.C.):** fue una época de **decadencia** tras el fin de la civilización micénica.
- **Época arcaica (siglos VIII-VI a.C.):** surge la **polis*** y se desarrolla la **expansión colonial** de Grecia por el Mediterráneo.
- **Época clásica (siglos V-IV a. C.):** se produce el máximo esplendor de la cultura griega. Destacan **Atenas**, donde surge la **democracia**, y **Esparta**, que se convierte en su rival en la Guerra del Peloponeso.
- **Época helenística (siglos IV-I a. C.): Alejandro Magno** impone en Grecia el poder de **Macedonia** y conquista **Persia**, llevando la cultura griega o helenística a los parajes más remotos.

1.3. Rasgos de identidad

El mundo griego nunca tuvo una unidad política ni cultural, sino que estaba formado por diversas **ciudades-estado** con sus propias leyes, tradiciones y formas de gobierno. Ni siquiera contaban con una lengua unificada, sino que cada región empleaba su propia variante.

Sin embargo, a pesar de estas diferencias existían una serie de rasgos que los identificaban como griegos frente a los extranjeros, a quienes llamaban **bárbaros**, (los denominaban así porque los griegos no entendían su lengua y creían oír algo parecido a "bar-bar-bar").

Los rasgos de identidad de los griegos eran los siguientes:

- **La lengua:** a pesar de sus variantes, les permitía entenderse entre sí, al contrario que con los bárbaros.
- **La religión:** los griegos adoraban a los mismos dioses y existían centros de culto comunes a todos los griegos, como el santuario de Apolo en Delfos.
- **La *paideia*:** un **modelo educativo** que se basaba en buena medida en las enseñanzas del poeta **Homero**.

1.4. Historiadores y geógrafos

Los historiadores griegos han proporcionado gran parte de la información acerca de la civilización griega. En su intento de comprender el mundo en el que vivían, volvieron su mirada al pasado, creando la ciencia de la historiografía en el siglo V a. C. Sus principales representantes fueron:

- **Heródoto:** el llamado "padre de la Historia", nació en Jonia, por lo que tuvo relación con Grecia y Persia. En su obra, ***Historia***, buscaba las causas de las **Guerras Médicas**, el enfrentamiento entre griegos y medos (persas). Su obra tiene un gran estilo literario y está repleta de anécdotas y relatos.
- **Tucídides:** nacido en Atenas, puso por escrito en su ***Historia de la Guerra del Peloponeso*** el enfrentamiento que mantuvieron las potencias de Atenas y Esparta entre los años 431 y 404 a. C. Él mismo participó en esa guerra por lo que su narración de los hechos está basada en un conocimiento directo.
- **Jenofonte:** en sus ***Helénicas*** retomó la historia de la Guerra del Peloponeso en el punto donde Tucídides la había dejado. Su obra más famosa es la ***Anábasis***, que narra la expedición de 10 000 mercenarios griegos contra el rey de Persia y su regreso a Grecia por los desconocidos territorios de Asia.
- **Estrabón y Pausanias:** cultivaron en fechas más tardías escritos de carácter geográfico.

DOC. 2

La investigación del pasado

Esta es la exposición de la investigación de Heródoto de Halicarnaso para evitar que, con el paso del tiempo, se olviden los hechos de los hombres y las acciones importantes y admirables que tanto griegos como bárbaros llevaron a cabo (en particular el motivo por el que se enfrentaron entre sí) carezcan de fama.

HERÓDOTO (historiador griego): *Historia*

Trabaja con el texto

2. La palabra griega *historia* significa 'investigación'. ¿Qué quería investigar Heródoto al emprender su *Historia*?

Historias y tradiciones

Los primeros exploradores

Hacia el siglo VI a. C., los **logógrafos** ('escritores de relatos' anteriores a los historiadores) se encargaron de describir las costumbres y la geografía de territorios desconocidos. La mayoría eran de Jonia, lugar de contacto entre Oriente y Occidente, y su mayor representante fue **Hecateo de Mileto**, que dibujó un mapa del mundo.

Analiza

3. ¿Qué zonas encuentras reconocibles y cuáles son distintas con respecto a un mapamundi actual?

Actividades

Explica

4. ¿Qué motivos geográficos crees que propiciaron que en Grecia no se produjera una unión política?
5. ¿Por qué crees que fue en Jonia donde surgieron los primeros intentos de explicar la historia y costumbres del mundo?

Analiza

6. ¿Cuál es el significado de la palabra *bárbaro* en la actualidad? Compáralo con lo que significaba en su origen.

2 El origen de la civilización griega

En la red

Conoce a través de este enlace más acerca de la civilización minoica y cómo era su sociedad.

www.e-sm.net/cclaeso-04

2.1. La civilización minoica

A comienzos del siglo XX el arqueólogo británico ***sir* Arthur Evans** emprendió unas excavaciones en la isla de **Creta** y descubrió el **palacio de Cnosos**.

Se trataba de la sede de una civilización de la **Edad del Bronce** que floreció entre los **siglos XIX y XV a. C.** y que desapareció hacia el 1450 a. C., probablemente por los efectos de un devastador terremoto originado en la isla de **Tera**, a 120 km de distancia.

Evans llamó **minoica** a esta civilización en honor del rey **Minos**, del que hablaban numerosas narraciones míticas que ejercieron una gran influencia sobre los primeros pobladores de Grecia.

Sus principales construcciones eran los **palacios** (como los de Cnosos y Festos), que no solo eran la residencia de los gobernantes, sino también el lugar desde el que se dirigía la **actividad comercial** que desarrollaron por todo el Mediterráneo.

El poder que tuvieron fue tan grande que los historiadores griegos posteriores hablaron de una **talasocracia*** minoica, es decir, de un "imperio marítimo" cretense.

Sabías que...

Los guerreros que conquistaron Troya eran griegos micénicos, a los que Homero llamaba aqueos.

* **Talasocracia:** (del griego *thalassa*, 'mar', y *kratia*, 'poder'): sistema político basado en el dominio del mar.

Aristocracia: (del griego *aristos*, 'el mejor', y *kratia*, 'poder'): sistema político en el que gobiernan los nobles.

La civilización minoica rindió culto a las fuerzas salvajes de la naturaleza, como la serpiente y el toro.

2.2. Los griegos micénicos

Aunque en un principio se pensó que la civilización griega había comenzado su andadura en el siglo VIII a. C. (fecha de las primeras olimpiadas), el descubrimiento de **Micenas** a finales del siglo XIX por el arqueólogo alemán Heinrich **Schliemann** demostró que la historia del pueblo griego se remontaba varios siglos atrás.

Schliemann había descubierto los restos de la **civilización micénica** (la primera propiamente griega), que tuvo su máximo esplendor entre los **siglos XVI y XII a. C.** Su poder se había formado en torno a ciudades fortificadas como **Micenas**, **Pilos**, **Argos** o **Tirinto**, que eran gobernadas por una poderosa **aristocracia*** y regidas por un ***wanax*** o soberano.

Los micénicos tomaron de los minoicos un **sistema de escritura** anterior al alfabético y un modelo de **organización palacial** que les fue de gran utilidad en su expansión comercial por el Mediterráneo. Pero esta expansión fue también militar, y en torno al 1450 a. C. se apoderaron de la isla de Creta.

Hacia el 1200 a. C. se produjo la destrucción de las fortalezas micénicas por causas que aún no se han sabido explicar, quizá una invasión combinada con desastres naturales. Desde entonces hasta el siglo VIII tuvo lugar una etapa de decadencia denominada **edad oscura**.

Puerta de los leones, Micenas.

2.3. La época arcaica

Entre los **siglos VIII y VI a. C.**, tras un lento período de recuperación, se produjo una serie de circunstancias determinantes para la civilización griega.

- **La aparición de la polis:** los griegos comenzaron a vivir en regiones **autónomas**, que contaban con una ciudad y las tierras cultivables de su alrededor.
- **El alfabeto:** en torno al siglo VIII a. C., los contactos comerciales por el Mediterráneo propiciaron que los griegos tomaran de los **fenicios** el alfabeto y lo adaptaran a su lengua.
- **La colonización:** la escasez de tierras cultivables y un aumento de la población provocaron que el pueblo griego se expandiera por todo el Mediterráneo fundando ciudades lejos de la **metrópoli***.

2.4. La colonización del Mediterráneo

El importante fenómeno de la colonización tuvo lugar entre los **siglos VIII y VI a. C.**, y en él participaron las principales ciudades griegas. La metrópoli nombraba al fundador de la colonia, escogiéndolo de entre los miembros de la **aristocracia**. Este se encargaba de supervisar la distribución de las nuevas tierras, y como protector de la nueva comunidad era venerado como un héroe después de su muerte.

Aunque las colonias eran **independientes** de su metrópoli, entre ellas existía un vínculo afectivo. En el momento de partir los colonos llevaban consigo un puñado de tierra y las brasas del fuego sagrado del lugar en que habían nacido.

Al reclamo de las fértiles llanuras del sur de Italia y de la isla de Sicilia, los griegos fundaron numerosas colonias que se conocen como **Magna Grecia**. Estas colonias, como Siracusa, comenzaron a sobresalir hasta eclipsar a las ciudades de la Grecia continental.

En ocasiones, en lugar de colonias fundaban enclaves comerciales que recibían el nombre de ***emporios***. En su expansión alcanzaron las costas del occidente europeo: desde **Massalia** (Marsella) se extendieron a **Rhode** (Rosas), **Emporion** (Ampurias) o **Mainake** (Málaga).

DOC. 3

Las colonias griegas

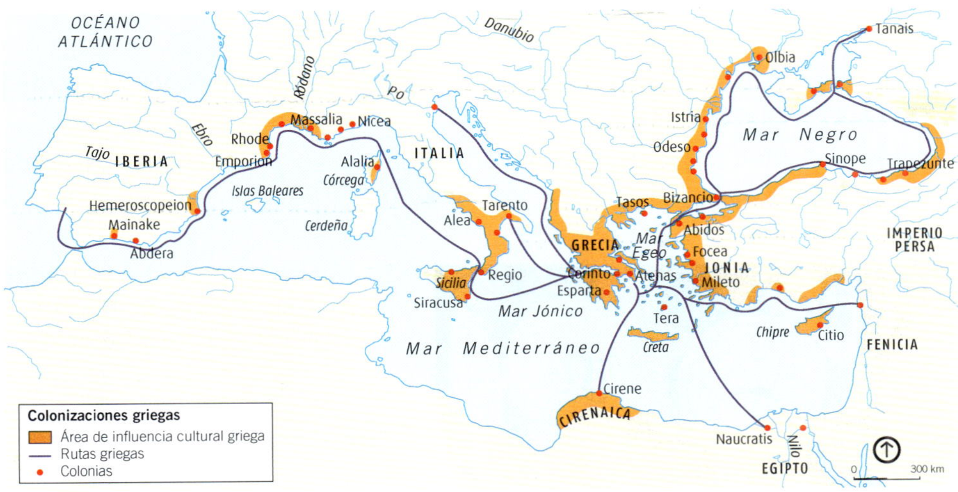

Trabaja con el mapa

7. ¿Qué colonias fundaron los griegos en la península ibérica? ¿Qué características buscaban en las colonias que fundaban?

DOC. 4

Juramento antes de partir

La asamblea ha decidido fundar la colonia de Cirene: los ciudadanos de Tera han designado a Bato como jefe y rey de los tereos que partan con él. Lo acompañará un hijo adulto de cada familia y cualquier ciudadano libre que lo desee. Si se lograra establecer la colonia, los colonos que vayan después recibirán también una parcela de tierra, pero si en el transcurso de cinco años todavía no se ha fundado éstos podrán regresar a Tera y recobrar sus propiedades. El que no esté dispuesto a marchar cuando la ciudad lo ordene, será condenado a muerte, e igual para quien lo esconda, ya sea su padre o su hermano.

Inscripción encontrada en la ciudad de Cirene

Trabaja con el texto

8. Identifica en el texto las razones principales que empujaban a una ciudad a fundar una colonia.

* **Metrópoli:** (del griego *meter*, 'madre', y *polis*, 'ciudad'): ciudad originaria de los que partían con la misión de fundar nuevas ciudades. DERIV. Metropolitano.

Actividades

Analiza

9. Busca la relación del término griego *polis* con la palabra *política*.

10. ¿Por qué crees que la escritura fue un factor importante para la expansión de los micénicos y los minoicos?

11. [LIBROSVIVOS.NET→UD1→RECURSOS→21. Conoce la importancia que tuvieron las colonias griegas y analiza en qué países actuales se fundaron.

3 La época clásica

Sabías que...

La prueba olímpica denominada maratón deriva de la distancia que realizó corriendo Filípides, para anunciar en Atenas la victoria griega en la batalla de Maratón.

El siglo V a. C. fue el período de máximo esplendor de Grecia, que alcanzó su madurez política, intelectual y artística. Esta época se inició con las **Guerras Médicas** (490-448 a. C.) entre los griegos y los persas. La victoria griega dio paso al enfrentamiento entre Atenas y Esparta, en la **Guerra del Peloponeso** (431-404 a. C.).

3.1. Las Guerras Médicas

El contacto entre **Grecia** y **Oriente** había sido fructífero para los griegos, pero a comienzos del siglo V aparecieron las primeras fricciones por el poder en las regiones fronterizas. **Darío**, Gran Rey de **Persia**, puso sus miras en la conquista de Grecia, y se produjeron una serie de enfrentamientos que narró **Heródoto**.

JACQUES L. DAVID: *La batalla de las Termópilas*

- **La batalla de Maratón:** en el año 490 a. C., los persas cruzaron el Egeo para apoderarse de Grecia, pero encontraron la heroica oposición de Atenas, que resultó victoriosa.
- **La batalla de las Termópilas:** en el año 480 a. C., **Jerjes** retomó el proyecto de su padre Darío y conquistó el norte de Grecia. Guiados por los espartanos de **Leónidas**, los griegos se enfrentaron a los persas en el **paso de las Termópilas**, y aunque fueron derrotados su heroísmo inspiró la resistencia de los griegos frente al Gran Rey.
- **La batalla de Salamina:** ese mismo año, Jerjes entró en Atenas y arrasó la **acrópolis***. Los atenienses previamente habían construido una flota y escapado de la ciudad. A la altura de la isla de Salamina, tendieron una emboscada a la flota persa y los derrotaron de forma definitiva.

3.2. La edad dorada de Atenas: el siglo de Pericles

En el siglo V, bajo el mando del gran estratego (general) **Pericles**, Atenas se convirtió en la ciudad de referencia de Grecia.

Durante los treinta años de gobierno de Pericles, se dieron cita algunos de los más importantes artistas y pensadores de la historia, y las manifestaciones culturales que allí surgieron aún perduran. Por este motivo el siglo V en Grecia es conocido como **siglo de Pericles**. Las principales características de este período son:

- En el ámbito político se impulsó la **democracia*** ateniense, con lo que los ciudadanos participaban en las decisiones de gobierno.
- En el plano artístico, destaca la construcción del **Partenón**, donde **Fidias** desarrolló su labor escultórica.
- Asimismo, en el plano intelectual, los historiadores, principalmente **Heródoto** y **Tucídides**, y los filósofos, como **Sócrates**, encontraron en Atenas el lugar ideal para desarrollar sus aportaciones.

En el ámbito literario, la **tragedia** alcanzó su máxima perfección formal con las obras de **Sófocles**.

Cerámica en la que aparecen representados unos guerreros griegos.

DOC. 5

Los 300 espartanos

Los bárbaros de Jerjes salieron al ataque, y los griegos de Leónidas, conscientes de que iban al encuentro de la muerte avanzaron en esta ocasión hasta la parte más ancha del desfiladero. Allí cayó una gran multitud de persas, pues los jefes fustigaban con el látigo a sus soldados, empujándolos una y otra vez hacia delante. Muchos cayeron al mar, y muchos más murieron pisoteados, pero no se hacía caso del que moría. Por su parte, los griegos, sabiendo que iban a morir atacaban a los persas con temeridad y desesperación. La mayoría tenía las lanzas rotas, pero siguieron matando a los persas con sus espadas. En esta acción murió el rey Leónidas, junto a otros destacados espartanos, trescientos en total.

HERÓDOTO: *Historia*

Trabaja con el texto

12. ¿Por qué eran conscientes los soldados espartanos de que morirían en la batalla?

3.3. Esparta: un estado militar

Situada en el Peloponeso, Esparta (también llamada Lacedemonia) era la ciudad que competía con Atenas por la **hegemonía*** de Grecia.

Se trataba de una polis de características muy peculiares, como la de poseer dos reyes o un duro sistema educativo. Educaban a sus ciudadanos para la **guerra**, tanto para hipotéticos ataques externos como para posibles sublevaciones de las clases dominadas que habitaban en territorio espartano.

En Esparta existían **tres clases sociales** muy diferenciadas:

- **Los *homoioi*** ('iguales'): se trataba de los ciudadanos espartanos propiamente dichos; eran la **clase dominante** y constituían la minoría de la población (5%). Se dedicaban a la guerra y al gobierno.
- **Los periecos:** eran hombres libres pero sin poder militar y político. Se dedicaban fundamentalmente al comercio y a la artesanía.
- **Los ilotas:** eran los esclavos; constituían la mayor parte de la población y se dedicaban al cultivo de las tierras.

Los espartanos, no obstante, cultivaban las artes, en particular la música y la poesía, y la gimnasia, disciplinas en la que destacaban las mujeres, que tenían más libertad de acción que en el resto de Grecia.

Historias y tradiciones

El imperialismo ateniense

El decisivo papel de los atenienses en las Guerras Médicas hizo que Atenas liderase una confederación de ciudades griegas creada para defenderse de futuros ataques: la **Liga de Delos**. Pero esta coalición pronto se convirtió en un imperio marino en el que Atenas exigía tributos e imponía gobiernos a las ciudades aliadas. El afán imperialista de Atenas acabaría llevándole a un enfrentamiento con Esparta del que saldría derrotada.

Analiza

13. ¿En qué hechos se manifestaba la actitud imperialista de Atenas?

DOC. 6

Leyes sobre el matrimonio

Licurgo, a la hora de hacer las leyes de los espartanos, se dio cuenta de que justo después de casarse, era frecuente en todas partes que el marido tuviera un contacto ilimitado con su esposa. La medida que él adoptó iba en contra de esto. Con esta ley, el deseo aumentaría forzosamente y los hijos serían más vigorosos que si los contactos eran frecuentes. Además prohibió a los hombres que tomaran mujer a la edad que quisiesen, e insistió en que lo hicieran en su juventud para que los hijos nacieran más fuertes. En el caso de que fueran ya viejos, debían permitir que hombres más jóvenes, a los que admiraran por sus cualidades físicas y morales, se unieran a sus esposas.

JENOFONTE (historiador ateniense): *Constitución de los lacedemonios*

Trabaja con el texto

14. ¿Cuál era el objetivo de estas medidas adoptadas por Licurgo?

* **Acrópolis:** (del griego *akros*, 'elevado', y *polis*, 'ciudad'): parte alta de la ciudad en la que se ubicaban los templos.

Democracia: (del griego *demos*, 'pueblo', y *kratos*, 'poder'): modo de gobierno en el que los ciudadanos toman las decisiones.

Hegemonía: (del griego *hegemon*, 'jefe'): dominio y superioridad de un grupo, ciudad, etc., sobre otro.

3.4. La Guerra del Peloponeso

Entre los años **431 y 404 a. C.** se libró una guerra por la hegemonía de Grecia entre **Atenas** y **Esparta**, junto con sus respectivos aliados. Se enfrentaban dos ciudades con estilos de vida opuestos: la democrática e imperialista Atenas, con una poderosa flota, y la oligárquica y austera Esparta, poseedora de un potente ejército terrestre.

Liderados por **Pericles**, los atenienses llevaron la iniciativa en el conflicto durante los primeros años, pero tras la **peste** que asoló Atenas, en la que perdió la vida el propio Pericles, los espartanos acabaron venciendo.

El resultado de la derrota fue terrible para los atenienses, ya que, al margen de las consecuencias de una guerra tan cruel y duradera, los espartanos impusieron en Atenas el gobierno de los llamados **Treinta Tiranos**, que lograron acabar temporalmente con la democracia.

Actividades

Explica

15. ¿Qué importante ciudad griega quedaba fuera de la influencia ateniense?

16. ¿Qué diferencia fundamental existía entre los modos de gobierno espartano y ateniense?

17. [LIBROSVIVOS.NET ➟ UD1 ➟ PASO A PASO ➟ 23. Lee un texto sobre la peste en Atenas y analiza la repercusión que tuvo.

4 La época helenística

Personajes

La leyenda de Alejandro

Su fama se extendió desde Islandia hasta China: el pozo de la inmortalidad, los submarinos, el valle de los diamantes y la invención de una máquina voladora, son solo algunas de sus aventuras ficticias que se vincularon a su nombre en un proceso que cada época continuó de acuerdo con sus preocupaciones. A causa de la difusión del *Roman d'Alexandre* hay jefes de tribu afganos que todavía proclaman descender de su linaje. Durante las noches tormentosas en el Egeo, los pescadores de la isla de Lesbos todavía hacen callar a gritos al mar con la pregunta "¿Vive Alejandro?", y al entonar la tranquilizadora respuesta "Alejandro vive y es rey", descansan seguros de que las olas se calmarán.

ROBIN LANE FOX (helenista británico): *Alejandro Magno. Conquistador del mundo*

Comprende

18. ¿Cuál crees que es el motivo por el que Alejandro Magno inspiró tantas leyendas?

Mientras que a lo largo del siglo IV a. C., varias ciudades griegas se disputaban la hegemonía, al norte de Grecia, el reino de **Macedonia** se hacía cada vez más poderoso en manos de Filipo. En el 338 a. C., **Filipo** consiguió derrotar en la batalla de **Queronea** a las ciudades griegas.

4.1. Alejandro Magno

Con veintidós años **Alejandro Magno** heredó el trono de Filipo, su padre, y decidió superar sus hazañas lanzándose a la conquista del poderoso Imperio persa.

Primero conquistó Asia Menor y Egipto. En la desembocadura del Nilo fundó la más famosa de las muchas ciudades que llevaron su nombre, **Alejandría**. Desde allí se encaminó hacia el interior del Imperio persa y venció a **Darío III**, convirtiéndose en soberano de Persia.

Alejandro todavía extendió las fronteras de su reino llegando en sus conquistas hasta la **India**. Sin embargo sus hombres se negaban a seguir más allá, y una vez de vuelta, Alejandro murió en **Babilonia** víctima de las fiebres o tal vez de un complot.

En apenas treinta y tres años de vida, Alejandro había conquistado la mayor parte del mundo conocido y extendido la cultura griega (helénica), dando lugar a una nueva época en la historia de la humanidad.

4.2. Alejandro en la historia y en la literatura

La figura de Alejandro inspiró numerosas leyendas y escritos sobre su vida:

- Los **historiadores de la época** de Alejandro contaron sus hazañas, pero sus obras se perdieron y su existencia nos ha llegado por referencias de autores posteriores: los **historiadores de segunda generación**, que son la mayor fuente para el conocimiento histórico de Alejandro.
- En la **Edad Media** y el **Renacimiento** su figura dio lugar a numerosas obras que novelaban fantasiosamente sus hazañas, como el *Roman d'Alexandre* o la *Historia novelada de Alejandro Magno* del rey Alfonso X el Sabio.

DOC. 7

El imperio de Alejandro

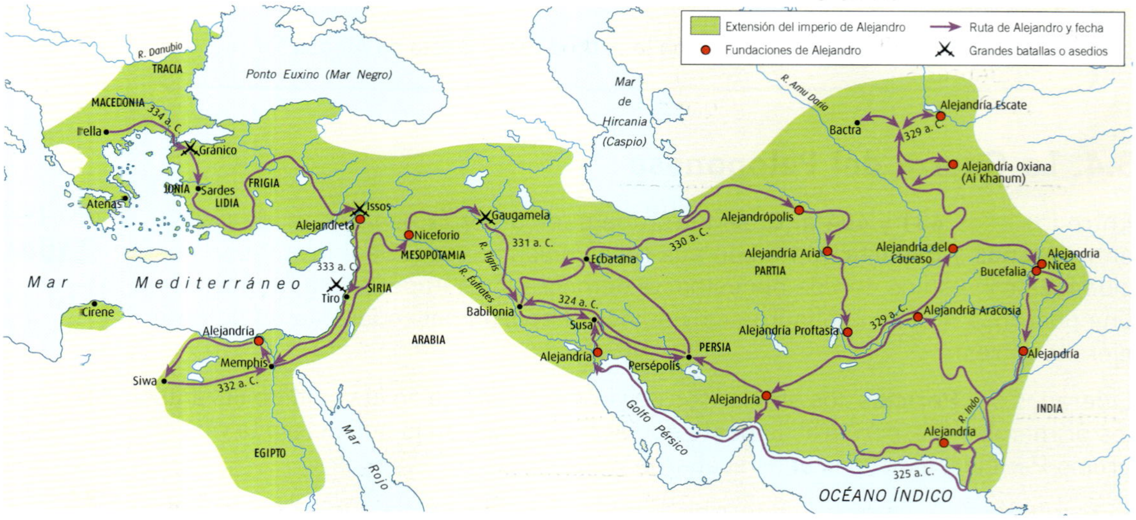

Trabaja con el mapa

19. Analiza el mapa y explica por qué países actuales extendió Alejandro su imperio.

4.3. Los sucesores de Alejandro

La repentina muerte de Alejandro dejó vacío el trono de su imperio. Sus generales, que recibieron el nombre de **diádocos** (sucesores), fundaron sus propias dinastías. El imperio quedó repartido del siguiente modo:

* **Cosmopolita:** (del griego *kosmos*, 'mundo' y *polites*, 'ciudadano'): lugar habitado por gente de diversos países.

- **Antígono gobernó en Macedonia.** Las sangrientas luchas por el poder en Macedonia acabaron con la vida tanto de Olimpia, madre de Alejandro, como de su esposa e hijo. Finalmente Antígono se hizo con el poder.
- **Ptolomeo gobernó en Egipto.** Bajo la dinastía ptolemaica se construyó el faro de **Alejandría**, una de las siete maravillas de la Antigüedad, y la **Biblioteca**, uno de los mayores centros de transmisión del saber de la historia. Ptolomeo hizo de Alejandría la ciudad más **cosmopolita*** del mundo.
- **Átalo gobernó en Asia Menor.** Sus sucesores edificaron la biblioteca de Pérgamo (de donde deriva la palabra pergamino), rival de la de Alejandría. En el siglo II a. C. cedieron su reino a Roma.
- **Seleuco gobernó la zona oriental del imperio** (la más extensa). Las continuas guerras internas hicieron que con el tiempo su reino se viera reducido.

En la Biblioteca de Alejandría se procedió a copiar la producción literaria de la antigua Grecia.

4.4. Grecia frente a Roma

Separados por el mar Adriático, Roma y Grecia fueron conscientes de su mutua existencia desde fechas tempranas. A finales del **siglo IV a. C.** las ciudades de la Magna Grecia estaban bajo influencia romana.

Para Grecia, los romanos eran uno de los muchos pueblos bárbaros que habitaban en occidente. Sin embargo, cuando en el siglo III a. C. los ejércitos romanos entraron en Grecia continental, los griegos se dieron cuenta de su fuerza y se sometieron al poder de Roma.

En el **siglo II a. C.** Grecia pasó a ser una provincia más de Roma. Aunque políticamente sometida, Grecia ejerció una **gran influencia cultural** sobre los romanos en los siguientes aspectos:

- Antes de la conquista, los romanos habían adoptado aspectos de la **mitología** y de la **religión** griega.
- Tras la conquista, llegaron a Roma multitud de **obras de arte**, **modas** y **costumbres** griegas (gastronomía, vestuario, etc.).
- Los jóvenes romanos eran educados por esclavos griegos. La **lengua de cultura** en Roma era el griego y muchos intelectuales griegos, como **Plutarco**, viajaban allí con frecuencia.
- Los romanos adoptaron los **géneros literarios** griegos como la poesía épica y el teatro.

Actividades

Investiga

20. ¿Por qué la época de Alejandro y sus sucesores recibe el nombre de *helenística*?

21. Busca información acerca de la anécdota del "nudo gordiano" y Alejandro Magno y explica su significado.

Interpreta

22. ¿A qué crees que se refiere la siguiente sentencia del poeta latino Horacio?: "La conquistada Grecia conquistó a su feroz vencedor".

23. [LIBROSVIVOS.NET ➟ UD1 ➟ PASO A PASO ➟ 25. Lee y analiza el texto propuesto acerca de Alejandro Magno.

EN RESUMEN

GEOGRAFÍA DE GRECIA

- GRECIA CONTINENTAL Y PENÍNSULA DEL PELOPONESO →
  - Norte: las regiones de Macedonia y Tesalia.
  - Centro: las ciudades de Atenas y Tebas.
  - Península del Peloponeso: las ciudades de Esparta y Micenas.
- GRECIA INSULAR → Cícladas, Dodecaneso.
- JONIA (COSTA OCCIDENTAL DE ASIA) → Las ciudades de Éfeso y Mileto.
- MAGNA GRECIA → Las colonias de Siracusa y Agrigento.

HISTORIA DE GRECIA

- CIVILIZACIONES DE LA EDAD DEL BRONCE (1900-1200 a. C.)
  - Minoica
  - Micénica

- ÉPOCA ARCAICA (SIGLOS VIII-VI a. C.) →
  - Aparición de la polis.
  - Alfabeto.
  - Colonización del Mediterráneo.
- ÉPOCA CLÁSICA (SIGLOS V-IV a. C.) →
  - Guerras Médicas (entre griegos y persas).
  - Siglo de Pericles (Atenas).
  - Guerra del Peloponeso (entre Atenas y Esparta).
- ÉPOCA HELENÍSTICA (SIGLOS IV-I a. C)
  - Alejandro Magno
  - Sucesores de Alejandro Magno
  - Influencia cultural de Grecia sobre Roma

OTROS RECURSOS

CINE

- *Troya* (2004), dirigida por Wolfgang Petersen.
  En la antigua Grecia, la pasión de los amantes Paris, príncipe de Troya, y Helena, reina de Esparta, desencadena una guerra que asolará una civilización. El rapto de Helena por parte de Paris es un hecho inadmisible para su esposo, el rey Menelao. La afrenta a Menelao es una afrenta a su hermano Agamenón, el poderoso rey de Micenas, que tratará de recuperar a Helena de manos de los troyanos y defender el honor de su hermano. Pero Agamenón busca algo más que defender el honor de su hermano y pretende el control de Troya para asegurarse la extensión de su ya vasto imperio.

INTERNET

- **www.e-sm.net/cclaeso-05**
  En esta página web podrás conocer más acerca de la Guerra de Troya a través de un juego.
- **www.e-sm.net/cclaeso-06**
  En este enlace podrás ampliar información acerca de la geografía de Grecia y de las etapas de su historia.

24. Copia las siguientes columnas de palabras y forma parejas uniendo términos de una columna con otra.

Minoico •	• Guerra del Peloponeso
Época clásica •	• Alejandro Magno
Época arcaica •	• Talasocracia
Época helenística •	• Colonización
Micénicos •	• Organización palacial

25. Lee el texto y responde a las preguntas.

Carta de Alejandro a Darío

Te he vencido en la batalla, y poseo este territorio por don de los dioses, de manera que debes presentarte ante mí como señor de toda Asia. De ahora en adelante, cuando te dirijas a mí no lo hagas de igual a igual, sino como dueño de tus posesiones, y entonces pídeme lo que necesites. De lo contrario me sentiré ofendido. Y si me contestas diciendo que la soberanía es tuya, quédate y lucha por ella, y no huyas porque tengo el firme propósito de perseguirte allá donde vayas.

ARRIANO (historiador griego): *Anábasis de Alejandro*

a. ¿Quién era Darío? ¿A qué posesiones se refiere el texto?

b. ¿Por qué se hace llamar Alejandro "señor de toda Asia"?

26. Copia esta tabla en tu cuaderno y complétala con la información de la unidad.

Batallas	Protagonistas	Vencedor	Época
Termópilas	• • • •	• • • •	• • • •
Salamina	• • • •	• • • •	• • • •
Maratón	• • • •	• • • •	• • • •
Queronea	• • • •	• • • •	• • • •

27. Lee el siguiente texto y responde a las preguntas.

La visión griega del mundo

Los que habitan en lugares fríos, y especialmente los de Europa, están llenos de brío, pero faltos de inteligencia y de técnica, y por eso viven en cierta libertad, pero sin organización política e incapacitados para gobernar. Los que habitan en Asia son inteligentes y de espíritu técnico, pero faltos de brío y llevan así una vida de sometimiento y servidumbre. El pueblo griego participa de las características de ambos grupos y es brioso e inteligente; por eso no solo vive libre, sino que es el que mejor se gobierna y el más capacitado para gobernar a los demás si lograra su unidad política.

ARISTÓTELES: *Política*

a. ¿Qué cualidades atribuye Aristóteles al pueblo griego para justificar su supuesta superioridad?

b. ¿Quién fue Aristóteles? Busca en internet qué relación tuvo con Alejandro Magno.

28. Observa esta imagen (se trata de un cuadro de Charles Le Brun pintado en 1664 que se titula *Entrada de Alejandro en Babilonia*) y responde a las cuestiones.

a. ¿Dónde se encontraba Babilonia?

b. ¿Cuándo crees que el artista situó la escena: antes o después de la incursión de Alejandro en la India?

b. ¿Qué animal tira del carro de Alejandro?

29. Lee el texto y responde a las preguntas.

Los monumentos de Atenas

Pero lo que mayor placer dio a los atenienses y más contribuyó al embellecimiento de Atenas, lo que más boquiabiertos dejó a los demás hombres y lo único que atestigua que no es mentira aquel famoso poder de Grecia y su antigua prosperidad, es la edificación de monumentos. De todas las medidas políticas de Pericles esto era lo que sus enemigos miraban con peores ojos y lo que más censuraban en las asambleas. Por su belleza cada uno de ellos ya entonces nada más acabado era antiguo, y por su carácter de obra cumbre han conservado hasta la actualidad su aspecto de lozanía y de recién hechas.

PLUTARCO (biógrafo griego): *Vidas paralelas*

a. ¿Qué representaban los monumentos de Atenas?

b. ¿Por qué los enemigos veían con malos ojos los monumentos de Atenas?

30. Define los siguientes conceptos.

- Democracia
- Polis
- Magna Grecia
- *Paideia*
- Liga de Delos
- Colonias

31. ¿Cuál fue el llamado siglo de Pericles? ¿Por qué se denomina así? Enumera las principales características de este período y explica quién fue Pericles.

AUTOEVALUACIÓN

32. [LIBROSVIVOS.NET ➟ UD1 ➟ AVERIGUA LO QUE SABES ➟ 27. Comprueba lo que has aprendido a través de las actividades interactivas propuestas.

Taller de Lectura

El descubrimiento de Troya

Los griegos nunca pusieron en duda la autenticidad de la Guerra de Troya. En la época clásica, Tucídides y Heródoto aceptaron su existencia. Sin embargo, conforme pasaba el tiempo, su supuesta historicidad fue puesta en entredicho, convirtiéndose en leyenda. A finales del siglo XIX el alemán Heinrich Schliemann, arqueólogo aficionado, encaminó sus pasos al lugar donde, según la *Ilíada* y la *Odisea* de Homero, debía de estar Troya y, tras realizar excavaciones en la colina turca de Hissarlik, desenterró Troya.

LEE Y CONOCE

LA GUERRA DE TROYA La guerra se inició cuando el príncipe troyano Paris raptó a Helena, esposa del rey de Esparta, Menelao. Agamenón, hermano de Menelao, era el rey de Micenas y líder de los griegos, que se unieron para derrotar a los troyanos. A Odiseo (Ulises), rey de Ítaca, se le ocurrió construir un gran caballo de madera en el que se escondieron algunos soldados griegos. Los troyanos pensaron que el caballo era un regalo de los dioses y lo metieron dentro de la ciudad. Por la noche, los griegos salieron del caballo, abrieron las puertas y los demás soldados griegos entraron en Troya y destruyeron la ciudad.

El caballo de Troya

Yo he conocido el carácter e inteligencia de muchos heroicos guerreros, pero nunca vi con mis ojos a ningún otro con un corazón igual al del tenaz Odiseo. ¡Cómo actuó y cómo resistió en el interior del caballo de pulida madera el bravo guerrero cuando estábamos allí metidos todos los mejores guerreros griegos, llevando a los troyanos muerte y destrucción!

HOMERO: *Odisea*

▶ ¿Quién era Odiseo (Ulises)?

El tesoro del rey Príamo

En un momento dado tropecé con un gran objeto de cobre de forma sumamente curiosa que atrajo mi atención porque creí ver oro. Para proteger el tesoro de la avaricia de mis trabajadores y salvarlo para la ciencia, los mandé fuera, y corriendo un peligro de muerte, pues el muro amenazaba con derrumbarse, lo fui sacando con la ayuda de mi querida esposa.

HEINRICH SCHLIEMANN: *Diario de excavaciones de Troya*

▶ Schliemann novelaba sus descubrimientos. Identifica las posibles exageraciones de su hallazgo.

Schliemann iba acompañado de su esposa Sofía, que posó con las llamadas "joyas de Helena".

LOS GUERREROS DE HOMERO Schliemann también descubrió Micenas, la ciudad de donde, según la leyenda, habían partido los guerreros griegos. Siguiendo las indicaciones de Pausanias y Homero, Schliemann encontró un círculo de tumbas en las que yacían tres varones con sus armas y con el rostro cubierto por una máscara de oro. Una a una fue retirando las máscaras y, al levantar la del tercero, proclamó que era el rostro del mismísimo Agamenón. Sin duda no se trataba de él, pero pudo tratarse de un representante de la casta de guerreros que había inspirado a Homero.

La tumba de Agamenón

En Micenas aún quedan partes de la muralla y la puerta, sobre la que hay unos leones. Entre sus ruinas están las tumbas de todos a los que, a su vuelta de Troya, Egisto mató después de un banquete. Está la de Agamenón y la de su auriga, y la de los gemelos que tuvo con Casandra. Clitemnestra y Egisto recibieron sepultura más lejos, al ser considerados indignos de estar junto a Agamenón.

PAUSANIAS: *Descripción de Grecia*

▶ ¿Quién fue Agamenón? ¿A que puerta con leones se refiere el texto?

Máscara funeraria micénica.

EXPLORA UN TEXTO — LOS GUERREROS DE TROYA

Homero narra en la *Ilíada* el último año de la Guerra de Troya. En numerosos pasajes expone el carácter y los valores de los guerreros que participaban en la guerra. En este texto, dos grandes guerreros, el griego Diomedes y el troyano Glauco, se disponen a combatir, pero se dan cuenta de que se lo impiden los lazos de hospitalidad que les unen.

Un duelo interrumpido

"¡Soberbio Tidida! ¿Por qué preguntas por mi linaje? Como el linaje de las hojas es también el de los hombres, unos nacen y otros mueren.

Mi abuelo fue el héroe Belerofonte, y fue mi padre Hipóloco quien me envió a Troya, rogándome que fuera el más valiente en la batalla y no deshonrara el linaje de mis padres. ¡Esta es la estirpe de la que me precio de ser!". Así dijo, y Diomedes, bravo en el grito de guerra, se alegró.

Clavó su lanza en la tierra y con afables palabras se dirigió a Glauco: "Por tanto nos unen lazos de hospitalidad, ya que en una ocasión mi abuelo Eneo hospedó en su palacio a Belerofonte y lo alojó allí durante veinte días, en los que se intercambiaron regalos: Eneo le obsequió con un resplandeciente cinturón de color púrpura y Belerofonte le respondió con una copa de oro de doble asa que dejé en mi palacio cuando vine aquí.

Por lo tanto, desde ahora yo te hospedaré en tierra de Argos, al igual que tú lo harás en Licia cuando acuda a ver a sus gentes. Evitemos cruzar nuestras lanzas, pues son muchos los troyanos que puedo matar. Igualmente hay para ti muchos griegos a los que dar muerte. Intercambiemos, pues, nuestras armas, de modo que todos sepan que nos unen lazos de hospitalidad".

HOMERO: *Ilíada*

Bajorrelieve que representa la lucha entre griegos y troyanos.

Comprende

En Homero son frecuentes los símiles o comparaciones con elementos de la naturaleza.

1. **¿Cómo refleja Homero la fragilidad de la vida humana?**

En la *Ilíada* la mayoría de los combates consisten en duelos individuales entre grandes guerreros, pues cada uno pretendía demostrar su grandeza en el campo de batalla. Dentro del ideal heroico de los guerreros homéricos el principio básico es el honor, por lo que debían asegurarse de que sus rivales estaban a su altura en cuanto a prestigio y linaje.

2. **¿Por qué crees que era importante batirse contra un enemigo fuerte y con prestigio?**

Los lazos de hospitalidad entre personas de distintas regiones se sellaban con intercambios de valiosos regalos. Los arqueólogos han encontrado copas de oro de época micénica como la mencionada en el texto.

3. **¿Qué representaban los regalos?**

Los intercambios de regalos y la estima hacia el rival suponían el cese del enfrentamiento.

4. **¿Por qué crees que ya no podían combatir?**

Concluye

En este pasaje queda de manifiesto el código de valores de los guerreros homéricos, que es el de demostrar el máximo valor en la batalla, conscientes de que arriesgan la vida. Se trata de una sociedad muy individualista que cuida en exclusiva por su propio honor.

También se describe una época habituada a los contactos con otras naciones, por lo que la hospitalidad con los extranjeros era un deber sagrado que establecía una relación que pasaba de padres a hijos.

5. **¿Por qué crees que era importante la hospitalidad con los extranjeros?**

6. **¿Por qué estaban habituados a los contactos con otras naciones?**

APRENDE A PENSAR

7. Accede al blog **www.clasica20.aprenderapensar.net** y participa en el siguiente debate. ¿Qué significa la hospitalidad y cómo se pone en práctica en la sociedad actual?

Busca información

1. Otra de las grandes obras literarias que nos legaron los griegos es la *Odisea*, compuesta por el poeta Homero hacia el siglo VIII a. C. Investiga acerca de su contenido.

Valora el conocimiento del pasado

2. ¿Qué importancia ha tenido disponer de los textos de los historiadores griegos?
3. Analiza la importancia de los restos arqueológicos encontrados de la civilización griega. ¿Qué tipo de información conocemos a través de estos restos?

Analiza la información

4. Internet es un depósito de conocimiento y de intercambio de ideas, pero también es una fuente de equívocos y desinformación. ¿Cómo averiguas que los datos que te ofrece la red son fiables?
5. Tucídides decía que los ojos son los testigos más fidedignos. ¿A qué se refería?

1 Descubriendo nuevos mundos

Los viajes por mar en la época de las colonizaciones (siglo VIII a. C.) hicieron que los griegos sintieran la necesidad de describir sus viajes con el objetivo de facilitar el camino a otros navegantes e informarles de las costumbres y de los recursos que podrían encontrar en las nuevas tierras.

Estas descripciones, llamadas *periplos* (palabra que significa 'navegación alrededor') eran, pues, útiles instrumentos de conocimiento que ponían al servicio de los griegos.

Todavía Heródoto, el "padre de la Historia", se recreaba en pleno siglo V a. C. narrando las maravillas de los parajes más remotos.

La tierra del fin del mundo

Por el sudoeste se extiende Etiopía, la más remota de las tierras habitadas. Este país produce oro en abundancia, grandes elefantes, todo tipo de árboles silvestres, incluido el ébano, y además unos hombres de una altura, una belleza y una longevidad excepcionales. En cualquier caso, parece que las zonas más remotas del mundo, que rodean el resto de la tierra y delimitan su extensión poseen fundamentalmente los productos más preciosos y raros para nosotros.

HERÓDOTO: *Historias*

Vasija griega del siglo VI a. C. en la que se ve al dios Dioniso surcando el mar rodeado de delfines.

2 El trabajo conjunto de los historiadores

Los antiguos historiadores griegos recogían el testigo unos de otros. Jenofonte retomó la historia de Grecia en el punto que lo había dejado Tucídides, al igual que este había continuado la obra emprendida por Heródoto.

De alguna manera el hilo iniciado entonces continúa hasta ahora, época en la que es común ver cómo las obras de Historia y muchas otras disciplinas son obras colectivas.

El régimen de Atenas

Tenemos un régimen político que no envidia las leyes de los vecinos y somos más bien modelo para algunos que imitadores de los demás. Recibe el nombre de democracia, porque se gobierna por la mayoría y no por unos pocos.

TUCÍDIDES: *Historia de la Guerra del Peloponeso*

Doble busto de Heródoto y Tucídides. Copia romana de un original griego.

3 Reunir el conocimiento

Las conquistas de Alejandro no solo estaban guiadas por el ansia de dominio y de poder, sino por un afán de conocer lo que existía más allá de sus fronteras. En sus expediciones llevaba sabios y expertos en todo tipo de disciplinas, como la botánica.

En Alejandría se fundaron el **museo** o "casa de las Musas" y su famosa **Biblioteca**, lugar donde se concentraba todo el saber de la época y que fue el origen de los actuales templos del saber que se reparten por el mundo.

La actual Biblioteca de Alejandría posee una sala general para 2000 lectores, tres museos (Ciencia, Caligrafía y Arqueología) y un planetario.

En este enlace podrás conocer mejor la biblioteca:

www.e-sm.net/cclaeso-07

4 La lucha por la libertad

En el avance de los persas por territorio griego, bien por temor, bien por convencimiento, no todas las ciudades griegas se opusieron al invasor. Pero, sin duda, uno de los detalles que impulsó la resistencia griega fue que el Gran Rey de Persia exigía una sumisión absoluta a su persona, cosa que la mayoría de ciudades griegas, defensoras de su independencia y libertad, no estaban dispuestas a consentir. Así que cuando los embajadores persas exigieron a Esparta "tierra y agua" (fórmula que empleaban para exigir sumisión), los espartanos arrojaron a un pozo a los embajadores, dando a entender que estaban dispuestos a luchar por su libertad con todas las consecuencias.

5 El dominio de la naturaleza

La victoria de los griegos sobre los persas se fraguó en buena medida por el dominio de los recursos naturales de su territorio.

Tanto en la batalla de las Termópilas como en la de Salamina, los griegos emplearon una estrategia que se basaba en el conocimiento que ellos poseían del terreno y sus enemigos no.

Aunque sus enemigos eran muy superiores en número, estos no pudieron emplear su superioridad al verse obligados a luchar en un espacio muy reducido.

En este vídeo puedes conocer cómo era el paso de las Termópilas:

www.e-sm.net/cclaeso-08

Conoce el patrimonio

6. Investiga qué museos importantes se encuentran en tu comunidad autónoma y averigua a qué rama del conocimiento están dedicados.

7. ¿Qué importantes museos o bibliotecas conoces a nivel internacional?

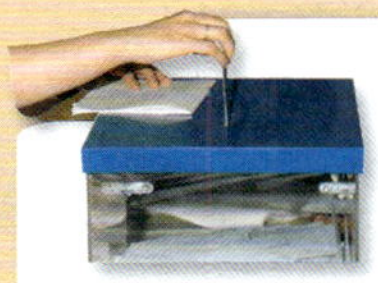

Comprende los valores democráticos

8. ¿Qué valores crees que representan a la civilización griega?

9. Lee el texto de Tucídides (de la página anterior) y explica su contenido.

Comprende la influencia del entorno

10. ¿En qué sentido podía favorecer al ejército más pequeño pelear en un espacio reducido?

¿Crees que quedan territorios por descubrir en la actualidad? ¿Qué nuevos territorios está explorando la humanidad?

2

La vida en el mundo griego

Aprenderás...

1 Cuáles eran los diferentes sistemas de gobierno en la antigua Grecia.

2 Qué caracterizaba a la polis griega y qué diferencias había entre ellas.

3 Cómo era la vida cotidiana en Grecia.

4 Qué actividades ocupaban la vida de los griegos.

▶ Las olimpiadas y los valores olímpicos.

Serás capaz de...

→ Conocer cómo nació la democracia.

→ Analizar la importancia de la educación.

→ Valorar el deporte y los valores que promueve.

→ Reflexionar acerca del lenguaje y observar cómo se utiliza para convencer.

→ Expresar tus ideas en público y llegar a acuerdos.

DESARROLLA TUS COMPETENCIAS

Los filósofos y la política

Sócrates (siglo V a. C.) fue un filósofo muy peculiar. Nunca escribió nada, pero su vida dedicada al saber y a la educación tuvo mucha repercusión en sus discípulos, entre ellos Platón. Se interesó por el ser humano, por encontrar la verdad y obrar de acuerdo a la propia conciencia, a sus principios y conforme a la justicia. Recorría las calles y el ágora de Atenas dialogando con las gentes acerca de la justicia, la felicidad, la belleza, etc. Con sus preguntas generaba inquietud, pero también ayudaba a aclarar el pensamiento haciendo surgir la verdad. Criticó a los sofistas cuyo objetivo era persuadir y convencer, pero no buscar la verdad.

Sócrates fue acusado injustamente de corromper a los jóvenes con ideas contrarias al Estado, por lo que fue condenado a beber un veneno mortal. Sus discípulos le animaron a escapar, pero él decidió mantener sus principios y aceptar la condena.

En este texto Sócrates le explica a Gorgias (un sofista) por qué no quiere usar la retórica que emplea el sofista para defenderse.

> *Creo que soy uno de los pocos atenienses, por no decir el único, que se dedica al verdadero arte de la política, y el único que la practica en estos tiempos. Pero como, en todo caso, lo que constantemente digo no es para agradar, sino que busca el mayor bien y no el mayor placer, y como no quiero emplear esas ingeniosidades que tú me aconsejas, no sabré qué decir ante un tribunal.*

PLATÓN: *Gorgias*

- ¿Qué sistema de gobierno había en Atenas en la época de Sócrates?
- ¿Qué te parece la decisión de Sócrates? ¿Conoces algún caso actual de personas que arriesgan su vida por defender sus principios?
- ¿Sabes en qué consistía la retórica que usaban los sofistas?
- Observa la siguiente imagen. ¿Qué crees que representa?

Analiza la imagen

¿A qué parte de la ciudad de Atenas corresponde? ¿Qué función crees que tenía?

1 Los sistemas de gobierno

DOC. 1

El lamento de un ciudadano

Ah, Cirno, esta es aún nuestra ciudad, pero otra es su gente.

Los que antes desconocían leyes y derechos, los que se cubrían con pieles de cabra, y fuera de la ciudad como gamos pastaban, ahora son gente de bien, Polipaides; y los nobles de antes, ahora son pobre gente.

¿Quién puede soportar contemplarlo? Se engañan unos a otros burlándose entre sí, e ignoran las normas de lo bueno y lo malo. No te hagas amigo de ninguno de ellos, por grande que sea tu apuro, Polipaides, pero aparenta de palabra ser amigo de ellos, y no hagas con nadie cosas de importancia.

Ya te darás cuenta de que son miserables, y de que no puedes confiar en sus obras, porque aman las trampas y los engaños, como hombres sin ningún remedio.

TEOGNIS (poeta griego): *Elegías*

Trabaja con el texto

1. ¿A qué clase social crees que pertenecen Cirno y Polipaides?
2. ¿Qué valores dice el poeta que ellos poseen y los otros no? ¿Cómo consideras su actitud?

La civilización griega pasó por distintos sistemas de gobierno en sus siglos de historia. Por ejemplo, en la Atenas clásica nació la democracia, aunque en sus orígenes era muy imperfecta.

1.1. La aristocracia

Al principio la máxima autoridad en las comunidades griegas era el rey o ***basileus***, que poseía funciones políticas, militares y religiosas, pero pronto estas funciones fueron repartidas entre los miembros de las familias más poderosas.

Estas familias se llamaban a sí mismas los **aristoi** ('los mejores'), ya que decían descender de los antiguos héroes fundadores de la ciudad. Como constituían una minoría, la forma de gobierno que impusieron se denominó **oligarquía** ('gobierno de unos pocos') o **aristocracia** ('poder de los mejores'). Su estilo de vida tenía las siguientes características:

- Eran excelentes **guerreros** que defendían su ciudad tratando de imitar a los héroes de Homero.
- Su **espíritu de lucha y competición** les llevaba a participar en las olimpiadas y otros juegos atléticos, donde obtenían gran prestigio.
- Se reunían en **simposios*** en los que debatían y recitaban versos.

1.2. Los tiranos griegos

La expansión del comercio marítimo supuso que entre los siglos VII y VI a. C. apareciera una nueva clase de ricos **comerciantes y artesanos**. Estos exigían intervenir en los asuntos políticos, lo que provocó tensiones por el gobierno de la ciudad y originó la aparición de los tiranos, hombres que tomaban el poder por la fuerza con el apoyo de los menos favorecidos.

En un principio la palabra *tirano* no tenía un sentido negativo, pero a pesar de que bajo el gobierno de los tiranos se produjo un gran desarrollo cultural y económico, su forma de actuar en ocasiones era **despótica***.

Todas las ciudades griegas, a excepción de Esparta, sufrieron el gobierno de la tiranía. Por ejemplo, en **Atenas** fue famosa la tiranía de **Pisístrato**. En **Corinto** gobernó **Periandro**, que fue incluido entre los famosos Siete Sabios de Grecia. En las ciudades de Sicilia la tiranía se prolongó debido a que la amenaza de los cartagineses y los pueblos del lugar les servía de excusa a los tiranos para perpetuarse en el poder. Su tirano más famoso fue **Dionisio el Viejo**, tirano de **Siracusa**.

Historias y tradiciones

Las prácticas de los tiranos de Sicilia

Lo que sabemos de los famosos tiranos de Sicilia tiene dos aspectos contradictorios. Por un lado promocionaban las **artes** y la **cultura**, como demuestra el hecho de que a sus cortes acudieron personalidades como el poeta Píndaro o el filósofo Platón. Por otro lado, eran famosos por su **crueldad** sin límites: uno de ellos puso en práctica un cruel sistema de tortura que consistía en encerrar a la víctima en un toro de bronce que se ponía al fuego, de manera que los gritos de los torturados pareciesen los mugidos del toro de metal. Se cuenta que el primero que probó tan infernal artefacto fue su propio inventor.

Reflexiona

3. Reflexiona acerca de por qué los tiranos prestaban especial atención al fomento de las artes. ¿Crees que los artistas eran críticos con ellos?

1.3. Los legisladores (No es sistema de gobierno). (no sale en el examen).

Para evitar los conflictos sociales que provocaban los abusos y las injusticias de los más poderosos, las ciudades griegas establecieron unas **leyes comunes** para todos.

El encargado de establecer dichas leyes fue el **legislador**, una figura de gran prestigio. Los más importantes fueron:

- **Dracón.** Fue el primero, en **Atenas**, en redactar y exponer públicamente unas leyes en las cuales, para casi todos los delitos (desde robar verduras a cometer un asesinato), se fijaba un mismo castigo: la muerte. Por la **severidad** de sus leyes se decía metafóricamente que sus leyes estaban escritas con sangre.
- **Solón.** Fue el legislador **ateniense** más conocido de Grecia. Sus reformas legales permitieron que los ciudadanos más pobres pudieran intervenir en los asuntos de la ciudad, lo que constituyó el primer paso hacia la **democracia**. También prohibió que aquellos que no pudieran hacer frente a sus deudas se convirtieran en esclavos.
- **Licurgo.** A él se atribuyen las leyes de **Esparta**. Sobre sus leyes el historiador Jenofonte dijo que "no imitó a las otras ciudades, sino que las hizo opuestas a la mayoría y convirtió a su patria en la ciudad más feliz".

*** Simposio:** banquete que celebraban los griegos más pudientes y en el cual debatían. Actualmente es un tipo de reunión en la que se debate sobre un tema determinado.

Despótico: (del griego *despotes*, 'amo'): que abusa de su autoridad.

Magistratura: cargo político.

Estratego: (de *strategos*, 'general'): cargo político encargado del mando del ejército. DERIV. Estratega, estrategia.

1.4. La democracia ateniense

En **Atenas** se creó un sistema de gobierno en el que el poder recaía en el ***demos***, es decir, en el pueblo. Este modo de gobierno recibió el nombre de ***democracia*** y en él todos los **ciudadanos** tenían derecho a expresarse libremente en la **Asamblea** y tenían acceso a las distintas **magistraturas***.

De hecho, la elección de los cargos públicos se realizaba por sorteo, a excepción del **estratego*** y de los encargados de las finanzas, que debían reunir las condiciones necesarias para ello.

En el caso de que los elegidos tuvieran que abandonar temporalmente sus trabajos para desempeñar su función política, recibían una paga por desempeñarla. Al finalizar su función, los cargos tenían que demostrar que su actuación había sido correcta.

Uno de los defectos del sistema democrático consistía en que solo podían participar los varones nacidos de padres atenienses, con lo que las **mujeres**, los **esclavos** y los **extranjeros** quedaban **excluidos** de la participación en los asuntos ciudadanos.

Actividades

Explica

5. ¿Cuáles son las diferencias fundamentales entre tiranía, oligarquía y democracia?
6. ¿En qué sistema de gobierno englobarías la figura actual del dictador? Razona tu respuesta.

Investiga

7. Busca información acerca de la expresión "espada de Damocles". ¿Cuál es su significado?
8. Deduce el significado del adjetivo *draconiano*.

Palabras y expresiones

El ostracismo

Para evitar que se produjeran abusos de poder, los atenienses idearon un sistema de control llamado *ostracismo*. El nombre deriva de los trozos de cerámica (*ostraka*) en los que se inscribía el nombre del político al que querían expulsar.

Si se alcanzaba la cifra de seis mil votos, el político en cuestión era desterrado durante diez años, pero no perdía ni sus posesiones ni sus derechos ciudadanos. La mayoría de los políticos atenienses, incluso los más importantes, a excepción de Pericles, padecieron el ostracismo.

Analiza

4. ¿Qué quiere decir la palabra *ostracismo* en la actualidad?

2 La polis griega

Teatro de Dioniso en Atenas.

2.1. ¿Qué era una polis?

En torno al siglo VIII a. C. se constituyó la forma de organización social y política más representativa de Grecia: la **polis** (*poleis* en plural). De hecho, lo que hoy entendemos como antigua Grecia era una suma de ciudades-estado **independientes** y **autónomas** unas de otras.

Por lo general eran de una extensión muy reducida, pero existían *poleis* que superaban el millar de kilómetros cuadrados porque se habían formado mediante la unión de diferentes núcleos urbanos, como en el caso de **Atenas**, o mediante la conquista de los territorios adyacentes, como ocurrió con **Esparta**.

Cada polis contaba con un **núcleo urbano** y unas **tierras de cultivo** (*khora*) en las que trabajaban los ciudadanos. Su núcleo urbano tenía los siguientes elementos principales:

- El **ágora** era la plaza pública donde se desarrollaba la actividad de la ciudad y donde tenían lugar las reuniones de la Asamblea.
- La **acrópolis** era el punto más elevado de la ciudad donde acudían a protegerse los ciudadanos en caso de peligro. En ella se encontraban los **templos** dedicados a los dioses de la polis o a los héroes fundadores de la ciudad.

En ciudades como Corinto el **puerto** alcanzó gran protagonismo como elemento central de la ciudad, y en la Atenas de la época clásica el **teatro** fue uno de sus puntos clave.

DOC. 2

La estructura de la polis

Estructura de una polis griega.

Observa el dibujo y la imagen

9. Localiza y explica los principales elementos que constituían el espacio físico de la polis.

2.2. Un estado de ciudadanos

La idea de polis hace hincapié no tanto en un espacio físico determinado como en el hecho de que era una **comunidad de ciudadanos** que vivían junto a sus mujeres e hijos, compartiendo territorio con la población de extranjeros libres, los **metecos** en Atenas y los **periecos** en Esparta, además de con los **esclavos**.

Cada polis poseía unas **leyes** y un **sistema de valores propios**, así como una gran voluntad de **independencia** y **libertad** con respecto a las restantes *poleis*.

A pesar de ello, casi todas las *poleis* contaron con unas instituciones políticas muy parecidas: una **Asamblea**, un **Consejo** y una serie de **magistraturas** encargadas de llevar a la práctica lo que se decidía en aquellas.

Sabías que...

Se hablaba de la "polis de los corintios", "de los atenienses" o "de los espartanos" en lugar de Corinto, Atenas o Esparta, dando a entender que la ciudad la constituían sus habitantes, no el espacio físico que ocupaban.

2.3. Las instituciones políticas de Atenas

X no se estudia

La democracia ateniense funcionaba gracias a una serie de **instituciones** en las que participaban todos sus ciudadanos. Los órganos de gobierno de la ciudad eran los siguientes:

- La ***Boule*** o **Consejo**, formado por 500 ciudadanos elegidos por sorteo, se encargaba de elaborar y presentar las leyes que luego se debatían en la Asamblea.
- La ***Ekklesia*** o **Asamblea** era el órgano de gobierno fundamental, ya que se encargaba de elegir los distintos cargos políticos, establecer las leyes o llegar a acuerdos con otras *poleis*.
- Las **magistraturas** más importantes eran las de los **arcontes*** (nueve miembros), el cargo político principal, y las de los **estrategos** (diez), que cumplían funciones militares y de gobierno.
- La ***Heliea*** era el tribunal de justicia que contaba con un jurado popular de seis mil ciudadanos mayores de 30 años. El antiguo tribunal del **Areópago**, en manos de los aristócratas, pasó a encargarse en exclusiva de los delitos de sangre.

(no se estudia)

2.4. El sistema de gobierno de Esparta

X (no se estudia)

La forma de gobierno espartano no tenía equivalente en Grecia. En primer lugar, Esparta fue la única polis que mantuvo la figura del rey. De hecho existían **dos reyes** (**diarquía**) cuyas funciones eran principalmente militares y religiosas. Los órganos de gobierno más relevantes de Esparta eran:

- La ***Gerousia*** o **Consejo de ancianos**, estaba compuesta por 28 miembros mayores de 60 años. Su cometido era estudiar las cuestiones que más tarde se presentarían a la Asamblea.
- La ***Apella*** o **Asamblea**, se limitaba a aprobar o rechazar (no por votos, sino por aclamación, es decir, mediante gritos) las propuestas del Consejo.
- Los **éforos** ("inspectores") eran cinco magistrados elegidos entre el conjunto de ciudadanos por espacio de un año. Su poder era ilimitado y controlaban todos los detalles de la vida de los espartanos, incluidos los reyes.

Personajes

Pericles el ateniense

Nacido en torno al 495 a. C., Pericles fue el gran impulsor de la democracia ateniense.

Fue nombrado estratego con plenos poderes y reelegido continuamente hasta su muerte en el 429 a. C., fecha en la que murió a causa de la peste que asoló Atenas durante la Guerra del Peloponeso.

Bajo su mando Atenas alcanzó la hegemonía de Grecia, y se impulsó la construcción de los templos de la Acrópolis, llevando a la polis a un esplendor inigualable. Siempre se hacía representar con casco debido a que tenía una deformidad en su cráneo, por lo que era apodado "cabeza de cebolla".

Analiza

11. ¿Cuáles fueron las mayores contribuciones de Pericles a su polis?

12. Entra en **www.e-sm.net/cclaeso-10** y analiza la importancia de Pericles.

DOC. 3

Las virtudes de la democracia

Tenemos un sistema de gobierno que no envidia las leyes de otras ciudades, sino que más bien somos ejemplo para otros en vez imitadores de los demás. Su nombre es democracia porque el gobierno de la ciudad no depende de unos pocos, sino de muchos. De acuerdo con nuestras leyes, cada cual tiene los mismos derechos en las disputas privadas, y cada cual obtiene en la ciudad el reconocimiento que se merece no tanto por la clase social a la que pertenece como por sus méritos. Y aunque sea pobre, no se le impide por su poco renombre que haga algo en beneficio de la ciudad si puede hacérselo.

TUCÍDIDES (historiador ateniense): *Historia de la Guerra del Peloponeso*

Trabaja con el texto

10. En estas palabras que Tucídides pone en boca de Pericles, ¿cuáles son las virtudes de la democracia que se destacan?

* **Arconte:** (del griego *arkhon*, "jefe"): cada uno de los nueve magistrados que dirigían el gobierno de Atenas.

Actividades

Explica

13. ¿Cuáles eran las características de la polis griega?

14. ¿Qué habitantes de la polis carecían de plenos derechos?

15. ¿Qué semejanzas y qué diferencias encuentras entre las formas de gobierno de Atenas y Esparta?

Analiza

16. [LIBROSVIVOS.NET ➞ UD2 ➞ INTERACTIVOS ➞ 37. Realiza una actividad interactiva acerca de las instituciones políticas de Atenas y de Esparta.

3 La vida cotidiana en Grecia

Los ciudadanos griegos conversaban en el ágora, mientras se llevaba a cabo la vida comercial.

3.1. Un día en la vida de un hombre griego

Los griegos comenzaban sus actividades cotidianas a la **salida del sol**. En ciudades como Atenas, donde el ciudadano estaba implicado directamente en la vida política, estas actividades y las del campo son las que ocupaban la mayor parte de su tiempo. Sin embargo, las actividades manuales y comerciales quedaban en manos de los esclavos y de los considerados no ciudadanos.

La hora de mayor actividad en el **ágora** era el mediodía. El ágora o plaza pública era el centro de la vida griega y en ella los griegos disfrutaban de conversaciones y hacían circular las noticias de interés. Mientras, se trabajaba en los **talleres** y **tiendas** en los que se comerciaba con **productos artesanales y agrícolas**.

Sus períodos de actividad estaban marcados por las tres comidas que llevaban a cabo en el día:

- El ***akratismos***: un desayuno ligero consistente en pan mojado en vino y aceitunas o higos.
- El ***ariston***: a media mañana tomaban un pequeño almuerzo que consistía en verduras, queso fresco, pescado o legumbres. No solían consumir carne.
- El ***deipnon***: era el plato principal que se tomaba a la caída del sol.

3.2. La mujer en Grecia

Uno de los grandes defectos de las *poleis* griegas era que las mujeres no se consideraban ciudadanas de pleno derecho, por lo que no podían participar en las decisiones de la ciudad.

Su actividad se reducía al **ámbito familiar**, ya que su función principal era la **reproducción**. Ni siquiera en ese punto tenía poder de decisión, ya que era su padre o hermano quien, a una edad temprana, la entregaba en matrimonio a otro hombre. Desde ese momento la mujer vivía en el **gineceo***, donde se dedicaban a tejer, cocinar y al cuidado y educación de los niños.

Su papel de **administradoras del hogar** apenas les permitía salir de casa, salvo para acudir a los grandes **acontecimientos públicos**, como los festivales religiosos o las obras teatrales. Sin embargo no tenían acceso a los juegos atléticos que se celebraban en diversos puntos de Grecia.

En este sentido las **mujeres espartanas** gozaban de una **mayor libertad**, ya que podían asistir a los juegos que se celebraban en **Olimpia** y a los que se celebraban en honor de la **diosa Hera**.

Personajes

Las mujeres griegas en la política, la ciencia y el arte

A pesar de la reducida presencia pública de la mujer en Grecia, los campos de la ciencia, la cultura y la política se vieron notablemente enriquecidos por algunas destacadas mujeres.

Safo, llamada la "décima musa", fue la máxima figura de la poesía lírica griega. **Aspasia** influyó notablemente en la política de la época de máximo esplendor de Atenas. **Hipatia** fue una de las grandes mentes científicas de la Antigüedad, destacando en astronomía y en matemáticas. **Antígona**, protagonista de una tragedia **homónima***, se enfrentó a un gran dilema moral.

Investiga

17. Escoge una de las mujeres mencionadas e investiga acerca de su persona.

* **Gineceo:** (del griego *gyne*, 'mujer'): espacio del hogar donde las mujeres griegas desarrollaban su actividad.

Homónimo: (del griego *homos*, 'igual y *onoma*, 'nombre'): personas o cosas con un mismo nombre.

Antígona se enfrentó a uno de los grandes dilemas morales de todos los tiempos; debía decidir entre enterrar a su hermano (que había atacado la ciudad) enfrentándose a un castigo de muerte, u obedecer las leyes de la ciudad.

3.3. La economía de la polis

(no entra en el examen).

Incluso en las *poleis* con mucho comercio y producción artesanal, la actividad básica era la derivada de las **tierras de cultivo**. Sin embargo, en ciudades portuarias como Atenas y Corinto la **artesanía** y el **comercio** desempeñaban un importante papel.

Así pues, la economía de Grecia se basaba principalmente en:

- La **agricultura**. Los cultivos fundamentales eran el **trigo**, la **vid** y el **olivo**. El **aceite** era un producto muy apreciado, ya que no solo se consumía como alimento, sino que también se usaba para la higiene personal, el alumbrado e incluso como medicamento.
- La **artesanía**. Existían **talleres** familiares en los que se trabajaban los **metales**, las **telas** o **pieles**. Sin embargo, la abundancia de arcilla hizo que la **alfarería** se convirtiera en el sector artesanal más desarrollado. Los productos cerámicos, de gran calidad y bellamente decorados, llegaron a todos los rincones del Mediterráneo.
- El **comercio**. Los focos de comercio de la ciudad eran los propios talleres, pero también el **ágora**, a donde acudían los comerciantes a vender sus mercancías, y el **puerto**, donde se importaban y exportaban todo tipo de productos. Estos llegaban a **emporios** comerciales tan lejanos como **Ampurias**, en la Península Ibérica.

3.4. La actividad de esclavos y metecos

X (no se estudia)

Dado que la actividad manual gozaba de mala reputación, las tareas comerciales y artesanales quedaban principalmente en manos de los esclavos y de los extranjeros libres:

- Los **esclavos** eran hombres y mujeres que por nacimiento o por alguna circunstancia, como las deudas o la guerra, habían perdido la libertad, por lo que estaban al servicio de un amo o de la propia ciudad. Sin embargo, podían comprar su libertad con el salario que algunos recibían desempeñando oficios como el de profesor o el de médico.
- Los **hombres libres** no ciudadanos (los **metecos**) poseían algunos derechos pero no podían formar parte del gobierno de la polis. Se ocupaban de la artesanía y el comercio, llegando a amasar, en algunos casos, grandes fortunas.

La herencia clásica

El sistema monetario griego

La **dracma** griega era la moneda común en muchas *poleis*. En la Grecia moderna se usó su nombre para la moneda nacional durante los siglos XIX y XX. No obstante, la primera moneda griega fue el **óbolo**, que en realidad era una varita de hierro con la que se ensartaba la carne de los sacrificios.

Los seis óbolos que cabían en la mano formaban una **dracma** que precisamente significaba 'lo que se agarra'. Cien dracmas hacían una **mina** y seis mil dracmas un **talento**.

Investiga

19. Investiga en qué época se extendió el uso de la moneda. ¿Qué sistema se empleaba con anterioridad al uso de la moneda?

DOC. 4

¿Esclavos por naturaleza?

La utilidad de los animales domesticados y la de los esclavos son poco más o menos del mismo tipo. Ambos nos ayudan con su fuerza física a satisfacer las necesidades de nuestra existencia. La naturaleza misma lo quiere así, puesto que hace los cuerpos de los hombres libres diferentes de los de los esclavos, dando a estos el vigor necesario para las obras penosas de la sociedad, y haciendo, por el contrario, a los primeros incapaces de doblar su cuerpo para dedicarse a trabajos duros, destinándolos solo a las funciones de la vida civil, repartida para ellos entre las ocupaciones de la guerra y las de la paz.

ARISTÓTELES (filósofo griego): *Política*

Trabaja con el texto

18. Aristóteles expuso diferentes opiniones acerca de la esclavitud. ¿Con qué argumentos la defiende?

Actividades

Explica

20. Explica las diferencias que se establecían entre los hombres y las mujeres en Grecia.

21. ¿Cómo organizaba el hombre griego su actividad diaria?

22. ¿Cuáles eran las actividades económicas de la polis?

23. ¿Cuáles eran las diferencias fundamentales entre los ciudadanos, los esclavos y los metecos?

Relaciona

24. [LIBROSVIVOS.NET ➞ UD2 ➞ INTERACTIVOS ➞ 39. Establece las relaciones entre los grupos sociales y las características que les corresponden.

4 Educación y actividades ciudadanas

Detalle de una cerámica griega que representa unos juegos atléticos.

4.1. Las grandes celebraciones

Las **fiestas oficiales** de la polis tenían un **carácter religioso**, ya que estaban dedicadas a una divinidad en cuyo honor se hacían procesiones y ofrendas.

Las más antiguas y famosas de **Atenas** eran las **Panateneas**. Consistían en ofrendar a la diosa Atenea un **peplo*** que las mujeres habían tejido durante todo el año; el peplo era llevado hasta la diosa en una procesión que recorría toda la ciudad.

Fue en el contexto de las fiestas oficiales donde surgieron dos tipos de celebraciones que aún perduran en nuestra época:

- Las **representaciones teatrales** se solían celebrar en festivales en honor al dios **Dioniso** como el que tenía lugar en Atenas a comienzos de la primavera: las **Grandes Dionisias**, la festividad ateniense por excelencia.
- Los **juegos atléticos** unían no a una ciudad concreta, sino a todo el pueblo griego en las grandes citas deportivas que se celebraban periódicamente en diversos puntos de la geografía helénica. Los más importantes eran los que se celebraban en **Olimpia**.

* **Peplo:** túnica femenina.

Crátera: (del griego *krater*, 'vasija para mezclar'): vasija de gran capacidad en la que se mezclaba vino con agua.

Bajorrelieve de las Panateneas en el friso del Partenón.

4.2. El simposio

Entre las formas de ocio privado más populares de los griegos estaba el **simposio** o 'reunión para beber' en la que un grupo de amigos (exclusivamente hombres) se entregaban a la charla y a la bebida.

La reunión comenzaba a la caída de la tarde, a la hora del ***deipnon*** ('cena'), por lo que primero se dedicaban a saciar el hambre. Acto seguido comenzaba el *symposion* propiamente dicho:

- Se designaba un "jefe" del *symposion* que dictaba las reglas que se iban a seguir, como la proporción de la mezcla de vino y agua que beberían. Desobedecerle conllevaba ciertos castigos, como hacer que el infractor corriera desnudo por la sala.
- Recostados en lechos y después de derramar las primeras gotas de licor en honor a los dioses, procedían a rebajar en las **cráteras*** el fuerte vino con una proporción determinada de agua.
- La reunión se desarrollaba mientras disfrutaban del arte de las **flautistas** y las **bailarinas** contratadas para la ocasión y conversaban sobre un tema determinado o se entregaban al recitado de poemas y a juegos de ingenio y enigmas.

Historias y tradiciones

El juego del amor

Uno de los entretenimientos más populares en el banquete era un juego de habilidad llamado ***kottabos***. Consistía en lanzar contra un blanco determinado (un plato o un vaso) el vino que quedaba en la copa; mientras el chorro de vino volaba hacia su objetivo, el lanzador pronunciaba el nombre de la persona amada y, si acertaba, se consideraba un presagio favorable. A la hora de proclamar el vencedor del juego se juzgaba tanto su acierto como la elegancia en la forma de ejecutar el lanzamiento.

Analiza

25. Describe la escena del banquete que se representa en la imagen.

4.3. La *paideia*

La ***paideia***, palabra derivada de *pais* ('niño'), era el **ideal de formación** que los niños debían recibir para ejercer sus deberes y derechos ciudadanos, por lo que variaba en cada polis:

- En **Atenas** la educación era privada, por lo que hasta los siete años los niños quedaban al cuidado de la **madre**. Posteriormente acudían a una escuela acompañados del ***paidadogos***, el esclavo encargado de 'acompañar a los niños' y de formarles en valores personales. Las niñas, sin embargo, permanecían en casa.

  Aprender a **leer** era fundamental para conocer las leyes y así poder participar en el gobierno de la ciudad en edad adulta. También se aprendían de memoria versos de los poetas antiguos, en especial de Homero. La **música,** el **canto** y el **baile** eran materia de aprendizaje.

- En **Esparta**, la ciudad se hacía cargo de sus niños y niñas a partir de los **siete años**. Su educación era principalmente **física**, ya que estaba enfocada a convertirlos en **soldados**, si bien se daba importancia al aprendizaje de la **música**, el **canto** y la **danza**.

  Con este fin los **varones** eran sometidos a un **severo régimen de vida** en el que debían ir desnudos, descalzos y con la protección de un solo manto. El objetivo era que aprendieran a desenvolverse en situaciones extremas. Por su parte, la educación de la **mujer** estaba destinada a procrear y criar hijos que se convirtieran en soldados al servicio de Esparta.

4.4. El deporte en Grecia

Para los griegos el deporte constituía una de las bases fundamentales para la formación de los ciudadanos. Ya desde la infancia practicaban diversas disciplinas, especialmente la **lucha**, que era el deporte más popular.

En edades más avanzadas acudían al ***gymnasion***, un espacio público situado a las afueras de la ciudad, normalmente al lado de un río, al que los hombres iban a ejercitarse en las distintas disciplinas deportivas. Contaba con una **palestra***, una **pista de carreras**, un **vestuario**, un **almacén** y unos **baños**.

Los atletas competían **desnudos** (la palabra *gimnasio* deriva de *gymnos*, 'desnudo'), por lo que fue probablemente allí donde la desnudez se convirtió en un objeto digno de **representación artística**.

Musa griega.

* **Palestra:** (del griego *palaistra*, 'lugar de lucha'): edificio rectangular, normalmente integrado dentro de un gimnasio, en el que se desarrollaban distintas actividades deportivas.

Actividades

Investiga

27. Busca paralelismos entre la festividad de las Panateneas y las festividades religiosas de tu entorno.

Analiza

28. ¿Crees que la educación en Atenas y Esparta se ajustaba a las necesidades de sus ciudadanos? Razona tu respuesta.

29. Explica las principales diferencias de la educación en Atenas y en Esparta.

30. [LIBROSVIVOS.NET➞UD2➞RECURSOS➞41]. Amplía tus conocimientos sobre la educación en Grecia y realiza algunas actividades.

La herencia clásica

Los juegos de pelota

Los juegos de pelota ofrecían un carácter tanto lúdico como competitivo. Con pelotas fabricadas con vejigas de animales o con cuero relleno de plumas, los griegos jugaban a la ***urania***, juego en el que lanzaban al aire la pelota con el objetivo de atraparla de un salto.

En el ***episkyros*** dos equipos repartidos en sendas zonas de un terreno de juego pugnaban por hacer que la pelota traspasara la línea de fondo defendida por el equipo rival.

En el ***harpaston*** los contrincantes trataban de arrebatarse la pelota mediante férreos placajes con el fin de llegar a una línea de meta con el balón en las manos.

Investiga

26. Identifica qué juegos de pelota actuales son parecidos a los tres juegos de pelota griegos citados.

EN RESUMEN

POLÍTICA GRIEGA — cuenta con → **SISTEMAS DE GOBIERNO**

- **Aristocracia u oligarquía**
  - Eran excelentes guerreros.
  - Participaban en las olimpiadas por su espíritu de lucha, competición y prestigio.
  - Se reunían en simposios.
- **Tiranía**
  - Eran déspotas.
  - Contribuyeron al desarrollo cultural.
- **Democracia**
  - Los ciudadanos participaban en la Asamblea.
  - Estratego.
  - Elección de cargos por sorteo.
  - Defectos de la democracia: personas excluidas.

POLÍTICA GRIEGA — se organiza en:

- **Legisladores**
  - Dracón.
  - Solón.
  - Licurgo.
- **LA POLIS GRIEGA** → **Estado de ciudadanos**
  - Instituciones en Atenas: *Boule*, *Ekklesia*, magistraturas, *Heliea*.
  - Instituciones de Esparta: *Gerousia*, *Apella*, éforos.

SOCIEDAD GRIEGA

- **Vida cotidiana**
  - El hombre y la mujer en Grecia.
  - Los esclavos y metecos (Atenas) o periecos (Esparta).
  - La economía de la polis: agricultura, artesanía, comercio.

- **Fiestas y educación**
  - Grandes celebraciones: representaciones teatrales y juegos atléticos.
  - El simposio (reunión para beber y conversar).
  - La *paideia*: en Atenas y en Esparta.
  - El deporte en Grecia. El *gymnasion*.

OTROS RECURSOS

CINE

- *Ágora* (2009), dirigida por Alejandro Amenábar.
  En el siglo IV d. C. Egipto se encuentra bajo el dominio del Imperio romano. Las violentas revueltas religiosas en las calles de Alejandría alcanzan a su legendaria Biblioteca.
  Atrapada tras sus muros, la brillante astrónoma Hipatia lucha por salvar la sabiduría del mundo antiguo con la ayuda de sus discípulos. Entre ellos, los dos hombres que se disputan su corazón: Orestes y el joven esclavo Davo, que se debate entre el amor que le profesa en secreto y la libertad que podría alcanzar uniéndose al imparable ascenso de los cristianos.

LIBROS

- GOLDSACK, Gaby: *Antigua Grecia*. Madrid, Ediciones SM, 2009.
  Ciudades-estado como Atenas, con su rica vida política y cultural; Esparta, de enorme poderío militar; Corinto, con su floreciente economía... En este libro descubrirás cómo nació la antigua Grecia, una potencia que dominó el mundo conocido mediante el comercio y la conquista militar.

INTERNET

- **www.e-sm.net/cclaeso-11**
  Una página en la que se viaja en un crucero desde Mileto hasta Atenas con multitud de recursos para conocer el mundo griego (fichas, imágenes, etc).

31. Señala en tu cuaderno si las siguientes afirmaciones son verdaderas o falsas y escribe correctamente las que sean falsas.

- **a.** Las *poleis* griegas estaban unidas entre sí por vínculos políticos.
- **b.** Los tiranos eran altruistas y humanitarios.
- **c.** Esparta fue la única ciudad que mantuvo reyes en el gobierno.
- **d.** Las *poleis* tenían unas instituciones políticas parecidas: Asamblea, Consejo y varias magistraturas.
- **e.** El *deipnon*, la comida principal griega, se tomaba a primera hora del día.

32. Lee el siguiente texto y responde a las preguntas.

Como Harmodio había rechazado los amores de Hiparco, este lo humilló de este modo: invitó a una hermana suya, aún doncella, a participar en las Panateneas, pero luego la despidieron por considerarla indigna de ese honor.

En venganza, Harmodio y su íntimo amigo Aristogitón esperaron a que llegara la festividad, ya que era el único día en que no era sospechoso que los participantes en ella portaran armas. Encontrándose a Hiparco, cayeron sobre él de improviso y lo golpearon hasta matarlo. Aristogitón consiguió escapar a su guardia personal, aunque luego lo atraparon; pero Harmodio pereció allí mismo.

TUCÍDIDES: *Historia de la Guerra del Peloponeso*

- **a.** ¿Qué eran las Panateneas?
- **b.** ¿Qué quería insinuar Hiparco considerando a la hermana de Harmodio indigna de participar en las Panateneas?

33. Localiza en el mapa las ciudades con las que relacionar estos festivales, instituciones o personas:

Paideia, *Boule*, *Apella*, Licurgo, Solón, juegos olímpicos, Panateneas, periecos, metecos, Grandes Dionisias.

34. Busca el significado de las siguientes palabras que derivan de *polis*: necrópolis, acrópolis, megalópolis, metrópolis.

35. Relaciona estas palabras con sus definiciones: polis, oligarquía, *Apella*, tirano, legislador, *Ekklesia*, arconte.

- **a.** Territorio formado por varios núcleos de población en el que vivía una comunidad de ciudadanos con sus mujeres e hijos.
- **b.** Sistema de gobierno en que el poder se reparte entre unas pocas familias.
- **c.** Ciudadano que ejerce la máxima magistratura en Atenas.
- **d.** Ciudadano que toma el poder por la fuerza con la ayuda de las clases menos favorecidas.
- **e.** Encargado de redactar las leyes de una ciudad.
- **f.** Asamblea de Atenas.
- **g.** Asamblea de Esparta.

36. Observa esta pintura de una escena de la vida en Esparta y responde a las preguntas.

- **a.** ¿Con qué atuendo se practicaba el ejercicio? ¿Hacían deporte las mujeres?
- **b.** ¿Qué crees que hacen los adultos (al fondo de la imagen)?

37. Relaciona las siguientes características políticas con el régimen (democrático, tiránico o aristocrático) en que tenían lugar en la antigua Grecia.

- **a.** Hay libertad de expresión.
- **b.** Los magistrados se eligen por sorteo.
- **c.** La Asamblea es soberana.
- **d.** El poder protege a los artistas.
- **e.** La clase dirigente se reúne en simposios.
- **f.** Existe el ostracismo.
- **g.** Los ciudadanos son iguales ante la ley.
- **h.** Los miembros de las mejores familias son guerreros.

AUTOEVALUACIÓN

38. [LIBROSVIVOS.NET ➞ UD2 ➞ AVERIGUA LO QUE SABES ➞ 43. Comprueba lo que has aprendido a través de las actividades interactivas propuestas.

Taller de Lectura

Las olimpiadas

Los actuales juegos olímpicos derivan de las competiciones deportivas de la antigua Grecia. Los griegos celebraron la primera olimpiada en el año 776 a. C., como parte de unas competiciones atléticas durante el festival religioso de Zeus en la ciudad de Olimpia. Debido a su fama, pronto se convirtió en un festival panhelénico* que se celebraba cada cuatro años. En la actualidad las olimpiadas ya no tienen lugar dentro de un festival religioso, pero conservan algunos aspectos y el espíritu olímpico de la Antigüedad.

LEE Y CONOCE

EL SIGNIFICADO DE LOS JUEGOS. La importancia de estos juegos se reflejaba en el hecho de que, en caso de guerra, se declaraba una tregua sagrada para celebrarlos. Su origen tal vez se encuentre en las competiciones en honor a alguna personalidad importante en el momento de su funeral, como se refleja en la *Ilíada*, donde Aquiles organiza unos juegos en honor de su amigo Patroclo. Los juegos fueron impulsados por los aristócratas, que veían en ellos una oportunidad de exhibir su espíritu competitivo y su supremacía en todas las pruebas, sobre todo en las carreras de carros, la más espectacular de todas.

Atletas griegos disputando una prueba.

Juegos funerales en honor de Patroclo

Entonces Aquiles estableció los premios para el pugilato; llevó ante los griegos una robusta mula y para el perdedor depositó allí una copa de doble asa. Acto seguido, se puso en pie entre los griegos y pronunció estas palabras: "¡Animemos a los dos mejores guerreros a que combatan a golpes por estos premios, de modo que a quien los griegos reconozcan como vencedor regrese a su tienda con la robusta mula, y que el perdedor se lleve en cambio la copa de doble asa!".

HOMERO (poeta griego): *Ilíada*

▶ ¿Qué tipo de premio recibían los participantes? ¿Qué valor crees que le daban?

Las pruebas atléticas

Todas las pruebas que tenían lugar en los antiguos juegos se siguen practicando de una u otra manera en la actualidad. Junto a las carreras de carros y de caballos, destacaban las pruebas de fuerza como el pancracio y el boxeo. El pentatlón* comprendía el lanzamiento de disco y de jabalina, así como el salto (que se hacía con unas pesas en las manos), la carrera y la lucha. Alguna modalidad de carrera se practicaba con una armadura de 30 kg.*

▶ ¿Cuáles de las pruebas citadas se siguen practicando?

Oda a un vencedor olímpico

Soberanos de la lira, ¿a qué dios, héroe u hombre hemos de cantar ahora? Fue Heracles quien estableció las Olimpiadas con sus hazañas, pero es a Terón a quien, gracias a su victoria en la carrera de carros, se le debe cantar en este momento. Un hombre justo, piadoso con sus huéspedes, gran defensor de la ciudad de Acragas, el más glorioso y el que ha enderezado el rumbo de la ciudad, como buen hijo de sus afamados padres.

PÍNDARO (poeta griego): *Odas Olímpicas*

▶ El poeta Píndaro componía por encargo sus poemas de victoria, ¿a qué clase social crees que pertenece el vencedor? Justifícalo con el texto.

VOCABULARIO

- **Panhelénico:** (del griego *pan*, 'todo' y *hellenikos*, 'griego'): relativo al conjunto de los griegos.
- **Pancracio:** (del griego *pan*, 'todo' y *kratos*, 'poder'): tipo de lucha en la que estaban permitidos todo tipo de golpes.
- **Pentatlon:** (del griego *penta*, 'cinco' y *athlon*, 'prueba'): deporte que constaba de cinco especialidades.

EL SANTUARIO DE OLIMPIA. Olimpia era la sede del gran festival religioso dedicado a Zeus. En un bosque consagrado a este dios, Zeus se manifestaba mediante un oráculo a través del fuego que encendía el vencedor del pentatlón, lo que da origen a la actual llama olímpica. En el siglo V a. C. se construyó un templo cuyos restos aún se conservan. En su interior había una estatua del dios esculpida por Fidias, que se consideraba una de las siete maravillas del mundo.

EXPLORA UN TEXTO LOS VALORES DEL OLIMPISMO

En junio de 1894 el barón Pierre de Coubertin (1863-1937), pedagogo e historiador, creó el Comité Olímpico Internacional con el objetivo de revivir los antiguos juegos olímpicos bajo el lema: "Lo importante en la vida no es vencer, sino luchar bien". Los principios del olimpismo quedaron plasmados en la *Carta olímpica* en la que se exponen los principios y reglas fundamentales que definen el espíritu olímpico. Este debe guiar a los deportistas tratando de que estos valores se trasmitan al conjunto de la sociedad.

Carta olímpica

El Olimpismo es una filosofía de vida que exalta las cualidades del cuerpo, la voluntad y el espíritu. Aliando el deporte con la cultura y la educación, el Olimpismo se propone crear un estilo de vida basado en la alegría del esfuerzo, el valor del buen ejemplo y el respeto por los principios éticos fundamentales universales.

El objetivo del Olimpismo es poner siempre el deporte al servicio del desarrollo armónico del hombre, con el fin de favorecer el establecimiento de una sociedad pacífica y comprometida con el mantenimiento de la dignidad humana. Para ello, el Movimiento Olímpico lleva a cabo, solo o en cooperación con otros organismos y dentro de sus posibilidades, acciones a favor de la paz.

El Movimiento Olímpico tiene por objetivo contribuir a la construcción de un mundo mejor y más pacífico, educando a la juventud a través del deporte practicado sin discriminación de ninguna clase y dentro del espíritu olímpico, que exige comprensión mutua, espíritu de amistad, solidaridad y juego limpio.

La actividad del Movimiento Olímpico, simbolizada por cinco anillos entrelazados, es universal y permanente. Abarca a los cinco continentes y alcanza su punto culminante en la reunión del mundo en el gran festival del deporte que son los Juegos Olímpicos. La práctica del deporte es un derecho humano.

Rafael Nadal, medalla de oro en los juegos olímpicos de Pekín (China) en 2008.

Comprende

El desarrollo de las cualidades físicas debe ir unido a unos valores éticos y al desarrollo de otros aspectos de la personalidad, como la educación y la cultura. De este modo la práctica del deporte es un derecho de todo ser humano.

1. ¿Por qué el deporte se relaciona con los principios éticos fundamentales?

Como en la antigua Grecia, el olimpismo entiende que en el desarrollo total de la persona tiene que tener cabida la educación física. Se trata de una labor que ha de comenzar desde la juventud.

2. ¿Por qué el deporte es fundamental para el desarrollo de la persona?

De igual manera que en la antigua Grecia los juegos olímpicos suponían una tregua en los conflictos armados, una sociedad con valores nos acercará al ideal de una convivencia pacífica.

3. ¿Crees que los valores que inculca el deporte pueden ser comunes en todas las culturas y sociedades?

El movimiento olímpico pretende, como queda expresado en sus anillos, que sus valores alcancen todos los rincones y que estos se pongan de manifiesto en toda ocasión, especialmente en la celebración de unos juegos abiertos a la participación de todas las naciones.

4. ¿Puede el deporte unir a las naciones?

Concluye

El desarrollo de una personalidad armónica en el plano físico, espiritual e intelectual pone a los hombres y mujeres en condición de formar una sociedad con valores personales y colectivos.

5. Explica cuáles son los valores fundamentales que promueve el deporte.

Los deportistas que admiramos en la actualidad se han convertido en mitos modernos. Pero son admirados no solo por sus logros deportivos, sino también por el esfuerzo que han realizado para conseguir sus retos.

6. Busca información de un deportista al que admires e investiga cuál ha sido su camino para conseguir sus retos.

Analiza la información

1. ¿Crees que la educación es fundamental para el desarrollo del ser humano? ¿Por qué piensa Platón que el conocimiento es imprescindible para organizar la vida social?

2. ¿Por qué pensaba Platón que debían gobernar los mejor preparados y los más sabios? ¿Qué ventajas e inconvenientes crees que tiene este modelo?

Valora la vida saludable

3. Investiga acerca de las estatuas del *Discóbolo* y el *Diadúmeno*. ¿Qué rasgos presentan en común?

4. ¿Es comparable la presencia que tenían en el arte los atletas griegos con la que nos proporciona el deporte hoy en día? Razona tu respuesta.

5. Los deportistas son un referente para la sociedad. ¿Crees que deben trasmitir valores al margen de las satisfacciones que nos proporcionan con sus victorias?

1 El modelo ideal de gobierno

Para los filósofos griegos Platón y Aristóteles, la educación era fundamental para el desarrollo intelectual, moral y social del ser humano. Según Platón, la vida del ser humano, sin educación, se queda sin horizonte. Sin conocimiento es imposible organizar la vida social y la política. Por ello, propuso un modelo educativo que incluía conocimientos científicos, filosóficos, morales y actividad física.

Asimismo propuso que debían gobernar los mejor preparados y, en su opinión, los más aptos para el gobierno eran los intelectuales y los sabios. Por eso pensaba que el mejor régimen de gobierno era una aristocracia en la que el mando correspondiera al más sabio, prudente y honrado de los ciudadanos. Y si no era posible encontrar un rey ideal, el poder del monarca se sustituiría por las leyes.

El gobierno de los filósofos

A menos que los filósofos reinen en los Estados, o los que ahora son llamados reyes y gobernantes filosofen de modo genuino y adecuado, y que coincidan en una misma persona el poder político y la filosofía, y que se prohíba rigurosamente que marchen separadamente, no habrá fin de los males para los Estados ni tampoco, creo, para el género humano.

PLATÓN: *República*

Platón

2 El culto al cuerpo y al espíritu

Para los griegos la belleza del cuerpo y del espíritu iban unidas. Su ideal era el hombre *kalokagathos* ('bueno y hermoso'), por lo que empezaron a representarlo artísticamente en obras como el ***Discóbolo*** ('lanzador del disco') o el Diadúmeno (un atleta anudándose en la cabeza la cinta que indica su victoria). Ambas estatuas representan el equilibrio y la armonía entre el cuerpo y el espíritu.

Las palabras de un filósofo atleta

Mientras son niños y muchachos deben ocuparse de una educación y de una filosofía adecuada a su edad y cuidar mucho sus cuerpos en su desarrollo, procurando así una valiosa ayuda a la formación intelectual.

PLATÓN: *República*

Platón era un gran atleta. De hecho su verdadero nombre era Aristocles, y "Platón" era un apodo que significaba 'de anchas espaldas'.

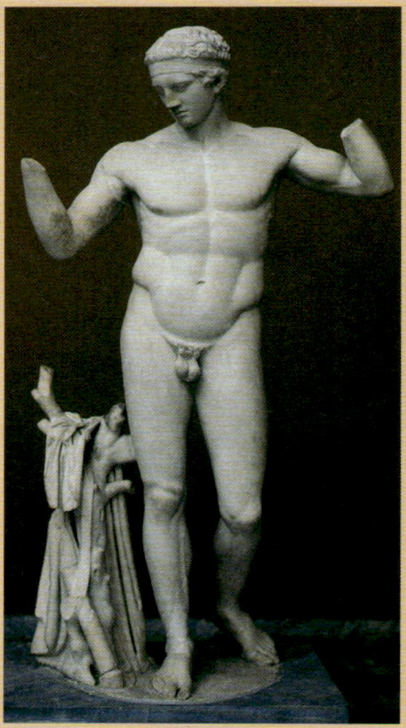

Diadúmeno

3 El origen de la palabra *idiota*

En la democracia ateniense era muy importante la participación de los ciudadanos en los asuntos públicos y eran muy criticados aquellos que los descuidaban. La palabra *idiota* significaba 'privado' y 'particular' en oposición a lo público o comunitario. Designaba de manera peyorativa a aquellos ciudadanos que solo se ocupaban de sus asuntos privados y descuidaban los intereses públicos.

4 Las dos caras del tirano

Los hombres que concentraron el poder sobre su sola persona fueron a la vez queridos y odiados por sus súbditos. Tomaron medidas que proporcionaron prosperidad al Estado, pero a costa de disminuir las libertades del individuo. Populismo y demagogia son los términos empleados para describir esta actitud política. Para Aristóteles, la democracia sin educación degeneraba en anarquía y demagogia.

Pisístrato, tirano de Atenas

Lo que más se elogiaba de Pisístrato era su carácter popular y humanitario. Le gustaba hacer las cosas de acuerdo con las leyes, sin cometer ningún exceso. Cierto día fue citado ante el tribunal por un proceso de pena de muerte, y acudió allí a defenderse. Sin embargo, el que lo había acusado, se asustó y abandonó el caso. Por este tipo de cosas permaneció largo tiempo en el poder.

Aristóteles: *Constitución de Atenas*

5 La importancia de la retórica

La participación en los asuntos públicos requería una especial habilidad para expresar las propias opiniones y capacidad para convencer con los argumentos. Era importante persuadir con el arte de la palabra y por ello había que ejercitar este arte.

Los primeros en desarrollar la retórica (arte de hablar bien en público) fueron los sofistas (siglo v a. C.). Estos enseñaban a los ciudadanos este arte a cambio de una retribución. El método de los sofistas no era buscar la verdad, sino utilizar las palabras para persuadir, convencer y deleitar. Esto fue muy criticado por los filósofos de la época.

Gorgias

La finalidad de la retórica

Gorgias: *Toda la ciencia de las demás artes se ocupa, por decirlo así, de acciones manuales y otras actividades semejantes. De la retórica, en cambio, no sale ningún producto manual, sino que toda su actividad y eficacia se efectúa por medio de las palabras. Esta es la razón por la que yo considero a la retórica un arte versado en las palabras, en definición exacta, según afirmo.*

Platón: *Gorgias*

Reflexiona sobre el lenguaje

6. Busca en un diccionario el significado actual de la palabra *idiota*. ¿Tiene el mismo significado?
7. Averigua el origen de las palabras *populismo* y *demagogia*. Pon ejemplos de acciones que puedan ser consideradas populistas por parte de un político.

Trabaja en grupo

8. Analiza con tus compañeros la información de estas páginas y debate sobre las siguientes cuestiones.
   - La demagogia es una forma de manipulación. ¿Cómo pueden los ciudadanos evitarla?
   - ¿Es posible tener prosperidad sin libertad?
   - ¿Tiene en la actualidad la misma importancia participar en la política como tenía en la Antigüedad? En España no es obligatorio votar en las elecciones, investiga en qué países sí es obligatorio.
   - Si los ciudadanos no participan en la política, ¿crees que pierde sentido la democracia?
   - ¿Qué cualidades crees que debe tener un buen político?

APRENDE A PENSAR

Compartid vuestras opiniones en el blog: **www.clasica20.aprenderapensar.net**, participando en el debate acerca de las cuestiones planteadas en la actividad 8.

3

Roma: doce siglos de historia

Aprenderás...

1 Qué es histórico y qué es legendario en los orígenes de Roma.

2 Cómo se desarrolló la República romana.

3 Cómo se pasó de la República al Imperio.

4 En qué consistió el Imperio romano.

▶ Qué importancia ha tenido Roma, y por qué se denomina la "ciudad eterna".

Serás capaz de...

→ Valorar de forma crítica la información histórica.

→ Comprender textos históricos y analizar su lenguaje.

→ Integrar la nueva información con tus conocimientos y experiencia.

→ Calcular las fechas en el antiguo calendario romano.

DESARROLLA TUS COMPETENCIAS

Leyendas de Roma: una ciudad con ombligo

El Foro romano es una zona llana en el centro de Roma, situada entre las colinas del Capitolio y el Palatino. En el Foro se encuentran los principales edificios públicos y algunos de los templos más antiguos de Roma. Uno de los elementos más curiosos del Foro es el "ombligo de la ciudad" (*Umbilicus Urbis*).

Para fundar la ciudad de Roma, Rómulo hizo venir a algunos etruscos con el fin de que le enseñasen e iniciasen en ciertos ritos y ceremonias necesarios para la fundación. Excavó una fosa de forma circular donde se depositaron los primeros frutos de la tierra y todo aquello que fuese útil o necesario; además, cada uno de los presentes añadió un poco de tierra del lugar del que procedía. Esta fosa recibió inicialmente el nombre de *Mundus*.

En tiempos del Imperio romano, el *Mundus* pasó a llamarse *Umbilicus Urbis*, el ombligo de Roma. Se consideraba el centro de la ciudad y el punto de contacto entre el mundo de los vivos y el mundo subterráneo de los muertos y los seres infernales.

En la actualidad queda una construcción de ladrillos con forma cilíndrica, como se puede ver en la siguiente foto.

- ¿Qué era el foro en una ciudad romana? ¿A qué espacio se corresponde en las ciudades griegas?
- ¿Qué significa actualmente la palabra "foro"?
- ¿Sabes quiénes eran los etruscos? ¿Qué relación tuvieron con Roma?

Analiza la imagen

En esta vista del Foro romano, ¿qué elementos arquitectónicos destacan? ¿A qué tipo de edificios crees que pertenecían?

1 Realidades y leyendas de los orígenes de Roma

Los latinos se mostraron siempre orgullosos de su origen campesino.

En el centro del mar Mediterráneo se encuentra la península itálica, el territorio en el que nació la civilización romana, que ha tenido una influencia fundamental en las culturas, lenguas, leyes y tradiciones de gran parte de Europa.

1.1. La península itálica

La civilización romana tuvo su origen en el siglo VIII a. C. en una pequeña aldea del centro de la península itálica. Abarcó más de doce siglos de historia y llegó a extenderse por parte de Europa, el norte de África y Asia occidental.

La situación de la península itálica en el centro del Mediterráneo favoreció, desde finales del segundo milenio a. C., la llegada de diferentes pueblos, en su mayoría de **origen indoeuropeo***.

- En el **centro** de la península se asentaron los **umbros**, los **sabinos**, los **oscos** y los **latinos**.
- En el **centro-norte** se encontraban los **etruscos**, que no eran indoeuropeos.
- Por el **sur** penetraron los **griegos**, que fundaron colonias en la llamada Magna Grecia (Sicilia y sur de Italia).
- El **norte** de la península fue ocupado siglos después por los **galos**, provenientes de Galia (Francia).

* **Indoeuropeo:** familia lingüística de origen común que se extiende desde la India hasta el occidente de Europa.

1.2. Los latinos: un pueblo de campesinos

Los latinos fundaron **Roma** en el centro-oeste de la península, en la región del **Lacio**. Al principio, toda la región estaba cubierta de bosques, y en los pocos claros se practicaba el pastoreo y la agricultura. El origen campesino de los latinos marcó la cultura romana: aunque hoy la consideremos como esencialmente urbana, los romanos siempre estuvieron orgullosos de sentirse "campesinos".

A comienzos del siglo VIII a. C., las **tribus latinas** que vivían dispersas, al verse amenazadas por otros pueblos, como los sabinos y los etruscos, formaron una **federación** y se refugiaron en las siete colinas que más tarde delimitarían la ciudad de Roma. El núcleo de esta federación de tribus fue un asentamiento en la **colina del Palatino**, en el centro de la actual Roma, cuya fundación según la tradición tuvo lugar en el año **753 a. C.**

La ciudad se encontraba en una posición estratégica, cerca del mar y entre dos grandes civilizaciones que tuvieron una influencia decisiva en su desarrollo: los etruscos al norte y las colonias griegas de la Magna Grecia al sur.

Sabías que...

El origen campesino de la cultura romana dejó su huella en la lengua. Así, por ejemplo, la palabra *pecunia* ('dinero') está relacionada con el ganado (*pecus*) y remite a la época en que se practicaba el trueque.

Historias y tradiciones

El enigma etrusco

El origen de los etruscos sigue siendo un misterio. Sabemos que no pertenecían a la familia indoeuropea y que en la época de la fundación de Roma estaban instalados en Italia central, en la región que más adelante recibirá el nombre de Toscana (de *Tusci*, 'etruscos' en latín).

Desde Toscana se extendieron hacia el norte y hacia el sur, hacia la región del Lacio, donde estaban los latinos, y aún más al sur, donde chocaron con los griegos.Su gran desarrollo cultural les hizo dueños del norte y centro de la península itálica desde el siglo VIII a. C. hasta el IV a. C. Aunque desaparecieron ante la presión de los galos y de los romanos, muchas de sus costumbres pervivieron en la cultura romana.

Pintura mural en un tumba etrusca.

Investiga

1. [LIBROSVIVOS.NET➡UD3➡RECURSOS➡50. Busca información sobre las diferentes teorías acerca del origen de los etruscos.

1.3. Los orígenes legendarios de Roma

Los orígenes de los latinos y de la ciudad de Roma se cuentan en diversas leyendas que tenían como objetivo relacionar la civilización romana con la cultura y las divinidades griegas.

- La **leyenda de Eneas**: según este relato, Eneas, héroe troyano hijo de la diosa Venus, huyó tras la derrota de Troya. Tras vagar por el Mediterráneo llegó a las costas del Lacio, donde luchó contra los pueblos que allí habitaban y acabó haciéndose con el poder. Más tarde, su hijo fundó la ciudad de **Alba Longa**, que fue el centro de los asentamientos latinos hasta la fundación de Roma.
- La **leyenda de la fundación de Roma**: según este mito, **Rómulo y Remo**, hijos del dios Marte y de una descendiente de Eneas, fueron abandonados nada más nacer en el río Tíber, pero una **loba** los salvó de la muerte y los crió. Cuando crecieron fundaron una ciudad en el mismo lugar en el que se habían criado. Tras una discusión, Rómulo mató a Remo y se convirtió en el **primer rey de Roma**.

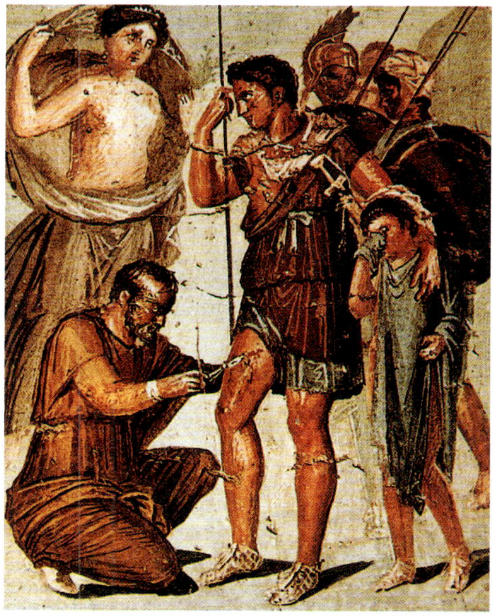

Eneas en una pintura mural de Pompeya.

1.4. La Monarquía (753-509 a. C.)

Según la leyenda, Rómulo dio comienzo a un **período monárquico** de gobierno. Los **reyes legendarios de Roma** fueron siete, los cuatro primeros latinos y los tres últimos etruscos.

- Los **reyes latinos** elaboraron las primeras leyes, consolidaron las fronteras y fomentaron el espíritu civil de los primeros romanos.
- Los **reyes etruscos** convirtieron la aldea que era Roma en una verdadera ciudad.

Durante el período etrusco se realizaron **importantes reformas sociales** y se impulsaron en la ciudad de Roma **obras públicas** de tipo civil (Circo Máximo), religioso (templos), militar (murallas) y de infraestructuras (Cloaca Máxima).

En esta etapa también se establecieron muchas **tradiciones culturales**. Algunas eran propias de los latinos y etruscos, como el culto a los antepasados o los ritos de adivinación, mientras que otras las tomaron de su contacto con los griegos del sur de Italia, como la escritura, la religión y los templos.

Actividades

Repasa

4. ¿Qué pueblos habitaban la península itálica en los orígenes?
5. ¿De los pueblos que habitaban la primitiva península itálica, cuáles eran indoeuropeos?
6. ¿Según las leyendas, de qué dos dioses descendían los romanos?

Analiza

7. ¿Qué importancia tuvieron los etruscos en la política y cultura romanas?

DOC. 1

El rapto de las sabinas

Roma era ya tan fuerte, que su potencial bélico estaba a la altura de cualquiera de los Estados vecinos; pero, debido a la falta de mujeres, su grandeza solo iba a durar una generación. Entonces Rómulo envió una embajada a los pueblos circundantes para presentarles una petición de alianza y de enlaces matrimoniales, pero la embajada no fue escuchada favorablemente.

La juventud romana tomó a mal este desprecio y la situación comenzó a apuntar claramente hacia una salida violenta. Con este fin, Rómulo organizó unos juegos solemnes en honor de Neptuno y ordenó que fuesen invitadas al espectáculo las poblaciones vecinas. De los sabinos acudió la población en masa, mujeres e hijos incluidos.

Cuando llegó la hora del espectáculo, se puso en marcha, según lo previsto, el golpe de fuerza: a una señal dada, los jóvenes romanos se lanzaron a raptar a las doncellas...

TITO LIVIO (historiador romano): *Historia de Roma desde su fundación*

J.-L. DAVID: *Rapto de las sabinas (detalle).*

Trabaja con el texto

2. ¿A qué problema se enfrentaban los romanos? ¿Qué solución buscaron?
3. [LIBROSVIVOS.NET ➟ UD3 ➟ PASO A PASO ➟ 51. Sigue leyendo el documento en la web del libro y responde a las preguntas que se plantean.

2 La República romana

Interior del Senado romano en el cuadro "La conjura de Catilina".

La palabra "**república**" es de origen latino (*res publica*) y significaba 'asunto público', es decir, aquello que afectaba a todos los ciudadanos, como el gobierno, la política y las leyes.

2.1. Un nuevo sistema de gobierno

A finales del siglo VI a. C. se expulsó a los etruscos, terminó la Monarquía y comenzó la **República**, que fue el período más decisivo de la historia de Roma, ya que en él se pusieron los cimientos de su futuro poder. El poder del rey pasó a **dos cónsules***, que eran elegidos cada año entre los **patricios***.

En los primeros tiempos de la República, Roma tuvo que hacer frente a dos graves problemas que ponían en peligro su estabilidad.

- La **crisis económica**: al expulsar a los etruscos de su gobierno, Roma quedó fuera de las redes comerciales que le proporcionaba el poder etrusco y sufrió un importante empobrecimiento.
- La **crisis social**: la decadencia del comercio y la crisis económica intensificaron las luchas sociales. Por un lado, los **patricios** disponían de todo el poder político y económico. Por otro, los **plebeyos*** no tenían acceso al gobierno y se habían empobrecido. Los plebeyos se sublevaron y los patricios tuvieron que recompensarles económicamente y crear una **nueva magistratura*** exclusivamente plebeya, el **tribuno de la plebe**.

* **Cónsul:** máximo cargo de gobierno en la República romana.

Patricio: miembro de una de las familias aristocráticas de las que procedían los senadores.

Plebeyo: miembro de la clase social popular.

Magistratura: en Roma, cargo con poder político.

2.2. La conquista de Italia y la expansión mediterránea

Cuando se restableció la paz, Roma continuó su **política de expansión**. Al comienzo los avances fueron lentos, pero en el siglo III a. C. fueron dominando toda la península: primero **Italia central**, zona bajo control de los **samnitas**; luego el norte, donde derrotaron a **etruscos** y **galos**; y por último el sur, de donde expulsaron a los **griegos**.

A comienzos del siglo III a. C., Roma, fortalecida por sus conquistas en Italia, inició su expansión por el Mediterráneo. Para ello tuvo que enfrentarse contra **Cartago**, una ciudad fenicia que se había convertido en la gran potencia comercial del Mediterráneo. El conflicto entre romanos y cartagineses, conocido como **Guerras Púnicas** (de *Poenicus*, 'fenicio' en latín), duró más de cien años (264-146 a. C.) y permitió a Roma alcanzar el dominio del Mediterráneo occidental.

Roma también venció en las **Guerras Macedónicas** (siglos III-II a. C.) sobre las monarquías helenísticas y se extendió por Grecia. Además, a partir del siglo II a. C., Roma prosiguió con su expansión por **Hispania** y **Galia**.

DOC. 2

Aníbal

Durante la Segunda Guerra Púnica, los romanos se enfrentaron al general cartaginés Aníbal. Así lo describía un historiador romano:

Nadie tenía tanta audacia para afrontar el peligro, ni más sangre fría. Ninguna fatiga podía agotar su cuerpo ni vencer su alma; resistía igual el frío y el calor. De todos los jinetes y de todos los soldados de infantería era, de lejos, el mejor; iba el primero al combate y era el último en retirarse. Pero estas grandes cualidades contrastaban con vicios enormes: una crueldad inhumana, una perfidia más que púnica, ningún anhelo por la verdad, ni sentido de lo sagrado, ni temor de los dioses, ningún respeto por los juramentos ni escrúpulo religioso.

TITO LIVIO: *Historia de Roma desde su fundación*

El ejército de Aníbal contaba con elefantes de guerra. Con ellos llegó a las puertas de Roma.

Trabaja con el texto

8. Aníbal fue el gran enemigo de Roma, ¿crees que la imagen que da Tito Livio sobre Aníbal es objetiva? Razona tu respuesta.

DOC. 3

Las grandes conquistas de Roma

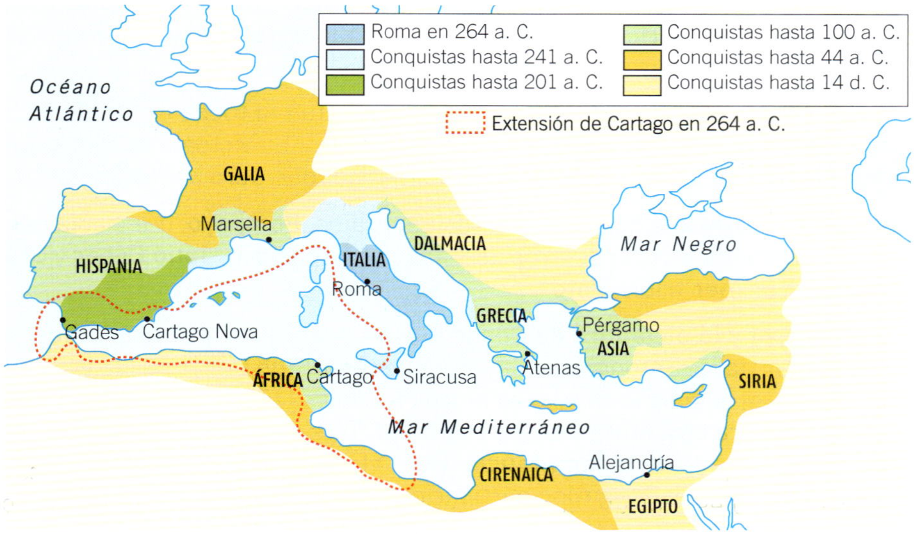

Trabaja con el mapa

9. ¿Qué territorios conquistaron primero los romanos? ¿Qué países actuales dominaban en el siglo I a. C.?

2.3. Tiempos de crisis

Las conquistas aportaron grandes riquezas, pero también **profundas crisis sociales y políticas**. Los **aristócratas** se habían hecho con la propiedad de las tierras, y los **caballeros***, con el comercio. Frente a ellos, los plebeyos de Roma y de los campos vivían en una situación económica crítica.

En el siglo II a. C., los **hermanos Graco**, tribunos de la plebe, apoyaron a los pobres y propusieron repartir tierras entre el pueblo, pero fueron asesinados. Este conflicto provocó la formación de un **partido popular** cuyos líderes se opusieron al partido senatorial hasta el final de la República.

2.4. La lucha por la ciudadanía romana

Uno de los problemas que supuso la conquista de nuevos territorios fue la situación jurídica de los ciudadanos que habitaban fuera de la ciudad de Roma.

En un principio, solo tenían **derecho a la ciudadanía romana** los que vivían en el territorio urbano. El resto de habitantes de la península, descontentos de verse excluidos de la ciudadanía, veían cómo sus territorios eran ocupados por colonos romanos, por lo que se sublevaron en el 91 a. C.: se iniciaba así la **guerra social**.

La revuelta fue tan feroz, que la nobleza romana no tuvo más remedio que ceder ante sus demandas.

Así, la ciudad-estado de Roma se transformó en una nación: un conjunto de municipios organizados siguiendo el modelo de la *Urbs** (Roma). Entonces todos sus habitantes, salvo los esclavos, gozaron de la ciudadanía romana.

Soldados romanos en un relieve.

Historias y tradiciones

Tradición y modernidad

En la sociedad romana de finales del siglo III a. C. se produjo una gran transformación: la mentalidad tradicional romana, que defendía el viejo ideal de austeridad, se oponía a un nuevo modelo de vida más lujoso, por influencia del mundo griego y oriental.

Este enfrentamiento tuvo su máxima expresión en la derogación de la Ley *Oppia*, una ley que limitaba las muestras de lujo en las mujeres.

El conservador Catón defendió la ley: "Cuanto más se ensancha nuestro imperio, más me estremezco por temor a que todo esto nos esclavice en lugar de hacernos nosotros sus dueños".

La ley fue finalmente derogada y las mujeres, triunfantes, salieron a las calles luciendo sus joyas y vestidos más lujosos.

Analiza

10. ¿Qué quiere decir Catón cuando afirma que las conquistas esclavizan a los romanos?

* **Caballero:** miembro de la clase social de la que procedía la caballería romana en los tiempos de la monarquía. Debía poseer una determinada fortuna para pertenecer a ella.

***Urbs*:** 'ciudad'. Por lo general, en latín *urbs* hace referencia a la ciudad de Roma. DERIV. Urbe, urbano.

Actividades

Repasa

11. ¿Quién ejercía el poder en el sistema de gobierno republicano? ¿Qué magistratura era exclusivamente plebeya?

12. ¿Por qué querían ser ciudadanos romanos los demás italianos?

Investiga

13. [LIBROSVIVOS.NET→UD3→PASO A PASO→53. Investiga sobre la guerra social y los resultados de la misma.

3 De la República al Imperio

Espartaco lideró una rebelión de esclavos Ha sido tema de películas y novelas que veían en su figura un antecedente de las luchas obreras.

3.1. Las guerras civiles

Apenas superadas las crisis que habían provocado las nuevas conquistas, Roma se vio envuelta en un período de guerras civiles que acabaron con la República. Sus principales fases fueron cuatro.

- La **guerra entre Mario y Sila**. El primer episodio fue la lucha entre Mario, del partido de los populares, y Sila, de los aristócratas. La victoria de Sila supuso la instauración de una **dictadura*** bajo su mando, que duró pocos años.
- El **primer triunvirato**. En el 60 a. C., tres generales, **Pompeyo**, que había hecho frente a la revuelta de los esclavos liderada por Espartaco, **Julio César** y **Craso** formaron el **primer triunvirato***.
- La **guerra civil y la dictadura de César**. César alcanzó un gran poder después de conquistar Galia. Entonces el Senado, que temía que César se hiciera con el poder absoluto, eligió a Pompeyo como cónsul único (año 52 a. C.). Esto provocó una nueva **guerra civil** entre César y Pompeyo. Tras su victoria, **César** fue nombrado por el Senado **dictador vitalicio**. Pero el 15 de marzo del 44 a. C. (idus* de marzo) fue asesinado por los partidarios de la República.
- El **segundo triunvirato**. El asesinato de César desencadenó una nueva guerra civil que terminó con la formación del **segundo triunvirato**, integrado por **Marco Antonio**, **Octavio** y **Lépido**, que se repartieron el mundo romano.

  Pero de nuevo se produjo un enfrentamiento en el triunvirato: entre Octavio y Marco Antonio. Como Marco Antonio controlaba los territorios de Oriente, Octavio tuvo la habilidad de presentar el conflicto como una lucha de Roma contra un Oriente tiránico enemigo del pueblo romano. El desenlace tuvo lugar en la **batalla de Accio** (año 31 a. C.), en la que Octavio venció a Marco Antonio y Cleopatra. Octavio era desde aquel momento el único amo del mundo romano.

* **Dictadura:** en Roma, gobierno extraordinario en el que el Senado entregaba a una persona la autoridad suprema en los momentos difíciles, especialmente en caso de guerra.

Triunvirato: gobierno ejercido por tres hombres aliados entre sí.

Idus: en el calendario romano, el día 15 de marzo, mayo, julio y octubre, y el 13 de los demás meses.

3.2. Octavio Augusto, el primer emperador romano

En el año 27 a. C. Octavio fue nombrado por el Senado ***princeps*** (primer ciudadano) y ***Augustus*** (elegido por los dioses), dando comienzo oficialmente a un nuevo sistema de gobierno, el **Imperio**. Asimismo, se convirtió en ***imperator*** (jefe de todos los ejércitos).

El reinado de Octavio, conocido a partir de entonces como Augusto, duró cuarenta años, durante los cuales supo dar la impresión de que no imponía un sistema político y de que dialogaba con todos los representantes de la comunidad romana.

Palabras y expresiones

Alea iacta est

César, gobernador de la Galia, tenía a sus tropas acampadas junto al río Rubicón, en el norte de Italia. Este río marcaba el límite de su poder, ya que, según el derecho romano, ningún general podía cruzarlo con su ejército en armas. En Roma, su enemigo Pompeyo acababa de ser nombrado cónsul.

Según cuenta el historiador romano Suetonio, cuando se encontraban allí, apareció un hombre de gran belleza tocando una flauta. Todos se acercaron a verlo y el flautista tomó una trompeta y empezó a tocar una marcha militar y saltó hasta la otra orilla del río.

Aunque César no creía en los prodigios, interpretó el suceso como le interesaba y gritó a sus tropas: "Marchemos hacia donde nos convocan los prodigios de los dioses y la maldad de los enemigos. La suerte está echada (*alea iacta est*)".

Julio César en un cómic de Astérix.

Investiga

14. ¿Qué quiere decir la expresión "cruzar el Rubicón"? ¿Y la frase "la suerte está echada"?

3.3. La política de Augusto

Augusto se dio cuenta de que era necesario reconstruir el ideal romano que las guerras civiles habían desgastado. Para ello inició una política de recuperación dirigida hacia varios frentes.

- Recurrió a **grandes escritores**, como **Virgilio**, para crear mitos que justificasen la gloria de Roma y la legitimidad de su gobierno. Con el mismo fin, el historiador **Tito Livio** escribió la *Historia de Roma desde su fundación*.
- Respetó las **instituciones tradicionales**, como el Senado y las magistraturas, aunque las dotó de un **poder meramente simbólico**, ya que todo el gobierno se concentraba en su persona. Con el tiempo, el Senado se convirtió en un consejo, donde se reclutaba a los comandantes de los ejércitos y a los gobernadores de las provincias.
- Instauró un período de paz, la ***pax romana***, que duró dos siglos y durante la cual Roma logró una relativa estabilidad.
- Creó un ejército profesional y una guardia personal del emperador, la **Guardia Pretoriana**, que con el paso del tiempo adquirió un importante poder político.

Su largo reinado, junto con la astucia con la que llevó a cabo sus reformas, contribuyeron al éxito del régimen. Tras su muerte, en el 14 d. C., Augusto fue **divinizado**, instaurándose así una costumbre que repetirían sus sucesores.

Augusto tuvo mucho interés en que se escribiesen obras como la Eneida, *de Virgilio, que sirvieron para reforzar su poder y afirmar el origen divino de Roma.*

Personajes

Cleopatra, reina de Egipto

Cleopatra era la reina de Egipto, un país muy rico que interesaba mucho a los romanos. Por este motivo, aprovecharon la menor ocasión para intervenir en sus asuntos.

Julio César, seguramente con la idea de anexionar Egipto, se casó con Cleopatra. Tras el asesinato de César y durante el conflicto entre Octavio y Marco Antonio, este último le pidió ayuda a Cleopatra.

Del encuentro entre Marco Antonio y Cleopatra surgió una apasionada historia de amor. Pero después de la victoria de Octavio, Marco Antonio se suicidó y Cleopatra, viendo su futuro como esclava, eligió también morir. Según la versión más conocida, pidió a sus criadas que le trajeran una cesta con frutas y que metieran dentro un áspid, por cuyo veneno murió.

Cleopatra.

A Cleopatra se le ha atribuido una belleza excepcional, sin embargo, parece que sus rasgos eran más bien imperfectos, pues tenía una nariz prominente. Las razones de su atractivo eran otras, tal como relata el historiador griego Plutarco:

Cuentan que, en efecto, la belleza de Cleopatra no era, en sí misma, excesivamente exuberante como para subyugar a primera vista, pero su trato tenía un punto irresistible y su belleza, junto con ese atrayente don de palabra, y su carácter, que envolvía al que trataba, le proporcionaban una fascinación penetrante como un aguijón.

Analiza e investiga

15. Resume el papel que jugó Cleopatra en la política romana. ¿Por qué fue tan importante? ¿Qué ofrecía ella?

16. Busca imágenes de Cleopatra en el cine y en el cómic. ¿En qué películas o cómics aparece? ¿Por qué crees que ha sido un personaje tan atractivo?

DOC. 4

La mujer de Augusto

Augusto gobernaba el mundo, pero Livia gobernaba a Augusto. La mayoría de las mujeres tienen tendencia a poner un límite modesto a sus ambiciones, pero Livia era la única que no ponía límite alguno a las suyas. Por consejo suyo, Augusto logró que el Senado nombrase otras dos divinidades, a saber, la diosa Roma, que representaba el alma femenina del Imperio romano, y el semidiós Julio, el héroe de la guerra, que era Julio César en apoteosis.

ROBERT GRAVES: *Yo, Claudio*

Trabaja con el texto

17. Busca más información sobre Livia. ¿Crees que era ambiciosa o que estaba acostumbrada a conseguir lo que se proponía?

Actividades

Reflexiona

18. Resume las fases políticas del final de la República. ¿Por qué crees que cada triunvirato acabó en una lucha interna?

19. [LIBROSVIVOS.NET ➟ UD3 ➟ INTERACTIVOS ➟ 55. Realiza un ejercicio interactivo acerca de los cargos y títulos de Octavio al ser proclamado emperador.

Punto 3.

4 El Imperio romano |Etapas.|

DOC. 5

Memorias de Adriano

Mi abuelo descendía de una vasta línea de antepasados establecidos en España desde la época de los Escipiones. Hablaba el latín con un ronco acento español que me transmitió y que más tarde fue motivo de risa. Tenía conocimientos y la misma mezcla de prejuicios estrechos y añeja sabiduría que caracterizaron a Catón el viejo.

M. YOURCENAR: *Memorias de Adriano*

Trabaja con el texto

20. [LIBROSVIVOS ➟ UD3 ➟ PASO A PASO ➟56. Sigue leyendo en la web del libro y realiza las actividades que se proponen.

* **Gens:** linaje, familia, dinastía. DERIV. Gente.

A lo largo de la historia ha habido muchos imperios, pero la palabra "**imperio**" es latina (de *imperium*, "poder"), aunque los historiadores también la han aplicado a imperios anteriores al romano.

(no se estudia).

4.1. Las grandes dinastías imperiales (siglos I a. C. - II d. C.)

Para evitar luchas por el poder, Augusto fijó un sistema de sucesión por el cual el emperador elegía a su sucesor, que generalmente era un miembro de su propia ***gens****.

A lo largo de los primeros siglos del Imperio se sucedieron distintas dinastías, algunas de ellas interrumpidas por períodos de anarquía.

- La ***gens* Julio-Claudia** (27 a. C. - 68 d. C.), a la que pertenecía **Augusto**, continuó tras su muerte con **Tiberio**. Luego le siguieron varios emperadores que destacaron por su excentricidad y despotismo, como **Calígula**, que estaba loco, **Claudio**, que tenía fama de incapaz, y **Nerón**, el último de los descendientes de Augusto, cuyas ansias de grandeza provocaron su caída.
- Tras la muerte de Nerón hubo un año de luchas por el poder, conocido como "el **año de los cuatro emperadores**", que terminó con el ascenso de una nueva familia.
- La **dinastía Flavia** (69-96 d. C.). Durante este período, se creó una nueva aristocracia formada por antiguos oficiales y grandes burgueses de las provincias.
- La **dinastía de los Antoninos** (96-192 d. C.). **Trajano**, **Adriano** y **Marco Aurelio** fueron los principales emperadores de esta familia y trajeron al Imperio una etapa de estabilidad, de prosperidad y de florecimiento cultural.

  Pero fue la última fase de su esplendor, pues le esperaban tiempos de crisis y de declive en el siglo siguiente.

DOC. 6

Las fronteras del Imperio (siglos I a. C. - II d. C)

Augusto transmitió a sus sucesores la idea de que los límites del Imperio no debían ser modificados, de ahí que en lo sucesivo las conquistas fueran lentas y bastante limitadas.

Claudio inició la conquista de **Bretaña**, que concluyó Adriano. Trajano conquistó **Dacia** (actual Rumanía), **Armenia** y **Mesopotamia** (actual Irak).

A partir del siglo I d. C., el Imperio tuvo que crear un sistema defensivo ante la presión de los pueblos limítrofes. Este sistema, conocido como *limes* ('límite'), estaba formado por fortificaciones y murallas en los tramos fronterizos más amenazados: al norte de Britania, en Germania (entre el Rin y el Danubio) y en Oriente.

Trabaja con el mapa

21. ¿A qué países actuales corresponden las provincias romanas de Galia, Asia, África, Mauretania y Macedonia?

22. Investiga qué pueblos limítrofes presionaban sobre las fronteras del Imperio en Britania, Germania y Oriente.

4.2. La crisis del siglo III

En el siglo III el Imperio entró en una grave crisis provocada por varios factores.

- Los **ingresos del Estado disminuyeron** por el fin de la política de conquistas. Para hacer frente a esta situación, se incrementaron los impuestos, lo que ocasionó un empobrecimiento de la población. Como consecuencia, muchos ciudadanos **emigraron al campo**, donde buscaron trabajo como **colonos***.
- Las **grandes dimensiones del Imperio** hacían imposible el control de las provincias más alejadas de Roma, amenazadas por los pueblos extranjeros.
- El **ejército se convirtió en una pieza clave** para frenar los ataques exteriores, por lo que aumentó su **influencia**, hasta el punto de que sus generales nombraban y destituían a los emperadores.

Mosaico romano.

4.3. El ascenso del cristianismo y el fin del Imperio (siglos IV-V d. C.)

Durante los siglos I-III d. C., el cristianismo se fue extendiendo por todo el Imperio. Los cristianos se negaban a adorar al emperador, que para los romanos tenía carácter divino. Por esta razón, se les consideró delincuentes y fueron víctimas de **persecuciones**.

A pesar de las persecuciones, el número de cristianos siguió aumentando, aunque se vieron obligados a ocultarse y a celebrar sus reuniones de forma secreta, en casas privadas o en las **catacumbas***.

Tras la crisis del siglo III, la situación del Imperio era muy débil, por eso el emperador **Constantino** decidió reconocer oficialmente el cristianismo. Mediante el **Edicto de Milán** (año 313) legalizó la religión cristiana.

Además, para garantizar la conservación del Imperio, Constantino **creó una segunda capital, Constantinopla**, que se encontraba más cerca de las zonas conflictivas del Imperio: la frontera con Oriente y con los pueblos germánicos en los Balcanes.

Estos cambios fueron tan importantes que supusieron el principio del fin del mundo romano.

En el año 395, ante el temor de que la inestabilidad de la frontera se extendiese por todo el Imperio, el emperador **Teodosio** decidió **dividir el Imperio** en dos:

- El **Imperio occidental**, con capital en Roma, que sufrió la invasión y saqueo por parte de los pueblos germánicos en el 476. Así finalizaba la historia del Imperio romano.
- El **Imperio oriental**, con sede en Constantinopla, sobrevivió a las invasiones y se convirtió en el **Imperio bizantino**, que duró mil años más, hasta el final de la Edad Media.

Teodosio también tomó otra decisión trascendental: convirtió el cristianismo en la **religión oficial** del Estado.

Constantino fue emperador entre el año 306 y el 337.

* **Colono:** trabajador del campo que recibe protección y una tierra a cambio de entregar una parte de su cosecha al dueño de las tierras.

Catacumbas: subterráneos que en principio fueron lugares de sepultura. La palabra está formada por el término griego *kata*, 'debajo' y el latino *cumbo*, 'yacer', con posible influencia de la palabra "tumba".

Actividades

Repasa

23. Diseña una tabla con las principales dinastías imperiales de los siglos I a. C. - II d. C. e indica cuáles fueron los emperadores más importantes de cada una.

24. Resume el proceso de crisis y empobrecimiento que tuvo lugar durante el siglo III.

25. ¿Por qué el cristianismo fue perseguido por el poder imperial? ¿Cuándo y por qué se legalizó el cristianismo?

Investiga

26. [LIBROSVIVOS.NET → UD3 → RECURSOS → 57. Busca más información sobre la división del Imperio que realizó Teodosio. ¿Qué provincias correspondieron a cada mitad?

EN RESUMEN

HISTORIA DE ROMA

LOS ORÍGENES
- Realidad histórica → Pueblos en la península itálica:
  - Latinos, umbros, oscos, sabinos.
  - Etruscos.
  - Griegos.
- Leyendas →
  - Eneas.
  - Rómulo y Remo.

MONARQUÍA (753-509 a. C.)
- Reyes →
  - Latinos.
  - Etruscos.

REPÚBLICA (509-27 a. C.)
- Cónsules (patricios)
  Tribunos de la plebe (plebeyos)
- Expansión →
  - Conquista de Italia.
  - Guerras Púnicas.
  - Guerras Macedónicas.
- Guerras civiles →
  - El final de la República.

IMPERIO (27 a. C.-476 d. C.)
- Octavio Augusto y la *gens* Julio-Claudia →
  - El inicio del Imperio.
- Otras dinastías (Flavios, Antoninos)
- La crisis del siglo III
- Cambios en el siglo IV →
  - Constantino
    - Legalización del cristianismo.
    - Nueva capital: Constantinopla.
  - Teodosio
    - División del Imperio.
    - El cristianismo: religión oficial.

OTROS RECURSOS

CINE

- *Espartaco* (1960), dirigida por Stanley Kubrick.
  Cuenta la historia de un esclavo rebelde que lideró una guerra contra el poder de Roma con la intención de acabar con la esclavitud.
  Comienza con la condena a muerte de Espartaco, que se salva al ser comprado por un preparador de gladiadores. Tras los entrenamientos participa en luchas a muerte entre gladiadores, que terminan por desatar una rebelión abierta contra sus amos romanos.
  La historia de la rebelión, la guerra y su trágico final, contienen toda una reflexión sobre la libertad y el honor.

SERIES DE TELEVISIÓN

- *Roma*, (2005), producida por la BBC/HBO.
  Esta serie muestra la época de la transición de la República al Imperio a través de las vidas de algunas grandes figuras de la política romana así como de otros personajes comunes.

LIBROS

- WILDER, Thornton: *Los idus de marzo*, Barcelona, Edhasa, 2005.
  Se trata de una novela histórica construida a partir de las cartas intercambiadas entre sus protagonistas. Relata los hechos que llevaron al asesinato de Julio César en los idus de marzo (15 de marzo) del año 44 a. C., y aunque no pretende ser una reconstrucción histórica exacta, presenta una imagen creíble de Roma al final de la República.

ACTIVIDADES DE SÍNTESIS

27. Señala en tu cuaderno si las siguientes afirmaciones son verdaderas o falsas, y escribe correctamente las falsas.

a. Los latinos se extendieron por Italia, que hasta entonces no había estado habitada.

b. Roma fue gobernada al principio por una monarquía, luego por una república, y por último se convirtió en un imperio.

c. El Imperio romano dominó toda Asia y África.

d. Las invasiones cartaginesas pusieron fin al Imperio romano de occidente.

e. La dinastía de los Antoninos supuso un florecimiento económico y cultural.

f. Constantino refundó Bizancio como Constantinopla y Teodosio dividió el Imperio en dos.

g. El cristianismo se legalizó tras la desaparición del Imperio romano.

28. Escribe en tu cuaderno a qué números del mapa corresponden las siguientes provincias romanas. Egipto, Dacia, Siria, Britania, Hispania, Asia, Galia y Macedonia.

29. Lee el siguiente texto y responde a las preguntas.

El culto al emperador

El emperador, en vida, no es aun un dios, es un agente de la divinidad, el alma de este ser trascendente que es el Estado romano. Tal es la misión que le es confiada. Si se muestra digno de su misión, el pueblo romano lo divinizará definitivamente cuando haya acabado su vida terrestre. Se convertirá entonces en divus *y recibirá culto oficial. Así pasó con César y luego con Augusto. Pero ni Tiberio ni Calígula serán admitidos en este panteón; el juicio que se hizo de su reinado no lo permitió. Hubo así en la memoria de Roma "buenos y malos" emperadores; solo los primeros tuvieron templos y sacerdotes.*

PIERRE GRIMAL, *El Imperio romano*

a. ¿Se divinizaba a todos los emperadores romanos? ¿Por qué?

b. ¿Qué significa la palabra *divus*? ¿Qué palabra castellana deriva de *divus*?

30. Identifica estos personajes con su descripción y ordénalos cronológicamente: Cleopatra, Sila, Pompeyo, Trajano, Catón y Livia.

a. Emperador de origen hispano que emprendió la conquista de Dacia, Armenia y Mesopotamia.

b. Noble conservador, defensor de la moderación y enemigo del lujo.

c. Aristócrata que ejerció la dictadura después de la primera guerra civil.

d. Esposa del emperador, con gran influencia, que consiguió que se divinizase a Roma.

e. Reina de Egipto que estuvo ligada primero a Julio César y luego a Marco Antonio.

f. Miembro del primer triunvirato; se enfrentó a César cuando este cruzó el Rubicón.

31. Observa esta imagen de unas catacumbas romanas de los primeros siglos de nuestra era.

Explica qué eran las catacumbas, quiénes las utilizaban y con qué fines. ¿Por qué no podían usar lugares públicos o más visibles?

32. Relaciona los siguientes conceptos con su definición: Triunvirato, Augusto, dictadura, Imperator, Guardia Pretoriana y senador.

a. Guardia personal del emperador.

b. Jefe de todos los ejércitos.

c. Acuerdo en el que intervienen tres personas.

d. Elegido por los dioses.

e. Aristócrata miembro del consejo de ancianos o cámara de deliberación de Roma.

f. Magistratura que acumula todos los poderes y que es ejercida por una sola persona.

33. Copia este cuadro en tu cuaderno y complétalo.

	Duración del cargo	*Número de personas en el cargo*	*Siglo en el que aparece*
Rey	• • • •	• • • •	• • • •
Cónsul	• • • •	• • • •	• • • •
Emperador	• • • •	• • • •	• • • •

AUTOEVALUACIÓN

34. [LIBROSVIVOS.NET ➞ UD3 ➞ AVERIGUA LO QUE SABES ➞ 59.
Comprueba lo que has aprendido a través de las actividades interactivas propuestas.

Taller de Lectura

Roma, ciudad eterna

Roma fue el centro y el símbolo del poder político del Imperio. Muchas de sus ruinas están asociadas a una leyenda o suceso histórico. En la actualidad, el Ayuntamiento de Roma sigue celebrando el 21 de abril, día legendario de la fundación, el aniversario de la ciudad y, cada 15 de marzo, fecha de la muerte de César, los romanos llevan flores a su altar. Aquí se recogen algunos textos sobre ciertos momentos clave de la historia de la ciudad y un recuerdo de la eternidad de sus ruinas.

LEE Y CONOCE

La fundación de Roma

Rómulo y Remo.

Rómulo y Remo quisieron fundar una ciudad en el lugar en que habían sido abandonados y criados. Para que los dioses tutelares del lugar designasen por medio de augurios al que daría su nombre a la nueva ciudad y al que mandaría en ella una vez fundada, Rómulo escogió el Palatino y Remo, el Aventino.

Cuentan que Remo obtuvo augurio primero: seis buitres. Nada más anunciar el augurio, se le presentó doble número a Rómulo, y cada uno de ellos fue aclamado como rey por sus partidarios. Reclamaban el trono basándose, unos, en la prioridad temporal, y otros en el número de aves.

Remo, para burlarse de su hermano, saltó las nuevas murallas y, acto seguido, Rómulo, enfurecido, lo mató a la vez que lo increpaba con estas palabras: "Así muera en adelante cualquier otro que franquee mis murallas".

TITO LIVIO: *Historia de Roma desde su fundación*

▶ ¿Qué importancia crees que se dio en Roma a la frase que dijo Rómulo cuando mató a Remo?

Muerte de César.

Los idus de marzo

A César le fue anunciado por diferentes prodigios su futuro asesinato. Pocos días antes, se enteró de que unos caballos se echaron a llorar junto al río Rubicón, negándose a pastar.

Un adivino le recomendó que evitase cualquier peligro antes de los idus de marzo. Pero ese día acudió a la Curia haciendo caso omiso a las recomendaciones. Cuando se sentó, los conjurados le rodearon y le atacaron con puñales. Fue atravesado por veintitrés cuchilladas, y cuentan que solo acertó a decir, cuando se lanzó sobre él su protegido, Marco Bruto: "¿También tú, hijo?".

▶ ¿Qué tenían en contra de César sus asesinos?

▶ ¿Qué importancia tenía el río Rubicón en la vida de Julio César?

Templo de Venus y Roma. Dedicado a Venus, diosa del amor y madre de los latinos, y a Roma Eterna que representaba el alma del Imperio.
Este templo tenía doble fachada, por un lado se accedía al santuario de Roma y por el contrario al de Venus o Amor, es decir, "Roma" escrito al revés.

La ciudad en llamas

Como a Nerón le disgustaba la fealdad de los edificios viejos y lo estrecho y tortuoso de las calles, incendió Roma. Y es evidente que fue él quien ordenó el incendio, porque muchos varones consulares sorprendieron con estopa y antorchas a los ayudantes de Nerón, pero no se atrevieron a detenerlos. Y resultó también tan claro que Nerón había hecho lo mismo con unos almacenes situados cerca de su Casa Dorada, por que deseaba el terreno que ocupaban.

SUETONIO (historiador romano): *Vida de los Césares*

▶ ¿Por qué motivos decidió Nerón incendiar Roma?

EXPLORA UN TEXTO UNA VISIÓN DE LAS RUINAS DE ROMA

Tras la invasión de los bárbaros, la gloria de Roma solo sobrevivió como un recuerdo cada vez más lejano, hasta que, mil años después de su caída, los humanistas del Renacimiento volvieron a recordarla. El historiador inglés Edward Gibbon (1737-1794) retrata la emoción que sintieron dichos humanistas al visitar las ruinas de Roma y revivir su pasado glorioso.

Roma mil años después de su caída

A mediados del siglo XV, el sabio Poggio Bracciolini y un amigo ascendieron a la colina del Capitolio, descansaron entre las columnas y los templos en ruinas, y contemplaron desde ese lugar elevado la amplia y diversa perspectiva de la desolación.*

El lugar daba pie a la reflexión sobre la fortuna, que no perdona al hombre ni a sus más orgullosas obras, que entierra imperios y ciudades en una fosa común:

"La imaginación de Virgilio describió su estado primigenio, tal como se mostraría en épocas remotas, cuando Evandro acogió al extranjero procedente de Troya.

La colina del Capitolio, sobre la que nos encontramos, era la cabeza del Imperio romano, ciudadela de la tierra, terror de reyes, ilustrada por las huellas de tantos triunfos, enriquecida con el botín y los tributos de tantas naciones.

¡Cuánto se ha degradado este espectáculo del mundo! ¡Cuánto ha cambiado! ¡Cómo se ha desfigurado! Mira el Palatino, y busca entre los grandes e informes fragmentos las estatuas colosales, los pórticos del palacio de Nerón.*

El Foro del pueblo romano, donde se reunía para promulgar leyes y elegir a sus magistrados, ahora es un recinto cerrado para cultivar hierbas aromáticas o bien abierto para acoger cerdos y búfalos. Los edificios públicos y privados, construidos para la eternidad, yacen postrados, desnudos y rotos, como los miembros de un gigante enorme..."

EDWARD GIBBON: *Historia de la decadencia y caída del imperio romano*

VOCABULARIO

Capitolio: (del latín *Capitolium*) colina romana símbolo del poder de Roma. En la actualidad, sede del poder legislativo en algunos países.

Palatino: (del latín *Palatinum*) colina romana donde estaba el palacio imperial.

Ruinas del Foro romano.

Comprende

Gibbon describe el pasado de Roma a través de la experiencia que vivió el humanista Poggio Bracciolini (1380-1459) cuando este contemplaba desde la colina del Capitolio las ruinas de la zona donde nació la ciudad de Roma.

1. ¿Qué impresión le causaron las ruinas?

Frente al Capitolio, la visión del Palatino, donde Rómulo fundó Roma, le hace recordar los orígenes de la ciudad y su relación con la estirpe troyana, narrada por Virgilio en la *Eneida*. Menciona la alianza de Eneas con el rey Evandro, cuyo pueblo habitaba el Palatino antes de la fundación de Roma.

2. ¿Quién es el "extranjero procedente de Troya"?

La colina del Capitolio, desde la que contemplan las ruinas del Imperio, simboliza el poder romano, ya que en ella se encuentran los principales templos, donde se depositaban las riquezas logradas en las guerras de conquista. También allí se construyó el *Tabularium*, que guardaba los documentos oficiales del Estado romano.

3. ¿Cómo expresa el texto la importancia de esta colina?

El Palatino, monte al que miran, se convirtió en época imperial en el lugar de residencia de los emperadores.

4. ¿Qué palabra castellana deriva de "Palatino"?

A los pies del Palatino, se extiende el Foro romano, que fue el centro de la vida política, religiosa y económica de la ciudad. Allí se encontraban muchos templos, la Curia, sede del Senado, y las basílicas Emilia y Julia, donde se administraba justicia y se reunían los ciudadanos.

5. ¿De qué se lamenta el texto al hablar del Foro?

Concluye

En la actualidad, más de quince siglos después de la caída de Roma, cualquier visitante que se asome al Foro o a cualquier rincón de la ciudad puede contemplar el mismo paisaje que describió Poggio Bracciolini y leer, como él, la historia de Roma a través de sus ruinas.

6. **Imagina que viajas en el tiempo a la antigua Roma. Con lo que has aprendido, escribe un relato con tus impresiones y las personas que conoces.**

Valora la información

1. Busca más información, en enciclopedias o en internet, sobre la *Eneida* de Virgilio. Explica qué importancia literaria y política tuvo en la sociedad romana de su tiempo.

2. Aunque Virgilio quiso que tras su muerte se destruyese la *Eneida*, por considerar que estaba inacabada y que era imperfecta, Augusto impuso su publicación.

   ¿Qué interés movía a Augusto para salvar la *Eneida*? ¿Qué beneficio logró para sí mismo? ¿Y para la historia de la literatura?

3. ¿Por qué Augusto tuvo tanto interés en que se escribiese una historia de Roma? ¿Qué ventajas podía obtener Augusto de una historia escrita a su gusto? ¿Era historia o era propaganda?

   ¿Crees que la forma de escribir la historia influye en el presente?

Relaciona la información y analiza el lenguaje

4. ¿Qué diosa ayudó a Eneas? ¿Qué otra diosa se opuso a él y dificultó su viaje?

5. El inicio de la *Eneida* expone, en forma de resumen, la historia de Eneas. ¿Cuáles son las ideas básicas que transmite? ¿Qué palabras o expresiones del texto de la *Eneida* tienen, en tu opinión, un valor más poético? Razona tu respuesta.

1 Historia, leyenda y propaganda

Las leyendas acerca del origen de los romanos circulaban por la península itálica desde antiguo, pero fue en el reinado de Augusto, primer emperador romano, cuando se escribieron las dos grandes obras que reconstruyen este período.

- La *Eneida* de Virgilio, que narra el mítico viaje de Eneas hasta Italia.
- *Ab Urbe Condita* (*Historia de Roma desde su fundación*) de Tito Livio, que recoge la historia de Roma desde su nacimiento.

Augusto, para reforzar su legitimidad política y la de su descendencia, tuvo especial interés en que se fijase una historia nacional de la civilización de Roma y que se estableciese el origen divino del pueblo romano.

2 El viaje de Eneas

Tras la caída de Troya, Eneas, príncipe troyano, huyó de la ciudad en llamas llevando a su padre, Anquises, a hombros, y acompañado de su hijo, Julo Ascanio, y de otros supervivientes troyanos. Se llevó consigo también a los dioses protectores del hogar (lares y penates), con la intención de fundar una nueva Troya.

Guiado por su madre, la diosa Venus, vagó por el Mediterráneo y fue víctima de numerosos avatares antes de llegar a las costas de la península itálica. Allí se casó con Lavinia, hija de Latino, rey del Lacio, y fundó Lavinio. Su hijo fundó más tarde Alba Longa y el hijo de una descendiente suya, Rea Silvia, acabaría fundando Roma.

Eneas en uno de los códices más antiguos conservados de la Eneida *(siglos IV-V d. C.).*

3 El padre Eneas

Así empieza Virgilio la *Eneida*, explicando que su poema trata sobre el padre Eneas.

Canto a las hazañas y al héroe que, huyendo por imposición del destino, fue el primero en llegar desde las costas de Troya a Italia y a las riberas de Lavinio. Lanzado durante mucho tiempo por tierra y por mar por la violencia de los dioses del Olimpo a causa de la cólera siempre viva de la cruel Juno, fue víctima también de numerosos sufrimientos en la guerra, hasta poder llegar a fundar una ciudad e introducir sus dioses en el Lacio. De allí nacieron la raza latina y los Padres de Alba, y los muros de la altiva Roma.

VIRGILIO: *Eneida*

4 Rómulo y Remo

Tito Livio relata el nacimiento y la crianza de los gemelos Rómulo y Remo, hijos del dios Marte y de Rea Silvia, una vestal descendiente de Eneas.

Pero tenía que ser, en mi opinión, cosa del destino el nacimiento de tan gran ciudad y el comienzo de la mayor potencia después de la de los dioses. La vestal fue forzada, dio a luz dos gemelos y proclama a Marte padre de esta dudosa descendencia.

Pero ni los dioses ni los hombres la libran a ella ni a los hijos de la crueldad del rey: la sacerdotisa es encadenada y encarcelada, y se ordena que los niños sean arrojados a la corriente del río.

La tradición sostiene que, cuando el agua, al ser de poco nivel, depositó en seco la canastilla en la que habían sido colocados los niños, una loba, que había salido de los montes circundantes para calmar la sed, volvió sus pasos hacia los llantos infantiles; que se inclinó y ofreció sus mamas a los niños, amansada hasta tal punto que la encontró lamiéndolos el cuidador del ganado del rey –dicen que se llamaba Fáustulo–, y que el mismo los llevó a los establos y los encomendó a su mujer para que los criase.

Tito Livio: *Historia de Roma desde su fundación*

Rómulo y Remo con la loba capitolina.

5 La medida del tiempo

La fecha de la fundación de Roma (753 a. C.) era tan importante para los romanos que contaban los años desde ese hecho (*ab urbe condita*), aunque también se referían a los años citando el nombre de los dos cónsules que ejercían el cargo en el año.

Por su parte, los cristianos y por extensión todo el mundo occidental hemos contado el tiempo tomando como referencia el nacimiento de Cristo o su encarnación (*ab incarnatione Domini*). Esta nueva manera de contar los años fue adoptada oficialmente en el siglo VII por el papa Bonifacio IV. Al comienzo se estableció la fecha de inicio del año el 25 de marzo (fiesta de la Anunciación), aunque más tarde se retrasó al 1 de enero.

Comprende la historia

6. Tito Livio fue uno de los grandes historiadores romanos. Al principio de su *Historia de Roma* cuenta la leyenda de Rómulo y Remo. ¿Cómo explica Tito Livio el poder que iba a alcanzar Roma?
7. ¿Qué expresión en el texto de Tito Livio muestra que el historiador no considera que lo que relata sea una verdad histórica y segura?

Relaciona con tus conocimientos

8. ¿Qué datos ciertos proporciona la arqueología sobre el origen histórico de Roma? ¿Qué aspectos de la leyenda se ven reflejados en los datos históricos y arqueológicos?
9. ¿A qué narración bíblica se parece en parte la historia de Rómulo y Remo?

Calcula las fechas

10. Augusto murió en el 14 d. C. ¿A qué año desde la fundación de Roma corresponde? ¿Y el año actual?
11. Calcula la fecha de tu cumpleaños según el calendario romano haciendo uso de la siguiente herramienta:

www.e-sm.net/cclaeso-09

4

Sociedad, poder y vida cotidiana en Roma

Aprenderás...

1. Cómo era la sociedad y la política en la antigua Roma.
2. Cómo se organizó el Imperio y cuáles eran sus actividades económicas.
3. Cómo era la vida cotidiana en Roma.
4. Qué tipos de espectáculos y de ocio eran frecuentes en Roma.

▶ Cómo se vivía en Pompeya y cómo fue destruida la ciudad.

Serás capaz de...

→ Conocer e interpretar distintos tipos de textos, clásicos y actuales.

→ Analizar y valorar el uso de las palabras y los nombres en la sociedad romana.

→ Entender algunas situaciones sociales actuales por comparación con el pasado.

→ Buscar, seleccionar y organizar la información necesaria para resolver un problema.

THOMAS COUTURE: *Romanos de la decadencia*. Museo de Orsay, París. (1847)

DESARROLLA TUS COMPETENCIAS

La sociedad romana: crítica del ascenso social

En la antigua Roma hubo épocas de gran crecimiento económico en las que algunas personas hicieron grandes fortunas. El enriquecimiento rápido de ciertos personajes era a veces motivo de crítica y burla. El escritor romano Petronio critica así a Trimalción, un liberto muy rico que disfrutaba de todos los lujos de la época.

"¿Sabéis quién nos invita a cenar hoy? Es Trimalción, persona de lo más elegante: tiene un reloj en el comedor y un trompetero apostado al lado para saber en todo momento las horas de menos que ha de vivir".

De pronto, vemos a un viejo calvo [Trimalción], vestido con una túnica rojiza, que jugaba a la pelota con unos esclavos jovencitos y de largas melenas. A nosotros no nos llamaron tanto la atención los esclavos cuanto el propio dueño, que calzaba sandalias y se entrenaba con pelotas verdes. Ya no volvía a coger la pelota que se le caía al suelo, sino que el esclavo tenía un saco lleno e iba abasteciendo a los jugadores de nuevas pelotas.

De repente, Trimalción produjo un castañeteo con los dedos, y a esta señal acudió un esclavo tendiéndole el orinal en pleno juego. Aliviada ya su necesidad, pidió agua para las manos, se enjuagó un poquito y se secó con la cabellera de un esclavo.

PETRONIO: *Satiricón*

- ¿Qué era un liberto? ¿Qué clases sociales existían en la antigua Roma?
- ¿Cómo se expresa el lujo en el texto de Petronio?
- ¿Qué alimentos se representan en la siguiente imagen? ¿Qué alimentos comunes en la actualidad no podrían estar en una comida romana?

Analiza la imagen

¿Qué representa la imagen? ¿Crees que todos los romanos tenían acceso a este tipo de vida?

1 Sociedad y política en la Roma clásica

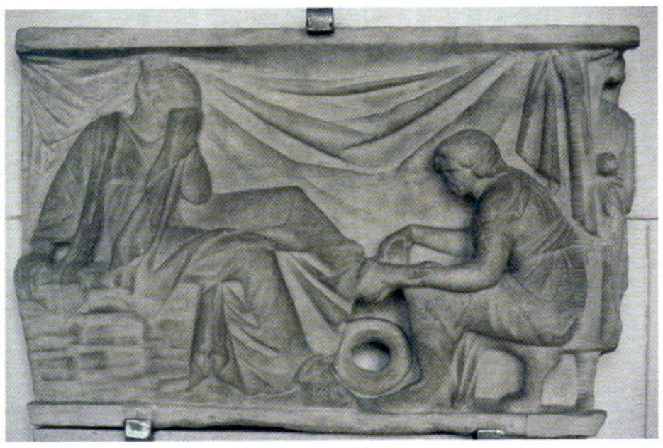

Un esclavo romano atendiendo a su ama.

Manunisión: concesión de la libertad a un esclavo. La palabra latina *manumissio* está formada por *manus* 'mano' y *mittere*, 'dejar marchar'.

DOC. 1

S.P.Q.R.

La denominación oficial del Estado romano durante la República y el Imperio era S.P.Q.R., las siglas de Senatus PopulusQue Romanus *('el Senado y el pueblo de Roma'). Esto significaba que Roma estaba gobernada por el Senado y por el pueblo reunido en las asambleas populares.*

El Senado era el cuerpo legislativo de Roma, pero todas las leyes que promulgaba debían ser aprobadas por las asambleas populares o comicios.

Todavía hoy estas siglas forman parte del actual escudo de armas de la ciudad de Roma.

Trabaja con el texto

1. ¿Qué instituciones ejercían el gobierno en Roma?
2. ¿El pueblo estaba formado por todos los habitantes del territorio romano? Razona tu respuesta.

En la sociedad actual las diferencias de clase dependen básicamente del nivel económico, pero en las sociedades antiguas se pertenecía a una categoría social por nacimiento y resultaba difícil cambiar de nivel.

1.1. Hombres libres y esclavos

La población romana estaba organizada en función de los derechos legales y de la riqueza. Por un lado había **hombres libres**, grupo variado al que pertenecían varias clases:

- Los **patricios**, según la tradición, eran los descendientes de los hombres escogidos por Rómulo para formar el primer Senado de Roma. Desde antiguo se agruparon en **familias** (***gentes***) con un antepasado común. En un principio eran los únicos ciudadanos con derechos políticos, como el derecho de voto y el derecho a ser elegido.
- Los **plebeyos** eran los ciudadanos no patricios que habitaron Roma tras su fundación. Solo poseían derechos civiles, como el derecho de propiedad o el derecho a comerciar, pero fueron adquiriendo más riquezas y derechos políticos.
- Los **libertos** eran antiguos esclavos que habían conseguido la **manumisión***, es decir, la libertad mediante su compra o por méritos. Aunque eran hombres libres, no eran ciudadanos de pleno derecho.
- Los **clientes** eran también hombres libres, pero mantenían una relación de dependencia jurídica con un patrono del que recibían protección y al que apoyaban.

Por otro lado se encontraban los **esclavos**, que pertenecían a un señor o al Estado y que no poseían derechos. A la condición de esclavo se podía llegar por nacimiento, por haber cometido algún delito o por ser prisionero de guerra.

1.2. Instituciones de gobierno de la Monarquía

Durante la Monarquía (753-509 a. C.) el gobierno de Roma se organizaba en torno a las siguientes instituciones:

- El **rey** poseía el poder militar, judicial, legislativo y religioso. Era un cargo **vitalicio** y de carácter **electivo**, y solo podía acceder a él un patricio elegido por los comicios a propuesta del Senado.
- El **Senado** estaba formado por patricios elegidos por el rey. Su función era asesorar al monarca y proponer al candidato al trono.
- Los **comicios** eran asambleas de dos tipos: los **comicios curiados**, que estaban formados por patricios y elegían a los monarcas, y los **comicios centuriados**, que se crearon al organizar una nueva división del pueblo según el poder adquisitivo de los ciudadanos; así entraron a formar parte de la vida política los plebeyos más ricos.

La curia, (edificio de la derecha) sede del Senado en el Foro romano.

1.3. Instituciones de gobierno republicanas

Durante la República (509-27 a. C.) el poder que antes ejercía el rey recayó en los magistrados. Junto con los magistrados, el Senado y los comicios regían la vida política romana.

- Los **magistrados** se encargaban de ejercer el gobierno. La primera magistratura y de mayor rango era la de **cónsul**. Con el paso de los años se crearon otras magistraturas que conformaron la carrera de los políticos romanos: el *cursus honorum*.
- El **Senado** siguió siendo la institución que agrupaba a la clase social más privilegiada. Sus miembros eran elegidos por los comicios centuriados entre los antiguos magistrados y **ocupaban el cargo de forma vitalicia**. Sus funciones eran amplias: aconsejaban a los magistrados, sancionaban las decisiones de los comicios, dirigían la política económica y la política exterior.
- Los **comicios** también evolucionaron. Los comicios curiados pasaron a tener una función simbólica. Los comicios centuriados se convirtieron en la asamblea fundamental, pues compartían la política exterior con el Senado. Además, tras las reivindicaciones de la plebe, se crearon los **comicios tribunicios**, cuyo criterio de organización no era económico, sino territorial (por tribus).

1.4. El *cursus honorum*

El ejercicio de la magistratura era una carrera en la que se fijaban los escalones hasta llegar a la magistratura suprema (cónsul). Los cargos eran temporales, electivos y **colegiados***, y ningún magistrado cobraba sueldo, de modo que solo la clase privilegiada accedía a los mismos.

Por orden de importancia, las principales magistraturas eran: los **cónsules**, que dirigían el ejército; los **censores**, que hacían el censo y contrataban obras públicas; los **pretores**, máximos responsables de la justicia; los **ediles**, máxima autoridad municipal; y los **cuestores**, encargados de la hacienda pública.

1.5. El poder imperial

El gobierno del Imperio (27 a. C. - 476 d. C.), iniciado por Octavio Augusto, presentaba las siguientes características:

- El poder se concentró en la figura del emperador, que tenía los títulos de ***imperator*** (poder militar), ***princeps*** (principal autoridad política) y ***pontifex maximus*** (máxima autoridad religiosa).
- Las instituciones republicanas, como el **Senado**, las **magistraturas** y los **comicios**, siguieron existiendo, pero con un papel meramente simbólico.
- El emperador ejercía el gobierno asesorado por cargos de confianza: **secretarios** y **prefectos**, que eran nombrados por él mismo.

Augusto como imperator.

Historias y tradiciones

Grupos sociales

La expansión territorial de Roma y la ecuiparación de derechos entre patricios y plebeyos trajeron importantes cambios sociales. La riqueza se convirtió en elemento diferenciador de la sociedad.

El grupo social más poderoso lo formaban los **senadores** (orden senatorial) y los **plebeyos más ricos**. Por debajo estaban los **caballeros** (orden ecuestre) dedicados a los negocios y cargos medios de la administración. La gran masa urbana empobrecida estaba formada por los ***proletarii*** o asalariados ocasionales y los **clientes** al servicio de los poderosos.

Analiza e investiga

3. ¿Qué significa la palabra latina *proletarii*? ¿Qué relación tiene con la palabra 'prole'?

* **Colegiado:** compuesto por dos o más personas. Del latín *collegium*, 'colegio', 'conjunto de colegas' o 'corporación de personas de la misma profesión o cargo'.

Actividades

Explica

4. ¿En qué se diferenciaban los patricios de los plebeyos?
5. ¿Cuál era la diferencia fundamental entre la monarquía romana y las monarquías actuales?
6. Explica los poderes que concentraba la figura del emperador.

Investiga

7. [LIBROSVIVOS.NET → UD4 → RECURSOS → 67.Amplía tus conocimientos sobre el *cursus honorum* y realiza algunas actividades sobre el mismo.

2 Organización y economía del Imperio romano

Palabras y expresiones

Colonias y municipios

Los núcleos urbanos del Imperio romano poseían distintos estatutos jurídicos. En Occidente los más comunes eran la **colonia**, establecimiento de veteranos del ejército, y el ***municipium***, comunidad indígena con idéntico estatuto al de las ciudades itálicas.

Explica

8. ¿Qué significados actuales tiene la palabra *colonia*? ¿Qué relación tienen dichos significados con las colonias romanas?

En la red

Las ciudades romanas

Entra en este enlace para conocer la estructura de las ciudades romanas.

www.e-sm.net/cclaeso-12

2.1. Organización territorial

Las instituciones características de Roma se extendieron a todo el Imperio y los nuevos territorios conquistados se fueron integrando en el sistema romano.

Para favorecer la integración se introdujo una **administración territorial unitaria**, se amplió la **red de calzadas** por todo el territorio para facilitar la comunicación y el comercio entre las provincias, se reclutaron **soldados provinciales** para el ejército romano, se concedió el **derecho de ciudadanía** a los habitantes de las provincias, y se emprendió una **política de urbanización** en todo el Imperio.

La mayoría de las ciudades del Imperio tenían menos de 15 000 habitantes. Las mayores eran Alejandría y Antioquía, con cerca de medio millón de habitantes y Roma, con un millón.

2.2. El modelo de la *Urbs*

Uno de los rasgos fundamentales del mundo romano fue su **carácter urbano**: el núcleo de su sistema político era la ***civitas****.

Todas las ciudades tenían unos **rasgos comunes**: una ciudad era una **comunidad** dotada de **autogobierno**, con una **constitución** y unas **instituciones** (consejo local y magistrados) y con un **territorio rural** que estaba bajo su jurisdicción y control.

La administración imperial encargaba a las ciudades ciertas funciones importantes, como la recaudación de impuestos, el reclutamiento de soldados y el mantenimiento del orden. A su vez, los gobiernos locales tenían que ocuparse del gobierno interno de la ciudad.

El **municipio** era un ente jurídico, es decir, una colectividad de ciudadanos con leyes propias, un patrimonio y derecho a elegir a sus representantes, exigir tributos y administrar bienes propios. Sus instituciones de gobierno eran dos:

- Los **magistrados** (ediles y cuestores), elegidos por la asamblea popular.
- El **consejo municipal** o **curia**, compuesto por exmagistrados y ciudadanos ricos, elegidos por la asamblea popular.

DOC. 2

Redes comerciales

Al principio Italia fue el principal foco de producción agrícola e industrial, pero pronto cada región del Imperio se especializó en determinados productos, que luego eran distribuidos gracias a la red de calzadas.

También existía un importante tráfico comercial exterior. Del norte de Europa se traían pieles, animales y ámbar; de China, India y Arabia se importaban especias, seda, algodón, perlas, perfumes y otros artículos de lujo.

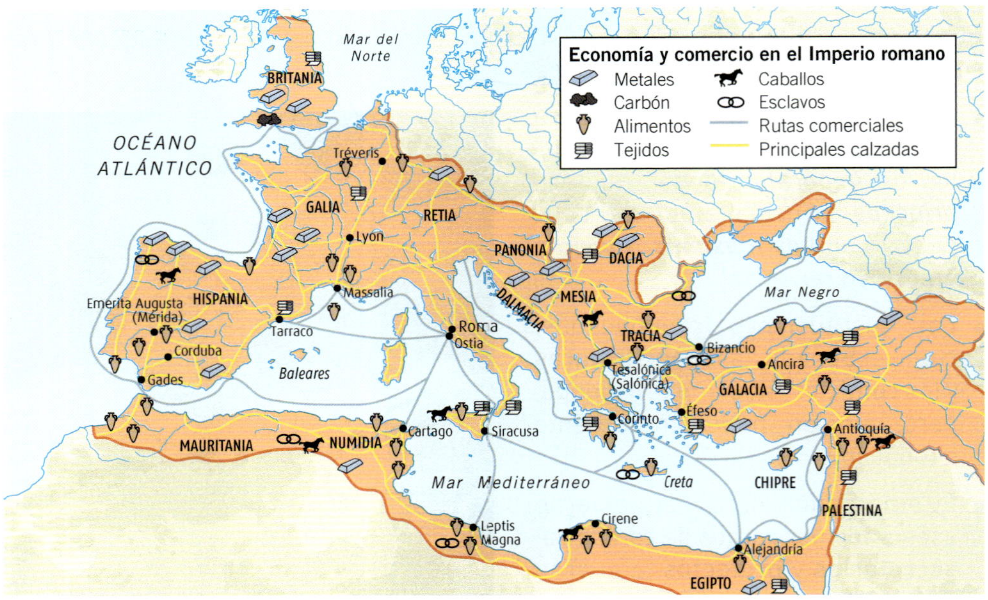

Trabaja con el mapa

9. Señala cuáles eran los principales productos procedentes de la minería, y en qué regiones del Imperio se producían.

2.3. La agricultura y la ganadería

La **tierra** fue la principal fuente de riqueza económica en el mundo romano. La mayor parte de los trabajadores (esclavos o colonos) se dedicaban a la **agricultura**.

La **ganadería** también tuvo gran importancia, tanto para la alimentación (ovejas, bueyes, cabras, etc.) como para el ejército (caballos) y la industria textil (lana).

A pesar de que existían pequeñas propiedades de carácter familiar, así como fincas de tamaño medio explotadas por mano de obra esclava, la forma de explotación más frecuente, sobre todo durante el Imperio, fue el **latifundio***. Había dos tipos de grandes propiedades:

- **Propiedades privadas:** desde época republicana la tierra se concentró en manos de una minoría privilegiada.
- **Dominios imperiales:** la confiscación de bienes a condenados por motivos políticos, herencias y adquisiciones convirtieron al Estado, es decir, al emperador, en el mayor propietario del Imperio.

Mercados de Trajano en Roma. Los mercados públicos se encargaban de la distribución de alimentos y productos artesanos.

2.4. La artesanía, la minería y el comercio

La **producción artesanal** se realizaba en talleres individuales o en pequeñas fábricas con pocos empleados, libres o esclavos.

Las **minas y canteras** se explotaban de diversas formas: sujetas a la administración estatal, como concesión a grandes empresarios o en arriendo a pequeños concesionarios a cambio de un alquiler o de la entrega de parte de la producción.

El **comercio** a pequeña escala se realizaba en **tiendas** particulares. Además había vendedores ambulantes que instalaban sus puestos en los pórticos de las plazas y calles, generalmente en los lugares más concurridos.

En el gran comercio hay que distinguir dos tipos:

- **Comercio interior:** se realizaba entre las provincias del Imperio. Era el de mayor volumen, pero las mercancías eran de menor valor (alimentos y bienes básicos). El comercio al por mayor de alimentos corría a cargo del Estado (***annona****) para satisfacer las necesidades del ejército y de la población de Roma.
- **Comercio exterior:** de fuera del Imperio se importaban bienes y artículos de lujo a cambio de vino, aceite, oro y plata.

* ***Civitas:*** en origen, 'conjunto de ciudadanos que constituyen una ciudad o un Estado'. Por extensión, 'ciudad'. DERIV. Ciudad, ciudadano.

Latifundio: (del latín *latus*, 'ancho' y *fundus*, 'terreno'): gran propiedad territorial.

***Annona*:** abastecimiento estatal de alimentos.

DOC. 3

El trabajo humano

Gracias al trabajo de los hombres también se consigue alimento variado y abundante, pues las campiñas producen muchas cosas, que la mano recoge y que bien pueden consumirse de inmediato, o bien destinarse a conserva, para un largo tiempo.

Y, además de nutrirnos con tales cosas, lo hacemos con bestias, unas veces capturándolas y otras criándolas. Nosotros hicimos salir el hierro de las cavernas de la tierra, material necesario para cultivar las campiñas.

CICERÓN (escritor y político romano): *De la naturaleza de los dioses*

Trabaja con el texto

10. ¿Quién realizaba el trabajo para obtener alimentos o minerales en la antigua Roma? ¿Por qué dice Cicerón que el hierro es necesario para cultivar el campo?

Actividades

Recuerda

11. Explica las medidas que se tomaron para integrar a todo el territorio del Imperio en el sistema socioeconómico romano.

Analiza

12. Compara las instituciones de gobierno del municipio con las de la República romana. ¿Existe algún paralelismo?
13. ¿Cuál fue la principal forma de explotación agraria y cómo se gestionaba?
14. [LIBROSVIVOS.NET → UD4 → PASO A PASO → 69. Analiza un texto sobre las ciudades del Imperio y sus estatutos jurídicos.

3 La vida cotidiana en la antigua Roma

Palabras y expresiones

Los tres nombres

Los varones adultos libres y de clase noble recibían un triple nombre de origen etrusco, los *tria nomina*: un ***praenomen***, nuestro nombre de pila, seguido del ***nomen***, el nombre de su *gens* o familia, equivalente a nuestro apellido, y un ***cognomen***, que en origen era un mote asociado a un defecto físico, una anécdota, una victoria, etc., pero que con el tiempo se convirtió en un segundo apellido.

Las mujeres solo disponían del *nomen* de la familia y, en algunos casos, de un *cognomen* que correspondía a un numeral para distinguir su orden de nacimiento.

Analiza e investiga

15. Identifica los tres nombres de los siguientes personajes e investiga acerca del significado de su *cognomen*: Marco Tulio Cicerón, Cayo Julio César, Cornelia Secunda.

* **Patria potestad:** (del latín *patria potestas*, 'poder del padre'): deberes y derechos que tienen los padres sobre sus hijos.

Sabías que...

Los hijos varones de los ciudadanos libres alcanzaban la mayoría de edad a los 16 años. Hasta entonces vestían la toga pretexta. Al cumplir los 16, en una solemne ceremonia, su padre les entregaba la toga viril, símbolo de su mayoría de edad.

3.1. La familia romana

En el mundo romano, la palabra ***familia*** tenía un significado muy distinto al actual, pues no todos los que pertenecían a ella estaban unidos por vínculos de matrimonio o de sangre.

Los miembros de la familia romana estaban vinculados por la sumisión a la autoridad de un cabeza de familia, el ***pater familias***, del que dependían la mujer, los hijos, las hijas y las nueras.

Además, aunque con una condición diferente, también formaban parte de la familia los esclavos. El poder del *pater familias* era muy amplio:

- Cuando nacía un hijo, el **recién nacido** era colocado en el suelo a los pies del padre. Si este lo cogía y lo levantaba, el hijo entraba oficialmente a formar parte de la familia. En caso contrario, era "expuesto" (*expositus*), es decir, abandonado a su suerte.
- La **patria potestad*** sobre los hijos no cesaba tras la mayoría de edad de estos, como en la actualidad, sino que duraba hasta que el pater moría. Los descendientes no podían casarse sin la aprobación del padre.
- El *pater* debía mantener a la familia, representarla jurídicamente y oficiar los ritos religiosos domésticos.

Para que un **matrimonio** fuera válido, los esposos debían tener una edad mínima (12 años las mujeres y 14 los hombres) y lograr el consentimiento del *pater familias*.

3.2. La educación

Los niños permanecían bajo el cuidado de su madre o de niñeras hasta los 7 años, edad en la que comenzaba su educación. El sistema educativo, no gratuito y basado en el modelo griego, se dividía en tres etapas:

- ***Ludus litterarius*** (enseñanza primaria). Entre los 7 y los 11 años. El *magister ludi* (maestro) enseñaba escritura, lectura, cálculo y el texto legal más importante, la Ley de las Doce Tablas.
- ***Ludus grammaticus*** (enseñanza secundaria). Entre los 12 y 16 años. Se aprendía gramática, entonación y comentario de textos clásicos griegos y latinos.
- ***Ludus rhetoricus*** (enseñanza superior). De los 16 a los 20 años. A este nivel solo accedían los privilegiados que se preparaban para la carrera política o las leyes. Aprendían oratoria, filosofía y derecho.

Cuando finalizaba la etapa superior, los alumnos que podían permitírselo acudían a Grecia para ampliar sus estudios. El aprendizaje del **griego** se convirtió por ello en un signo de distinción dentro de las clases altas romanas.

El día de la boda se firmaba el contrato matrimonial ante diez testigos, y la matrona que oficiaba la ceremonia (pronuba) unía las manos derechas de los esposos. Después se celebraba un banquete nupcial en casa de la novia, y por la noche la esposa era acompañada en procesión a casa de su marido. Cuando llegaban, la mujer cruzaba el umbral en brazos de su esposo.

3.3. La situación de la mujer

Las **niñas romanas** no recibían la misma educación que los varones, rara vez cursaban estudios secundarios y nunca superiores. Sin embargo, gracias a que algunas familias ricas tenían preceptores en sus casas, algunas alcanzaban un alto nivel cultural.

La **mujer libre** estaba sometida a su padre o marido, carecía de derechos políticos y su función fundamental era la procreación.

Había dos tipos de **matrimonio**: el matrimonio ***cum manu***, por el que la esposa pasaba a formar parte de la familia de su marido, y el matrimonio ***sine manu***, tras el cual ella seguía permaneciendo bajo la autoridad de su padre. Este último tipo fue el más frecuente, ya que con él la mujer podía recuperar la dote en caso de divorcio, lo que le permitía cierta autonomía económica.

El papel de la mujer casada, llamada **matrona**, era importante y desde época imperial disponía de cierto grado de libertad, mayor que el de las mujeres de otras sociedades antiguas:

- Dentro de la familia ejercía de **dueña de la casa** (*domus*), decidía sobre la vida familiar, sobre los criados y controlaba el presupuesto y el gasto doméstico.
- Tenía una **intensa vida social**: salía libremente de compras, acompañaba a su marido a banquetes y recepciones, le aconsejaba en sus decisiones, asistía a espectáculos públicos y podía intervenir, como demandante o testigo, en las causas criminales.
- Podía **desempeñar oficios** que no fueran considerados masculinos (empresaria, comerciante, artesana, peluquera, etc.).

La herencia clásica

El calendario juliano

En Roma, desde época republicana, el año se dividió en doce meses. Los nombres de estos meses han pervivido en la mayoría de las lenguas modernas.

En tiempos de Julio César se aprobó la reforma del antiguo calendario romano de 355 días, que pasó a tener 365 días.

Antes de la reforma el año empezaba en marzo, y el quinto mes del año, que se llamaba *Quintilis*, pasó a llamarse *Julius*. Años después el sexto mes (*Sextilis*) tomó el nombre de *Augustus*.

Investiga

18. ¿A qué personajes honraban *Julius* y *Augustus*?
19. ¿De dónde proceden los nombres de septiembre, octubre, noviembre y diciembre?

DOC. 4

El vestido

Dentro de las casas, hombres y mujeres usaban la misma vestimenta, una **túnica** ajustada a la cintura. La túnica masculina era más corta y la femenina cubría los tobillos.

Las mujeres vestían además una túnica interior, el equivalente de la ropa interior actual, sobre o bajo la cual llevaban un sujetador llamado *fascia pectoralis*.

Cuando salían de casa, vestían de manera distinta: los hombres llevaban la **toga**, un vestido de lana blanca que cubría el brazo izquierdo y dejaba al descubierto el derecho. Las mujeres vestían la ***stola***, una amplia vestimenta de lana que llegaba hasta los pies e iba ceñida con un cinturón.

El calzado era el mismo para hombres y mujeres, las ***soleae***, similares a nuestras sandalias, para estar por casa y los ***calcei*** para la calle.

Trabaja con el texto y la imagen

16. Identifica la vestimenta que aparece en la imagen.
17. Enumera las prendas de vestir que llevaban los hombres y las mujeres, empezando por la más interior y acabando por la más exterior.

Sabías que...

El día se dividía en función de las horas de sol. Así, se contaban doce horas desde el amanecer hasta el crepúsculo. Las horas se nombraban con el ordinal: de la hora prima a la duodécima. La hora sexta, al principio de la tarde, dio origen a nuestra palabra *siesta*.

Actividades

Recuerda

20. ¿Cuáles eran los poderes y obligaciones del *pater familias* romano?

Analiza

21. ¿Qué diferencias encuentras entre el sistema de enseñanza romano y el actual?
22. ¿Cuál era el tipo de matrimonio más beneficioso para la mujer en caso de divorcio?
23. [LIBROSVIVOS.NET ➞ UD4 ➞ INTERACTIVOS ➞ 71. Realiza una actividad sobre los nombres latinos de los meses.

4 Espectáculos y ocio en Roma

Gladiadores en un anfiteatro romano.

DOC. 5

Una lucha igualada

Como prolongó el combate Prisco y también lo prolongó Vero, y el valor de ambos se mantuvo igual durante mucho tiempo, se pidió repetidas veces con gran griterío la retirada para estos hombres; pero César mismo obedeció a su propia ley: la ley era combatir, abandonado el escudo, hasta que uno levantase un dedo para pedir clemencia.

MARCIAL (poeta romano): *Libro de espectáculos*

Trabaja con el texto

24. ¿Por qué se pidió la retirada de los gladiadores? ¿Qué decisión tomó César?

Como el cine, los conciertos o la televisión en la actualidad, los grandes espectáculos en la antigua Roma atraían a miles de personas y había profesionales del espectáculo que llegaron a ser muy populares.

4.1. Los espectáculos del anfiteatro

Los espectáculos preferidos por el pueblo eran los **combates de gladiadores** que tenían lugar en los **anfiteatros**. Los gladiadores solían ser prisioneros de guerra o condenados a muerte. Se vinculaban a un *lanista*, una especie de representante que organizaba y dirigía las escuelas de gladiadores.

Vivían alojados en cuarteles y tenían que entrenar constantemente. Los más famosos por su fuerza y valentía ganaban grandes sumas de dinero y se convertían en verdaderos ídolos de masas. La posibilidad de que perdieran la vida en el combate era muy elevada. Cuando el gladiador era derrotado pero no moría, el público decidía su suerte: si gritaban "libre" se salvaba, pero si levantaban el puño apuntando con el dedo pulgar hacia abajo, era ejecutado.

Además de la lucha gladiatoria, en el anfiteatro también se celebraban **espectáculos con animales**: leones, panteras, osos, elefantes, rinocerontes, jirafas y demás animales exóticos eran soltados a la arena del anfiteatro en medio de grandes decorados. Con ellos se realizaban simulacros de cacerías, luchas entre animales, entre gladiadores y animales o ejecución de bestias.

4.2. Los espectáculos teatrales

El teatro fue una de las expresiones más características del mundo clásico. Los primeros teatros romanos eran ambulantes, pero pronto se construyeron teatros de piedra según el modelo griego.

Además de la **tragedia** y la **comedia**, que eran las formas tradicionales, también se ponían en escena otras de carácter más breve y de origen itálico, que eran muy del gusto del público.

- La **fábula atelana**: farsa popular que se representaba con máscaras.
- El **mimo**: representación cómica en la que los actores, hombres y mujeres, iban sin máscaras.
- La **pantomima**: fue el género de mayor éxito durante el Imperio. Era una representación sin texto en la que los actores, con el rostro cubierto con máscaras, escenificaban la trama con gestos.

Historias y tradiciones

El Coliseo: el mayor espectáculo del mundo

El Coliseo fue el más grande de los anfiteatros, con un aforo de 50 000 personas. Su construcción, que duró diez años, fue ordenada por Vespasiano (69 - 79 d. C.) con el fin de devolver al pueblo romano una gran zona de la ciudad que Nerón había confiscado para construir su residencia, la *Domus aurea*.

Los espectáculos se prolongaban largas horas y, en ocasiones, durante muchos días. La arena cubría una estructura de madera que escondía una estrecha serie de galerías destinadas a guardar los decorados y custodiar y trasladar a las fieras. Un enorme toldo garantizaba la protección contra el sol y la lluvia. Además, para aliviar el calor y el mal olor de las bestias, se regaba la arena con agua perfumada.

El primer nombre del Coliseo fue "Anfiteatro Flavio", en honor de los Flavios, la familia de Vespasiano.

Investiga

25. [LIBROSVIVOS.NET→UD4→RECURSOS→72. Busca más información sobre el Coliseo e investiga por qué cambió de nombre.

4.3. Las carreras de carros

El **circo** era el mayor edificio para espectáculos del mundo romano. Estaba destinado a la celebración de las **carreras de carros**. La prueba consistía en dar **siete vueltas a la pista**, que era de planta alargada y estaba dividida a lo largo por un muro.

Los carros, tirados por dos (**biga**) o cuatro caballos (**cuadriga**), eran muy ligeros y el piloto o auriga debía ser muy hábil para no volcar, aunque las caídas violentas constituían la máxima atracción. Caballos y aurigas se organizaban en equipos que se distinguían por sus colores y que eran objeto de auténticas pasiones.

Carreras de carros en el Circo Máximo.

Como ocurre hoy día con los estadios, en torno al circo surgían tabernas y tiendas destinadas a los espectadores, que podían seguir hasta cien competiciones al día. Era tanta la afición, que los emperadores, para ganar popularidad y mantener al pueblo distraído de la política, solían regalar trigo y entradas para los juegos del circo.

DOC. 6

Panem et circenses

Desde hace tiempo –exactamente desde que no tenemos a quien vender el voto–, este pueblo ha perdido su interés por la política, y si antes concedía mandos, legiones, en fin, todo, ahora deja hacer y solo desea con avidez dos cosas: pan y juegos en el Circo.

JUVENAL (poeta romano): *Sátiras*

Trabaja con el texto

26. ¿Qué cambio político se ha producido para que se diga que ya "no tenemos a quien vender el voto"?

27. ¿Qué quiere decir la expresión *panem et circenses*?

4.4. Las termas

Los baños adquirieron entre los romanos una gran difusión. La visita diaria a las termas era una **costumbre fija para todos**: hombres y mujeres, jóvenes y viejos, pobres y ricos.

Como solo los ricos podían permitirse tener termas privadas en sus casas, los **establecimientos públicos** era fundamentales. La entrada era muy barata y, en algunos casos, gratuita.

En las termas públicas se podían realizar todo tipo de actividades, además de los baños, ya que las instalaciones estaban dotadas de gimnasio o palestra, jardines, salas de reposo, auditorios musicales, bibliotecas, etc. Era un **lugar de reunión** donde muchos acudían a encontrarse con gente o a cerrar negocios.

DOC. 7

La actividad en las termas

Estoy rodeado por todas partes de un griterío variado, pues vivo encima de unos baños. Imagínate entonces toda clase de sonidos capaces de provocar la irritación de los oídos. Cuando los más fornidos atletas se ejercitan moviendo las manos con pesas de plomo, cuando se fatigan o dan la impresión de fatigarse, escucho sus gemidos.

Siempre que hay algún bañista indolente, al que le basta la fricción ordinaria, oigo el chasquido de la mano al sacudir la espalda. Pero, si de repente llega el jugador de pelota y empieza a contar los tantos, uno está perdido. Añade asimismo a aquel otro que se complace en escuchar su voz en el baño; y a quienes saltan a la piscina produciendo gran estrépito en sus zambullidas. Aparte de estos, está el depilador, que no calla nunca sino cuando depila los sobacos y fuerza a otro a dar gritos en su lugar.

SÉNECA (escritor y filósofo romano): *Epístolas*

Trabaja con el texto

28. Identifica los diferentes tipos de actividades que se realizaban en las termas según la descripción de Séneca.

Actividades

Explica

29. ¿Qué tipo de espectáculos se celebraban en el anfiteatro?

30. ¿Qué actividades se podían realizar en las termas?

31. [LIBROSVIVOS.NET ➞ UD4 ➞ INTERACTIVOS ➞ 73. Realiza una actividad sobre los distintos tipos de espectáculos romanos.

EN RESUMEN

- **SOCIEDAD ROMANA**
  - se divide en
    - **Hombres libres**
      - Patricios.
      - Plebeyos.
      - Clientes.
      - Libertos.
    - **Esclavos** — al ser liberados pasan a ser → Libertos.
  - se organiza mediante → **SISTEMA POLÍTICO**
    - **Monarquía**
      - Rey.
      - Senado.
      - Comicios.
    - **República**
      - Magistrados: cónsules.
      - Senado.
      - Comicios.
    - **Imperio**
      - Emperador.
      - Secretarios y prefectos.
      - Senado y comicios.
  - su unidad básica es → **FAMILIA**
    - ***Pater familias*** — dispone de → Patria potestad
    - **Educación de los hijos**
      - *Ludus litterarius.*
      - *Ludus grammaticus.*
      - *Ludus rhetoricus.*
    - **Papel de la mujer**
      - Sometimiento, sin derechos.
      - Importancia de la matrona.
  - dispone de → **OCIO Y ESPECTÁCULOS**
    - **Anfiteatros**
    - **Teatros**
    - **Circos**
    - **Termas**

OTROS RECURSOS

CINE

- *Gladiator* (2000), dirigida por Ridley Scott.
  La historia se inicia en las guerras contra los germanos en el siglo II d. C. El protagonista es Máximo, un general romano de origen hispano y buen amigo del emperador Marco Aurelio. Máximo descubre que Cómodo, el hijo del emperador, ha asesinado a Marco Aurelio para hacerse con el poder. Por ello su vida corre peligro y debe huir del ejército. Vuelve a Hispania, donde encuentra que su familia también ha sido asesinada y él ha perdido todas sus propiedades. Termina en manos de un mercader de esclavos que lo vende a un entrenador de gladiadores en el norte de África, donde se prepara como gladiador y lucha en anfiteatros locales hasta que llega a Roma...

LIBROS

- RILEY, Peter: *Pompeya. Un paseo tridimensional por la antigua ciudad romana.* Madrid, Ediciones SM, 2007.
  Un libro tridimensional que reconstruye y muestra la vida en Pompeya antes de la erupción del Vesubio y permite profundizar en las costumbres, política, comercio y cultura de la antigua Roma.

INTERNET

- **www.e-sm.net/cclaeso-13**
  En este blog se comenta e ilustra con numerosas fotografías la gran maqueta de la Roma imperial construida por un arqueólogo italiano a lo largo de casi cuarenta años del siglo pasado. En la actualidad, la maqueta se encuentra en el Museo de la Civilización Romana, al sur de Roma.

ACTIVIDADES DE SÍNTESIS

32. Ordena en tu cuaderno desde el nivel social superior al inferior los siguientes grupos de personas y defínelos.

- Libertos
- Caballeros
- Senadores
- Esclavos
- Clientes

33. Lee el texto y responde a estas preguntas con la información de la unidad.

Llega trigo a la *Urbs*

Entretanto llegó a Roma el trigo, en gran parte comprado de Italia y en parte no menor enviado de Siracusa como regalo del tirano Gelón. De modo que la mayoría concibió buenas esperanzas porque suponían que la ciudad se libraría a la vez de la escasez y las discordias.

Reunido, pues, de inmediato el Senado, el pueblo aguardaba con impaciencia el resultado, con la esperanza de que el trigo comprado se podría comprar a buen precio y el regalado se distribuiría gratis. Y en efecto había dentro quienes trataban de convencer al Senado de eso.

PLUTARCO: *Vida de Coriolano*

a. ¿Quién ha comprado el trigo? ¿Entre quién lo van a distribuir?

b. ¿Qué institución romana se ocupaba de esa tarea?

c. ¿Conoces algún otro lugar, además de Italia y Sicilia, que proveyera de cereales a Roma?

34. Nuestra palabra *funeral* procede de la palabra latina *funus*, que significaba 'antorcha'. El origen de esa etimología está en que los entierros se realizaban por la noche, a la luz de las antorchas. ¿Qué otras palabras castellanas están relacionadas con *funus*?

35. Copia en tu cuaderno las dos columnas y relaciona los edificios con los espectáculos que se celebraban en ellos. Ten en cuenta que a un edificio le puede corresponder más de un espectáculo.

Circo •	• Tragedias
	• Combates de gladiadores
Anfiteatro •	• Comedias
	• Espectáculos con animales
Teatro •	• Carreras de carros

36. Explica la evolución del sistema de gobierno romano, desde la Monarquía hasta el Imperio, a través de la importancia y significado de una de sus principales instituciones, el Senado. ¿Qué papel jugaba el Senado en la Monarquía, la República y el Imperio? ¿Cómo se fue transformando? ¿Por qué cambió?

37. El mes tenía tres hitos clave que servían para fechar un día concreto dentro del año:

- Las calendas eran el primer día del mes.
- Las nonas eran nueve días antes de los idus (el día 7 de marzo, mayo, julio y octubre, y el 5 del resto de los meses).
- Los idus eran el día 15 de marzo, mayo, julio y octubre, y el 13 del resto de los meses.

Una fecha se citaba siempre en relación con el siguiente hito mensual. Por ejemplo, el 28 de diciembre se citaba diciendo: "el quinto día antes de las calendas de enero".

a. Cita los siguientes días según el estilo romano: 1 de febrero, 13 de mayo, 28 de septiembre, 2 de noviembre.

b. ¿Qué día eran los idus de marzo? ¿Qué acontecimiento célebre ocurrió ese día? ¿De qué año?

38. Consulta en internet **www.e-sm.net/cclaeso-14** o en una enciclopedia un plano de Roma en época imperial, localiza el Circo Máximo y responde a las cuestiones.

a. ¿Entre qué colinas (*mons*) se encontraba el Circo Máximo?

b. ¿Qué importante vía llegaba al Circo desde el sureste?

39. Observa la imagen de este joven romano vestido con los atributos propios de un menor de edad.

¿Cómo se llama la toga que viste?

Teniendo en cuenta que era un patricio con un buen nivel económico, ¿qué nivel de enseñanza está cursando? ¿Cuál ha superado ya? ¿Y cuál cursará después?

40. [LIBROSVIVOS.NET→UD4→RECURSOS→75. Consulta la web del libro, lee los documentos que se proponen y responde a las cuestiones sobre ellos.

AUTOEVALUACIÓN

41. [LIBROSVIVOS.NET→UD4→AVERIGUA LO QUE SABES→75. Realiza las actividades de **autoevaluación** en la web del libro.

Taller de Lectura

Un día en Pompeya

La ciudad de Pompeya, situada en la región de Campania, cerca de Nápoles, ofrece un rico testimonio de la vida cotidiana romana. La repentina erupción del Vesubio el año 79 d. C. la sepultó en un mar de piedras y ceniza que ha permitido que llegue casi intacta hasta nuestros días. Los siguientes textos son ejemplos de la vida diaria en la ciudad, junto con el testimonio de Plinio el Joven, testigo presencial de la catástrofe, que describe cómo fue la erupción.

LEE Y CONOCE

Locales de ocio

*Había gran número de locales donde se podía comer y beber en Pompeya, sobre todo en la zona cercana al anfiteatro y a las puertas de acceso a la ciudad. Algunos tenían solo una barra de piedra con depósitos donde se metían las tinajas de vino y donde los clientes eran servidos de pie; otros incluían una sala interior para poder sentarse o incluso un comedor (*triclinium*) para la clientela más refinada.*

En estos lugares también se practicaban juegos de azar y apuestas, a pesar de que estaban prohibidos por ley.

En el mundo romano la prostitución no era ilegal. En Pompeya se han llegado a contar hasta 34 lupanares (casas de prostitución) de diferente tipo y nivel, algunas incluso decoradas con pinturas eróticas. Los lupanares estaban situados en calles secundarias, pero siempre cerca de lugares públicos de gran afluencia.

▶ Observa la foto de la derecha. ¿Qué tipo de local muestra?

LA VOZ DEL PUEBLO Los grafitis urbanos no son una invención moderna, sino que existen desde que se inventó la escritura, y Pompeya es un ejemplo vivo de ello. Por los muros de toda la ciudad se han encontrado hasta 20 000 inscripciones sobre todo tipo de temas, muchas de ellas acompañadas de dibujos.

Erupción del Vesubio

Ejemplos de grafitis

– *Si alguien no cree en Venus, debería mirar a mi novia.*

– *Atimeto me dejó preñada.*

– *Quienes aman, que florezcan. Que perezcan quienes no aman. Que mueran dos veces aquellos que prohíben el amor.*

– *¡Oh, muros! Habéis aguantado tantos grafitis aburridos, que me asombra que no os hayáis derrumbado.*

▶ ¿A qué hacen alusión cada uno de los textos que figuran en los ejemplos de grafitis?

La erupción del Vesubio

La nube se elevaba en el horizonte, sin que pudiese saberse desde tan lejos en qué montaña se había originado. Los edificios vacilaban a causa de frecuentes e importantes temblores de tierra, y, como si hubiesen sido arrancados de sus cimientos, parecían moverse hacia uno y otro lado para luego recuperar su posición inicial. Ya había amanecido un nuevo día en otras regiones, pero allí persistía una noche más oscura y más impenetrable que cualquier noche que se pueda imaginar.

PLINIO EL JOVEN: *Cartas*

▶ ¿Por qué dice Plinio que persistía la noche?

▶ Pompeya no fue la única ciudad que desapareció tras la erupción del Vesubio. Averigua qué otra ciudad se vio afectada.

MANIFIESTOS ELECTORALES La propaganda electoral también se expresaba mediante grafitis. En la campaña electoral para elegir a los magistrados participaba toda la población, que escribía los manifiestos electorales en los muros. Los candidatos se llamaban así porque vestían una toga *candida* (blanca).

Manifiesto electoral en Pompeya.

EXPLORA UN TEXTO UNA ANGUSTIA COMPARTIDA

El desastre de Pompeya fue tan repentino que gran parte de la población no tuvo tiempo de huir y quedó sepultada por las cenizas. Estas cenizas, al solidificarse, dejaron un hueco en aquellos lugares donde había cuerpos. Siglos después, los arqueólogos idearon un sistema para recuperarlos: rellenar los huecos con yeso, con el fin de obtener moldes de las víctimas. El resultado fue espeluznante, salieron a la luz moldes de miles de personas, entre ellos, el de una niña abrazada a su madre que inspiró, veinte siglos después, un poema de Primo Levi (1919-1987).

La niña de Pompeya

Como la angustia ajena es también la nuestra, revivimos otra vez la tuya, delgada niña que te abrazaste ansiosamente a tu madre como si quisieras volver a entrar en ella cuando el cielo de mediodía se volvió negro.

Fue inútil, porque el aire convertido en veneno se infiltró para buscarte por las ventanas cerradas de tu tranquila casa de robustas paredes, alegre una vez por tu canto y por tus tímidas risas. Han pasado los siglos, la ceniza se ha petrificado para aprisionar para siempre estos miembros delicados. Así tú permaneces entre nosotros, como un retorcido molde de yeso, agonía sin fin, terrible testimonio de cuánto les importa a los dioses nuestra orgullosa estirpe.

Pero nada nos queda de tu hermana lejana, de la niña de Holanda encerrada entre cuatro paredes que escribió sobre su juventud sin futuro: sus cenizas mudas fueron esparcidas por el viento, su corta vida quedó encerrada en un cuaderno arrugado.

Nada queda de la estudiante de Hiroshima, sombra impresa sobre un muro por la luz de mil soles, víctima sacrificada sobre el altar del miedo.

Poderosos de la tierra, dueños de venenos nuevos, tristes guardianes secretos del trueno final, tenemos bastante con las desgracias que nos envía el cielo. Antes de apretar el botón, deteneos, y pensad.

PRIMO LEVI: *A hora incierta*

Moldes en yeso de cadáveres en Pompeya.

Comprende

El escritor italiano Primo Levi, de origen judío y superviviente del Holocausto, hace un alegato en contra de la violencia. Parte del principio de que cualquier desgracia individual es una desgracia colectiva con la que deben sintonizar todos los seres humanos.

1. **¿Cómo expresa Levi que la desgracia de una persona podemos sentirla todos?**

El poeta imagina la angustia que sintió la niña de Pompeya durante la erupción y reconstruye su vida antes del momento final. El molde de yeso de la pequeña se convierte en el testimonio del horror.

2. **¿Qué palabras reflejan su vida antes de la catástrofe y cuáles su historia posterior? ¿Qué quiere decir la frase "terrible testimonio de cuánto les importa a los dioses nuestra orgullosa estirpe"?**

Levi da un salto en el tiempo y recuerda a otras niñas víctimas de un desastre ya no natural, sino humano: la holandesa Anna Frank, de origen judío, víctima del Holocausto, de la que solo ha quedado un diario que redactó cuando se encontraba escondida, antes de que los nazis la deportaran a un campo de exterminio.

La otra niña es una estudiante víctima de la bomba atómica lanzada sobre la ciudad japonesa de Hiroshima en 1945. De ella solo ha quedado su sombra reflejada en la pared como consecuencia del destello de la bomba.

3. **¿Por qué crees que Primo Levi compara a estas tres niñas? ¿Qué las une y qué las diferencia?**

Concluye

Los desastres naturales no se pueden evitar. Sin embargo, aquellos que son provocados por el hombre, sí se pueden y se deben evitar.

4. **¿Qué quiere decir Primo Levi cuando habla del "trueno final"? ¿A qué botón se refiere? Escribe una breve reflexión sobre los desastres causados por el ser humano y la posibilidad de evitarlos.**

Inventa una historia

5. Imagina que estabas en Pompeya el día de la erupción del Vesubio. Explica lo que harías para salvarte a ti y a todas las personas que pudieses, teniendo en cuenta las posibilidades tecnológicas de la época.

Analiza las palabras y los nombres

1. ¿Cuál es la diferencia entre un liberto y un cliente? En el texto de Marcial, ¿qué servicios le ofrece el cliente a su patrono? ¿Quién iba a prestar esos servicios?
2. ¿Cuáles de estos nombres de origen romano crees que tienen que ver con un origen esclavo? Sabino, Liborio, Sérvulo, Servando, Tarquinio, Dulio, Patricio, Liberto. Explica por qué.
3. Cita los servicios que un patricio podía esperar de su cliente y compáralo con lo que sabes sobre la situación de un vasallo respecto al señor feudal. ¿Se parece más a la situación de los esclavos o a la de los libertos? Razona tu respuesta.

Entiende tu sociedad

4. Investiga cómo ha cambiado el papel de la mujer en la política en el último siglo. ¿Había mujeres ministras o presidentas en los gobiernos de principios del siglo XX? ¿Era muy distinta la situación de la mujer en la política de hace un siglo a la de la antigua Roma? Razona tu respuesta.
5. Escribe una lista de cuatro acciones que la mujer actual puede hacer y que en Roma le estaban prohibidas. ¿Te parece razonable que sea así o crees que la Antigüedad era más justa?

1 Libertos y clientes

Los esclavos que eran manumitidos por sus amos adquirían la condición de **libertos**. El opulento Trimalción del texto que abre la unidad es uno de ellos. El liberto, a pesar de su libertad, no gozaba de la misma situación jurídica que tenía la gente libre desde el nacimiento, a los que se llamaba *ingenuos* ('los libres'). Ocupaba un puesto inferior en la sociedad y quedaba obligado por agradecimiento y costumbre con su antiguo patrón. Solo los hijos de un liberto adquirían la *ingenuitas*, plena ciudadanía en completa igualdad con los libres de nacimiento.

Un **cliente** era un plebeyo puesto bajo protección de un patrón, que quedaba obligado a ayudarle y asistirle en todas las circunstancias de la vida. A cambio, el cliente tenía que apoyarle y demostrarle su respeto yendo a saludarle a su casa una vez al día. Un liberto se convertía automáticamente en cliente de su antiguo amo. El cliente, además de protección, recibía de su patrón una cantidad de dinero. Para muchos romanos este era el único ingreso con que contaban.

El liberto de un cliente

Me exiges que te preste sin interrupción los servicios propios de un cliente: no voy, pero te envío a mi liberto. "No es lo mismo" dices. Te demostraré que es mucho más. Yo apenas podría ir en pos de tu litera, él la llevará. Si caes en medio de la turba, él apartará a todos con el codo: yo tengo unos costados débiles y delicados. Si durante tu intervención en alguna causa narras algo, yo personalmente guardaré silencio, él en cambio mugirá un triple bravo. Si tienes un pleito, lanzará invectivas con voz temible: a mí la timidez me ha impedido siempre decir palabras fuertes. "¿No vas a prestarme tú, mi amigo, ningún servicio?" Todo el que no haya podido prestarte mi liberto, Cándido.

MARCIAL: *Epigramas*

2 El papel limitado de la mujer

En la sociedad romana la mujer tenía un papel limitado a la vida doméstica: la procreación y el mantenimiento de la casa.

No tenía la posibilidad de emanciparse, de administrar su propia fortuna, de elegir marido, de formarse o de aprender una profesión. Tampoco disfrutaba de derechos políticos.

En ese estado de cosas, las únicas romanas que se distinguieron públicamente lo hicieron en el campo de la política, como esposas o amantes de gobernantes que tuvieron muy en cuenta sus opiniones, o que fueron manejados astutamente por las mujeres.

3 La comida

Los romanos hacían tres comidas al día: el **desayuno**, que consistía en una taza de leche o agua, una galleta mojada en vino, o pan y queso; el ***prandium***, hacia el mediodía, que era una comida rápida generalmente fría; y la ***cena***, que era la comida principal y que en las casas de los ricos se celebraba con gran lujo, en una habitación especial, el *triclinium* o comedor, y en posición reclinada.

La cena constaba de tres partes: un primer plato denominado *gustatio* que consistía en una entrada a base de huevos, verduras u ostras; un segundo plato o cena propiamente dicha, con un plato de pescado, carne y verdura más elaborado; y por último, el postre comprendía dulces y fruta fresca o seca. Con todo ello se bebía vino.

El jabalí liberto en la cena de Trimalción

Llega un aparador en el que iba un jabalí asado de tamaño poco común, además con un gorro de liberto en la cabeza; de sus colmillos colgaban dos cestas de hoja de palmera, una llena de dátiles de Caria y la otra de dátiles de la Tebaida.

Para trinchar el jabalí acudió un barbudo gigante. Echó mano a su puñal de caza y descargó un fuerte golpe al costado del jabalí: por el boquete salieron volando unos tordos. Ya estaban a punto unos pajareros, y en un instante se hicieron con las avecillas que revoloteaban por el comedor, y entregaron a cada invitado su pajarito.

Entretanto, yo daba vueltas y más vueltas en mi pensamiento acerca del posible significado del jabalí servido con su gorro de liberto. Me atreví a preguntar a mi amable informador. Contestación: "No se trata de ningún enigma, sino de una cosa muy sencilla. Este jabalí estaba destinado, como último plato, a la cena de ayer; los invitados lo rechazaron; por eso vuelve hoy a la mesa en calidad de liberto".

Petronio: *Satiricón*

Interpreta los textos

6. Compara las comidas que hacían los romanos con las actuales. Elabora una tabla de tres columnas: en la primera, pon los nombres de las comidas; en la segunda, los aspectos comunes o parecidos con la actualidad, y en la tercera, las diferencias.

7. La imagen inferior muestra un gorro de liberto o píleo, que se concedía al esclavo cuando era liberado.

Explica por qué le habían puesto un gorro de liberto a un jabalí en el texto de la cena de Trimalción.

8. El texto de Petronio continúa la narración del inicio de la unidad sobre la cena en casa de Trimalción. ¿Qué detalles dan muestra del lujo? ¿Cómo pretendía el anfitrión sorprender a sus invitados?

4 La gastronomía romana

Marco Gavio Apicio (siglo I d. C.) es el autor del más famoso recetario romano, *De re coquinaria* ('Sobre la cocina'). Contiene numerosas recetas tradicionales de la cocina romana, desde las más sencillas hasta las más elaboradas.

Oca hervida con salsa fría de Apicio

Machaca pimienta, aligustre, semilla de cilantro, menta, ruda, báñalo con garum y aceite con moderación, emulsiónalo. Seca la oca hervida con una servilleta limpia, rocíala con la salsa y sírvelo.

Rosquillas de pan fritas

Trocea panecillos de harina de trigo sin la corteza, y forma roscas grandes. Báñalo en leche, fríelo con aceite, báñalo con miel y sírvelo.

Busca y relaciona la información

9. Escribe en una lista los ingredientes necesarios para elaborar las recetas de Apicio.

Busca más información sobre los ingredientes que no conozcas e investiga en qué consistían. Investiga qué era el *garum* ('garo' en castellano). Puedes consultar el diccionario de la RAE **(www.rae.es).**

10. Investiga si existe alguna receta parecida a las de Apicio en la cocina actual y escríbela.

5

Las lenguas clásicas: el griego y el latín

Aprenderás...

1. Cuándo y cómo se originaron las lenguas clásicas.
2. Cómo evolucionó el griego y qué importancia tiene.
3. Cuál fue el origen del latín, cómo cambió y a qué lenguas ha dado lugar.

- Cómo se descifran las lenguas desconocidas.

Serás capaz de...

- Reconocer los distintos sistemas de escritura y su influencia en la comunicación.
- Comprender las aportaciones de distintas culturas a la escritura.
- Conocer los distintos soportes para la transmisión de la información.
- Valorar y detectar las oportunidades de innovación.

DESARROLLA TUS COMPETENCIAS

La escritura: un origen mítico

Platón, uno de los grandes filósofos griegos, cuenta en una de sus obras el mito de la invención de la escritura por parte de los egipcios.

Según Platón, uno de los antiguos dioses de Egipto, llamado Theuth, descubrió los números, la geometría, la astronomía, el juego de damas, los dados y, además, las letras. El rey Thamus de Egipto le preguntó a Theuth por la utilidad de la escritura, a lo que el dios respondió que las letras harían más sabios a los egipcios y aumentarían su memoria. Pero el rey replicó que en realidad las letras iban a producir el efecto contrario, dando lugar al olvido, pues los hombres, por culpa de su confianza en la escritura, descuidarían la memoria.

Esta leyenda refleja el cambio cultural que supuso el paso de una cultura sin escritura, en la que la memorización era fundamental (por ejemplo, así se transmitieron largo tiempo los poemas de Homero), a otra cultura en la que la escritura sirve para conservar y transmitir la información.

- ¿Crees que la invención de la escritura significó realmente la pérdida de la memoria? Razona tu respuesta.
- ¿En qué civilización se escribieron los primeros textos? ¿Qué ventajas ofrecía la escritura?
- Observa la siguiente imagen. ¿Qué instrumentos de lectura y escritura sujetan en sus manos los personajes de este fresco pompeyano?

Analiza la imagen

¿En qué lengua está la inscripción de la imagen? ¿Dónde y cuándo se hablaba esa lengua?

1 El origen de las lenguas clásicas

Palabras y expresiones

El método comparativo

En el siglo XVIII se empezaron a establecer similitudes entre lenguas tan distantes entre sí como el sánscrito, antigua lengua de la India, el latín, el griego y otras lenguas antiguas de Europa. Esto llevó a proponer una lengua común originaria, a la que se llamó "indoeuropeo".

El método de reconstrucción del antiguo indoeuropeo partía de la comparación de las formas comunes a estas lenguas, como en el siguiente ejemplo de la palabra *mater*.

Palabra indoeuropea común: **mater*			
Latín *mater*	Griego *mater*	Sánscrito *mata*	Armenio *mayr*
Islandés *modr*	Irlandés *mathir*	Lituano *mote*	Antiguo eslavo *mati*

Investiga

1. Averigua cómo se dice *padre* en las diversas lenguas a tu alcance. ¿Y el numeral *siete*? ¿A qué se deben sus similitudes?

1.1. Nuestros antepasados los indoeuropeos

Tanto el griego como el latín forman parte del grupo de lenguas indoeuropeas. Este grupo está integrado por un amplio conjunto de lenguas europeas y asiáticas que derivan de un origen común, la **lengua indoeuropea**.

No existen testimonios escritos de la lengua indoeuropea ni del pueblo que la hablaba. Todo lo que se sabe de los indoeuropeos lo hemos deducido a partir de la comparación de las lenguas de los pueblos históricos que descienden de ellos.

El estudio de estos rasgos comunes por el **método comparativo** llevó a proponer una **lengua originaria común**. También permitió identificar y localizar el pueblo que la hablaba y reconstruir cómo se extendió por Europa y Asia, dando origen a los grupos de lenguas actuales.

Se supone que la **zona originaria** del pueblo indoeuropeo estaba en las estepas del sur de Rusia, o quizá en la península de Anatolia (actual Turquía). La sociedad indoeuropea era una **sociedad patriarcal**, jerarquizada y guerrera, que se dedicaba sobre todo al pastoreo, la ganadería y, en menor medida, a la agricultura.

1.2. Las lenguas de Europa

Las migraciones indoeuropeas se produjeron en sucesivas oleadas entre el quinto y tercer milenio a. C. Los invasores sometieron e impusieron su lengua a los pueblos que entonces habitaban Europa. Durante este largo proceso, Europa comenzó a adquirir, gracias al mestizaje cultural con los demás pueblos, la identidad que ahora la caracteriza.

Con el paso de los siglos, se fue configurando un complejo mapa lingüístico derivado de las disgregaciones del grupo primitivo, que dio lugar a diversas lenguas o grupos de lenguas. Estas, a su vez, son el origen de la mayoría de lenguas que hoy se hablan en Europa. Entre los grupos europeos originales destacan, por su gran herencia posterior, el itálico, con el latín y sus lenguas derivadas, el **germánico**, el **eslavo** y el **helénico**.

DOC. 1

Las lenguas indoeuropeas

Principales lenguas indoeuropeas de Europa		
Grupo lingüístico	*Lenguas históricas*	*Lenguas modernas*
Itálico	Latín	Portugués, castellano, gallego, valenciano catalán, francés, provenzal, italiano y rumano.
	Osco-umbro	
Céltico	Galo	
	Ant. irlandés	Irlandés, escocés.
	Bretón	Bretón.
	Galés	Galés.
	Celtibérico	
Helénico	Micénico	
	Dialectos griegos	Griego moderno (del dialecto ático).
Eslavo	Antiguo eslavo	Ucraniano, bielorruso, ruso, búlgaro, serbocroata, checo, eslovaco y polaco.
Germánico	Dialectos germánicos	Sueco, danés, islandés, noruego, inglés, holandés, flamenco y alemán.
Báltico	Letón	Letón.
	Lituano	Lituano.

Extensión de las lenguas indoeuropeas

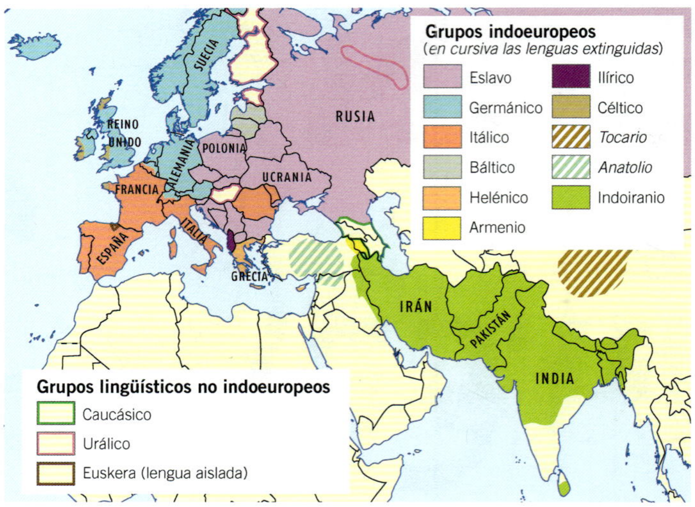

Trabaja con la tabla y el mapa

2. Identifica qué lengua principal se habla en la actualidad en los siguientes países, de qué lengua histórica deriva y a qué grupo lingüístico pertenece: Polonia, Rumanía, Suecia, Grecia, Lituania, Italia, Rusia, Reino Unido, Austria.

1.3. El grupo helénico

Los primeros testimonios escritos en lengua griega –unas tablillas con un sistema de escritura anterior al alfabético– revelan que en el segundo milenio a. C. existió una variante antigua de la lengua griega a la que se denomina **griego micénico**.

Ya en el primer milenio a. C. existen testimonios de la presencia de diferentes **dialectos** repartidos por el territorio griego. Las diferencias entre los dialectos no eran muy grandes y los habitantes de las distintas ciudades podían entenderse entre ellos sin dificultad. Estos dialectos se reparten en dos grandes grupos:

- **El griego occidental:** dentro de este grupo se encuentra el dialecto **dorio**, que es la lengua que se empleaba en **Esparta**, en el resto del Peloponeso (salvo Arcadia) y en la **Magna Grecia**.
- **El griego oriental:** su principal dialecto era el **jonio**, que se hablaba principalmente en la costa de **Asia Menor**. Una variante de este dialecto era el **ático**, que era la lengua de la región del Ática, donde está **Atenas**: esta es la variante que acabó convirtiéndose en el **griego clásico**.

Junto a los dialectos hablados, existía en Grecia una serie de **dialectos literarios** que nadie hablaba pero todos entendían. Es el caso de los **poemas homéricos**, que fueron compuestos en un lenguaje poético especial, el de la poesía épica. La base de esta lengua era el dialecto jonio, pero con préstamos de otros dialectos y una gran cantidad de términos arcaicos. Por su parte, la poesía lírica coral tenía como base el dialecto dorio.

1.4. El grupo itálico

El panorama lingüístico de la península itálica, que conocemos a partir de los primeros testimonios escritos de los siglos VII-VI a. C., era muy heterogéneo. Estaban presentes lenguas indoeuropeas junto a otras que no lo eran, procedentes de distintas invasiones o de carácter autóctono. En el segundo milenio a. C. fueron entrando en Italia distintos pueblos de lengua indoeuropea en varias etapas:

- En torno al 1500 a. C. se asentó en las zonas pantanosas del valle del Po, al norte de Italia, una cultura que dio origen al **grupo latino**. A partir del siglo XIV a. C. comenzaron a avanzar hacia el sur de la península.
- Hacia el 1200 a. C. llegó otra oleada migratoria que se identifica con el grupo de lenguas **osco-umbras**.

Hacia el 900 a. C. aparecieron los **etruscos** (no indoeuropeos) y en el siglo VIII a. C. los **griegos** colonizaron el sur. De este modo, los pueblos de la península entraron en contacto con las lenguas etrusca y griega, que fueron lenguas dominantes durante siglos.

Inscripción en griego.

DOC. 2

Relaciones entre lenguas

No resulta demasiado sorprendente que varias lenguas europeas deriven del latín. También podemos aceptar fácilmente que otras lenguas europeas (lo que hoy llamaríamos lenguas eslavas) tengan algún tipo de relación con las anteriores y con las lenguas germánicas y el griego antiguo, pero que todas ellas estén asimismo relacionadas con muchas lenguas de la India y de Irán es algo que nuestro conocimiento de la historia de Europa y de Asia occidental no nos permitiría predecir fácilmente. Porque entre Europa, Irán y la India se extiende un vasto territorio donde se hablan muchas lenguas distintas. En 1813 el erudito inglés Thomas Young acuñó el término de "indoeuropeo" para este grupo tan amplio de lenguas emparentadas.

COLIN RENFREW (arqueólogo): *Arqueología y lenguaje*

Trabaja con el texto

3. ¿Por qué, según el autor, resultaba difícil aceptar que las lenguas europeas estuviesen relacionas con las de la India e Irán?

Actividades

Recuerda

4. Define con tus propias palabras los siguientes términos: indoeuropeo, griego micénico y método comparativo.

5. ¿De qué lenguas proceden el croata, el búlgaro, el rumano, el irlandés y el provenzal?

6. ¿Qué lenguas se hablaban durante el primer milenio en la península itálica? ¿Cuáles de ellas eran indoeuropeas?

7. [LIBROSVIVOS.NET→UD5→RECURSOS→83. Amplía la información sobre las lenguas indoeuropeas y realiza algunas actividades de comparación entre ellas.

2 La lengua griega

DOC. 3

Las letras fenicias

Los fenicios que vinieron con Cadmo trajeron a Grecia, entre muchos otros tipos de enseñanza, el alfabeto, que hasta entonces no era conocido, según creo, por los griegos. Conforme el tiempo pasaba el sonido y la forma de las letras fueron cambiando. En esa época los griegos que se encontraban junto a ellos eran en su mayor parte jonios. Estos, una vez que los fenicios les enseñaron las letras, las utilizaron con unos ligeros cambios en su forma, pero, a pesar de ello, les dieron el nombre de fenicias, cosa que parece bastante justa, ya que fueron los fenicios las que las trajeron a Grecia.

HERÓDOTO: *Historia*

Trabaja con el texto

8. ¿A qué se dedicaban los fenicios para tener contacto con los griegos?

Cuando escribimos, usamos una compleja invención que costó siglos de pruebas y errores. Los fenicios aportaron un alfabeto sin vocales y los griegos lo adaptaron a sus necesidades añadiéndoselas.

2.1. La escritura en Grecia antes del alfabeto

A principios del siglo XX el arqueólogo británico Sir Arthur Evans descubrió en **Creta** los restos de tres tipos de escritura en tablillas de arcilla:

- **Pictogramas:** algunas tablillas contenían signos parecidos a los jeroglíficos egipcios. Los pictogramas son una escritura que designa los objetos con dibujos que reproducen el modelo real.
- **Lineal A:** un grupo más numeroso mostraba caracteres más rectilíneos y uniformes. Representaba la lengua de los **minoicos**, que no era griega.
- **Lineal B:** otras tablillas presentaban una escritura aún más simplificada que la anterior, que era una variante antigua de griego, el **micénico**. Se trataba de una **escritura silábica**, ya que cada signo se correspondía con una sílaba.

Con la caída de los reinos micénicos hacia el 1200 a. C., los griegos perdieron su forma de escritura y no volverían a recuperarla hasta pasados cuatro siglos, pero esta vez bajo el sistema alfabético.

2.2. El alfabeto griego

Hacia el siglo VIII a. C. los griegos adoptaron el sistema de escritura de los **fenicios**. Aunque mantuvieron sin apenas alteraciones la forma, el orden y el nombre de las letras, los griegos hicieron algunos cambios: reutilizaron símbolos de consonantes dándoles valor de vocales ya que los fenicios no tenían signos para las vocales. De este modo los griegos perfeccionaron el **alfabeto**, que pasó a tener **24 signos**. Con ellos podían representar cualquier palabra.

El alfabeto griego sigue vigente en Grecia, pero además dio origen a otros, como el **abecedario latino** o el **cirílico**, que es con el que se escriben las **lenguas eslavas**, como el ruso.

Palabras y expresiones

Claves de pronunciación

El griego cuenta con siete signos vocálicos. La ε (e breve) y la η (e larga) se pronuncian igual, así como la ο (o breve) y la ω (o larga). La υ se pronuncia [ü] (como la u francesa), salvo en αυ y ευ, que se pronuncian [au] y [eu]. En cambio el diptongo ου se pronuncia [u].

Entre las consonantes existen dos signos para la s: σ al principio o en interior de la palabra y ς al final. La λλ se pronuncia [l-l] y no [ll] y la ρ es [rr] al inicio de palabra pero [r] en interior y final. La γ seguida de cualquier vocal se pronuncia siempre como en gato; si va seguida de γ, κ, χ o ξ se pronuncia [n].

Se contaba además con tres **acentos** y unas marcas llamadas **espíritus** (signos con forma de medialuna al comienzo de la palabra cuando empezaba por vocal). En mayúscula no se empleaban espíritus ni acentos.

Alfabeto griego

May.	*Min.*	*Pronunciación y nombre*	*May.*	*Min.*	*Pronunciación y nombre*
Α	α	[a] alfa	Ν	ν	[n] ni
Β	β	[b] beta	Ξ	ξ	[ks] xi
Γ	γ	[gu] gamma	Ο	ο	[o] ómicron
Δ	δ	[d] delta	Π	π	[p] pi
Ε	ε	[e] épsilon	Ρ	ρ	[r] ro
Ζ	ζ	[ds] dseta	Σ	σ,ς	[s] sigma
Η	η	[e] eta	Τ	τ	[t] tau
Θ	θ	[z] zeta	Υ	υ	[ü] ípsilon
Ι	ι	[i] iota	Φ	φ	[f] fi
Κ	κ	[k] kappa	Χ	χ	[j] ji
Λ	λ	[l] lambda	Ψ	ψ	[ps] psi
Μ	μ	[m] mi	Ω	ω	[o] omega

Practica y reflexiona

9. Escribe tu nombre y el de tres compañeros empleando el alfabeto griego.
10. Pronuncia las siguientes palabras griegas: ἄγγελος, τέχνη, πνεῦμα, ψυχή, γυμνάσιον. ¿Qué palabras actuales derivan de estas palabras griegas?

2.3. El griego a través de los siglos

Desde el segundo milenio a. C., la lengua griega no se ha dejado de hablar a pesar de las lógicas transformaciones. Sus etapas fueron las siguientes:

- **Griego clásico:** el prestigio cultural que alcanzó Atenas en el siglo V a. C. hizo que la lengua de sus filósofos y oradores se convirtiera en la lengua griega por excelencia.
- **Koiné:** a partir del siglo IV a. C., las conquistas de Alejandro Magno extendieron una forma "común" (koiné) de lengua griega. La koiné se convirtió en la **lengua franca** de los territorios conquistados, es decir, en una lengua usada para entenderse entre personas de distintas lenguas, como el inglés en la actualidad.
- **Griego medieval:** el Imperio bizantino empleó la lengua griega durante sus más de mil años de historia (siglos IV-XV d. C.).
- **Griego moderno:** desde el siglo XIX d. C., cuando Grecia se independizó del Imperio turco, el idioma oficial de Grecia es el griego moderno, que posee una variante culta llamada "**lengua pura**" y una variante común, la "**lengua popular**".

2.4. La presencia griega en nuestras lenguas

En las lenguas modernas existe un gran número de palabras de **etimología*** griega, los llamados **helenismos**. Palabras como *físico*, *cosmética*, *caos*, *catástrofe*, *abismo*, *economía*, *aéreo*, *sirena*, *foto*, *eléctrico*, *metal*, son ejemplos de palabras griegas de uso común en nuestra lengua.

Pero sobre todo contamos con un amplio grupo de helenismos surgidos en el ámbito **científico** y **técnico** ante la necesidad de nombrar nuevos intrumentos y descubrimientos. Estos **neologismos*** están presentes en las distintas lenguas modernas. Algunos de ellos ya están plenamente integrados en el habla común, como *átomo*, *telégrafo*, *telescopio*, *psiquiatría*, *dermatólogo*, etc.

La riqueza de la lengua griega permite que se puedan seguir formando neologismos a partir de sus **étimos**, es decir, de las palabras raíces con las que se crean otras.

DOC. 5

Las raíces de la lengua griega

a/an: no, sin antropo: hombre auto: mismo bio: vida biblio: libro cardio: corazón caco: malo cracia: poder crono: tiempo demo: pueblo derma: piel dinami: fuerza dromo: carrera eco: hogar ego: yo fago: comer filo: amigo	fisi: naturaleza fobia: odio, temor fono: sonido foto: luz hidro: agua gast(e)ro: estómago geo: tierra gen: nacimiento, origen geronto: anciano gine: mujer grafo: escribir hemo: sangre hidro: agua homo: igual iatra: médico logía: estudio manía: locura	mega(l): grande mono: solo necro: muerto neo: nuevo nomo: ley paleo: antiguo pod: pie peri: en torno a pseudo: falso psico: alma, mente orto: recto sofía: sabiduría taqui: rápido teca: depósito teo: dios termo: calor zoo: animal

Trabaja con la tabla

12. Consulta la lista de étimos y deduce el significado de las siguientes palabras: *economía*, *antropófago*, *taquígrafo*, *megalómano*.

13. Inventa cuatro neologismos y explica lo que significan.

DOC. 4

La creación del lenguaje científico

Hasta las primeras décadas del siglo XX, persistió con fuerza la tradición de construir neologismos sobre raíces griegas.

Los nombres que se asignaron a las primeras partículas elementales descubiertas fueron: "electrón", que significa "unidad de electricidad"; "protón", de la raíz griega que significa "primero" (el hidrógeno, el primero de los elementos está formado por un protón en su núcleo); "neutrón", partícula neutra, y "neutrino", pequeño neutrón.

José Manuel Sánchez Ron (físico): *Elogio del mestizaje: Historia, lenguaje y ciencia*

Trabaja con el texto

11. Señala los helenismos que hay en el texto.

* **Etimología:** (del griego *étymos*, y *logos*, 'palabra'): origen verdadero de una palabra.

Neologismo: (del griego *neos*, 'nuevo', y *logos*, 'palabra'): palabra nueva que se incorpora a una lengua.

Sabías que...

En matemáticas, la letra griega π indica la relación entre la longitud de una circunferencia y su diámetro. Se usa esta letra porque es la inicial de la palabra περίμετρον ('perímetro').

Actividades

Analiza

14. ¿Cuál es la diferencia básica entre la escritura lineal B y la alfabética que los griegos emplearon en distintas épocas?

15. Explica que era la koiné.

Practica

16. Escribe un mensaje empleando el alfabeto griego.

17. [LIBROSVIVOS.NET → UD5 → PASO A PASO → 85. Analiza una serie de palabras griegas y encuentra sus derivadas actuales.

3 La lengua latina

La herencia clásica

El alfabeto latino

El alfabeto que nosotros hemos heredado del latín fue incorporado a la lengua latina a través del etrusco, que a su vez lo había tomado del alfabeto griego.

Originariamente el alfabeto latino tenía 21 letras, que luego aumentaron hasta las 27 que tiene nuestro alfabeto. Algunas de ellas, como la *h*, eran letras sin sonido en el latín clásico, aunque originariamente representaban una aspiración. Muchas de estas *haches* que mantuvo el latín clásico han pasado al castellano.

Investiga

18. Consulta el diccionario de la RAE (**www.rae.es**) e investiga el origen etimológico de las siguientes palabras castellanas: *haber*, *hábil*, *hereditario*, *hibernación*, *historia*, *honesto*.

3.1. Unos orígenes humildes

La lengua latina fue en un principio la lengua de una modesta población a orillas del Tíber. Nada hacía pensar que siglos después iba a dominar la vida política y cultural de casi todo el Mediterráneo y buena parte de Europa y menos que, evolucionada y transformada, fuera a convertirse en la lengua de millones de hablantes, entre los que nos encontramos nosotros.

El latín de los primeros tiempos fue el resultado de la evolución de la lengua que los invasores indoeuropeos trajeron consigo, sometida a cambios e influjos de otras lenguas próximas a ella geográficamente, como el sabino (lengua del grupo osco-umbro), el etrusco y el griego.

3.2. Siglos de historia del latín

El latín se fue expandiendo al mismo ritmo que las conquistas militares y políticas de Roma. En Occidente, la lengua se convirtió en un elemento fundamental para la **cohesión del Imperio**. En cambio, en Oriente, se siguió hablando griego, ya que Roma la consideraba una lengua de prestigio, por lo que no trató de imponer el latín.

Se distinguen varias fases en la evolución de la lengua latina:

- **Latín arcaico** (siglos VI - III a. C.): es un latín preliterario y las principales fuentes para el conocimiento de esta lengua son inscripciones, actas legales y fragmentos de cantos rituales.
- **Latín preclásico** (siglo III - año 80 a. C.): aparecen las primeras manifestaciones literarias. Es la época de mayor evolución de la lengua, y también cuando comienza a consolidarse tomando como punto de referencia el habla de la *Urbs*, Roma. Desde finales del siglo II a. C. la cultura y la literatura griega ejercen un gran influjo sobre la lengua latina.
- **Latín clásico** (80 a. C. - 14 d. C.): es la edad de oro de la lengua y la literatura latinas, en la que la lengua literaria adquiere su forma definitiva y se separa del latín hablado.
- **Latín posclásico** (14-200 d. C.): la lengua literaria comienza a contaminarse con elementos de la lengua hablada.
- **Latín tardío** (200-600 d. C.): la lengua literaria se parece cada vez más a la hablada, lo que se refleja en numerosas incorrecciones ortográficas y gramaticales. En cada zona del Imperio se hablan variedades del latín que con el paso del tiempo darán lugar a las lenguas románicas.

El latín se escribía en líneas horizontales, como nuestra escritura, pero en época primitiva se hacía de derecha a izquierda. A veces también se escribía en **bustrófedon***, es decir, de derecha a izquierda en un renglón y de izquierda a derecha en el siguiente. Más tarde cambió a como la conocemos hoy día, de izquierda a derecha.

Entre las primeras inscripciones escritas en lengua latina se encuentra el Lapis niger *('piedra negra'), una estela de mármol negro cuadrangular que contiene parte de una inscripción de contenido sagrado.*

* **Bustrófedon:** (del griego *bous*, 'buey' y *strepho*, 'dar la vuelta'): escritura que sigue la manera en que los bueyes araban, trazando un surco en un sentido y el siguiente en el contrario.

En la red

La *Wikipedia* en latín

Consulta la Vicipaedia *latina y busca algunas palabras típicas de la cultura romana.*

www.e-sm.net/cclaeso-15

3.3. El latín ayer y hoy

A partir del siglo VIII surgieron las lenguas romances, las nuevas lenguas derivadas del latín hablado. Por eso, el latín dejó de ser una lengua viva, es decir, una lengua de comunicación, y quedó reservada a los documentos literarios, legales y oficiales.

- **Latín medieval** (siglos VII-XIV): lengua escrita heredera del latín tardío, con una fuerte influencia del latín cristiano, que se convierte en vehículo de difusión de la cultura.
- **Latín humanístico** (siglos XIV-XVIII): los humanistas del Renacimiento, ante las deformaciones que había sufrido la lengua latina durante la Edad Media, recuperaron el latín literario de época clásica, como modelo de lengua literaria y como vehículo de comunicación entre los hombres cultos.
- **Neolatín** (siglos XIX-XXI): en ciertos ámbitos se ha intentado recuperar el latín como lengua viva, es decir, hablada y escrita. Además, el latín es el idioma oficial de la Iglesia, que sigue emitiendo sus textos oficiales en esta lengua.

3.4. El nacimiento de las lenguas romances

La lengua latina se mantuvo de forma más o menos unitaria mientras existió el Imperio romano. Sin embargo, las grandes dimensiones del Imperio y la diversidad lingüística de los pueblos sometidos anunciaban su futura disgregación.

Los grandes cambios que experimentó en época tardía el **latín vulgar** o latín hablado, junto con la influencia de las **lenguas autóctonas**, dieron lugar a variaciones dialectales que poco a poco agrandaron las diferencias que separaban el latín hablado en cada provincia.

Cuando el Imperio se desmembró, se produjo una fragmentación lingüística que con el tiempo dio lugar al surgimiento de las diferentes **lenguas romances** o románicas. Entre ellas el italiano, el francés, el rumano y todas las lenguas de la Península Ibérica, salvo el euskera.

Palabras y expresiones

Historia de las palabras

La mayor parte de nuestro léxico castellano procede del latín. En Hispania confluyeron el latín hablado, también llamado latín vulgar, y el latín culto o escrito. La convivencia de estos dos niveles de lengua explica el diferente origen de nuestro léxico de ascendencia latina:

- **Palabras patrimoniales o vulgarismos:** son términos procedentes del latín hablado que pervivieron desde la romanización de Hispania, por lo que sufrieron cambios fonéticos y semánticos causados por su uso permanente. Por ejemplo: pueblo (*populum*), ojo (*oculum*), agua (*aquam*).
- **Cultismos:** son términos también de origen latino que penetraron en la lengua castellana desde el latín escrito sobre todo a partir del siglo XV. Son palabras que casi no han sufrido transformaciones fonéticas ni semánticas. Por ejemplo: epístola (*epistulam*), pugna (*pugnam*), vínculo (*vinculum*).

Por otra parte, muchos términos latinos han dado lugar a **dobletes**, es decir, a una palabra patrimonial y otra culta. Por ejemplo: *planum*, a 'llano' y 'plano'; *clavem*, a 'llave' y clave'.

Analiza

20. [LIBROSVIVOS.NET➡UD5➡INTERACTIVOS➡87. Realiza una actividad sobre vulgarismos y cultismos.

La herencia clásica

La permanencia del latín

Los **latinismos** son palabras, tomadas directamente del latín, que se usan en la lengua actual. Incluso en las lenguas que no derivan directamente del latín, como el inglés o el alemán, existe una gran cantidad de palabras y expresiones latinas de uso cotidiano.

El **a.m.** y **p.m.** que divide las horas del día encierran las expresiones ***ante meridiem*** y ***post meridiem***, es decir, antes y después del mediodía. Además es frecuente encontrarse con términos como ***curriculum***, ***ultimatum***, ***deficit*** o ***superavit***.

Expresiones como ***in dubio, pro reo*** o ***dura lex, sed lex***, son latinismos que han pasado del ámbito de la justicia al habla común. Para finalizar una larga lista se suele emplear la expresión **etc.**, abreviatura de ***et caetera***, que significa 'y lo demás'.

Investiga

19. ¿Qué quieren decir las expresiones *in dubio pro reo* y *dura lex, sed lex*?

Actividades

Explica

21. ¿De qué manera se produjo la expansión del latín por Europa? ¿Por qué no se extendió por Oriente?

22. Explica qué es un vulgarismo, un cultismo y un latinismo.

Relaciona

23. ¿Por qué se produjo la disgregación del latín en lenguas romances?

EN RESUMEN

LENGUAS INDOEUROPEAS

- se estudian mediante → **Método comparativo**
- se dividen en → **Grupos lingüísticos** → en Europa, los principales son:
  - Céltico.
  - Germánico.
  - Eslavo.
  - Báltico.
  - Helénico.
  - Itálico.

Helénico e Itálico → Origen de las lenguas clásicas → **GRIEGO** y **LATÍN**

GRIEGO

- **Evolución** →
  - Griego micénico.
  - Dialectos occidentales y orientales: ático.
  - Griego clásico.
  - Koiné.
  - Griego medieval o bizantino.
  - Griego moderno.
- **Escritura** →
  - Primera evidencia: tablillas de Creta.
  - Alfabeto griego.
- **Presencia actual** →
  - Helenismos.
  - Neologismos: científicos y técnicos.

LATÍN

- **Origen** → Influencia del sabino, etrusco y griego.
- **Evolución** →
  - Latín arcaico.
  - Latín preclásico.
  - Latín clásico.
  - Latín posclásico.
  - Latín tardío.
  - Latín medieval.
  - Latín humanístico.
  - Neolatín.
- **Lenguas romances** →
  - Por evolución del latín vulgar.
  - Influencia de las lenguas autóctonas.

OTROS RECURSOS

LIBROS

- CALVET, Louis-Jean: *Historias de palabras.* Madrid, Gredos, 1996.

  Una interesante y entretenida introducción básica a la ciencia de la etimología a través del análisis de nueve de las lenguas oficiales en la Unión Europea y tres mil palabras de dichas lenguas.

- CALVET, Louis-Jean: *Historia de la escritura.* Barcelona, Paidós, 2009.

  Remontándose a los primeros signos dejados por el ser humano en las cuevas prehistóricas, el autor pasa a centrarse en los orígenes de la escritura en las ciudades de Mesopotamia y sus necesidades administrativas. Después realiza un fascinante recorrido por las escrituras cuneiformes, los jeroglíficos egipcios, los caracteres chinos o los glifos mayas. Se presenta una historia de la escritura con rigor y claridad, pero sumamente atractiva gracias a los ejemplos e ilustraciones propuestos. Hay sistemas de escritura que transmiten ideas o conceptos, mientras que otros –los alfabéticos– recogen los sonidos, y también existen versiones combinadas de ambos. Asimismo, se presentan los nuevos sistemas de escritura que van surgiendo cuando lo requieren las necesidades humanas.

INTERNET

- **www.e-sm.net/cclaeso-16**

  Ephemeris: un periódico escrito íntegramente en latín, con noticias de actualidad en la lengua eterna de Roma.

- **www.e-sm.net/cclaeso-17**

  Un diccionario básico online latín-español, español-latín.

24. Encuentra las lenguas históricas o grupos lingüísticos que ocultan las siguientes pistas.

a. Lengua del grupo itálico de la que derivan al menos nueve lenguas actuales.

b. Grupo lingüístico que abarca el sueco, noruego, islandés y otras lenguas actuales.

c. Lengua de la que derivan el ruso, el búlgaro y otras lenguas europeas.

d. Grupo lingüístico cuyas lenguas derivadas actuales se encuentran en las islas británicas y el oeste de Francia.

e. Lengua con una gran influencia en el resto de lenguas del mundo a través de los helenismos.

25. La palabra latina o griega de la que proceden palabras en romance recibe el nombre de *étimo*. Indica, en cada trío de palabras, cuál es étimo, cuál patrimonial y cuál culta.

a. obrero	*operarium*	operario
b. *computare*	contar	computar
c. directo	derecho	*directum*
d. lidiar	*litigare*	litigar
e. frío	frígido	*frigidum*
f. *delicatum*	delgado	delicado
g. cosa	causa	*causam*
h. aurícula	oreja	*auriculam*

26. Lee el siguiente texto y responde a las preguntas.

Semejanzas lingüísticas

No es necesario ser lingüista para darse cuenta de que ciertas lenguas están emparentadas entre sí. Lo vemos, por ejemplo, con el español y el italiano. Una semejanza de este tipo une las lenguas de origen germánico. También el grupo de las lenguas eslavas, en el este de Europa, muestra parecidos muy evidentes. En el siglo XVIII *ya se advirtió que la lengua india clásica, el sánscrito, se parece a las lenguas europeas antiguas.*

LUIGI LUCA CAVALLI-SFORZA (biólogo): *Genes, pueblos y lenguas*

a. ¿A qué grupo lingüístico pertenecen todas las lenguas citadas?

b. ¿Por qué se dan esas semejanzas?

27. Detecta el elemento extraño en cada serie y explica por qué no pertenece al grupo.

a. Rumano, francés, inglés, italiano, portugués.

b. *Pater, pare, aitá, pere, pai.*

c. Albanés, griego, árabe, ucraniano, letón.

c. Gallego, castellano, vasco, catalán.

28. Copia en tu cuaderno las dos columnas y empareja estos helenismos españoles con sus étimos griegos.

escena •	• κρίσις
filósofo •	• δεσπότης
tirano •	• φιλόσοφος
déspota •	• ἔμβλημα
crisis •	• σκηνή
emblema •	• τύραννος

29. Empareja estos compuestos derivados de *-filo* (amante de) y *-fago* (que come) con sus étimos griegos.

Bibliófilo, hidrófilo, halófilo, xerófilo, xilófago, ictiófago, fitófago, antropófago.	ἰχθύς, ἄνθρωπος, ξηρόν, φυτόν, βιβλίον, ἅλα, ξύλον, ὕδωρ.

Con ayuda de un diccionario, define cada uno de los ocho términos compuestos españoles y explica su composición etimológica.

30. ¿Qué palabras eres capaz de distinguir en la siguiente inscripción latina? ¿Qué significan?

31. Copia en tu cuaderno las letras que eres capaz de distinguir en esta inscripción griega. Escribe esas letras en minúscula.

AUTOEVALUACIÓN

32. [LIBROSVIVOS.NET→UD5→AVERIGUA LO QUE SABES→89. Realiza las actividades de **autoevaluación** en la web del libro.

Taller de Lectura

Descifrar lenguas antiguas, secretas y... futuras

El estudio de las lenguas llevó en ocasiones a buscar la lengua más antigua, de la que procederían todas las demás, o a intentar descifrar escrituras antiguas desconocidas, como los jeroglíficos egipcios. El desciframiento de lenguas utiliza procedimientos similares a los que se usan para descifrar mensajes secretos. Pero a veces el problema no es solo de comprensión de una lengua, sino de comunicación con una civilización desconocida.

LEE Y CONOCE

La lengua más antigua

Como no podía hallar ninguna solución al problema de quiénes eran los hombres más antiguos, el faraón Psamético puso en práctica la siguiente idea. Entregó a un pastor dos niños recién nacidos, para que los llevara a sus apriscos y los criara sin que nadie pronunciara palabra alguna ante ellos, y que permaneciesen aislados en una cabaña solitaria.

Psamético quería escuchar cuál era la primera palabra que, al romper a hablar, pronunciaban los niños, una vez superada la etapa de los sonidos ininteligibles. Y, en efecto, así sucedieron las cosas. Dos años llevaba ya el pastor en este menester, cuando, un día, al abrir la puerta y entrar en al cabaña, los dos niños, lanzándose a sus pies, pronunciaron la palabra becós. La primera vez que la escuchó, el pastor no le dio importancia, pero como esta palabra se repetía insistentemente, acabó por informar a su señor y condujo a los niños a su presencia.

Cuando Psamético los hubo escuchado, se puso a indagar qué pueblo daba a algún objeto el nombre de becós y descubrió que los frigios llaman así al pan. Por tanto, los egipcios convinieron en que los frigios eran más antiguos que ellos.

HERÓDOTO: *Historia*

▶ ¿Crees que Psamético usó un método científico para encontrar la lengua más antigua? Razona tu respuesta.

ESCRITURAS SECRETAS En 1952, el arquitecto Michael Ventris descifró la escritura lineal B y descubrió que lo que encerraba era una forma antigua de griego (el griego micénico). Lo logró utilizando los métodos que los británicos usaron para descifrar los mensajes secretos de los espías alemanes.

La criptografía o 'escritura secreta' también fue empleada por los espartanos que se enviaban mensajes a través del sistema de escítalas.

El desciframiento de los jeroglíficos egipcios

En 1799 la expedición napoleónica a Egipto encontró una gran losa, la piedra Rosetta, con un mismo texto escrito en tres lenguas: griego antiguo, jeroglífico egipcio y egipcio demótico (la escritura egipcia común). El estudio y comparación de los tres textos permitió descifrar, después de veinte años de trabajo, la escritura jeroglífica egipcia, gracias a las correspondencias con el texto en griego.

▶ ¿Por qué el texto en griego ayudó a descifrar los jeroglíficos egipcios?

En la red

La piedra Rosetta

Busca más información en la web del Museo Británico

www.e-sm.net/cclaeso-18

El código secreto de los espartanos

Cuando los éforos mandan a un jefe de la flota o a un estratego toman dos cilindros de madera de igual longitud y grosor. Uno se lo quedan ellos y el otro se lo dan al que envían de misión. Estos cilindros reciben el nombre de escítalas. Cuando quieren comunicar un mensaje secreto enrollan una tira de cuero larga y estrecha a la escítala sin dejar ningún hueco. Una vez que enrollada, escriben el mensaje sobre la tira. Cuando han terminado de escribir quitan la tira y se la mandan sin la madera al estratego. En el momento en que lo recibe no puede leer nada, ya que las letras están desordenadas en la cinta, pero en cuanto coge la escítala y enrolla en ella la tira, las letras se vuelven a ordenar y aparece un mensaje. Se llama escítala tanto a la tira como al cilindro de madera.

PLUTARCO: *Vidas paralelas (Lisandro)*

▶ Explica con tus palabras cómo funcionaba una escítala.

EXPLORA UN TEXTO COMUNICARSE CON EL FUTURO

En los años ochenta del siglo XX los norteamericanos habían enterrado residuos nucleares en un desierto de su país y era necesario indicar que la zona era peligrosa. El problema consistía en que los residuos seguirían siendo radioactivos durante diez mil años. Se pidió a un lingüista norteamericano, Thomas Sebeok, que propusiera una forma de indicar dicho peligro, de un modo que resultase comprensible para cualquier civilización futura.

Los límites de la comunicación

El gobierno norteamericano había elegido algunas zonas desérticas de los Estados Unidos para enterrar allí residuos nucleares. El problema consistía en que los residuos iban a seguir siendo radioactivos durante diez mil años. Hemos visto cómo, en períodos bastante más breves, desaparecían grandes imperios y florecientes civilizaciones, hemos visto cómo algunos siglos después de la desaparición de los últimos faraones los jeroglíficos egipcios se habían vuelto incomprensibles, y podría suceder que en diez mil años la Tierra sufriera tales convulsiones que estuviera habitada por pueblos que hubieran regresado a un estado de barbarie. ¿Cómo informar a estos pueblos de que la zona es peligrosa?

Se excluyó cualquier tipo de comunicación verbal y cualquier ideograma porque solo es reconocible sobre la base de convenciones precisas. Incluso los lenguajes pictográficos se prestaban a serias objeciones. Otra solución consiste en poblar la zona de mensajes de todo tipo, en todas las lenguas y sistemas de comunicación. Sin embargo, incluso esta solución exige una cierta continuidad cultural.

La única solución sería instituir una especie de casta sacerdotal, formada por científicos, antropólogos y lingüistas, que se perpetuara a través de los siglos y mantuviera viva la conciencia del peligro, creando mitos, leyendas y supersticiones. Con el tiempo, estos transmitirían algo cuyo conocimiento exacto habrían perdido, de modo que en el futuro pudieran sobrevivir tabúes imprecisos, pero eficaces.

UMBERTO ECO: *La búsqueda de la lengua perfecta*

Comprende

Se plantea el problema de la larga duración del peligro radioactivo. En diez mil años las culturas y lenguas cambian hasta resultar incomprensibles. Se piensa en la posibilidad de que la civilización se degrade hasta la barbarie.

1. **Si en diez mil años el progreso científico no se ha detenido, el problema no será tan grave, pues se podrá detectar la zona de peligro o incluso reutilizar los residuos. En cambio, ¿por qué sería un problema que se haya regresado a un estado de barbarie?**

Los sistemas verbales o iconográficos se descartan, pues implican unas convenciones culturales. Por ejemplo, una calavera (como símbolo de muerte y peligro) tiene diferentes lecturas en distintas culturas: puede interpretarse como un símbolo de enterramientos o de la fiesta de los difuntos, pero sin que se entienda peligro alguno.

2. **¿Por qué se descarta la comunicación verbal? ¿Qué se entiende en el texto por "continuidad cultural"?**

3. **Imagina que tienes que comunicar la idea de peligro a una civilización desconocida. Dibuja un símbolo o señal que lo indique. ¿Crees que funcionaría?**

Por último, se propone crear un grupo de personas (casta sacerdotal) que se perpetúe eligiendo a sus sucesores y que cree mitos, leyendas y tabúes sobre la zona.

4. **¿Qué ventaja tiene el uso de mitos y tabúes para comunicar el peligro? ¿Crees que es posible la solución propuesta? ¿Qué desventajas tiene?**

Concluye

Parece muy difícil establecer un código de comunicación que pueda salvar grandes períodos o enormes distancias culturales.

5. **¿Qué otras soluciones se te ocurren?**

APRENDE A PENSAR

6. **Trabajando por parejas, valorad las ventajas e inconvenientes de cada solución al problema de cómo comunicar a una civilización futura la existencia de dicha zona de peligro. Decidid cuál es la mejor solución, explicando los motivos de vuestra decisión.**

Después, compartid vuestras opiniones en el blog www.clasica20.aprenderapensar.net.

Reconoce los sistemas de escritura en distintas culturas

1. Investiga cuántos símbolos tienen la escritura japonesa y la china y cuánto tiempo tardan en aprender a leer y escribir los niños en cada una de esas lenguas.

2. Imagina que no existe la escritura alfabética. Trata de inventar un ideograma para tu nombre, de forma que tus compañeros puedan reconocerlo. ¿Crees que sería fácil identificar sin errores los ideogramas de todos? ¿Por qué? ¿Existe ese problema con la escritura alfabética?

Busca y elabora información

3. Un palimpsesto es un manuscrito antiguo que conserva las huellas de un texto anterior que fue borrado para escribir encima.

   Consulta la siguiente web: **www.e-sm.net/cclaeso-19** y explica en qué libro estaba oculto un texto de Arquímedes y cómo se descubrió.

4. Busca información sobre los papiros y los pergaminos. ¿Cómo se elaboraban? ¿De dónde proceden sus nombres?

1 Las ventajas del alfabeto

La escritura alfabética representa cada sonido con un único signo; esa es la clave de su precisión y facilidad: con apenas 24 signos se pueden nombrar todos los objetos.

Otras escrituras, como la japonesa o la china, utilizan, en cambio, ideogramas, es decir, símbolos diferentes para cada objeto o idea que pretenden designar.

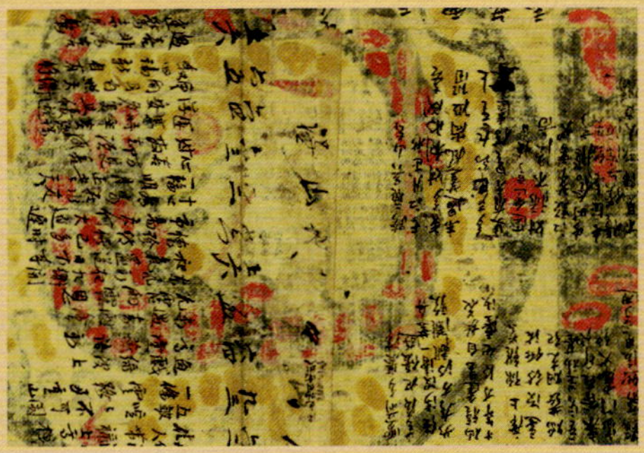

Las escrituras ideográficas pueden contar con miles de signos distintos.

2 Los primeros soportes de la escritura

En los comienzos se escribía sobre cortezas de árboles, hojas, piedra, barro, conchas, superficies metálicas o telas. La capacidad que tenían algunos de estos materiales para contener mayor cantidad de información y su facilidad de uso hicieron que unos triunfaran sobre otros. Por estas razones, los dos soportes más usados durante la Antigüedad fueron las tablillas de barro o de madera y el rollo de papiro o pergamino.

Las tablillas de barro o madera tuvieron una gran difusión en el mundo clásico. Solían ser unas planchas de madera blanqueadas para escribir con tinta o bien cubiertas de cera, en la que se grababa la escritura con un punzón. Por su escasa superficie, se utilizaban para textos breves (cartas, contratos, recibos y notas escolares), pero no para obras literarias.

Además de las tablillas, se usaron papiros (elaborados a partir de una planta acuática) y pergaminos (confeccionados con la piel de un animal) para formar largas tiras de material sobre el que se podía escribir y que luego se enrollaban.

El papiro y el pergamino

El papiro fue descubierto gracias a la victoria de Alejandro Magno, después de la fundación de Alejandría, en Egipto. Con antelación, el uso del papiro era desconocido. Se escribió primeramente sobre hojas de palmeras; más tarde sobre la corteza de ciertos árboles; después, los registros públicos se grabaron sobre planchas de plomo; enseguida también los archivos privados empezaron a confeccionarse utilizando tela o cera. Luego, por una rivalidad entre las bibliotecas de los reyes Tolomeo y Eumenes, al prohibir Tolomeo el comercio del papiro, se descubrió en Pérgamo la utilidad de las pieles.

PLINIO EL VIEJO: *Historia natural*

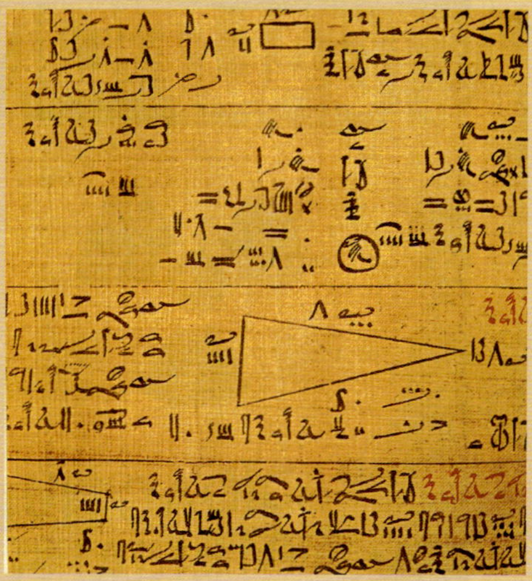

Papiro

3 Del rollo al códice

Durante casi toda la Antigüedad la forma del libro para la transmisión de textos literarios fue el rollo (en latín, *volumen*). Era una larga superficie de hojas de papiro unidas entre sí, que se enrollaba, y en cuyo interior (solo por una cara) se escribía el texto.

Códice medieval.

Para leer había que sostener el rollo con la mano derecha, mientras se desenrollaba con la izquierda. Era fácil de transportar, pero muy incómodo para buscar pasajes o anotar ideas durante la lectura.

Entre los siglos IV y V se implantó un nuevo formato: el códice (*codex* en latín), es decir, el libro tal como lo conocemos. Al principio se componía de hojas de pergamino o papiro, que se cosían y encuadernaban, pero a partir del siglo XIII se usó el papel. El códice permitía encontrar más rápidamente un pasaje, era más manejable y se adaptaba mejor a la lectura y al transporte; además, cabía mucho más texto que en los rollos.

4 ¿La muerte del libro?

En plena era digital, el viejo códice ha encontrado un firme opositor: el *e-book* o libro electrónico. El historiador francés Roger Chartier reflexiona sobre la convivencia del papel y la pantalla en nuestra sociedad y las consecuencias que puede tener en la práctica de la lectura.

Lectores y lecturas en la era del texto electrónico

La muerte del lector y la desaparición de la lectura son consideradas como la consecuencia inevitable de la cultura de la pantalla, del triunfo de la imagen y de la comunicación electrónica. Pero las pantallas de nuestro siglo XXI son de una naturaleza nueva. A diferencia de las del cine o la televisión, transmiten textos (no solo textos, es cierto, pero también textos). La antigua oposición entre, de un lado, el libro, la escritura y la lectura y, del otro, la pantalla y la imagen, ha sido sustituida por una nueva situación que ofrece un nuevo soporte a la cultura escrita y una nueva forma al libro.

Libro electrónico.

En el siglo IV d. C. el códice sustituyó de forma progresiva pero imparable a los rollos. Las características propias del códice transformaron el uso que se hacía de los textos. ¿Debemos pensar que estamos en vísperas de que se produzca una mutación semejante? ¿El libro electrónico sustituirá o está ya sustituyendo al códice impreso tal como lo conocemos en sus diversas formas: libro, revista o periódico? Quizá. Pero lo más probable para los decenios que están por venir es la coexistencia, no necesariamente pacífica, entre las dos formas del libro y los tres modos de escritura y comunicación textual: la escritura manuscrita, la publicación impresa y el texto electrónico.

Roger Chartier

Analiza los soportes

5. Señala las ventajas que tenía el códice con respecto al rollo para la lectura de los textos.
6. La invención del códice supuso el primer paso en la historia del libro en Occidente. Investiga cuál fue el otro gran invento que revolucionó el libro moderno en el Renacimiento. ¿Qué importancia tuvo para la transmisión de la cultura?
7. Resume los grandes cambios que se han producido a lo largo de la historia en los formatos de lectura.
8. Explica brevemente la opinión de Roger Chartier sobre la cultura de la pantalla y el libro electrónico.

Valora la innovación

9. ¿Qué semejanzas formales hay entre el rollo y el libro electrónico? ¿Cuáles de las ventajas del libro impreso no están presentes en el libro electrónico? ¿Qué ventajas tiene, en cambio, el libro electrónico sobre el impreso?
10. Reflexiona sobre las consecuencias que crees que puede tener el formato electrónico en el modo de leer y de relacionarse con los textos. ¿Es inevitable el cambio? ¿Crees que el libro impreso morirá? Argumenta tu respuesta.

6

La imaginación literaria de los clásicos

Aprenderás...

1 Cómo se crearon los géneros literarios en Grecia.

2 Cómo se desarrollaron la poesía y el teatro griegos.

3 Qué heredaron los romanos de la literatura griega.

4 A qué altura llegó la poesía latina y cómo se inventó la novela.

▶ Qué permanece de la creación literaria de los griegos.

Serás capaz de...

→ Planear y desarrollar un diálogo teatral trágico o cómico.

→ Utilizar los recursos del lenguaje dramático.

→ Comprender distintos puntos de vista sobre la realidad social.

→ Analizar y valorar la calidad de una narración televisiva.

GUILLAUME GUILLON LETHIÈRE: *Homero cantando la* Ilíada *a las puertas de Atenas.* (1812)

DESARROLLA TUS COMPETENCIAS

La literatura, reflejo de la vida

La literatura occidental, que se inicia con Homero, es un constante reflejo de la vida humana y una reflexión sobre la misma. Todos los sentimientos humanos están presentes desde los primeros momentos de nuestra tradición literaria. Así, en el inicio de la *Ilíada*, la cólera y el dolor que genera son el punto de partida de este poema.

> *La cólera canta, diosa, de Aquiles hijo de Peleo, cólera funesta que un dolor infinito causó a los aqueos y tantas valerosas almas de héroes arrojó al Hades, haciéndoles presa de perros y de todas las aves.*
>
> HOMERO (poeta griego): *Ilíada*

En otra de las primeras obras de la literatura griega, *Trabajos y días* de Hesíodo, también encontramos una fábula que refleja una triste realidad eterna: el abuso de poder por parte de los fuertes.

> *Así habló un halcón a un ruiseñor mientras lo llevaba por el cielo entre sus garras: "¡Infeliz! ¿Por qué chillas? Ahora estás en poder de uno más poderoso. Irás donde te lleve y me servirás de comida si quiero. ¡Insensato aquel que se quiere comparar con los más fuertes, pues se queda sin la victoria y además es maltratado!"*
>
> HESÍODO (poeta griego): *Trabajos y días*

- ¿Sabes cuál es la primera obra de la literatura occidental?
- ¿Qué sensación te transmiten los versos iniciales de la *Ilíada*?
- ¿Crees que el texto de Hesíodo sigue teniendo algún valor en el presente? ¿Por qué?
- Observa la siguiente imagen de lucha. ¿Qué tipo de sociedad refleja? ¿Crees que es muy diferente de la actual? Razona tu respuesta.

Analiza la imagen

¿Qué está sucediendo en este cuadro? ¿Qué hace el anciano que está sentado? ¿Cómo se llama el instrumento musical que lleva?

1 La poesía griega: épica y lírica

DOC. 1

La invención de la literatura occidental

Un solo pueblo del mundo ha sabido inventar tantas formas literarias importantes capaces de adaptarse a tantas otras lenguas y de dar un placer estético tan perdurable: el pueblo griego. Hasta el día en que se redescubrieron los modelos que los griegos llevaron a la perfección y que reelaboraron los romanos, la Europa occidental tuvo que inventar sus propias formas. Lo hizo imperfectamente y con grandes esfuerzos.

GILBERT HIGHET (helenista británico): *La tradición clásica*

Trabaja con el texto

1. ¿Qué géneros literarios actuales inventaron los griegos? ¿En qué época se redescubrieron en Europa los modelos literarios clásicos?

No se cuenta del mismo modo una anécdota o un chiste que una historia de terror o una gran victoria. La forma de expresarlo es muy diferente. Por el mismo motivo existen distintos géneros literarios.

1.1. Los primeros géneros literarios

Los griegos inventaron los géneros literarios que conocemos. Estos no surgieron a la vez, sino que fueron apareciendo en unas circunstancias y unos lugares determinados. Los **mitos griegos**, que se transmitían de padres a hijos, comenzaron a ser elaborados artísticamente en composiciones poéticas, y de ahí surgieron los **tres primeros géneros**:

- La **épica** era una poesía **narrativa** de los episodios míticos de los grandes héroes y dioses en versos recitados por ***aedos****. Floreció entre los siglos VIII y VII a. C. con las figuras de **Homero** y **Hesíodo**.
- La **lírica** era una poesía íntima que describía los sentimientos del poeta comparándolos, en ocasiones, con los de los personajes de los mitos. Se inició en Jonia en los siglos VII-VI a. C.
- La **tragedia** suponía la **representación** de los mitos y, a través de sus personajes heroicos, ponía en escena los grandes dilemas del ser humano. Surgió en Atenas en el siglo V a. C.

1.2. La poesía épica

La poesía épica canta las "hazañas de los héroes". A pesar de estar escrita en verso, la poesía épica era **narrativa**. Los poemas los recitaban unos poetas a los que llamamos **aedos** o **rapsodas***. Estos la componían y la trasmitían no por escrito, sino **oralmente**, gracias a técnicas de improvisación y memorización.

Para facilitar la memorización, los poetas recurrían a expresiones hechas, **fórmulas** que solían repetir. Estas podían ser simples **epítetos***, como "Aquiles, de pies ligeros", "Micenas, rica en oro", o escenas enteras, como la de ponerse una armadura o marchar a la batalla. Los grandes poetas épicos fueron:

- Hacia el siglo VIII a. C. **Homero** compuso la ***Ilíada*** y la ***Odisea***. Son las dos primeras obras de la literatura occidental y el resultado final de una tradición de poemas orales trasmitidos de generación en generación.
- Algo después, **Hesíodo** compuso la ***Teogonía***, donde se cuenta la creación del universo y la forma en que los dioses del Olimpo se hicieron con el poder. Escribió también el poema ***Trabajos y días***, que trata sobre las labores del campo y la mejor época para llevarlas a cabo; su contenido era **didáctico**.

* **Aedo:** (del griego *aoidos*, 'cantor'): creador y cantor de poemas épicos.

Rapsoda: (del griego *rapto*, 'trenzar', y *ode*, 'canto'): recitador de poemas.

Epíteto: adjetivo que sirve para caracterizar el nombre al que acompaña.

Personajes

El enigma de Homero

La imagen que la tradición nos ha dejado de Homero es la de un aedo ciego de gran prestigio, que recorría Grecia recitando las hazañas de los héroes de Troya.

Sin embargo, a pesar de las numerosas *Vidas de Homero* que se escribieron en la Antigüedad –falsas todas ellas–, nada se sabe acerca de su persona. Incluso se ha llegado a pensar que nunca existió y que su obra fue el resultado de la unión de diversos episodios sobre la guerra de Troya. Con el paso de los siglos la suma de estos dio como resultado la *Ilíada* y la *Odisea*. El debate acerca del enigma de su existencia es conocido como la "cuestión homérica".

Investiga

2. [LIBROSVIVOS.NET➡UD6➡RECURSOS➡96. Busca más información sobre la "cuestión homérica".

1.3. La *Ilíada* y la *Odisea*

Estos dos largos poemas épicos, atribuidos a Homero, narran dos episodios concretos de la **guerra de Troya**.

- La ***Ilíada*** recibe su nombre de la ciudad de **Ilión** (otro nombre de Troya), y cuenta la cólera de **Aquiles** contra el rey griego Agamenón por haberle arrebatado una esclava que le correspondía. Por ello, Aquiles decide retirarse del combate, y solo volverá a él tras la muerte de su amigo **Patroclo** a manos de **Héctor**.
- La ***Odisea*** narra el accidentado regreso a su patria de uno de los grandes héroes griegos, **Odiseo** (el **Ulises** latino). Afronta innumerables peligros, como la aventura de las sirenas o la lucha con el cíclope. Al final, Odiseo consigue regresar a su reino de Ítaca. Allí se enfrentará a los pretendientes de su esposa, la fiel y astuta **Penélope**, que desean casarse con ella y gobernar su reino.

1.4. Los poetas líricos

El nombre de poesía lírica procede de la **lira** con la que los poetas acompañaban su recitado, y su diferencia con la poesía épica es que frente a las hazañas gloriosas de los héroes del pasado, los poetas líricos expresaban sus propios **sentimientos** y **experiencias**.

Sus **temas** eran el sentimiento amoroso, las rivalidades por el poder, la fugacidad de la vida o la incertidumbre del destino; temas y cuestiones que han preocupado a través de los tiempos. Era un género propio de las clases dominantes, por eso los poemas los creaban y recitaban en **pequeños círculos selectos**. Entre los poetas líricos destacan:

- **Arquíloco:** melancólico en unas ocasiones, y burlón y desvergonzado en otras, expresó su personalidad a través de sus poemas.
- **Safo:** fue considerada la "inventora del amor" en Occidente por su forma de expresar sus sentimientos amorosos.
- **Píndaro:** cantaba, por encargo, las grandes victorias de los atletas, a los que llegaba a comparar con los héroes del mito.

DOC. 2

Ulises contra el cíclope

Al fin me pareció que la mejor solución sería la siguiente. En el suelo del establo había un gran madero de olivo verde, que el cíclope había cortado para usarla cuando se secase. Me acerqué a ella y corté una estaca que di a los compañeros para que afilaran uno de sus extremos. Luego la endurecí pasándola por el ardiente fuego, y la oculté cuidadosamente debajo del abundante estiércol que había por la gruta. Ordené entonces que se eligiera a suertes a los que me habrían de ayudar a clavársela en el ojo cuando el dulce sueño lo poseyera.

HOMERO: *Odisea*

Trabaja con el texto

3. El texto narra los preparativos para atacar al cíclope. ¿Qué es un cíclope?
4. [LIBROSVIVOS.NET ➜ UD6 ➜ RECURSOS ➜ 97. Sigue leyendo el texto de la Odisea en la web del libro y responde a las cuestiones que allí se plantean.

DOC. 3

Morir de amor

Me parece igual a los dioses
el hombre que frente a ti se sienta,
y a tu lado absorto escucha mientras
le hablas dulcemente
y encantadora le sonríes.
Eso a mí el corazón en el pecho me arrebata;
y apenas te miro, no puedo decir ya palabra.
Entonces se me espesa la lengua
y de repente un fuego sutil me corre
bajo la piel; nada veo con mis ojos
y los oídos me zumban;
me invade un frío sudor y del todo me estremezco,
más pálida que la hierba me vuelvo
y, apenas distante de la muerte, me siento infeliz.

SAFO: *Poemas*

Trabaja con el texto

5. ¿Cuáles son los síntomas del enamoramiento que describe el poema? ¿Consideras que esa forma de sentir es muy distinta en la actualidad? Razona tu respuesta.

Actividades

Analiza

6. ¿De qué manera elaboraban artísticamente los mitos los poetas épicos, líricos y trágicos?
7. ¿Los autores literarios griegos podían elegir el género en el que iban a escribir su obra? Razona tu respuesta.

Explica

8. ¿Qué significa actualmente la palabra *odisea*? ¿Cuál es su origen?
9. Explica la relación que existe entre la poesía lírica y la música.

2 La tragedia y la comedia en Grecia

DOC. 4

El asesinato de Agamenón

Agamenón: *¡Ah, me han herido de muerte en las entrañas!*

Coro: *¡Silencio! ¿Quién grita que le han herido de muerte?*

Agamenón: *¡Ay de mí, por segunda vez me han herido!*

Coro: *¡Se ha producido un crimen, según entiendo por los gritos del soberano!*

Clitemnestra: *¡Este plan lo tenía desde hace tiempo meditado, y por fin ha llegado la hora del triunfo! ¡Aquí me encuentro, en mismo lugar donde descargué el golpe sobre mi víctima!*

ESQUILO: *Agamenón*

Trabaja con el **texto**

10. ¿Qué función tiene el coro en el texto? ¿Quién asesina a Agamenón?

Al igual que hoy, en las películas o las series de televisión, en la Grecia antigua el teatro reflejaba la vida humana con sus alegrías y sus penas.

2.1. El género dramático: la tragedia

La tragedia pertenece al género **dramático** (del griego *drama*, 'acción'), y pone en escena los **dilemas** del individuo y de la comunidad a través de los grandes personajes de los mitos. Los **temas** que abordaba eran el **destino** del ser humano, sus **pasiones** y sus **conflictos** internos o entre ellos y la sociedad.

Sobre el escenario se encontraban los **actores** y el **coro**. El desarrollo de la acción lo llevaban a cabo los actores, pero la acción era interrumpida por la intervención del coro.

Los espectadores conocían el mito y, además, un personaje explicaba la trama en un **prólogo***. El interés, por tanto, no estaba en la historia, sino en ver cómo los personajes se enfrentaban a terribles situaciones que ellos desconocían, lo que se denomina **ironía trágica**.

El principal efecto que la tragedia provocaba en los espectadores era el de la **catarsis**, que consistía en la sensación de purificación que sentían al contemplar la caída en desgracia del héroe trágico sin sufrir el castigo ellos mismos. Esta caída se producía por la ***hybris*** (soberbia) que el héroe mostraba al compararse con los dioses.

2.2. Los autores trágicos

Solo nos han llegado completas las obras de los tres mayores autores trágicos:

- **Esquilo** es el más antiguo y solemne de ellos. La importancia que daba al coro hacía que la acción de los personajes se tuviera que extender a lo largo de tres tragedias o **trilogía**. La más famosa es la ***Orestíada***, donde se cuenta cómo Orestes, para vengar a su padre Agamenón, hubo de matar a su propia madre y al amante de esta. Fue también autor de la única obra de tema no mitológico que se conserva: ***Los persas***, sobre la derrota de los persas ante los griegos.
- **Sófocles** es el más clásico de los poetas trágicos. Llevó la tragedia a la **perfección formal**: aumentó el número de actores de dos a tres y estableció que la acción se desarrollara en una sola tragedia. Se conservan siete obras suyas, entre las que destacan ***Antígona*** y ***Edipo rey***, cumbre de la tragedia griega.
- **Eurípides** fue llamado el filósofo de la escena, ya que planteaba en sus obras los mayores dilemas éticos. Le interesaba la psicología de sus personajes y las **pasiones humanas**. Fue creador de grandes personajes femeninos, como los que aparecen en las ***Troyanas***, donde se aborda el sufrimiento de la guerra.

* **Prólogo:** escrito de introducción a una obra literaria. En el teatro griego y latino, discurso que daba comienzo a la obra y en el que un personaje informaba a los espectadores de lo que iba a suceder.

Mitos y leyendas

Medea: la pasión contra la razón

Medea es un gran personaje mítico de Eurípides, la princesa extranjera que mata a sus propios hijos para vengarse de Jasón, su marido, que la ha abandonado. En este monólogo duda sobre su acción:

¡No, mi mano no desfallecerá! ¡Ah, corazón no hagas tú eso! ¡Déjalos, desdichada criatura, abstente de tocar a tus hijos! ¡No, nunca dejaré yo a mis hijos con mis enemigos para que sean insultados! ¡Es necesario que mueran, y por eso les daré la muerte yo misma, que les di la vida!

Analiza

11. Describe las contradicciones que hay en el corazón de Medea, según las palabras de su monólogo.

2.3. La comedia

La comedia convivió durante todo el siglo v a. C. con la tragedia, pero en ella el protagonista no es un héroe mitológico, sino un **personaje del pueblo**, ya que lo que se pone sobre el escenario es la vida y los **problemas cotidianos**: la política, la educación, las costumbres o la Guerra del Peloponeso entre Atenas y Esparta.

El hecho de que trataran problemas cotidianos no significa que fuera exclusivamente **realista**, sino que la comedia servía para escaparse de los problemas a través de la **fantasía**.

Otra de sus características era el **humor**, buscado a través de las situaciones, juegos de palabras, obscenidades, etc., y una gran dosis de **crítica social y política**.

La **estructura** de la comedia es la siguiente:

- Hay un **prólogo** antes de la entrada del coro, que por lo general da nombre a la obra: *Las ranas*, *Las avispas*, *Las aves*, etc.
- Los actores suelen mantener ***agones*** (disputas) con el coro.
- En un momento dado tiene lugar la ***parábasis***, una interrupción de la acción en la que los personajes se dirigen al público para obtener sus aplausos.
- El **protagonista** suele salir victorioso de su problema y lo celebra con procesiones y cantos festivos.

2.4. Los autores de comedias

El momento cumbre de la comedia es la segunda mitad del siglo v a. C., época de la llamada **comedia antigua**, cuyo máximo representante es **Aristófanes**. Siguió luego la **comedia media**, de la que no quedan muchos testimonios, y finalmente vino la **comedia nueva**, representada por **Menandro** (finales del siglo iv a. C).

- De **Aristófanes** nos han llegado once comedias, cuyo **tema** más común era la **crítica de la guerra**. Así sucede en ***La paz***, donde un campesino ateniense cansado de la guerra sube el cielo sobre un escarabajo para liberar a la Paz.

  En ***Lisístrata*** ('la que deshace los ejércitos'), una mujer ateniense convence a las demás de que para detener la guerra hay que hacer una huelga de sexo con sus maridos.

  El humor de Aristófanes se basa en su uso de la lengua: los juegos de palabras, los dobles sentidos, la **parodia*** del lenguaje de la tragedia y la mezcla de un lenguaje vulgar con elevadas formas poéticas.

- Las obras de **Menandro** nos han llegado a través de fragmentos y abordan temas de la vida privada y enredos familiares. En ellas aparecen los **personajes típicos** de comedia burlesca: el viejo de mal carácter, la prostituta de buen corazón, el criado astuto, etc.

Máscaras de teatro clásico en un mosaico.

DOC. 5

Al cielo sobre un escarabajo

Esclavo 1: *¿Alguien sabe dónde puedo comprar una nariz sin agujeros? No hay oficio más asqueroso que dar de comer a un escarabajo, porque hay que amasarle la comida. Un cerdo se traga sus excrementos él solito, pero al escarabajo hay que servírselos amasados. ¡Mira cómo come el tragón apestoso! ¿De qué dios será este regalo? No creo que venga de Afrodita.*

Esclavo 2: *Seguro que algún espectador se preguntará qué historia es esta del escarabajo. Os lo diré: mi amo, que está loco, quiere subir al cielo sobre este escarabajo gigante para preguntarle a Zeus que qué le pasa con los griegos, que quiere barrerlos de la tierra.*

ARISTÓFANES: *La paz*

Trabaja con el texto

12. ¿Qué características propias de la comedia se detectan en este fragmento?

* **Parodia:** imitación en tono de burla.

Actividades

Explica

13. Explica con tus propias palabras qué es la ironía trágica y la catarsis.
14. ¿En qué se diferencian y qué tienen en común la tragedia y la comedia? Diseña una tabla de dos columnas con las características de cada una.
15. [LIBROSVIVOS.NET→UD6→RECURSOS→99. Lee el fragmento de *Antígona* y explica el dilema moral que se plantea.

Imagina

16. Inventa un diálogo trágico o cómico entre un personaje y un coro.

3 Los inicios de la literatura latina

DOC. 6

El vencedor vencido

La Grecia conquistada a su fiero vencedor conquistó, y en el Lacio agreste introdujo las artes. Así dejó de correr aquel áspero ritmo saturnio y el refinamiento acabó con aquella peste insufrible. Sin embargo, por largo tiempo duraron las huellas del campo y aún duran hoy día. Y es que el romano tardó en aplicar su talento a los volúmenes griegos, y solo en la paz, después de las Guerras Púnicas, empezó a averiguar qué traían consigo de bueno Sófocles y Esquilo. También probó a ver si podía traerlos con dignidad a su lengua, y quedó satisfecho.

HORACIO: *Epístolas*

Trabaja con el texto

17. ¿Por qué dice Horacio que Grecia venció a su vencedor? ¿Qué es el "Lacio agreste"? ¿Qué considera una "peste insufrible"?

18. Según el autor, ¿cuándo empezaron los romanos a crear una literatura de calidad?

3.1. A la sombra de Grecia

La literatura latina procede, en gran medida, de la griega. Cuando Roma comienza a destacar en el panorama político, hacia los siglos III-II a. C., la literatura griega ya había producido sus obras maestras y era un modelo único e indiscutible.

Sin embargo, los escritores romanos no eran serviles imitadores que se dedicaban a plagiar los géneros y obras de la tradición griega sin aportar nada nuevo. Por el contrario, la imitación suponía una **reinvención artística** (*aemulatio*) de los modelos, basada en la **admiración**, pero también en el afán de **superación** de estos. Así, asimilaron los géneros griegos pero los concibieron con una mentalidad romana y de este modo los transmitieron a la literatura europea posterior, creando una cadena literaria que dura hasta nuestros días.

Aunque la literatura latina escrita comienza a mediados del siglo III a. C., anteriormente existía una **literatura primitiva de tradición oral** y propiamente itálica, que solo conocemos en parte y que consistía en cantos (*carmina*) de carácter ritual y sagrado.

El desarrollo de la literatura latina escrita comprende etapas similares a las de la historia de la lengua latina: la **literatura preclásica** (siglo III a. C. al año 80 a. C.); la **literatura clásica** (del 80 a. C. a la muerte de Augusto, 14 d. C.); la **literatura posclásica** (14-200 d. C.), y la **literatura tardía** (200-600 d. C.).

3.2. Literatura arcaica: la épica y la comedia

La literatura latina arranca con una traducción del primer autor de la literatura griega, Homero. **Livio Andronico**, liberto procedente de una de las colonias griegas más prósperas del sur de Italia, Tarento, adaptó al tosco latín de los primeros tiempos la *Odisea*. Durante este período, los romanos hicieron suyos la mayoría de los grandes géneros de la literatura griega.

- La **épica**: a diferencia de la épica griega, que narraba el tiempo de los dioses, los primeros poemas épicos latinos conmemoran la grandeza de la identidad romana a través de sus hazañas históricas. Así, el poeta **Ennio** (hacia 239-169 a. C.) en sus ***Anales*** construye una larga epopeya sobre la historia de Roma.
- La **comedia**: en el período preliterario existían representaciones cómicas autóctonas de las que se conserva muy poco. La comedia latina de la que han llegado piezas completas está entroncada con la comedia nueva griega. Sus autores son **Plauto** (251-184 a. C.) y **Terencio** (204-169 a. C.). Es una comedia de enredos plagada de chistes y protagonizada por personajes arquetípicos: el viejo avaro, el soldado fanfarrón, el parásito, etc.

"Nada destruye a un hombre tanto como el mar cruel. Incluso a aquel cuyo vigor es grande lo harán pedazos las salvajes olas".
LIVIO ANDRONICO: *La Odisea*

3.3. Literatura clásica del fin de la República

En los últimos tiempos de la República, el período más tumultuoso de la historia de Roma, se afianza la identidad literaria latina gracias a un conjunto de escritores muy vinculados con la vida política romana.

- **Historiografía:** en la narración histórica destaca **César** (100-44 a. C.). Basándose en su propia experiencia, escribió dos monografías: la *Guerra de las Galias* y la *Guerra civil*, que tratan sobre sus campañas militares.
- **Oratoria:** es el arte de persuadir con la palabra, uno de los géneros que, aun teniendo raíces griegas, más se asocia con la literatura latina. En gran medida esto es debido a la figura de **Cicerón** (106-43 a. C.). Este autor pronunció infinidad de discursos de tipo judicial, en defensa o acusación de personajes de la época, y de tipo político ante el Senado o la Asamblea.

  Entre los discursos de Cicerón destacan las ***Catilinarias***, una serie de cuatro discursos dirigidos al Senado en contra de la conspiración política de Catilina, que pretendía dar un golpe de Estado. El primero de ellos comienza con la célebre frase: "¿Hasta cuándo, Catilina, abusarás de nuestra paciencia?".
- **Poesía:** en la primera mitad del siglo I a. C. destacó un grupo de jóvenes poetas que, bajo la denominación de neotéricos ('modernos'), proponían una ruptura con la poesía latina tradicional y defendían nuevos modelos.

  Entre estos, el más sobresaliente fue **Catulo** (hacia 87-54 a. C.) que también se inspiró en los griegos. Sus poemas más espontáneos y conocidos son los dedicados a su amada, Lesbia, cuya tormentosa relación quedó formulada para la posteridad en el famoso *Odi et amo* ('Odio y amo').

DOC. 7

Besos para Catulo

Vivamos, querida Lesbia, y amémonos,
y las habladurías de los viejos puritanos
nos importen todas un bledo.
Los soles pueden salir y ponerse;
nosotros, tan pronto acabe nuestra efímera vida,
tendremos que vivir una noche sin fin.
Dame mil besos, después cien,
luego otros mil, luego otros cien,
después hasta dos mil, después otra vez cien;
luego, cuando lleguemos a muchos miles,
perderemos la cuenta para ignorarla
y para que ningún malvado pueda dañarnos,
cuando se entere del total de nuestros besos.

CATULO: *Poesías*

El amor es un tema central en la poesía de Catulo.

Trabaja con el texto

20. Lee el poema y explica su contenido con tus propias palabras.

Actividades

Analiza

21. Explica la diferencia entre plagio y emulación. ¿Están bien consideradas las dos formas artísticas?

22. ¿Por qué fue tan importante la oratoria en época republicana?

23. [LIBROSVIVOS.NET→UD6→PASO A PASO→101. Lee el prólogo de una comedia de Plauto y responde a las cuestiones.

Historias y tradiciones

La fortuna en la guerra

Una muestra de la narración histórica de César, en la que cuenta un episodio de la guerra civil.

Pero la fortuna, que tiene un gran poder, tanto en el resto de las cosas como especialmente en la guerra, en pocos segundos da al traste, provocando grandes cambios de situación; tal como entonces aconteció. Las cohortes del ala derecha de César, al buscar las puertas y por desconocimiento del terreno, siguieron las fortificaciones que se extendían desde el campamento hasta el río. Pero al darse cuenta de que estaban unidas al río, directamente saltaron sobre estas fortificaciones, sin defensa alguna, y toda nuestra caballería siguió a las cohortes.

Reflexiona

19. ¿Cómo conocía César los sucesos de esta guerra? ¿Crees que era imparcial en su narración? ¿Por qué?

Sabías que...

En el primer discurso contra Catilina, Cicerón pronunció una frase que se hizo famosa: *O tempora, o mores!* Es decir, '¡oh, tiempos! ¡oh, costumbres!', que expresa su queja ante las costumbres de su época y su añoranza de otras mejores del pasado.

4 La plenitud de la literatura latina

DOC. 8

Dido, reina de Cartago, enamorada de Eneas

Pero la reina, acongojada ya por un grave desasosiego, alimenta en sus venas la herida y se consume con un fuego secreto. El extraordinario valor del héroe y la gloria extraordinaria de aquella raza acuden constantemente a su mente; su rostro y sus palabras se mantienen clavados en su corazón y la inquietud no permite un plácido reposo a sus miembros.

VIRGILIO: *Eneida*

Trabaja con el texto

24. Explica con tus propias palabras los sentimientos que experimenta esta reina.

En la red

Obras de Ovidio

Consulta en esta web varias obras de Ovidio en latín y castellano.

www.e-sm.net/cclaeso-20

* **Elegía:** forma lírica griega que puede presentar diversos temas, entre ellos el lamento fúnebre. En Roma la elegía se centró en la temática amorosa con alusiones mitológicas.

DOC. 9

Todas me gustan por igual

No es una belleza concreta la que pueda excitar mi amor: existen cien razones para estar yo siempre enamorado. Aquella agrada por sus gestos, mueve rítmicamente los brazos y contonea su delicada cintura con sensual destreza. Tú, porque eres tan alta, igualas a las antiguas heroínas y puedes ocupar tendida toda la cama; otra es manejable por su pequeñez; las dos me pierden: la grande y la chica se avienen a mis deseos.

HORACIO: *Amores*

Trabaja con el texto

26. ¿Qué razones da Ovidio para explicar su amor? ¿Crees que todas las razones son del mismo tipo?

4.1. Augusto y el triunfo de la poesía

La época de Augusto representa el mayor desarrollo de la literatura latina, sobre todo de los géneros poéticos. Augusto se rodeó de grandes escritores que supieron glorificar a través de sus obras la grandeza de Roma. A ello contribuyó, además, la creación de círculos literarios en torno a la figura de hombres como **Mecenas**, mano derecha de Augusto, que alentaron la labor de estos escritores.

Sin embargo, el hecho de formar parte de un círculo ligado al poder no restó a sus obras libertad y, aún menos, calidad literaria.

- **Virgilio, el Homero romano** (70-19 a. C.): es el más destacado de los escritores de la época de Augusto. Con su obra consiguió situarse a la misma altura que el primero de los poetas griegos, Homero.

  En el poema épico la ***Eneida*** narra el viaje del héroe Eneas desde Troya hasta las costas de Italia y las pruebas que tuvo que sufrir. Esta epopeya celebra la grandeza de Roma y supone un canto esperanzador en defensa de la *pax romana*, después de la época de las guerras civiles.

- **Horacio, el Píndaro romano** (65-8 a. C.): gran amigo de Virgilio y, como él, miembro del círculo de Mecenas, Horacio también armonizó la tradición romana con los modelos griegos.

  Como poeta lírico, Horacio en sus ***Odas*** trasladó al latín la musicalidad de la lírica griega. Su poesía se alimenta de temas muy variados, como el amor, la muerte, la felicidad, etc. Su filosofía vital quedó formulada en una serie de tópicos, como el ***carpe diem***, que le convirtieron en el poeta más influyente en la lírica posterior.

  También fue autor de ***Sátiras***, único género del que los romanos se consideraron creadores, que combina la crítica, la moralización y el humor. Son poemas en los que defiende la moderación y la sencillez vital.

Palabras y expresiones

Carpe diem

El tópico del *carpe diem* ('aprovecha el día') propone atrapar el instante que pasa sin pensar en el porvenir. Así lo expresa una oda de Horacio:

Tú no preguntes -¡pecado saberlo!- qué fin a mí, cuál a ti dieron los dioses. ¡Cuánto mejor soportar lo que venga, ya si muchos inviernos nos ha concedido Júpiter o si es el último este! Sé sabia, filtra el vino y, siendo breve la vida, corta la esperanza larga. Mientras estamos hablando, habrá escapado envidiosa la edad: aprovecha el día, fiando lo menos posible en el que ha de venir.

Analiza

25. Explica cómo se expresa el tópico del *carpe diem* en la oda.

- **Ovidio, el maestro del amor** (43 a. C. - 17 d. C.): fue el único poeta de este período que, por razones todavía no claras, perdió el favor de Augusto y fue desterrado a la costa del mar Negro, donde murió.

  En sus ***Metamorfosis***, la gran epopeya de la **mitología clásica**, recoge más de doscientos mitos y leyendas engarzados por un hilo conductor: la transformación mágica o metamorfosis de sus protagonistas. Desde la Edad Media esta obra fue fuente de inspiración de numerosas obras literarias y artísticas.

  El otro género en el que destacó Ovidio fue la **elegía*** de temática amorosa. Sus ***Amores*** son un compendio de tópicos del género elegiaco romano, mientras que en el ***Arte de amar*** ofrece un manual con consejos para jóvenes amantes.

4.2. La invención de la novela

La novela, el género literario más difundido en la actualidad, no fue conocido en la literatura clásica hasta la época imperial. La sociedad romana de entonces había sufrido una transformación profunda que demandaba nuevas formas de expresión literaria. La novela nació así como un **género mixto** que combinaba las características de otros géneros ya existentes:

- El **estilo narrativo** de la épica y la historiografía.
- El tono **mordaz y crítico** de la sátira.
- El **gusto por los ambientes urbanos y cotidianos** de la comedia.
- Los **contenidos amorosos** de la poesía lírica.

De todos estos ingredientes surgió un género nuevo de tipo narrativo en el que los protagonistas no son los grandes héroes de la epopeya ni personajes históricos famosos, sino personas corrientes y anónimas que viven aventuras insólitas. Solo nos han llegado dos novelas, aunque tuvieron una gran influencia en la novela europea posterior:

- El ***Satiricón*** de **Petronio** (20-66 d. C.), que narra las aventuras y desventuras de dos marginados sociales en un mundo libertino y cosmopolita. Su parte más conocida es la llamada "Cena de Trimalción", en la que se describe con ácido humor a un grotesco liberto enriquecido, Trimalción.
- ***El asno de oro*** de **Apuleyo** (hacia 123-180 d. C.), que cuenta las peripecias de un joven que se ve convertido en asno. Esta obra se convirtió en un modelo para la novela picaresca española posterior.

Mitos y leyendas

El hombre lobo

Quiso la suerte que mi amo saliera hacia Capua para vender no sé qué trapos finos. Aproveché esta ocasión y convencí a un huésped que teníamos en casa para que me acompañara hasta el cementerio. Era, en efecto, un soldado fortachón.

Quedamos en salir sobre el canto del gallo. La luna brillaba como si fuera pleno día. Cruzamos entre las tumbas. Mi hombre se deslizó entre las estelas funerarias a hacer sus necesidades mientras yo le esperaba sentado canturreando y contando las estelas. Al volverme a mirar a mi compañero después de un rato, vi cómo se desnudaba y cómo dejaba sus vestidos junto al camino. Tenía el alma en un puño y me sentí morir. Meó luego alrededor de su ropa y de repente se convirtió en lobo. Que nadie crea que estoy bromeando. Yo no mentiría ni por todo el oro del mundo.

Como os iba diciendo, después de convertirse en lobo comenzó a aullar y huyó al bosque. Yo, desorientado al principio, no sabía dónde me encontraba; después me acerqué a coger sus vestidos. Pero se habían convertido en piedra. Si alguien puede morir de miedo, ese era yo.

PETRONIO: *Satiricón*

Investiga y compara

29. Busca información sobre la leyenda actual del hombre lobo y compárala con el texto de Petronio. ¿Qué tienen en común?

DOC. 10

Una noche con un asno

Hubo en el círculo de mis admiradores una señora distinguida y de gran posición. Cual nueva Pasífae, pero enamorada de un burro, suspiraba ardientemente en espera de mis abrazos. Acabó proponiendo al encargado de cuidarme una elevada suma como precio de una sola noche en mi compañía. Estaba vivamente angustiado, me daba verdadero horror pensar cómo podría acercarme con tantas patas y de tan nobles dimensiones a tan delicada criatura. ¿Cómo abrazarían mis duros cascos aquellos miembros tan transparentes, tan tiernos que parecían hechos de leche y miel?

APULEYO: *El asno de oro*

Trabaja con el texto

27. ¿Dónde se aprecia el tono cómico en el texto?

28. [LIBROSVIVOS.NET ➞ UD6 ➞ RECURSOS ➞ 103. Lee el mito de Pasífae y explica la alusión a la misma en el texto de Apuleyo.

Actividades

Recuerda

30. Nombra las obras épicas griegas y romanas ¿Quién es el héroe de cada una?

31. Elabora una tabla de tres columnas: en la primera sitúa a los tres grandes poetas latinos de época de Augusto; en la segunda, sus obras principales, y en la tercera resume en una línea el contenido de cada una de ellas.

Explica

32. ¿Con qué poeta griego se puede emparejar a Ovidio? ¿Por qué?

33. ¿Con qué géneros se puede relacionar la novela? Señala las semejanzas y diferencias que tiene la novela con cada uno de ellos.

N RESUMEN

LITERATURA GRIEGA → se crean los géneros literarios

- **ÉPICA** → *poesía narrativa*
  - **Homero** → - *Ilíada.* - *Odisea.*
  - **Hesíodo**
- **TEATRO** → *representación*
  - **Tragedia** → - Esquilo. - Sófocles. - Eurípides.
  - **Comedia** → - Aristófanes. - Menandro.
- **LÍRICA** → *sentimientos y experiencias*
  - - Arquíloco. - Safo. - Píndaro.

LITERATURA LATINA → es emulación de la literatura griega

- **ARCAICA**
  - - Épica: Ennio.
  - - Comedia: Plauto y Terencio.
- **CLÁSICA**
  - - Historia: César.
  - - Oratoria: Cicerón.
  - - Poesía: Catulo.
- **ÉPOCA DE AUGUSTO**
  - **Virgilio** → - *Eneida.*
  - **Horacio** → - *Odas.* - *Sátiras.*
  - **Ovidio** → - *Metamorfosis.* - *Amores.* - *Arte de amar.*
- **POSCLÁSICA** → se inventa la novela
  - - Petronio: *Satiricón.*
  - - Apuleyo: *El asno de oro.*

OTROS RECURSOS

CINE

- *O Brother!* (2000) dirigida por Joel Coen.

  Ambientada en el sur de Estados Unidos durante la gran depresión de los años treinta, en esta comedia de aventuras se evocan algunas escenas de la *Odisea* de Homero, como el encuentro con un curioso personaje tuerto (el cíclope) o el reencuentro con su mujer Penny (Penélope).

INTERNET

- **www.e-sm.net/cclaeso-21**

  Una aplicación que permite dedicar un poema al estilo de algunos de los grandes clásicos de la Antigüedad.

- **www.e-sm.net/cclaeso-22**

  Las obras de Virgilio digitalizadas en el portal de la Biblioteca Virtual Cervantes, con textos en latín y traducciones castellanas.

LIBROS

- GARCÍA GUAL, Carlos y GUZMÁN GUERRA, Antonio: *Antología de la literatura griega.* Madrid, Alianza, 2000.
- FERNÁNDEZ CORTE, José Carlos Y MORENO HERNÁNDEZ, Antonio: *Antología de la literatura latina*. Madrid, Alianza, 2001.

  Estas dos obras presentan una amplia selección de textos de los grandes géneros y autores de la literatura griega y romana. Una selección que sirve de estímulo para la lectura más extensa de los grandes hitos de la literatura clásica.

- GRAVES, Robert: *Dioses y héroes de la antigua Grecia.* Tusquets, 2010.

  Los mitos griegos narrados de forma amena y accesible. Un gran número de historias imprescindibles para comprender la literatura clásica, así como el arte y la cultura occidental.

ACTIVIDADES DE SÍNTESIS

34. ¿A qué género literario pertenece cada uno de los siguientes argumentos? Razona tu respuesta.

a. Dos hombres van a las nubes montados en pájaros y las fortifican para obligar a los dioses a negociar con los mortales.

b. La campaña militar de un general.

c. Una diosa decide castigar a un joven por su soberbia.

d. La guerra de Troya.

e. La genealogía de los dioses.

f. Lo que uno ama es lo más preciado.

g. Una mujer ayuda a su hijastra a esconder un bebé haciéndolo pasar por propio y creando mucha confusión.

h. La heroica y legendaria fundación de una ciudad.

35. Muchos términos literarios proceden de la Antigüedad. Busca en un diccionario la etimología griega o latina de los siguientes términos y explica su significado.

a. Protagonista

b. Trilogía

c. Metáfora

d. Prólogo

e. Escena

36. Copia esta tabla en tu cuaderno y complétala con los autores que correspondan a cada género.

Género	*Grecia*	*Roma*
Poesía épica	Homero Hesíodo	• • • •
Poesía lírica	• • • •	Catulo
Historia	• • • •	• • • •
Tragedia	• • • •	• • • •
Comedia	• • • •	• • • •

37. Señala en tu cuaderno si las siguientes afirmaciones son verdaderas o falsas, y escribe correctamente las falsas.

a. La poesía épica canta situaciones de enredo.

b. Arquíloco fue el primero que expresó sus sentimientos en un poema.

c. Esquilo, Sófocles y Eurípides son los tres autores griegos de tragedias.

d. La comedia canta hazañas de héroes.

e. La literatura latina es una copia exacta de la griega.

f. Plauto y Terencio son comediógrafos romanos.

g. Catulo fue un poeta del grupo de los neotéricos, que quiere decir 'anticuados'.

h. Los poetas Virgilio y Horacio estaban ligados al programa político de Augusto.

38. Etiqueta los siguientes textos eligiendo palabras de la nube de etiquetas. Ten en cuenta que cada texto admite más de una. Explica por qué has elegido cada una de ellas.

> poesía prosa amor historia guerra joven
> tiempo Roma lírica épica tragedia comedia
> Grecia oratoria sátira belleza

Texto 1

De su aljaba portadora de flechas envió dos dardos de diferente fin: uno hace huir al amor, el otro lo provoca; el que lo provoca es de oro y resplandece en su afilada punta, el que lo hace huir es romo y de plomo. El de plomo lo clavó en la ninfa Dafne, con el de oro hirió a Apolo atravesando sus huesos.

OVIDIO: *Metamorfosis* (adaptado)

Texto 2

Al ser informado César de que pretendían pasar la frontera, salió de Roma hacia la Galia a marchas forzadas y llegó a Ginebra. Dio la orden de que le proporcionasen el mayor número de soldados y mandó quemar el puente de Ginebra.

CÉSAR: *La guerra de las Galias*

Texto 3

Dicen que es una hueste de jinetes
o una escuadra de infantes o una flota
lo más bello en la tierra, mas yo digo
que es la persona amada.

SAFO: *Poemas*

Texto 4

Pero Héctor, cuando vio que el arrogante Patroclo se retiraba herido por el agudo bronce, se abrió paso hasta él entre las filas y lo golpeó con la lanza en lo más bajo del vientre, hundiéndole el bronce de parte a parte; retumbó al derrumbarse y un fiero dolor se apoderó de los aqueos.

HOMERO: *Ilíada*

39. La imagen representa al dios Apolo, inventor de la música y la poesía, con una lira. ¿Qué género literario acompañaba su recitado de una lira?

Investiga en Internet o en un diccionario de mitología, de quién obtuvo Apolo su lira.

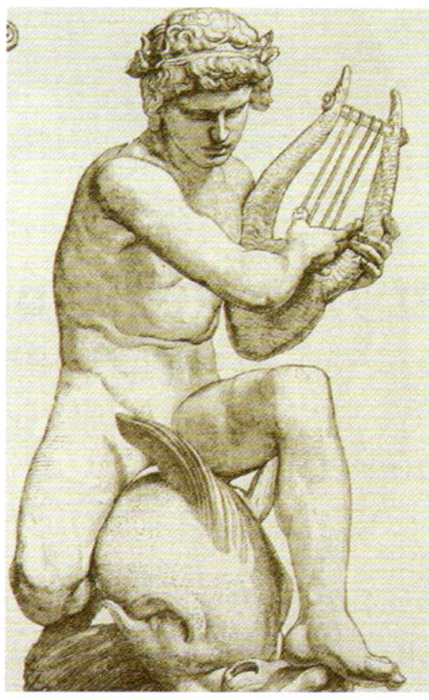

AUTOEVALUACIÓN

40. [LIBROSVIVOS.NET ➞ UD6 ➞ AVERIGUA LO QUE SABES ➞ 105. Realiza las actividades de **autoevaluación** en la web del libro.

Taller de Lectura

Ayer y hoy del teatro y la lírica

Entre los géneros literarios creados por los griegos destaca especialmente el teatro, cuyos orígenes cabe rastrear en celebraciones de tipo mágico y religioso. El carácter poético que fue adquiriendo con el tiempo lo convirtieron en uno de los grandes géneros que ha llegado hasta nuestros días. También en el presente la herencia de la lírica griega se manifiesta en los grandes poetas, como Cavafis.

LEE Y CONOCE

LOS MISTERIOSOS ORÍGENES DEL TEATRO Los orígenes de la tragedia están vinculados a antiguas manifestaciones de carácter mágico y religioso, tal vez ritos de fecundidad relacionados con el dios Dioniso. En ellas, los miembros de un coro cantaban composiciones líricas disfrazados con máscaras y pieles de macho cabrío, animal que se sacrificaba en honor de Dioniso. En origen, la palabra *tragedia* significaría 'canto del macho cabrío'. Posiblemente en un momento dado, un miembro del coro se separó del resto y recitó a solas una parte del canto, lo que supuso la aparición del primer actor.

La tragedia y la comedia florecieron en Atenas. Se representaban durante las fiestas dedicadas a Dioniso, en las que los autores teatrales presentaban sus obras a concurso.

El canto del macho cabrío

La tragedia comenzó su carrera en la primavera del 535 a. C., cuando en la gran festividad de Dioniso, Tespis apareció con su coro de tragôdoi *o "cabros cantores" y presentó un drama. De su obra nada sobrevive, pero consta que era cantada y no hablada. La acción era muy sencilla, y solo el jefe del coro tenía un papel definido. Pero de tan rudos comienzos, el genio ateniense fue alzando su tono poético, y durante el siglo* V *la tragedia llegó a ser en Atenas el arte literario por excelencia.*

C. M. Bowra (helenista británico): *Historia de la literatura griega*

▶ ¿Qué relación existe entre la tragedia y la música?

EL TEMPLO DEL DRAMA Los edificios donde se realizaban las representaciones dramáticas en época primitiva consistían en un escenario de madera al aire libre que aprovechaba un desnivel natural. Pero pronto se construyeron edificios estables en piedra.

Su parte más destacada era la ***orchestra***, un gran espacio circular destinado a la danza del coro. Detrás estaba el **proscenio**, una tarima de madera de unos 3 metros de altura donde actuaban los actores.

Tras el proscenio se encontraba la **escena**, construcción elevada que hacía de decorado de fondo. El público se sentaba en la cavea, gradas excavadas en la ladera de una colina.

Los dueños de la escena

La palabra que los griegos usaban para actor era hypokrites *('el que responde'). En la tragedia no podía haber más de tres actores. Si la obra requería más, los actores se veían obligados a interpretar más de un personaje.*

Esto hacía indispensable el uso de máscaras, lo que confería al actor un aspecto pavoroso. Los actores eran siempre hombres, aunque el personaje fuera femenino.

▶ ¿Qué relación existe entre la palabra griega que significa actor y el actual sentido del término *hipócrita*?

¿Qué es la tragedia?

La tragedia es la representación de una acción de carácter elevado, dotada de cierta extensión, un lenguaje agradable y llena de bellezas de un tipo particular. Esta representación se hace a través de personajes en acción, no de la narración, y a través de la compasión y el temor, la tragedia obra en el espectador la purificación propia de este tipo de emociones.

Aristóteles (filósofo griego): *Poética*

▶ ¿Cuáles son las características de la tragedia según Aristóteles?

El teatro de Epidauro fue construido en el siglo IV *a. C. y tenía cabida para unos 14 000 espectadores*

EXPLORA UN TEXTO LA HERENCIA DE HOMERO EN EL SIGLO XX

Constantinos Cavafis (1863-1933) es uno de los grandes autores líricos del siglo XX, que llevó a la poesía griega moderna a alturas equivalentes a la de sus antecesores griegos. Ítaca es el reino de Odiseo (Ulises) y el lugar al que logró regresar tras diez años de viaje en los que se enfrentó a multitud de peligros, pero en los que también conoció numerosas ciudades y gentes, según nos dice Homero al comienzo de la *Odisea*.

Ítaca

Cuando emprendas tu viaje a Ítaca
ruega que el viaje sea largo,
lleno de aventuras y experiencias.
No temas ni a cíclopes ni a lestrigones,
ni la cólera del furioso Poseidón.
Nunca hallarás en tu ruta tales monstruos
si tu pensamiento es elevado, si es noble
la emoción que toca tu cuerpo y tu alma.

Ruega que el viaje sea largo,
que sean muchos los días de verano
que te vean arribar a puertos que ignorabas,
detenerte en los mercados de Fenicia
y comprar unas bellas mercancías:
nácar, coral, ébano y ámbar,
y placenteros perfumes de mil clases.

Acude a muchas ciudades del Egipto
para aprender y aprender de sus sabios.
Mantén siempre a Ítaca en tu mente:
llegar allí es tu destino,
pero no hagas con prisas tu camino;
mejor será que dure muchos años,
y llegar, viejo ya, a la pequeña isla,
enriquecido con lo que te dio el camino.

No esperes que Ítaca te enriquezca:
Ítaca te ha concedido ya un hermoso viaje,
sin ella, jamás habrías partido.
No tiene otra cosa que darte.
Si la encuentras pobre, Ítaca no te ha engañado.
Y siendo ya tan sabio, con tanta experiencia,
entenderás ya el significado de las Ítacas.

CONSTANTINOS CAVAFIS: *Poemas*

Odiseo atado al mástil.

Comprende

Ítaca no solo evoca un largo viaje de vuelta, sino una odisea llena de aventuras y experiencias. No hay que temer las dificultades y obstáculos que surjan. Al igual que Odiseo superó a los cíclopes, a los lestrigones y la furia de Poseidón con la fuerza y el coraje de su mente y de su corazón, el viajero superará sus miedos y obstáculos con la nobleza de su alma.

1. **¿Qué sentido metafórico tienen los monstruos en el poema de Cavafis?**

Como a Odiseo, el largo camino le puede deparar al viajero momentos de gratos placeres en los puertos perdidos del Mediterráneo.

Sin embargo, ni las riquezas que encontró en reinos maravillosos, ni los placeres, hicieron que Odiseo olvidara su pobre y pedregosa isla de Ítaca.

2. **¿Qué aspectos placenteros y enriquecedores se citan en el poema?**

Pero aunque Ítaca es pobre, es ella la que le ha empujado a iniciar ese camino que le ha hecho más viejo y, por tanto (como pensaban los griegos), más sabio.

3. **¿Qué quiere decir el poeta con "Ítaca te ha concedido ya un hermoso viaje"?**

Concluye

Ítaca es una metáfora del viaje de la vida, en la que no importa tanto el destino como la riqueza interior y el placer íntimo que te ha proporcionado el viaje.

4. **Escribe un relato del recorrido de un viaje que hayas hecho o imagina uno que te gustaría hacer. Describe el recorrido y sus aventuras, sin que importe el destino.**

Reflexiona y llega a un acuerdo

5. **Explica en unas pocas frases cuál es "el significado de las Ítacas" que se cita en el último verso.**

Luego, comparte tus ideas con un compañero y llegad, entre los dos, a un acuerdo sobre dicho significado. Redactad juntos un breve texto que explique vuestro punto de vista, justificándolo.

PON A PRUEBA TUS COMPETENCIAS

Desarrolla un proyecto

1. Trabajando por parejas, escribid un diálogo teatral para dos personajes. Puede ser trágico o cómico. El tema tiene que reflejar con claridad alguna emoción o sentimiento humano.
2. Recitad ante la clase el diálogo que habéis escrito dándole la entonación adecuada. Preguntad luego a vuestros compañeros si han detectado el sentimiento que habéis intentado reflejar.

Conoce y usa los recursos del lenguaje dramático

3. Escribe un poema amoroso al estilo de Safo o de Catulo. Señala las palabras o sílabas del poema en las que se debe hacer algún tipo de énfasis (ya sea de mayor entonación o de suavidad en la expresión) para transmitir el mensaje o la emoción. Explica por qué se deben marcar dichas palabras o sílabas.
4. Busca información sobre los métodos que usan los actores en la actualidad para interpretar sus papeles. Averigua en qué consiste el "método Stanislavski". Puedes consultar este vínculo:

   www.e-sm.net/cclaeso23

   Compara los métodos actuales con el del actor Polo. ¿Qué opinas sobre su forma de representar un papel trágico?

1 La literatura habla de ti

La literatura grecolatina ofrece multitud de textos con temas y personajes de lo más variado: desde terribles narraciones dramáticas hasta historias graciosas y cómicas. Todas ellas reflejan la realidad de la condición humana que, a pesar de los siglos de distancia, no ha cambiado tanto como a primera vista podría parecer.

Dice una expresión clásica: "con otro nombre, la narración habla de ti", y aunque algunas historias presentan situaciones límite a las que no solemos enfrentarnos, los sentimientos, reacciones y pasiones reflejados son inequívocamente humanos.

El teatro clásico es fiel reflejo de las pasiones y emociones vitales.

2 Teatro y vida

Es posible que en el teatro clásico los actores interpretasen sus papeles de un modo que ahora nos parecería exagerado. Las formas de "meterse en el papel" podían llegar a ser casi extravagantes para lograr transmitir sus sentimientos, como en el siguiente caso.

El actor Polo

Había un actor de fama en Grecia, llamado Polo. Mas el actor perdió a su hijo, la única persona que amaba. Solo volvió a la escena cuando le pareció que había llorado lo suficiente su pena. Por aquel entonces, cuando se disponía a representar la Electra *de Sófocles, debía portar una urna donde se suponía que estaban los restos de Orestes. Así pues Polo, vestido con el negro hábito de Electra sacó los huesos y la urna del sepulcro de su hijo, y como si abrazara a Orestes llenó todo el escenario no de forma figurada y fingida, sino con dolor y lamentos verdaderos y agitados.*

AULO GELIO (escritor romano): *Noches Áticas*

3 Vivir de la literatura

Los poetas antiguos se esforzaban por poder mantenerse únicamente con los ingresos que obtenían de la venta de sus obras. De sus dificultades el poeta latino Marcial nos ha dejado constancia en algunos de sus epigramas.

Pagar al autor

Aunque podías estar ya harto de un librito tan largo, lector, todavía me pides unos pocos versos. Pero Lupo reclama sus intereses y los esclavos la comida del día. Lector, págalos. ¿Callas y disimulas? Adiós.

Pagar por recibir elogios

Faustino, un "cualquiera" alabado en mi libro disimula como si no me debiera nada: me ha engañado.

No regalo mis libros: los vendo

Me pides que te regale mis libritos, Quinto. No los tengo, sino que los tiene el librero Trifón. "¿Voy a dar dinero por bagatelas y voy a comprar tus epigramas estando en mi sano juicio? No actuaré tan tontamente", dices. Ni yo.

Marcial: *Epigramas*

Entiende tu realidad social

5. Elabora una lista de profesiones que tengan que ver con la literatura y las representaciones teatrales. ¿Quién paga el dinero que sustenta esos empleos? ¿Podrían existir esos trabajos si, como quiere Quinto en el epigrama de Marcial, fueran gratis los libros y el teatro?

6. Marcial también nos da muestras de haber aceptado dinero por elogiar a un personaje en sus obras. ¿Te parece comparable esta práctica a la publicidad de hoy en día? Justifica tu respuesta.

4 Escuchar historias: aprender y entretener

La televisión ha acaparado buena parte de los espectadores y lectores actuales, que han cambiado su forma de escuchar historias, aprender y entretenerse en su tiempo libre. Las series de televisión ofrecen personajes atractivos, argumentos interesantes y enseñanzas o reflexiones.

El poeta latino Horacio decía que "los poetas quieren ser útiles o entretener". El disfrute que se obtiene de las historias –leídas, escuchadas o presenciadas– es mayor cuanto mayor es la calidad de la historia contada.

Analiza un caso y valora su calidad

7. Elige una serie de televisión que te guste y responde a estas preguntas sobre ella. ¿Los personajes son estereotipos como en la comedia de Menandro? ¿Se satirizan costumbres y se hace crítica social como en la de Aristófanes y la poesía satírica latina? ¿Los argumentos son rápidos y activos como en la épica?

8. Analiza la calidad de la serie. ¿Qué te aporta? ¿Es simple entretenimiento? ¿Aprendes algo sobre la realidad o la vida? ¿Te ha enriquecido de alguna manera? ¿Qué aporta al conjunto de la sociedad?

7

Mitología y religiones en Grecia y Roma

Aprenderás...

1. Cómo imaginaron los griegos el origen del mundo y de los dioses.
2. En qué consistía la religión de los griegos.
3. Cómo era la religión en Roma.
4. Qué influencia han tenido los mitos en la cultura.

▶ Qué es el mito del Minotauro y cómo se ha reelaborado.

Serás capaz de...

- → Reconocer la influencia clásica en el lenguaje actual.
- → Interpretar y comprender las narraciones mitológicas.
- → Entender los mitos a través del arte.
- → Buscar y relacionar información sobre las historias mitológicas.
- → Asociar los mitos clásicos con lugares geográficos.

FRANÇOIS-XAVIER FABRÉ: *Edipo ante la esfinge* (siglo XIX).

DESARROLLA TUS COMPETENCIAS

Mitología, arte y lenguaje: el enigma de la Esfinge

La historia de la Esfinge es un ejemplo de un mito clásico. Una narración en la que intervienen dioses y seres terribles que afectan a la vida de los hombres. El enigma que se propone en este mito se basa en un juego lingüístico:

Sobre la ciudad de Tebas cayó una gran desgracia cuando la diosa Hera envió a la Esfinge contra la ciudad.

La Esfinge era un monstruo con rostro de mujer, cuerpo de león, y alas de ave, que les propuso un enigma a los tebanos: "¿Cuál es el animal que posee cuatro patas al amanecer, dos al atardecer y tres al anochecer?".

Si lo resolvían, se librarían de ella, pero mientras no lo hiciesen, la Esfinge devoraría a cada uno que fallase la respuesta.

A Edipo se le ocurrió la solución al enigma: era el hombre, ya que cuando es un bebé camina a cuatro patas porque va a gatas, cuando es adulto anda sobre sus dos piernas, y cuando es anciano camina apoyándose sobre un bastón.

Así libró a la ciudad de Tebas de la amenaza de la Esfinge.

- ¿Por qué se dice que esta historia es un mito? ¿Crees que sucedió realmente? ¿Con qué fin se contaba? ¿Qué es un mito para ti?
- ¿Qué otros animales mitológicos existen, además de la Esfinge? ¿Conoces alguna película, serie de televisión o libro protagonizados por personajes mitológicos?
- Analiza las siguientes imágenes, que representan una esfinge griega y una egipcia. Identifica cuál es cuál y explica en qué se diferencian.

Analiza la imagen

¿Qué momento de la narración sobre el enigma de la Esfinge representa el cuadro? ¿Cuáles son los personajes que aparecen en el mismo?

1 La mitología: una explicación del mundo

DOC. 1

El nacimiento de Afrodita

BOTTICELLI: *El nacimiento de Venus (detalle). Venus es el nombre latino de Afrodita.*

En medio de la blanca espuma surgió una doncella. Primero navegó hacia la sagrada Citera y desde allí se dirigió a Chipre, rodeada de olas; entonces la soberana y bella diosa salió del mar, y bajo sus delicados pies brotó la hierba a su alrededor.

Eros y el hermoso Deseo la llevaron junto a la familia de los dioses, y desde el principio este fue su dominio entre los inmortales y los hombres: las intimidades de las muchachas, las sonrisas, los engaños, el dulce placer, la ternura y el amor.

HESÍODO (poeta griego): *Teogonía*

Trabaja con el texto y la imagen

1. ¿Por qué la diosa del amor se llama Afrodita?
2. ¿Cómo explica el texto que Afrodita es la diosa del amor?
3. ¿Qué elementos del cuadro reflejan lo que cuenta el mito?

Actualmente se habla de mitos del cine o del deporte para referirse a personajes muy destacados y admirados. Pero también se dice que algo es un mito para indicar que no es cierto o que es inalcanzable, como el mito de la eterna juventud. Este sentido de algo maravilloso, pero también irreal, tiene su origen en el concepto clásico del mito.

En el mundo clásico los **mitos** eran historias o narraciones sobrenaturales que trataban de dar respuesta a las grandes cuestiones de la humanidad: ¿cómo se creó el universo?, ¿de dónde surgieron los dioses?, ¿quién creó a los hombres?

1.1. El origen del universo

Como todos los pueblos, los griegos desarrollaron una serie de mitos que se transmitieron oralmente durante generaciones. El poeta **Hesíodo** fue el primero que puso por escrito los antiguos relatos sobre el **origen del mundo –cosmogonía–** y el **nacimiento de los dioses –teogonía–**.

Según la versión de Hesíodo, el universo se creó a partir de una masa sin forma a la que los griegos llamaban **Caos**. A continuación surgió **Gea**, la Tierra, de la que nació **Urano**, el Cielo, así como las Montañas, el Mar y otros dioses que representaban las fuerzas de la naturaleza. Estos formaron la primera generación de los dioses.

El primero en reinar sobre el universo fue Urano, que, con Gea, engendró una segunda generación de dioses, los **Titanes**. Pero Urano no los dejaba salir a la luz. Al final, según el plan de Gea, el menor de los titanes, **Crono**, salió de su escondrijo y con una hoz segó los genitales de su padre y los arrojó al mar. De la espuma (*aphros* en griego) que se formó, nació **Afrodita**, diosa del amor.

1.2. Los dioses del Olimpo

Siguiendo la narración de Hesíodo, Crono, como rey del universo, engendró en su hermana **Rea** una tercera generación de dioses, que se llamaron olímpicos porque vivían en el **monte Olimpo**. Los griegos imaginaron que los olímpicos tenían aspecto **antropomórfico***.

Al igual que Urano en la generación anterior, Crono temía que sus hijos lo destronaran, y por eso los fue devorando según nacían. Pero Rea consiguió esconder a **Zeus**, el menor. Cuando Zeus creció, hizo que Crono vomitara a sus hermanos y los lideró en un combate contra Crono y los demás Titanes –la **Titanomaquia**–, en el que venció Zeus.

Zeus impuso su orden en el universo y engendró a una nueva generación de dioses con la que completó el **panteón*** de los olímpicos.

Las generaciones de los dioses

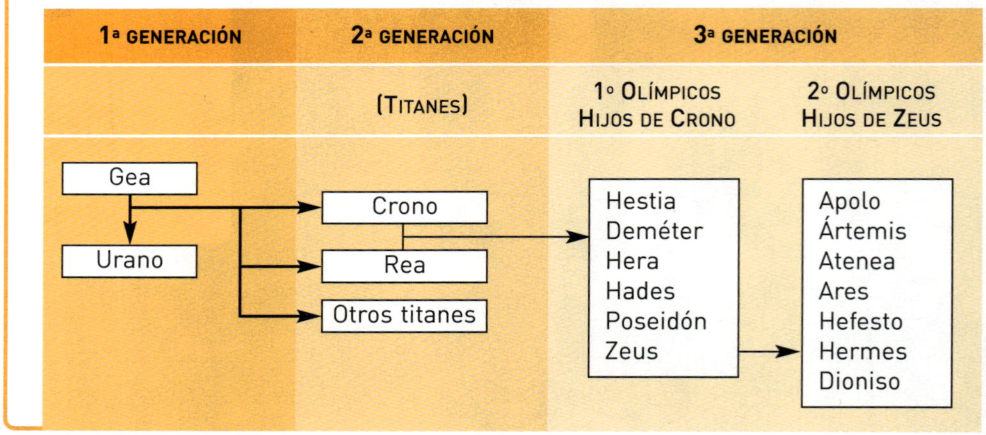

1.3. Prometeo, el titán amigo de los hombres

La mitología también daba una explicación sobre la vida de los hombres. Hay tres mitos básicos sobre las relaciones entre dioses y humanos, y en todos ellos intervino **Prometeo**, el titán **filántropo***:

- Los **sacrificios**: para decidir cómo debían ser los sacrificios que se hacían a los dioses, Prometeo mató un buey, en un paquete puso la carne y en otro, más atractivo, los huesos y la grasa. Zeus eligió el que creía que era mejor, y desde entonces la carne de los sacrificios quedó reservada a los humanos y el humo de la grasa a los dioses.
- La **conquista del fuego**: enfadado por el engaño, Zeus les quitó el fuego a los hombres, pero Prometeo robó unas chispas para devolvérselo a los humanos.
- La **primera mujer**: como castigo, Zeus ordenó crear una hermosa figura femenina en la que cada uno de los dioses puso un don, por lo que la llamaron **Pandora** ('todos los dones'). Junto a Pandora, los dioses entregaron a los hombres una caja cerrada llena de males. Pero Pandora abrió la caja y los males se esparcieron por la Tierra.

1.4. Héroes y ciclos míticos

Según la mitología, los **héroes** eran seres semidivinos, superiores a los hombres, pero inferiores a los dioses, que realizaron grandes hazañas.

Sus hazañas se contaban en series de aventuras, como el **ciclo troyano**, sobre la guerra de los griegos contra Troya, sus causas y el regreso de los héroes que tomaron parte en ella, o el **ciclo tebano** acerca del destino cruel de Edipo, rey de Tebas, que mató a su padre y se casó con su madre sin saberlo.

Otros ciclos famosos fueron el de los **Argonautas**, que narra el viaje de los marinos de la nave Argo en busca del Vellocino de Oro, y el de los **doce trabajos de Heracles**, que cuenta las doce pruebas que Heracles (Hércules en latín) hubo de superar.

Palabras y expresiones

Los monstruos mitológicos

Los héroes se enfrentaron a los monstruos, que los mitos presentan como extrañas mezclas de seres.

Los **centauros** eran bestias mitad caballo y mitad hombre; las **harpías**, buitres con rostro y senos de mujer; las **gorgonas** eran unos monstruos femeninos con cabello de serpientes, y los **cíclopes**, gigantes con un solo ojo en la frente.

Además, la mitología también habla de la **quimera**, un monstruo con cuerpo de cabra, cola de serpiente y cabeza de león, que arrojaba fuego por la boca, y de la **esfinge**, un ser con rostro de mujer, cuerpo de león y alas de águila, que proponía enigmas.

La gorgona Medusa. Según el mito, quien miraba al rostro de una gorgona quedaba petrificado.

Investiga

6. Busca en un diccionario el significado actual de las palabras *arpía* y *quimera*. Explica la relación que existe entre su significado actual y el correspondiente monstruo mitológico.
7. [LIBROSVIVOS.NET→UD7→RECURSOS→113. Lee el episodio de Perseo con la gorgona Medusa. ¿De qué truco se sirvió Perseo para matarla?

DOC. 2

Prometeo

Trabaja con la imagen

4. ¿Qué momento del mito de Prometeo recoge la imagen?
5. ¿Por qué era un mito fundamental para la humanidad?

* **Antropomórfico:** (del griego *anthropos*, "hombre" y *morphe*, "forma") con forma humana.

Panteón: (del griego *pan*, "todo", y *theos*, "dios") conjunto de los dioses. Por extensión, edificio donde se adora a varios dioses principales.

Filántropo: (del griego *philos*, "amigo" y *anthropos*, "hombre") benefactor de la humanidad.

Actividades

Analiza

8. Explica la relación entre los usos actuales de la palabra "mito" y el sentido clásico. Pon ejemplos de mitos actuales.
9. *Anthropos* significa 'hombre' en griego. Indica algunas palabras castellanas que contengan la raíz *anthropos*.

Investiga

10. Consulta en el Anexo (pág. 206) la tabla de los principales dioses griegos. Elige uno de ellos, busca información sobre él y cuenta una historia mítica acerca del mismo.
11. Investiga cuál fue el castigo al que Zeus sometió a Prometeo.

2 La religión en el mundo griego

DOC. 3

Plegaria a Apolo

¡Óyeme, dios del arco de plata, que proteges Crisa y la sagrada Cila, y que sobre Ténedos ejerces tu poder por la fuerza! ¡Si alguna vez levanté para ti un grato templo, o si alguna vez quemé en tu honor grasientos muslos de toros y cabras, cúmpleme esta súplica: que los griegos paguen mis lágrimas con tus flechas!

HOMERO (poeta griego): *Ilíada*

Trabaja con el texto

12. ¿Qué tres partes se distinguen en esta plegaria al dios Apolo?

* **Hecatombe:** en la Antigüedad, sacrificio de cien bueyes (del griego *hekaton*, 'cien', y *bous*, 'buey'). Actualmente, catástrofe con un elevado número de muertes.

Mitos y leyendas

La desaparición de Perséfone

Hades, dios de los infiernos, se enamoró de Perséfone, la hija de Deméter, y la raptó. Deméter la buscó por todas partes, y como no la pudo recuperar, decidió retirarse del Olimpo y dejar de ejercer sus funciones de diosa de los cultivos. Los campos dejaron de producir y el hambre se extendió por el mundo.

Zeus exigió a Hades que devolviese a Perséfone. Pero este consiguió que la joven, al comer un grano de granada (símbolo del matrimonio) quedase unida a los infiernos.

Sin embargo, Deméter seguía sin aceptar la pérdida de su hija. Por lo que Zeus propuso una solución de compromiso: durante un tercio del año, Perséfone se quedaría con Hades, y en primavera volvería al Olimpo junto a su madre. Así en primavera renace la vegetación, y tras el verano las semillas caen al suelo, se hunden en la tierra y vuelve el invierno.

Reflexiona

13. ¿Qué hecho natural pretende explicar este mito?

En todas las religiones la relación entre los hombres y la divinidad se realiza a través de ritos y celebraciones. En Grecia y Roma las narraciones mitológicas eran la base de la religión, en la que se celebraban numerosos ritos y festivales.

La religión griega y romana era **politeísta**, pues se adoraba a muchos dioses, y tenía un carácter **social** y **ciudadano**, ya que las ceremonias contribuían a mantener unidas a las comunidades, y cada ciudad tenía sus dioses protectores.

2.1. Los ritos

La relación entre los dioses y hombres se establecía a través de **ritos** fijos efectuados por los **sacerdotes**. Los ritos más importantes eran:

- La **plegaria**: súplicas a los dioses, a los que se dirigían enumerando sus títulos y sus poderes, y recordándoles los sacrificios que habían hecho en su honor con anterioridad.
- El **sacrificio**: el sacerdote degollaba un animal que luego era ofrecido a la divinidad, para, a continuación, celebrar un banquete. Una **hecatombe*** era el sacrificio especial de 'cien bueyes'.
- Los **juramentos**: promesa en la que se ponía como testigo a los dioses. Iba acompañada de una maldición en caso de incumplimiento.

2.2. Festivales religiosos y misterios en Grecia

A lo largo del año se celebraban festivales religiosos en honor de algún dios. Solían iniciarse con una procesión hasta el santuario de la divinidad, donde se celebraban los sacrificios. Los principales festivales fueron:

- Los festivales de **Olimpia**, en honor de **Zeus**. Durante los mismos se celebraban los Juegos Olímpicos cada cuatro años.
- Los festivales de **Delfos**, dedicados a **Apolo**, con los Juegos Píticos, en los que, además de competiciones atléticas, había concursos de poesía y música.

Además de los ritos y festivales comunes, existían otros cultos, llamados **misterios**, porque sus ceremonias se realizaban en secreto. Para tener acceso a los mismos había que superar unas ceremonias de iniciación, tras las cuales los iniciados llegaban a conocer el misterio o revelación.

Tuvieron mucho éxito en época romana, pero los principales se originaron en Grecia. Los más antiguos eran los **misterios de Eleusis**, dedicados a Deméter y a su hija Perséfone (Proserpina en Roma).

Deméter (Ceres para los romanos), diosa de los cultivos.

Olimpia, sede de un festival dedicado a Zeus.

2.3. Los oráculos: la voz de los dioses

En Grecia, el principal modo de comunicación entre los dioses y los mortales eran los **oráculos**. A través de sacerdotes y adivinos, los dioses transmitían a los hombres su **respuesta** a las cuestiones que estos planteaban. Esta respuesta se llama oráculo.

Pero "oráculo" sirve también para denominar el **lugar** donde se hacía la consulta. Entre los principales oráculos se encontraban los siguientes:

- El **oráculo de Delfos**: era el centro espiritual de Grecia y estaba consagrado a Apolo. La sacerdotisa encargada de transmitir las respuestas del dios era la **Pitia** o **Pitonisa**, cuyo nombre derivaba de Pitón, la serpiente profética a la que Apolo había dado muerte para apoderarse del lugar.
- El **oráculo de Dodona**: se trata del más antiguo de los oráculos de Grecia y estaba dedicado a Zeus. Allí, los sacerdotes interpretaban la voluntad de los dioses a partir del rumor que producían las hojas de una encina sagrada al ser mecidas por el viento.
- El **santuario de Asclepio**: estaba dedicado al dios de la medicina, Asclepio, que en Roma se llamó **Esculapio**, y era del principal centro de curación del mundo griego. Allí los enfermos consultaban al dios sobre sus dolencias y este les contestaba a través de los sueños.

Las **respuestas de los oráculos** eran ambiguas y podían dar lugar a dobles interpretaciones. Así sucedió en el caso del rey Creso, que consultó el oráculo de Delfos para saber si debía iniciar una guerra. El oráculo le contestó: "Si cruzas el río Halis, destruirás un gran imperio". Creso atacó; sin embargo, el imperio que destruyó fue el suyo propio.

Estos oráculos griegos continuaron su actividad durante la **época romana**, y era muy normal que los ciudadanos del Imperio romano acudiesen a ellos para consultar sus problemas o decisiones.

Santuario de Apolo en Delfos, donde la Pitia respondía a las preguntas de los visitantes.

En la red

Los oráculos

Entra en este enlace para conocer la importancia de los oráculos.

www.e-sm.net/cclaeso-01

Historias y tradiciones

Las palabras de la Pitia

El centro de adivinación más prestigioso de Grecia era el oráculo de Apolo en Delfos. Allí acudían los griegos para consultar al dios cuestiones tanto de la vida privada como de la pública: emprender un viaje, declarar una guerra, fundar una colonia, etc.

El visitante accedía al recinto por una vía sagrada que lo conducía al templo y, previo pago de unos honorarios, ofrecía un sacrificio en el altar. Luego entraba en un recinto privado, donde estaba la Pitia.

Cerámica griega. La Pitia.

Esta se encontraba sentada sobre un **trípode**, donde bebía el agua de una fuente profética y mascaba hojas de **laurel**, el árbol consagrado a Apolo. Entonces el visitante formulaba una pregunta y la Pitia, entrando en trance, daba la respuesta del dios a través de una serie de palabras incoherentes que un sacerdote interpretaba.

Analiza y reflexiona

14. Identifica los elementos y personajes que aparecen en la imagen.

15. ¿Por qué crees que las respuestas del oráculo eran ambiguas y permitían interpretaciones diversas?

Actividades

Recuerda

16. En las celebraciones de los sacrificios rituales, ¿qué parte del animal se quemaba para el dios y cuál consumían los fieles en un banquete?

Analiza

17. Explica el sentido de esta sentencia délfica: "El dios cuyo oráculo está en Delfos ni afirma ni desmiente, solo indica".

18. ¿Qué importancia tenía la religión para la vida en comunidad?

Investiga

19. [LIBROSVIVOS.NET → UD7 → RECURSOS → 115. Investiga sobre Asclepio o Esculapio. ¿Cuál era su símbolo? ¿Dónde estaba su santuario?

3 La religiosidad romana

Altar romano sobre el que se realizaban ofrendas y sacrificios

Casi todos los días de la semana conservan la presencia de los dioses romanos, pues en Roma cada día estaba consagrado a un dios: el martes a Marte, el jueves a Júpiter, etc. Los dioses estaban presentes en la naturaleza, el trabajo, la política, la familia...

3.1. La religión romana y la herencia griega

Los romanos primitivos creían que todos los fenómenos naturales estaban presididos por espíritus llamados *numina*. Tras el contacto con los griegos, muchos de estos antiguos espíritus fueron personificados y asimilados a los dioses del **panteón griego**. La siguiente tabla muestra las correspondencias de los principales:

Nombre griego	Nombre latino	Significado
Crono	Saturno	*Rey de los titanes y padre de Zeus*
Zeus	Júpiter	*Dios de los cielos*
Hera	Juno	*Diosa del matrimonio*
Poseidón	Neptuno	*Dios del mar*
Deméter	Ceres	*Diosa de los cultivos*
Hades	Plutón	*Dios de los muertos e infiernos*
Hestia	Vesta	*Diosa del hogar*
Apolo	Febo	*Dios de las artes y la profecía*
Ártemis	Diana	*Diosa de la caza*
Hefesto	Vulcano	*Dios del fuego*
Atenea	Minerva	*Diosa de la sabiduría*
Ares	Marte	*Dios de la guerra*
Afrodita	Venus	*Diosa del amor y la belleza*
Hermes	Mercurio	*Dios mensajero de los dioses*
Dioniso	Baco	*Dios del vino*

3.2. Las formas del culto en Roma

La religión romana contaba con diferentes tipos de culto:

- El **culto popular**: eran rituales al aire libre dirigidos a una divinidad agraria. Solían consistir en el sacrificio de un animal.
- El **culto doméstico**: se celebraba en casa, pues cada hogar tenía sus propias divinidades: los **lares**, dioses que cuidaban de la salud y concordia familiar, los **penates**, dioses guardianes de la despensa del hogar, y los **manes**, espíritus de los antepasados muertos.

  El cabeza de familia o ***pater familias*** oficiaba el ritual realizando una ofrenda en el *lararium*, el altar con el fuego sagrado que guardaba las imágenes de los dioses del hogar.
- El **culto oficial**: se realizaba **delante de los templos**, y debido a su importancia para la vida pública pronto surgieron instituciones encargadas de organizar el culto y las fiestas religiosas: los **colegios sacerdotales**.

Los miembros de los colegios sacerdotales no vivían apartados de la sociedad, a excepción de las **vestales**, las sacerdotisas que cuidaban del fuego sagrado de la diosa Vesta.

Los colegios más importantes eran el **colegio de los flámines**, que se ocupaban del culto a las divinidades mayores; y el **colegio de los pontífices**, que, entre otras tareas, se encargaba de fijar el calendario de los **días fastos**, en los que estaba permitido trabajar, y los **días nefastos**, en los que era ilícito trabajar.

Palabras y expresiones

Pontifex Maximus

Augusto ataviado como Pontifex Maximus

El *Pontifex Maximus* (el 'sumo pontífice'), presidía el colegio de los pontífices. Según la etimología, *pontifex* significa 'constructor de puentes' (de *pons*, 'puente', y *facere*, 'hacer'), porque en su origen se habían encargado de los puentes sobre el río Tíber.

Desde Augusto, el emperador asumió siempre el cargo de *Pontifex Maximus*.

Investiga

20. Investiga sobre quién siguió usando el título de *Pontifex Maximus* después del final del Imperio romano.

3.3. Los ritos de adivinación

Los romanos adoptaron de los etruscos los ritos de adivinación, con los que interpretaban la voluntad de los dioses antes de emprender cualquier acción importante: la fundación de una ciudad, el comienzo de una batalla, etc. Como los encargados de los ritos de adivinación tenían un carácter oficial, también se organizaron en dos colegios sacerdotales:

- El **colegio de los augures**: que descifraban la voluntad de los dioses a través del vuelo de las aves y otros prodigios naturales.
- El **colegio de los arúspices**: que examinaban las vísceras de los animales sacrificados para averiguar los deseos de los dioses.

Tumba etrusca de los augures (detalle). Un augurio es un presagio o anuncio de algo futuro. Los augures romanos observaban e interpretaban las señales de los dioses.

3.4. La religión en el Imperio

A finales de la República la religión romana entró en crisis e inició un proceso de decadencia. Los cultos tradicionales pasaron a ser convenciones sociales, ritos que había que cumplir porque estaba bien visto. Asimismo, en el Imperio se desarrolló el **culto al emperador**, que se consideraba un ser divino.

Pero también se adoptaron otras creencias, dioses y prácticas nuevas traídas de los territorios que Roma había conquistado:

- La **astrología**: creencia que aseguraba que la posición de los astros determinaba la vida de las personas.
- Los **misterios o cultos mistéricos**: continuando la tradición griega, prometían la salvación y una vida después de la muerte. Se propagaron por todo el Imperio, a pesar de que sus ceremonias se realizaban en secreto. Algunos provenían de Grecia, como los de Eleusis, mientras que otros eran orientales, como el culto de Isis, procedente de Egipto, o el de Mitra, que venía de Persia.

Los romanos fueron tolerantes con todos los cultos no autóctonos, salvo con uno: el **cristianismo**. La religión cristiana tuvo su origen en Palestina, pero en los dos primeros siglos de nuestra era se difundió por gran parte del Imperio romano.

Esta nueva fe constituía una amenaza para el Imperio porque se negaba a rendir culto al emperador y rechazaba la esclavitud.

Por esta razón, el cristianismo fue perseguido por el poder romano hasta que el emperador **Constantino** promulgó el Edicto de Milán en el año 313, por el que estableció la libertad religiosa.

A finales del siglo IV el emperador **Teodosio** convirtió el cristianismo en la religión oficial del Imperio romano.

PIERO DELLA FRANCESCA: *Batalla de Constantino contra Majencio. Constantino atribuyó su victoria a la intervención del Dios de los cristianos.*

Sabías que...

Eran tantos los dioses romanos, que se llegó a afirmar que en Roma había más dioses que ciudadanos. Existía un dios para cada actividad de la vida diaria.

Actividades

Recuerda

21. ¿Por qué fue perseguido el cristianismo en el Imperio romano? ¿Por qué fue luego aceptado?

Analiza

22. [LIBROSVIVOS.NET→UD7→INTERACTIVOS→117. Realiza una actividad interactiva acerca de los equivalentes latinos de los siguientes dioses griegos: Crono, Hera, Deméter, Ares, Dioniso y Hermes.
23. Señala las semejanzas y diferencias entre la religión griega y la romana.
24. ¿Cómo calificarías la actitud romana ante otras religiones?

Investiga

25. Investiga qué rito de adivinación decidió la fundación de Roma.

4 La influencia de los mitos en la cultura

Cada época tiene sus mitos, en la actualidad se han creado nuevos mitos en la literatura, como *El señor de los anillos*, o en sagas de videojuegos. Pero los mitos clásicos nunca han dejado de estar presentes en la cultura de todas las épocas.

4.1. Mitos y literatura clásica

En Grecia los mitos circulaban de boca en boca desde tiempos inmemoriales, pero pronto esas historias se pusieron por escrito convirtiéndose en grandes obras de la literatura griega:

- En **poemas épicos** como la *Ilíada* y la *Odisea* de Homero o la *Teogonía* de Hesíodo, que son algunas de las fuentes por las que los principales episodios míticos han llegado hasta nosotros.
- Los autores de las grandes **tragedias** griegas pusieron en escena algunas historias que todavía hoy se representan, como *Edipo rey* de Sófocles, *Medea* de Eurípides o *Prometeo encadenado* de Esquilo.

Los romanos heredaron la riqueza de los mitos griegos y crearon algunas obras literarias que tuvieron gran influencia posterior. En la *Eneida*, **Virgilio** narró el episodio de la destrucción de Troya. Las *Metamorfosis*, obra del poeta latino **Ovidio**, cuenta las transformaciones de personajes mitológicos.

4.2. Los mitos en la literatura posterior

Durante la **Edad Media** y el **Renacimiento**, la obra de Ovidio fue la mayor fuente de conocimiento mitológico, e influyó en los poetas del Siglo de Oro español, como Garcilaso de la Vega o Góngora. Todos los grandes nombres de la literatura universal, como Dante o Shakespeare, han utilizado temas de la mitología en sus obras.

En la **literatura contemporánea** las narraciones mitológicas también han servido de inspiración a algunas obras. La historia de **Prometeo**, que creó al hombre a partir de arcilla, sirvió a la escritora inglesa Mary Shelley para escribir *Frankenstein o el moderno Prometeo* (1818). Las aventuras de **Ulises**, héroe de la *Odisea*, le sirvieron de base al irlandés James Joyce para su novela *Ulises* (1922), una de las grandes obras literarias del siglo XX.

La mitología también ha servido como punto de partida para teorías filosóficas y psicológicas, como el "complejo de Edipo", formulado por Freud.

DOC. 4

La transformación de Dafne

BERNINI: *Apolo y Dafne*. Representa el momento en que Dafne se convierte en laurel huyendo de Apolo.

A Dafne ya los brazos le crecían
y en luengos ramos vueltos se mostraban;
en verdes hojas vi que se tornaban
los cabellos que el oro oscurecían;

de áspera corteza se cubrían
los tiernos miembros que aún bullendo estaban;
los blancos pies en tierra se hincaban
y en torcidas raíces se volvían.

Aquel que fue la causa de tal daño,
a fuerza de llorar, crecer hacía
este árbol, que con lágrimas regaba.

¡Oh miserable estado, oh mal tamaño,
que con llorarla crezca cada día
la causa y la razón por que lloraba!

GARCILASO DE LA VEGA: *Sonetos*

Trabaja con el texto

26. Explica con tus palabras cómo se produce la transformación de Dafne.

La herencia clásica

El complejo de Edipo

Edipo fue abandonado nada más nacer para evitar que se cumpliera la profecía de un oráculo. Según este, Edipo iba a asesinar a su padre y a casarse con su madre. Pero Edipo logró salvar su vida y fue criado en otro hogar.

Sin embargo, al crecer, se cumplió el oráculo: asesinó a su padre y se casó con su madre, sin saber que eran sus progenitores. Cuando más tarde su madre descubrió que Edipo era su hijo, se suicidó, y Edipo, incapaz de soportar el horror de su destino, se arrancó los ojos.

Este mito inspiró a Sigmund Freud (1856-1939), padre de la psicología moderna, su teoría del "complejo de Edipo". Según Freud, el mito expresaba la hostilidad del hijo hacia su padre a causa de su deseo inconsciente de mantener una relación con su madre.

Investiga

27. [LIBROSVIVOS.NET➡UD7➡RECURSOS➡118. Busca más información acerca de Sigmund Freud y el complejo de Edipo.

4.3. La mitología en el arte

Muchas obras de arte han tratado temas de la mitología. Velázquez, por ejemplo, representaba a los personajes mitológicos como gente de su época. Así, pintó un episodio del mito de Vulcano en la fragua de un herrero.

Detalle de Vulcano.

D. VELÁZQUEZ: *La fragua de Vulcano (y detalle ampliado). En la versión romana del mito, Vulcano era el esposo de Venus y esta le era infiel.*

Los mitos clásicos se han representado en casi todas las épocas del arte occidental. En el **Renacimiento** proporcionaron temas a los grandes pintores, como Botticelli o Tiziano. En el **Barroco** destacan Velázquez y escultores como Bernini.

En los últimos siglos los artistas han seguido utilizando los mitos clásicos para representar historias, como Jacques-Louis David (neoclasicismo, siglo XVIII), Gustave Moreau (simbolismo, siglo XIX), o Pablo Picasso y Salvador Dalí, en el siglo XX.

4.4. Los mitos en los medios de comunicación actuales

A lo largo del siglo XX se desarrollaron nuevas formas de narración, como el **cine**, el **cómic** y la **televisión**, que también han encontrado en la mitología una fuente de inspiración. Así, se han creado películas y series adaptadas a los tiempos.

En el **cine**, la figura de Hércules y la historia de la Guerra de Troya se han llevado una y otra vez a la gran pantalla. En la **televisión**, series como *Xena* o *Hércules* están pobladas de personajes y tramas tomados de conocidos episodios míticos.

DOC. 5

Faetonte y el carro del Sol

Fotograma de Hércules *(Disney).*

Trabaja con la imagen

31. Faetonte era hijo de Helios (el Sol) y le pidió a su padre que le dejara conducir su carro. Investiga qué sucedió después.

32. Compara la versión clásica del mito con la que aparece en la imagen.

Actividades

Recuerda

28. ¿Qué conocida obra de Botticelli representa una historia mítica?

Analiza

29. [LIBROSVIVOS.NET→UD7→PASO A PASO→119. Lee el mito de Vulcano, explica qué momento representa Velázquez en su cuadro y cuáles son los dos personajes principales que aparecen en el mismo.

30. Piensa en una película, serie de televisión o cómic que trate un tema de la mitología. Investiga cómo es la narración clásica y compárala con la versión moderna.

EN RESUMEN

- **MITOLOGÍA**
  - es un conjunto de → **NARRACIONES**
    - que se reflejan en:
      - LA LITERATURA
        - Clásica:
          - Poemas épicos (*Ilíada, Odisea, Eneida, Metamorfosis*).
          - Tragedias.
        - Posterior:
          - Grandes autores.
          - Inspiración en sus temas.
      - EL ARTE
        - Clásico
        - Posterior:
          - Renacimiento, Barroco.
          - Siglos XIX y XX.
        - El cine
        - La televisión
        - El cómic
  - ofrece explicaciones
    - **COSMOGONÍA:** Explicación del origen del mundo.
    - **TEOGONÍA:** Nacimiento de los dioses. → DIOSES DEL OLIMPO
      - que son adorados mediante: (EN GRECIA)
        - Ritos: plegaria, sacrificio y juramento.
        - Festivales: Olimpia y Delfos.
        - Misterios: Eleusis.
        - Oráculos: Delfos, Dodona, Asclepio.
  - es la base de → **RELIGIÓN CLÁSICA**
    - EN GRECIA
    - EN ROMA
      - Cultos:
        - Popular
        - Doméstico: lares, manes y penates
        - Oficial, dirigido por → Colegios sacerdotales
      - En el Imperio → Expansión del cristianismo

OTROS RECURSOS

CINE

- *Furia de titanes* (2010); dirigida por Louis Leterrier.
  Perseo, nacido como un dios pero criado como un hombre, quiere derrotar a Hades, el dios vengativo de los infiernos. Para ello, se ofrece a liderar una peligrosa misión para evitar que Hades arrebate los poderes a Zeus y desate el infierno en la Tierra.

  Perseo inicia un arriesgado viaje, junto con un grupo de guerreros hacia el fondo de los mundos prohibidos, en el que combate contra demonios y bestias terribles, pero solo podrá sobrevivir si es capaz de aceptar sus poderes como dios, de vencer a su destino y crearse uno propio.

LIBROS

- García Gual, Carlos: *Introducción a la mitología griega*, Madrid, Alianza, 2006.
  En esta obra podrás conocer más acerca de los principales personajes e historias de la mitología griega, así como las interpretaciones de los mitos en la actualidad.

INTERNET

- **www.e-sm.net/cclaeso-02**
  En esta página web podrás hacer un recorrido a través de los dioses griegos y los seres mitológicos.

ACTIVIDADES DE SÍNTESIS

33. Relaciona en tu cuaderno el lugar de origen de los siguientes cultos o religiones con los números del mapa.

A: Cristianismo C: Culto a Apolo Pitio

B: Culto de Isis D: Culto a los lares

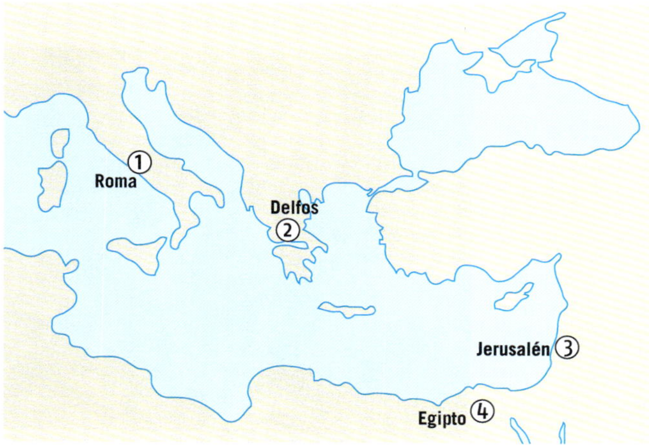

34. Copia esta tabla en tu cuaderno y complétala.

Dios	Representa
Zeus	*Cielo*
Afrodita	....
....	*Sabiduría*
Apolo	....
....	*Mar*
Artemis	....
....	*Cultivos*
Hera	....
....	*Guerra*
Hades	....
....	*Vino*
Hefesto	....
....	*Hogar*

35. Lee el texto y responde a las preguntas:

Cuando César hizo un sacrificio, desapareció el corazón de la víctima, cosa que se interpretó como un pésimo augurio, porque por naturaleza ningún animal puede existir sin corazón. Y cuando los adivinos, después de haber hecho varios sacrificios, le confirmaron que las señales eran infaustas, decidió enviar a Antonio con la orden de que se disolviera el Senado.

PLUTARCO (biógrafo griego): *Vida de César*

a. ¿Qué es un augurio? ¿Por qué se interpretó el sacrificio como un mal augurio?

b. ¿Qué decisión tomó César? ¿En qué basó su decisión? ¿Qué opinión te merece?

36. El equipo de fútbol de Alicante se llama Hércules Fútbol Club. ¿Por qué crees que lo han llamado así? Investiga cómo se llama un equipo de fútbol de Amsterdam, y otro de baloncesto de Salónica que también tiene nombre mitológico.

37. Busca en el diccionario de la Real Academia de la lengua (www.rae.es) el significado de la palabra mito y pon un ejemplo de cada una de las acepciones.

38. Lee el siguiente texto y responde a las cuestiones:

¡Oh habitantes de mi patria Tebas! Mirad: ese es Edipo, que resolvió aquellos famosos enigmas y fue un hombre de grandísimo poder, cuya fortuna ¿qué ciudadano no miraba con envidia? ¡En qué mar embravecida de horrendas desgracias ha caído! De manera que, cuando se es mortal, se debe mirar el día final y no juzgar a nadie feliz hasta que no haya franqueado el límite de su vida sin haber sufrido cosa dolorosa alguna.

SÓFOCLES: *Edipo rey*

a. ¿Quién fue Edipo? ¿Qué famoso enigma resolvió?

b. ¿A qué desgracias hace referencia el texto?

39. Observa estas dos imágenes, las dos representan a Afrodita (Venus). Analiza qué detalles tienen en común estas dos imágenes que permiten identificarlas con Afrodita.

AUTOEVALUACIÓN

40. [LIBROSVIVOS.NET ➞ UD7 ➞ AVERIGUA LO QUE SABES ➞ 121. Comprueba lo que has aprendido a través de las actividades interactivas propuestas.

41. [LIBROSVIVOS.NET ➞ UD7 ➞ INTERACTIVOS ➞ 121. Explica las principales aportaciones de la civilización griega.

Taller de Lectura

El mito del laberinto del Minotauro

Este mito cuenta la historia de un ser extraño, el Minotauro, mitad hombre y mitad toro, que vivía encerrado en un laberinto. El mito se cuenta en diversos textos clásicos, como algunos de los que aquí se presentan. Pero también ha sido reinterpretado en novelas, dramas, películas y obras de arte desde la Antigüedad hasta nuestros días. Por ejemplo, en el siglo XX, Borges, en *La casa del Asterión*, recrea el personaje del Minotauro, llamado Asterión, para analizar el comportamiento y la naturaleza del ser humano.

LEE Y CONOCE

EL MITO Según el mito, la esposa del rey Minos de Creta había dado a luz al Minotauro como fruto de su pasión por un toro. El rey Minos decidió entonces encerrar al Minotauro en un laberinto del que no pudiese escapar.

El laberinto era un entramado de galerías y salas donde todo aquel que entraba terminaba perdido. Cada año se ofrecían al monstruo siete jóvenes como sacrificio, a los que devoraba en el laberinto. Pero el héroe Teseo consiguió dar muerte al Minotauro y pudo salir del laberinto gracias al hilo de Ariadna, la hija de Minos.

Teseo en el laberinto

Teseo fue designado para el tercer tributo al Minotauro, o según algunos se ofreció voluntario. Cuando llegó a Creta, Ariadna, hija de Minos, se enamoró de él y prometió ayudarle si la tomaba por esposa. Un vez que Teseo lo hubo jurado, Ariadna pidió a Dédalo que le indicara la salida del laberinto y, siguiendo su consejo, le entregó un hilo a Teseo al entrar. Este ató el hilo a la puerta y entró soltándolo tras de sí; encontró al Minotauro al final del laberinto y lo mató a puñetazos; luego recogió el hilo y salió.

APOLODORO (mitógrafo griego): *Biblioteca mitológica*

► ¿Qué truco usa Teseo para salir del laberinto? ¿A qué cuento infantil recuerda?

Teseo incumple su promesa

Ariadna, con la mirada perdida en la orilla y con su corazón dominado por una incontrolable pasión, vio partir a Teseo con su rápida flota, sin dar crédito todavía a lo que estaba viendo, pues recién despertada de un sueño, se encontró abandonada, infeliz, en una playa solitaria. Mientras, el joven, sin memoria, golpeaba fugitivo las aguas con los remos, abandonando sus vanas promesas a las tempestades. La hija de Minos, con ojos entristecidos, lo contemplaba a lo lejos desde la playa. Su corazón zozobraba sobre un inmenso oleaje de desesperación.

CATULO (poeta latino): *Poesías*

► ¿Por qué dice el texto "sin memoria", refiriéndose a Teseo?

¿EXISTIÓ EL LABERINTO DEL MINOTAURO? Mito y realidad se mezclan en las excavaciones arqueológicas realizadas en Creta por el arqueólogo británico Sir Arthur Evans (1851-1941). La enorme construcción descubierta por Evans, con más de mil estancias comunicadas entre sí mediante escaleras y corredores, recordaba la forma de un laberinto. Por eso pensó que era el palacio de Minos, aunque no se ha podido demostrar que en realidad lo fuese.

La construcción de Dédalo

Dédalo, famosísimo por su pericia en el arte de la construcción, realizó la obra, confundió las señales y engañó a los ojos con la complejidad y las vueltas de sus interminables pasadizos. Así Dédalo llenó de recodos los innumerables pasillos y apenas pudo él mismo volver a la entrada: tan grande era el engañoso artificio de aquella construcción.

OVIDIO (poeta latino): *Metamorfosis*

► [LIBROSVIVOS.NET→UD7→RECURSOS→122. Investiga acerca de Dédalo y descubre en este enlace el palacio de Minos.

EXPLORA UN TEXTO UNA REINTERPRETACIÓN DEL MITO

La casa de Asterión es un relato del escritor argentino Jorge Luis Borges (1899-1986), que fue publicado en 1949 en su libro de cuentos *El Aleph*. El relato recrea desde la perspectiva del Minotauro, Asterión, el conocido mito clásico. Asterión narra en forma de monólogo cómo es su solitaria vida en el laberinto. El objetivo de Borges es reflexionar acerca de un personaje, Asterión, y la casa que habita, el laberinto.

La casa de Asterión

Sé que me acusan de soberbia, y tal vez de misantropía, y tal vez de locura. Tales acusaciones son irrisorias. Es verdad que no salgo de mi casa, pero también es verdad que sus puertas están abiertas día y noche a los hombres y también a los animales. Que entre el que quiera. Por lo demás, algún atardecer he pisado la calle; si antes de la noche volví, lo hice por el temor que me infundieron las caras de la plebe*.*

No me interesa lo que un hombre pueda trasmitir a otros hombres. A veces lo deploro porque las noches y los días son largos. Claro que no me faltan distracciones. Corro por las galerías de piedra hasta rodar al suelo, mareado.

Cada nueve años entran en la casa nueve hombres para que yo los libere de todo mal. Oigo sus pasos o su voz en el fondo de las galerías de piedra y corro alegremente a buscarlos. La ceremonia dura pocos minutos. Uno tras otro caen sin que yo me ensangriente las manos. Ignoro quiénes son, pero sé que uno de ellos profetizó, en la hora de su muerte, que, alguna vez llegaría mi redentor.*

Desde entonces no me duele la soledad, porque sé que vive mi redentor. ¿Cómo será mi redentor?, me pregunto. ¿Será un toro o un hombre?

-¿Lo creerás, Ariadna? –dijo Teseo–. El minotauro apenas se defendió.

JORGE L. BORGES: *El Aleph.*

VOCABULARIO

Misantropía: (del griego *miso*, "odiar" y *anthropos*, "hombre") rechazo al trato humano.

Plebe: (del latín *plebs*, "plebe") clase social popular. DERIV. Plebeyo.

Redentor: persona que libera de una carga, salvador.

El mito del minotauro ha sido interpretado por numerosos artistas, como el simbolista del siglo XIX, Watts.

G. F. WATTS: *El minotauro*

Comprende

Asterión no se ve a sí mismo como un ser monstruoso. Prefiere no salir de su laberinto porque siente miedo de los hombres, ya que le hacen sentirse diferente.

1. ¿A qué tiene miedo el Minotauro?

Desprecia la comunicación, ese gran instrumento que los hombres inventaron para relacionarse con sus semejantes. Su único pasatiempo es corretear como un animal por los interminables pasillos de su laberinto.

2. ¿Por qué crees que desprecia la comunicación?

Al contrario de lo que ocurre en el mito clásico, Asterión no asesina a los hombres que entran en el laberinto, sino que ellos van muriendo uno tras otro, sin que se desvele el motivo de su muerte.

3. Imagina por qué mueren los hombres que entran en el laberinto.

Asterión espera con ilusión al hombre que lo liberará del suplicio de la soledad. El final del relato se separa de la narración tradicional del mito, ya que se deja matar por Teseo sin defenderse.

4. ¿Por qué es un suplicio la soledad?

Concluye

A través del personaje de Asterión, Borges reflexiona acerca de dos aspectos fundamentales del ser humano: la diferencia y la soledad. El miedo a la diferencia hace que el hombre se aísle de sus semejantes.

En este sentido, el laberinto simboliza la construcción que el hombre se fabrica para aislarse y defenderse del exterior. En ese mundo de incomunicación, la soledad resulta angustiosa, por eso la muerte se convierte en una liberación.

5. Escribe un texto breve en el que describas cómo es el laberinto de Asterión y en qué emplea el tiempo.

Reflexiona en grupo

6. Busca ejemplos de situaciones cotidianas que reflejen el miedo a la diferencia y los problemas de incomunicación.

Reconoce la presencia del mundo clásico

1. Según el mito, cuando Aquiles era niño, su madre lo bañó en el río Estigia para que fuese invulnerable a las flechas. Pero al hacerlo, lo sujetó por el talón, que sería su punto débil. Durante la Guerra de Troya murió a causa de una flecha clavada en su talón.

— ¿Qué significa la expresión "el talón de Aquiles"? Pon un ejemplo de su uso en una frase.

2. Investiga sobre el Juicio de Paris y la "manzana de la discordia".

— Identifica los principales personajes del cuadro de Rubens.

— Escribe un breve relato en el que cuentes con tus propias palabras el episodio de la manzana de la discordia y el papel que jugó Paris en el mismo.

Busca y analiza información

3. Busca información sobre el pintor Giorgio de Chirico. ¿Cuándo vivió? ¿Qué tipo de pintura realizaba?

4. Localiza, en la galería *online* del Museo del Prado, los cuadros *Saturno devorando a un hijo* de Goya y *El rapto de Europa* de Rubens. Investiga qué episodios mitológicos representan.

www.e-sm.net/cclaeso-03

1 La mitología en el arte y el lenguaje

Hay mitos de un valor tan universal que han sabido mantenerse vivos a lo largo de los siglos a través de la literatura y el arte o la propia lengua.

Así, las historias de algunos mitos se han mantenido en ciertas expresiones comunes, como "el talón de Aquiles" o "la manzana de la discordia".

La "manzana de la discordia" es una expresión común para referirse a un motivo de conflicto. Tiene su origen en la historia de Paris, que tuvo que juzgar cuál era la diosa más bella y entregarle una manzana de oro, que sería motivo de gran discordia.

P. P. Rubens: *El Juicio de Paris. Paris decide quién es la diosa más bella mientras Hermes sostiene la manzana de oro.*

2 Ideas y sentimientos universales en los mitos

Desde todos los campos del pensamiento humano recurrimos una y otra vez al mito para ejemplificar ideas universales como el amor, la amistad, el progreso o el horror de la guerra, pues sus historias encarnan la aventura humana. Los sentimientos que transmiten son también universales. Por ejemplo, Homero relata en la *Ilíada* la despedida entre Héctor y Andrómaca, mito que ha sido reinterpretado posteriormente.

Despedida de Héctor y Andrómaca

¡Desdichado! ¡Tu furia te destruirá! ¡No sientes piedad por tu pobre hijo ni por mí, desgraciada, que pronto seré tu viuda, ya que pronto te matarán los aqueos atacándote todos a un tiempo! ¡Mejor sería que me tragara la tierra si te llego a perder, pues ya no me quedará otro consuelo cuando te enfrentes a tu destino, solo tristeza! Héctor, tú para mí eres mi padre y mi soberana madre, y mi hermano; tú eres mi fuerte esposo. ¡Ten, pues, ahora piedad y quédate aquí en la torre, para no dejar huérfano al niño y viuda a tu esposa!

Homero (poeta griego): *Ilíada*

En el arte, a lo largo de los siglos, los mitos se han reinterpretado para explicar acontecimientos o sentimientos de cada época. En este cuadro, pintado durante la Primera Guerra Mundial por el pintor italiano Giorgio de Chirico, los protagonistas aparecen sin rostro definido dando a entender que todos somos víctimas de las guerras.

G. de Chirico: *Héctor y Andrómaca.*

3 El eco de los mitos en los nombres

En todos los rincones del planeta encontramos los ecos de los viejos mitos en los nombres de sus lugares: del monte Atlas al caudaloso Amazonas, pasando por las Columnas de Hércules a través del Océano, que es el nombre que los antiguos griegos daban al río que según ellos rodeaba el mundo. La historia de las amazonas, unas guerreras míticas, está en la base del nombre que recibió el río de América del Sur.

Las amazonas

Hipólita era la reina de las amazonas, pueblo sobresaliente en la guerra; cada vez que tenían hijos, criaban solo a las hembras y les comprimían el pecho derecho para que no les estorbara al lanzar la jabalina, mientras que les dejaban el izquierdo para amamantar.

Apolodoro: *Biblioteca mitológica*

El río Amazonas. En el siglo XVI, Francisco de Orellana, el primer europeo que realizó el descenso del Amazonas, lo llamó así tras un enfrentamiento con una tribu en la que hombres y mujeres luchaban por igual.

4 El origen de las palabras

En nuestro lenguaje hemos incorporado numerosas palabras con referencias mitológicas. Algunas, como "eco", "narcisista", "medusa" o "musa", son sustantivos comunes procedentes de nombres de personajes de la mitología clásica.

La historia de Eco y Narciso es un claro ejemplo de cómo una narración mitológica ha tenido una influencia evidente en el origen de ciertas palabras.

Eco y Narciso

La ninfa Eco, por ser tan parlanchina, había sido condenada a no hablar: solo podía repetir lo que otros decían. Enamorada del bello Narciso, no consiguió que este le hiciese caso.

Por su parte, a Narciso un oráculo le había predicho que viviría largos años si no se conocía así mismo. Pero un día vio su reflejo en un estanque y, en castigo por su desdén hacia los demás, quedó prendado de sí mismo. Así, obsesionado consigo mismo, murió transformándose en la flor de su nombre. Mientras la pobre Eco desapareció hasta convertirse en una voz repetitiva y fantasmal.

N. Poussin: *Eco y Narciso.*

Conoce tu entorno

5. Los Pirineos también recibieron su nombre de un personaje relacionado con las aventuras de Hércules en la península Ibérica. Investiga quién fue Hércules y cuál es su leyenda.
6. ¿Qué son y dónde se encuentran las Columnas de Hércules? ¿Y la Torre de Hércules? Busca información sobre las mismas y explica su relación con la historia de Hércules.

Analiza el lenguaje

7. Explica la relación que existe entre la palabra "eco" y su origen en un personaje de la mitología.
   — Explica qué quiere decir la palabra "narcisista" y qué relación tiene con el personaje mitológico.
8. Lee el texto sobre la despedida de Héctor y Andrómaca, y explica qué sucede. ¿Qué expresiones te parecen más dramáticas? ¿Por qué?

Relaciona la información

9. ¿Cómo era la sociedad de las amazonas según el texto de Apolodoro? ¿Cuál sería el papel de los hombres en esa sociedad? ¿Por qué, siglos después, Orellana bautizó al río Amazonas con ese nombre?
10. ¿Qué significado actual tiene la palabra "odisea"? Explica su relación con el relato de Homero.

8

Las bellas artes en el mundo clásico

Aprenderás...

1 Cómo era la arquitectura griega.

2 Qué innovaciones arquitectónicas aportaron los romanos.

3 Cómo era la escultura clásica.

4 Qué nos queda de la pintura, la cerámica y el mosaico.

▶ A conocer en profundidad la acrópolis de Atenas.

Serás capaz de...

→ Relacionar el arte con la sociedad que lo ha creado.

→ Identificar los distintos órdenes arquitectónicos clásicos.

→ Realizar juicios estéticos.

→ Buscar y analizar información sobre obras de arte.

→ Valorar los cambios históricos que sufren los objetos artísticos.

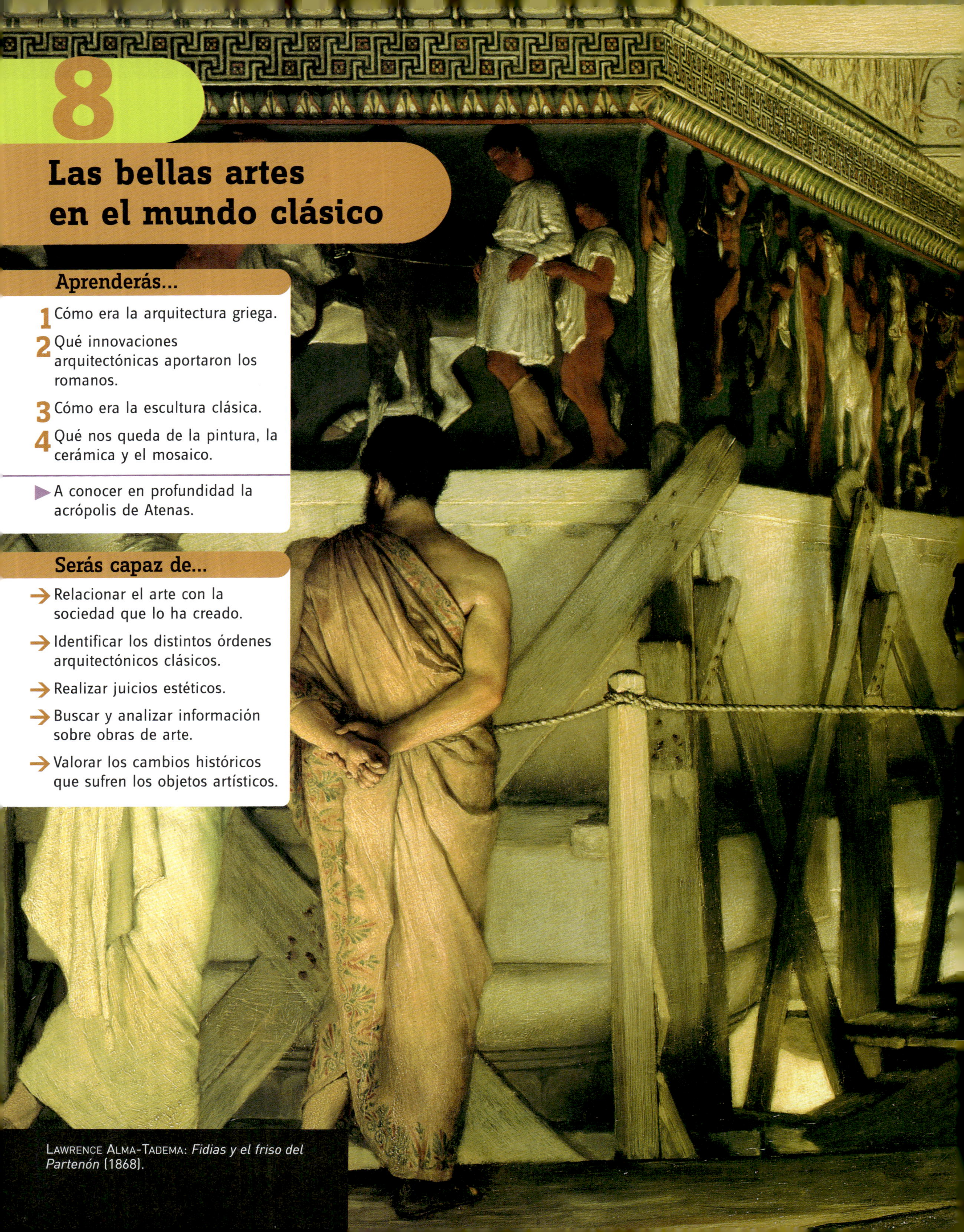

LAWRENCE ALMA-TADEMA: *Fidias y el friso del Partenón* (1868).

DESARROLLA TUS COMPETENCIAS

Un arte para la eternidad: la escultura

Muchas obras de la escultura clásica han llegado hasta nosotros gracias a la resistencia de sus materiales. No ha sucedido así con la pintura, que se ha perdido casi en su totalidad.

Los antiguos debatían sobre quién fue el inventor de las artes. Para unos, los egipcios fueron los primeros artistas, otros pensaban que habían sido los griegos. Sobre la escultura, el escritor romano Plinio dijo:

> *La primera obra de escultura la hizo en arcilla el alfarero Butades de Sición, en Corinto, sobre una idea de su hija, enamorada de un joven que iba a dejar la ciudad. La muchacha fijó con líneas los contornos del perfil de su amante sobre la pared a la luz de una vela. Su padre aplicó después arcilla sobre el dibujo, al que dotó de relieve, e hizo endurecer al fuego esta arcilla con otras piezas de alfarería. Se dice que este primer relieve se conservó en Corinto, en el templo de las Ninfas.*
>
> PLINIO: *Historia Natural*

- ¿Crees que el arte se inventó en Grecia? ¿Qué pinturas y esculturas son anteriores a las griegas?
- ¿Cuál fue según Plinio el origen de la escultura? ¿Crees que realmente fue así?
- ¿Cómo crees tú que se inventó el arte? ¿Con qué fin se creó?
- La imagen inferior es un relieve del Partenón que representa la lucha mítica entre los lapitas y los centauros, iniciada cuando en la boda del héroe Pirítoo los centauros se emborracharon e intentaron raptar a la novia. ¿Qué es un centauro?

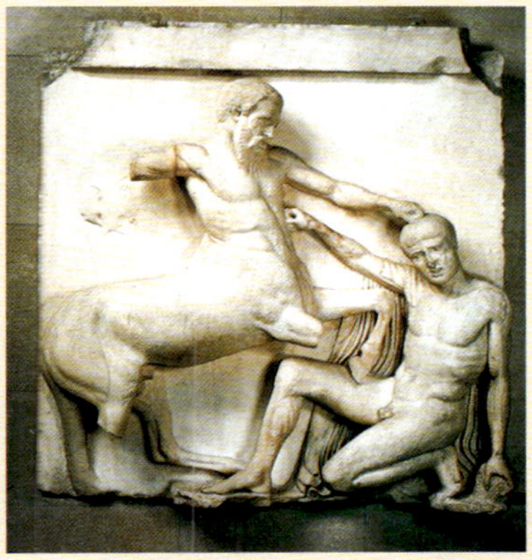

Analiza la imagen

La imagen representa al escultor griego Fidias mostrando las obras del interior del Partenón. ¿Qué crees que están haciendo los personajes que aparecen en ella? ¿Qué te llama más la atención de la escena?

1 La arquitectura griega

DOC. 1

Los órdenes dórico y jónico

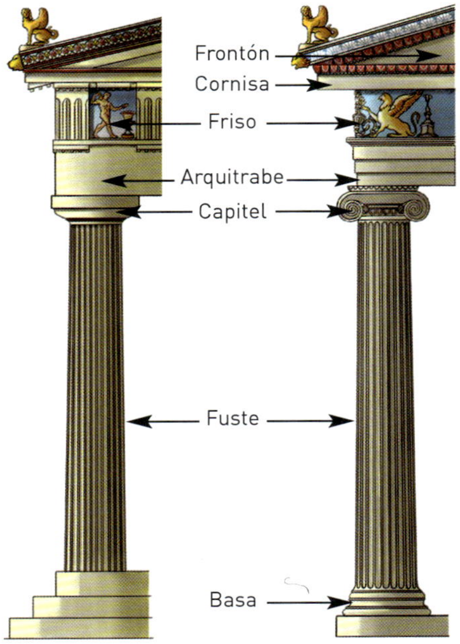

Orden dórico *Orden jónico*

Trabaja con las imágenes

1. ¿Qué elemento permite distinguir con más facilidad los órdenes dórico y jónico? ¿Y el corintio?

En su forma más básica, cualquier construcción consiste en unos muros o columnas que sujetan un techo. Los griegos llevaron esta idea a tal grado de refinamiento que ha servido de modelo durante siglos.

1.1. Los órdenes arquitectónicos

La arquitectura clásica, como el arte clásico en general, se caracteriza por la búsqueda de la proporción y la armonía. Este ideal estético se plasma en unas normas que dan lugar a los **órdenes arquitectónicos**.

Un orden arquitectónico es un **modelo fijo de construcción** del conjunto de elementos que sostienen un edificio (columna y muro) y de aquellos que son sostenidos (techo, cubierta y decoración). Los órdenes empleados en la arquitectura griega y que pervivieron en la arquitectura romana fueron el dórico, el jónico y el corintio.

- **Orden dórico:** es el más antiguo y sobrio. En este modelo las columnas no tienen **basa**, es decir, se apoyan directamente en el suelo. El **fuste** o cuerpo de la columna tiene unas estrías verticales con aristas. El **capitel** se compone de una moldura curva (equino) y otra recta (ábaco).
- **Orden jónico:** es más estilizado y esbelto que el dórico. Las columnas se apoyan en una **basa**. El **fuste** también tiene estrías. El **capitel** está formado por una decoración con **volutas** (adorno en forma de espiral) y una fina moldura recta (ábaco).
- **Orden corintio:** es el más reciente y el más ornamentado. En lo esencial es similar al jónico, salvo en el **capitel**, que es su elemento más representativo, pues tiene la forma de una cesta de **hojas de acanto** (una planta de grandes hojas rizadas).

En los tres órdenes, sobre el capitel se encuentra el **arquitrabe** o viga que se apoya en las columnas, y sobre este hay un **friso** decorado y una **cornisa**. La cubierta se compone de un tejado de dos vertientes que, al descender hacia la cornisa, forma un espacio triangular llamado **frontón**.

1.2. El templo griego

La función del templo griego no era, como en los templos cristianos, la de albergar a los fieles para la oración, sino la de dar cobijo a las **estatuas de los dioses**. Por eso su espacio interior no es muy amplio, pues muy poca gente entraba en ellos, ya que las ceremonias y rituales tenían lugar fuera, frente a la entrada del templo.

Capitel corintio formado por hojas de acanto.

Templo de Atenea Nike, en la acrópolis de Atenas.

La planta tradicional del templo griego era **rectangular**, aunque también existieron templos de forma **circular**, llamados *tholos*.

La gran mayoría de los templos presentaba una estructura simple: una única sala a la cual se entraba por un pórtico o vestíbulo (**pronaos**). La sala que contenía la estatua del dios se llamaba **naos** (*cella* en el mundo romano).

Las columnas solían rodear al templo por todos sus lados. Si este solo tiene una fila de columnas alrededor se llama **períptero** y si tiene dos filas de columnas paralelas es un templo **díptero**.

1.3. El Partenón

El Partenón es el edificio más majestuoso y armónico que nos ha legado la Antigüedad. La sensación de **ligereza** que desprende y su aire de **perfección** es un bello engaño al ojo, ya que se consigue gracias a **efectos ópticos** y **trucos de perspectiva** como los de reducir el grosor de las columnas o rebajar la altura de las escaleras por los extremos.

- Consta de 8 columnas dóricas en sus extremos y 17 en los lados (el doble de las de los extremos más una). No son absolutamente verticales, sino que aparecen ligeramente inclinadas.
- En los **relieves** escultóricos situados en la parte superior del templo, se representaban escenas mitológicas en vivísimos colores, como el nacimiento de Atenea de la cabeza de Zeus o su lucha contra Poseidón por el dominio de Atenas. Dentro del templo se encontraba una **estatua** de la diosa, hecha de oro y marfil, que resplandecía en la oscuridad.
- El Partenón recibe su nombre de su dedicación a **Atenea**, la diosa ***parthenos*** ('virgen'). Fue construido sobre las ruinas de otro más antiguo que los persas arrasaron en el año 480 a. C. Así, los atenienses celebraron su victoria sobre los persas.

El Partenón en la acrópolis de Atenas.

Mitos y leyendas

El nacimiento de Atenea

En el interior del Partenón se representaron escenas de los mitos relacionados con Atenea, como el de su nacimiento.

Zeus se unió a Metis, que había intentado evitar la unión tomando múltiples formas, y en cuanto la dejó embarazada, se apresuró a devorarla, ya que Gea le había dicho que tras la hija que iba a nacer, engendraría a otro que se convertiría en el dueño del cielo. Por miedo a esto la devoró. Pero cuando llegó el momento del parto, Hefesto le abrió la cabeza con un hacha y de ella surgió Atenea completamente armada.

APOLODORO: *Biblioteca mitológica*

Interpreta

2. ¿Por qué Zeus devoró a Metis? ¿Cómo nació Atenea?
3. [LIBROSVIVOS.NET➡UD8➡RECURSOS➡129. Amplía la información sobre Atenea. ¿Por qué surgió armada? ¿Qué atribuciones tenía esta diosa?

Historias y tradiciones

La historia posterior del Partenón

Durante la Edad Media, el Partenón pasó a ser una iglesia bizantina y luego una catedral católica. Cuando en el siglo XV Grecia cayó bajo el dominio turco, el Partenón se convirtió en mezquita.

En el siglo XVII, durante una guerra entre Venecia y el Imperio turco, cayó una granada veneciana sobre el Partenón, que era entonces un polvorín, y se produjo una gran explosión que destruyó el interior e hizo que catorce columnas saltasen por los aires.

Relieves del Partenón en Londres.

A principios del siglo XIX, un diplomático inglés arrancó muchos de los relieves que quedaban y los llevó al Museo Británico de Londres. Aunque muy dañado a lo largo de los siglos, todavía hoy el Partenón resulta impresionante en lo alto de la acrópolis de Atenas.

Investiga

4. Busca en internet más información sobre el Partenón y averigua cómo se llamaba el diplomático inglés que se llevó los relieves.

Actividades

Explica

5. ¿Qué función tenían las columnas en los templos griegos? ¿Eran solo decorativas?
6. ¿Qué había dentro de los templos? ¿Dónde se celebraba el culto?
7. ¿Qué es la *naos*? Explica qué es un templo períptero.

Analiza

8. Observa las imágenes del templo de Atenea Nike (página anterior) y del Partenón. ¿En qué orden arquitectónico está construido cada uno de ellos? ¿En qué elemento se detecta dicho orden?

2 La arquitectura romana

Capitel compuesto romano.

Gracias al uso de bóvedas, los romanos lograron cubrir espacios mucho más amplios que con el sistema de columnas y vigas.

2.1. Continuidad e innovación

Los romanos tomaron de los griegos las líneas fundamentales de su arquitectura, sin embargo, introdujeron elementos e innovaciones técnicas desconocidas en el arte griego. Por un lado, interpretaron a su modo los **órdenes arquitectónicos** griegos (dórico, jónico y corintio), por lo general dotándolos de una mayor estilización y adorno. Además de estos, emplearon dos órdenes más:

- **Orden toscano o etrusco:** tomado de la arquitectura etrusca, tiene semejanzas con el dórico. En este orden el fuste de las columnas es liso, sin aristas, y estas se apoyan en una basa.
- **Orden compuesto:** resultado de una combinación del orden jónico y el corintio, ya que su capitel combina las volutas jónicas con las hojas de acanto corintias. Llegó a ser el preferido por los romanos.

Los romanos solían utilizar en los edificios de varios niveles una **combinación de distintos órdenes**. Usaban los más sencillos (dórico o toscano) en la parte inferior y los más decorativos (corintio o compuesto) en la superior.

También introdujeron importantes **innovaciones técnicas** que han perdurado en la arquitectura de nuestros días:

- El **arco de medio punto o semicircular**: permitió nuevas posibilidades de construcción. Se usó también para la construcción de puentes, arcos triunfales, anfiteatros, circos, acueductos, etc.
- La **bóveda de cañón**: un sistema de cubierta resultado de la prolongación del arco de medio punto. Permitió realizar construcciones de gran envergadura, con numerosos vanos (huecos). También se utilizó la bóveda circular o **cúpula**.

La **arquitectura abovedada** romana permitía un reparto más equilibrado del peso y por tanto podía soportar cargas mayores que el tipo de construcción de los griegos a base de columnas y vigas.

2.2. El templo romano

Los templos romanos presentan muchos elementos que ya tenían los templos griegos, como la planta rectangular (y a veces circular), el tejado a dos vertientes y el frontón. Sin embargo, existen ciertas diferencias entre ellos:

- El templo romano no se asienta sobre una escalinata, sino sobre un elevado **pedestal** (***podium***) que en su parte delantera tiene una escalinata de acceso.
- La planta del templo romano es más sencilla: posee una **nave** única (***cella***) que, solo en ocasiones, aparece separada en dos estancias.
- Las **columnas** que circundan el templo pueden estar adosadas al muro de la *cella*, a excepción del pórtico de entrada, donde aparecen exentas.

DOC. 2

El templo de la Fortuna Viril

Trabaja con la imagen

9. ¿Qué características propias del templo romano se observan en la imagen? ¿Qué orden arquitectónico se ha usado en este templo?

Sabías que...

Los romanos, además de la piedra, emplearon para sus edificios materiales nuevos, como el ladrillo y el hormigón, que eran menos costosos que la piedra y, en el caso del hormigón, más resistentes. El hormigón lo utilizaban para levantar el esqueleto del edificio, que luego recubrían de ladrillo o piedra.

2.3. Los nuevos edificios: el anfiteatro y el circo

En el mundo romano se crearon dos tipos de edificios nuevos: el anfiteatro y el circo.

- El **anfiteatro** se usaba para los juegos de gladiadores y se llama así porque su estructura primitiva era el resultado de unir dos teatros móviles. Antes de existir los primeros anfiteatros estables, los juegos se celebraban en el foro.

  Las principales partes de un anfiteatro eran la **arena**, donde tenían lugar los juegos, que estaba rodeada por un muro o rejas para proteger al público de las fieras; el **foso**, que era una construcción subterránea bajo la arena, destinada a guardar jaulas, decorados y materiales; la ***cavea***, las gradas de asientos para los espectadores; la **tribuna** o palco de autoridades, y el ***velarium***, el gran toldo que cubría las gradas y parte de la arena para proteger del sol o la lluvia.

- El **circo** era el otro edificio originalmente romano. En él se celebraban las carreras de caballos y carros. Tenía forma alargada y se accedía a él por una fachada de arcos de medio punto.

  Los elementos del circo eran la **arena** o pista central donde se desarrollaban las carreras; la ***spina***, estrecho muro situado a lo largo en el centro de la arena; las ***carceres***, las cocheras para los carros y caballos; las ***metae***, dos construcciones colocadas en los extremos de la *spina*, donde giraban los carros; la **puerta triunfal**, reservada para la salida del vencedor, y la ***cavea***, las gradas para los espectadores, construidas sobre bóvedas.

La herencia clásica

El Panteón

Uno de los templos romanos más bellos es el Panteón de Roma. Lo mandó construir el emperador Adriano en el siglo II d. C., aunque se levantó sobre un templo anterior edificado por Augusto y su general M. Agripa, cuyo nombre aún se lee en el friso de la fachada.

Este templo estaba dedicado a todas las divinidades y tiene una planta circular, cubierta por una enorme cúpula semiesférica cuya altura es similar a su anchura (44 m). Su iluminación interior procede de un gran *óculo*, una abertura circular de 9 m de diámetro, situada en lo alto de la cúpula.

Desde el Renacimiento, su espectacular cúpula ha sido tomada como modelo para muchos edificios.

Fachada del Panteón.

Interior del Panteón.

Reflexiona

11. ¿Por qué es difícil construir una cúpula? ¿Cuáles serían las funciones del *óculo* en el Panteón?

El Coliseo de Roma es un anfiteatro.

DOC. 3

El circo romano

Trabaja con la imagen

10. ¿Qué elementos de un circo se aprecian en esta imagen del Circo Máximo de Roma?

Actividades

Repasa

12. ¿En qué edificio tenían lugar los combates de gladiadores? ¿Y las carreras de cuadrigas?

Analiza

13. ¿Qué edificio moderno se parece al anfiteatro romano? Explica las semejanzas.

14. [LIBROSVIVOS.NET→UD8→PASO A PASO→131. Observa la fachada del Coliseo y analiza los tres órdenes que se encuentran en la misma.

3 La escultura clásica

Hierático: de aspecto rígido y solemne.

Crisoelefantino: (del griego *khrysos*, 'oro' y *elefas*, 'marfil'): de oro y marfil.

En la red

Fidias

Consulta en este vínculo más datos sobre el escultor Fidias.

www.e-sm.net/cclaeso-29

La herencia clásica

El canon de Policleto

Doríforo, de Policleto.

Para los griegos la belleza exterior de una persona estaba íntimamente unida a una belleza interior de equilibrio, serenidad y armonía. Por ese motivo en el arte se buscó ese equilibrio a través de la proporción de las distintas partes del cuerpo humano.

Así, el escultor Policleto estableció un **canon** o regla de las proporciones ideales de la figura humana, según el cual la altura de una persona debía ser siete veces la medida de su propia cabeza. A partir del Renacimiento fue un modelo de gran influencia.

Comprueba

15. Con un papel transparente calcula, sobre la imagen del *Doríforo*, cuántas veces se repite la altura de la cabeza en toda la figura.

3.1. La escultura griega

La escultura es quizá la manifestación artística en la que mejor se plasma la evolución del espíritu griego y su búsqueda del **equilibrio**, la **armonía** y la **proporción**.

Inspirados por la belleza del **cuerpo humano**, los principales objetos de representación artística fueron las figuras de hombres y mujeres. Los materiales utilizados fueron el **mármol** y el **bronce**. Se distinguen tres etapas:

- La **etapa arcaica** (siglos VII-VI a. C.), en la que predominan las representaciones de jóvenes de ambos sexos: los ***kouroi*** (singular *kouros*, 'muchacho') y las ***korai*** (singular *kore*, 'muchacha'), que se caracterizan por sus ojos almendrados y la llamada "sonrisa arcaica". Su actitud es **hierática***, pero apuntan un principio de movimiento.
- La **etapa clásica** (siglos V-IV a. C.) es el período de máximo realismo y perfección. Las estatuas abandonan la rigidez y dan sensación de movimiento, como ocurre con el famoso *Discóbolo* del escultor Mirón. El máximo exponente del clasicismo fue **Fidias**: a él se deben los relieves que adornaban el Partenón y dos famosas esculturas **crisoelefantinas*** de Zeus y Atenea.

  Por su parte, **Policleto** dotó a su *Doríforo* ('portador de la lanza') de las proporciones perfectas del cuerpo humano. Algo posterior es **Praxíteles**, que aplicó a sus obras una particular flexibilidad, como en la *Venus de Cnido*.
- La **etapa helenística** (siglos III-I a. C.) abandona la idea de serenidad y busca la expresión de **sentimientos** vivos como el dolor. Existe un **mayor realismo** y predomina la **agitación** en el movimiento e incluso la fealdad y el desgarro en los rostros. Destacan en este período la *Victoria de Samotracia*, la *Venus de Milo* o el grupo escultórico de Laocoonte.

DOC. 4

Laocoonte y sus hijos

Con sus ojos inyectados en sangre y fuego, las serpientes sacudían sus fauces en busca de Laocoonte. Primero rodean con su abrazo los cuerpos de sus hijos y devoran sus miembros, luego se abalanzan sobre él y abrazan su cuerpo formando monstruosos anillos, y en dos vueltas lo tienen agarrado, rodeándole el cuello con sus cuerpos de escamas, mientras trata de deshacer los nudos, llenándose de sangre seca y veneno.

VIRGILIO: *Eneida*

Laocoonte y sus hijos.

Trabaja con la imagen y el texto

16. ¿Crees que la escultura representa correctamente el episodio narrado? Señala qué aspectos del texto figuran en la imagen.

17. [LIBROSVIVOS.NET ➡ UD8 ➡ RECURSOS ➡ 132. Investiga acerca del episodio. ¿Por qué Laocoonte y sus hijos sufren el ataque de las serpientes?

3.2. El retrato en Roma

Al igual que los griegos, los romanos sintieron predilección por el **retrato de personajes ilustres**. Pero su modo de retratar era muy distinto de la representación idealizada griega. El retrato romano se caracteriza por su **realismo** y **expresividad**. Las razones de estas diferencias son:

- La **costumbre ancestral de realizar efigies de los antepasados** muertos (*imagines maiorum*). Cuando moría un personaje importante, se fabricaba una **máscara de cera o barro** del rostro del difunto que se colocaba en el lugar más importante de la casa.
- La **influencia del retrato griego de la etapa helenística**, más expresivo que el de la etapa clásica.

También por influencia griega, los romanos abandonaron el barro y el bronce de los primeros tiempos y fueron adoptando el **mármol** para la realización de estatuas.

Conservamos un gran número de retratos y estatuas de personajes ilustres tanto de época republicana como imperial, cuyo aspecto físico conocemos gracias a la representación realista de sus facciones.

Retratos romanos.

3.3. El relieve narrativo romano

Además de la escultura de bulto redondo o exenta, los romanos desarrollaron el relieve. El realismo se conseguía mediante la representación en varios planos, que lograba dar una sensación de mayor **profundidad** y **perspectiva**.

En cuanto a la temática, existieron dos tipos de relieves: los relieves para particulares, representados en los **sarcófagos**, y los de contenido histórico, que se realizaban para **monumentos conmemorativos**, como los arcos de triunfo de Tito y Constantino en Roma, las columnas conmemorativas, como la de Trajano (también en Roma) y los altares, como el *Ara Pacis* de Augusto.

Relieve del Ara Pacis *de Augusto, en Roma.*

Historias y tradiciones

Los retratos imperiales

Claudio, emperador.

La combinación de lo griego con lo propiamente romano se manifiesta en la estatuaria de época imperial. Por lo general, el cuerpo del emperador se esculpía siguiendo el canon ideal de representación griega, mientras que la cabeza, que se realizaba por separado y a veces sin tener en cuenta el tamaño del cuerpo, seguía el patrón realista característicamente romano.

Analiza

18. Analiza esta imagen del emperador Claudio, de acuerdo con lo que se explica en el texto.

Actividades

Analiza

19. Señala si los retratos de esta página parecen idealizados o realistas. ¿Y el relieve?

Investiga

20. Busca en internet más información acerca de la columna de Trajano. ¿Qué acontecimientos narra?

Repasa

21. ¿De qué costumbre procede el realismo del retrato romano?

22. ¿Qué materiales emplearon los romanos para sus retratos?

23. ¿En qué se diferencia el relieve de la escultura exenta?

4 La cerámica, la pintura y el mosaico

Mitos y leyendas

Aquiles y Pentesilea

Ánfora de Aquiles y Pentesilea.

La cerámica nos ha trasmitido un famoso episodio de la guerra de Troya que no fue narrado por Homero. En los momentos finales del conflicto los troyanos pidieron ayuda a las amazonas, quienes acudieron acaudilladas por su reina Pentesilea. Tras numerosas hazañas, la reina se enfrentó a Aquiles en un combate a muerte en el que ella perdió la vida.

Cuenta la leyenda que en el preciso instante en que Aquiles la atravesaba con su lanza, el héroe quedó prendado de la belleza de la amazona.

Analiza

24. ¿Qué momento del mito recoge el pintor de este ánfora?

25. ¿A qué estilo cerámico pertenece: geométrico, de figuras negras o de figuras rojas?

La pintura ha tenido siempre un lugar destacado en la historia del arte, pero de la Antigüedad nos han llegado pocas muestras, salvo en la pintura sobre cerámica, en algunos frescos y mosaicos.

4.1. La cerámica griega

La cerámica griega es el tipo de representación artística que más nos ha revelado acerca de la vida y la cultura de los antiguos griegos, ya que en las vasijas se plasmaba todo tipo de escenas de la vida cotidiana y episodios mitológicos.

En la cerámica se combinaba la **técnica** del **alfarero** o **ceramista** y el **arte** del **pintor** que la decoraba, que en muchas ocasiones firmaba su obra.

La cerámica se elaboraba con un objetivo **funcional**, como las vasijas para el vino o el aceite, pero también podía llegar a ser un **artículo decorativo de lujo**. Existen tres períodos en la producción de cerámica:

- A comienzos del siglo VIII a. C. floreció en Atenas el **estilo geométrico**, llamado así por su decoración basada en **zigzags** y **meandros** (adornos de líneas sinuosas). También se representaron seres vivos como caballos y ciervos, e incluso esquemáticos personajes humanos caracterizados por un torso triangular.
- Durante el siglo VI a. C. en Corinto y Atenas floreció el estilo de **figuras negras**. El color negro de los dibujos de tema mitológico, bélico o de la vida cotidiana destacaba sobre el fondo rojizo de la arcilla. Los dibujos quedaban perfilados gracias a un punzón.
- La cerámica de **figuras rojas** reemplazó a la de figuras negras a finales del siglo VI a. C. La superficie de la vasija se pintaba de negro y las figuras conservan el color rojo de la cerámica, si bien el interior de estas figuras se repasaba con un pincel para obtener un mejor acabado.

Se creó una gran variedad de **tipos de vasijas** con distintas finalidades. Algunos de los tipos más habituales son:

- El **ánfora**: un tipo de cántaro alto y de cuello estrecho, como el de *Aquiles y Pentesilea*.
- La **crátera**: una vasija grande y ancha que servía para mezclar el agua y el vino antes de servirlo.
- El ***kilix***: una copa poco profunda y ancha, usada para servir vino, en cuyo fondo se representaban escenas.

Ánfora.

Crátera.

Kilix.

4.2. La pintura romana

Gran parte de la pintura griega se ha perdido, pero han sobrevivido muchas pinturas romanas, en su mayoría procedentes de **Pompeya**, **Herculano** y **Roma**, que nos dan una idea del alcance que esta disciplina artística tuvo en el mundo clásico.

La mayoría de estas pinturas las encontramos en los **muros de casas particulares** y de **ciertos edificios públicos**. El empleo de materiales pobres (hormigón, adobe, ladrillo, etc.) en la construcción de este tipo de edificios obligaba al revestimiento de las paredes con una capa de **estuco***. Esta superficie invitaba a la decoración pictórica, más aún cuando las casas tenían muy pocos muebles, muchos menos que los que empleamos hoy día. A ello se sumaba el gusto típico romano por el lujo y la suntuosidad.

La **técnica** era similar a la de la pintura al fresco: los colores se aplicaban a la pared recién encalada, todavía húmeda. Los **artistas** no solían ser de primera fila, sino artesanos que copiaban los temas del repertorio de la gran pintura griega helenística.

La gran cantidad de pinturas encontradas en Pompeya ha llevado a distinguir **cuatro estilos** en la pintura mural, que van desde las formas más simples y geométricas hasta las más elaboradas.

DOC. 5

La Villa de los Misterios

En la Villa de los Misterios de Pompeya se conservan unas pinturas fabulosas en lo que seguramente era el comedor (*triclinium*) de la casa. Los frescos datan del siglo I a. C.

Trabaja con la imagen

26. ¿Qué crees que representa este fresco? ¿Por qué se ha conservado en tan buen estado?

4.3. El mosaico

Aunque conocido por los griegos, el mosaico se desarrolló sobre todo en Roma. Se empleaba principalmente para decorar el pavimento de las casas privadas y edificios públicos.

La **técnica** del mosaico consiste en cubrir una superficie plana con pequeñas piezas de mármoles de diferentes colores denominadas **teselas**. Con ellas se representaba una imagen de una precisión y dimensiones semejante a los de la pintura mural.

Entre los mosaicos romanos destaca el de la **batalla de Alejandro Magno**, que decoraba el suelo de una casa de Pompeya. Tiene un tamaño excepcional (5 m por 3 m), y se calcula que para elaborarlo se utilizaron más de un millón y medio de teselas. La escena es una copia de una célebre pintura griega del siglo III a. C. sobre la batalla de Alejandro contra Darío. A la izquierda del mosaico se ve a Alejandro con la cabeza descubierta atacando con una lanza al ejército persa. Frente a él, el rey Darío en un carro lo mira despavorido.

Mosaico de la batalla de Alejandro Magno.

* **Estuco:** mármol reducido a polvo y aplicado a la pared mezclado con una sustancia adherente, como cal o cola.

Actividades

Analiza

27. Explica las diferencias entre un ánfora y una crátera.

28. ¿A qué estilo pertenece cada una de las vasijas de la página anterior?

29. ¿Qué función solía cumplir la pintura mural en Roma?

30. ¿En qué consiste la técnica del mosaico? ¿En qué parte de las casas se colocaban normalmente los mosaicos?

31. [LIBROSVIVOS.NET→UD8→RECURSOS→135. Amplía la información sobre los mosaicos romanos.

EN RESUMEN

ARQUITECTURA

- **GRECIA**
  - se crean los órdenes → - Dórico. - Jónico. - Corintio.
  - tipos de templos → - Rectangular. - Circular (*tholos*).
- **ROMA**
  - órdenes → - Dórico. - Jónico. - Corintio. - Toscano o etrusco. - Compuesto.
  - innovaciones
    - → - Arco. - Bóveda.
    - → Nuevos edificios: - Anfiteatro - Circo.

ESCULTURA

- **GRECIA**
  - búsqueda de → - Equilibrio. - Armonía. - Proporción.
  - etapas → - Arcaica. - Clásica. - Helenística.
- **ROMA** → - Importancia del retrato. - Relieve narrativo.

PINTURA

- **CERÁMICA GRIEGA**
  - períodos → - Geométrico. - Figuras negras. - Figuras rojas.
  - tipos principales → - Ánfora. - Crátera. - *Kilix*.
- **ROMA**
  - Pintura mural → Pintura pompeyana.
  - Mosaico → En los pavimentos.

OTROS RECURSOS

LIBROS

- SPAWFORTH, Tony: *Los templos griegos*, Madrid, Akal, 2007.

  Un completo estudio sobre el desarrollo y el significado cultural de los grandes templos griegos en todo el ámbito helénico, desde el sur de Italia y Libia hasta las costas del Mar Negro, pasando lógicamente por la Hélade clásica. Dedica especial atención a las relaciones entre la religión, la arquitectura y la política desde la época arcaica hasta el Imperio romano.

- HACQUARD, Georges y otros: *Guía de la Roma antigua*, Madrid, Atenea, 2003.

  Una guía por los monumentos arqueológicos de la ciudad de Roma, que es a su vez una introducción a la cultura latina: las grandes construcciones, las calles, el arte, la decoración y la vida cotidiana en la capital del Imperio.

INTERNET

- **www.e-sm.net/cclaeso-30**

  La página web del **Museo Arqueológico Nacional** ofrece abundante información sobre sus colecciones y piezas de arte clásico. En la sección "Tesoros del Museo Arqueológico Nacional" se presentan sus principales objetos, entre los que destaca la colección de vasos griegos del museo.

- **www.e-sm.net/cclaeso-31**

  Un sitio web dedicado a la Historia del Arte, con una sección específica de arte romano, en la que se presenta una introducción a la arquitectura, la escultura, la pintura y el mosaico romanos. Además proporciona información bibliográfica sobre estos temas.

ACTIVIDADES DE SÍNTESIS

32. Compara estos dos capiteles y señala a qué orden pertenece cada uno de ellos. Explica sus diferencias.

33. Señala cuáles de estas afirmaciones son verdaderas y cuáles falsas, y escribe correctamente las falsas.

a. El templo griego era de gran tamaño para dar cabida a los fieles en su interior.

b. El Partenón de Atenas destaca por su magnífica cúpula de 44 metros de alto y de ancho.

c. El Panteón de Roma es un templo períptero.

d. El arco de medio punto y la bóveda de medio cañón están basados en el semicírculo.

e. La idea del anfiteatro surge de la unión de dos teatros móviles.

f. El retrato romano se caracteriza por su realismo.

g. La cerámica de figuras negras reemplazó a la de figuras rojas a finales del siglo VI a. C.

h. Los temas de los mosaicos solían estar inspirados en pinturas de época helenística.

34. Lee el texto del arquitecto romano Marco Vitruvio y responde a las preguntas.

El diseño de un templo depende de la simetría, cuyos principios deben ser cuidadosamente seguidos por el arquitecto. Esta surge de la proporción, en griego "analogía". Proporción es la relación de la medida de las partes entre sí y del total respecto a una parte elegida como patrón.

VITRUVIO: *Tratado de arquitectura*

a. ¿Cuáles son las dos claves para diseñar un templo?

b. ¿Quién es el encargado de aplicar esos principios?

35. Lee este texto de Vitruvio y dibuja en papel pautado o milimetrado la planta del templo romano descrito.

La longitud de un templo debe ser el doble de su anchura y la longitud de la cella una cuarta parte mayor que su anchura, incluido el muro en que se encuentran las puertas batientes.

VITRUVIO: *Tratado de arquitectura*

36. Fíjate en este detalle de la Columna trajana en Roma y responde a las preguntas.

a. ¿De qué tipo de escultura se trata?

b. ¿Cómo se logra el efecto de realismo?

37. Detecta el elemento extraño en cada serie y explica por qué no pertenece a la misma.

a. Dórico, jónico, ático, corintio, compuesto.

b. Arena, *spina*, *carceres*, capitel, *metae*.

c. Ánfora, crátera, acueducto, *kilix*.

38. Observa estas imágenes de una *kore* y del *Discóbolo de Mirón*, y responde a las cuestiones.

a. ¿A qué etapa de la escultura griega pertenece cada una de ellas?

b. ¿Qué tema representan?

c. ¿Qué características las diferencian?

AUTOEVALUACIÓN

39. [LIBROSVIVOS.NET➞UD8➞INTERACTIVOS➞137. Comprueba tus conocimientos mediante una actividad interactiva.

40. [LIBROSVIVOS.NET➞UD8➞AVERIGUA LO QUE SABES➞137. Realiza las actividades de **autoevaluación** en la web del libro.

Taller de Lectura

La acrópolis de Atenas

La acrópolis ('ciudadela alta') de Atenas es un emplazamiento que lleva siendo habitado desde hace tres milenios. Ha sido una fortaleza de la Edad del Bronce, el orgullo de la gloriosa Atenas de la época clásica e incluso un polvorín en la época del dominio turco. Los edificios de la acrópolis constituyen el alba de la arquitectura en Occidente del mismo modo que la *Ilíada* y la *Odisea* lo son en el ámbito literario.

LEE Y CONOCE

UN PASEO POR LA ACRÓPOLIS A la Acrópolis se accedía por los **Propileos** ('ante columnas'), una entrada monumental donde debió de haber una **pinacoteca***, pero nada nos ha llegado de la pintura griega. Junto a los Propileos estaba el templo jónico de **Atenea Nike** ('victoriosa'), construido para celebrar la victoria ateniense sobre los persas. Una vez dentro del recinto sagrado, en el centro de la explanada se levantaba en su momento la estatua de **Atenea Prómacos** ('guerrera'), que tenía 9 metros de altura y estaba hecha de bronce; su brillante casco y su lanza eran visibles desde la costa. Tras ella estaba el templo de Atenea, la diosa virgen, que es lo que significa **Partenón**. Cerca de él se encuentra el **Erecteion** con el pórtico de las **Cariátides**.

Acrópolis de Atenas.

Pórtico de las Cariátides en el Erecteion.

VOCABULARIO

Pinacoteca: (del griego *pinax*, 'pintura' y *theke*, 'depósito'): galería donde exponen pinturas.

La Acrópolis arrasada por los persas

Hay en la Acrópolis un templo dedicado a Erecteo, y en él hay un olivo y una fuente de agua salada que, según la tradición, pusieron allí Poseidón y Atenea como testimonio de su disputa por la posesión de la ciudad. Sucedió que dicho olivo fue incendiado por los persas junto con el resto del santuario, pero cuando al día siguiente subieron al santuario los atenienses que habían recibido órdenes de hacer un sacrificio, vieron que del tronco del olivo había brotado un retoño del tamaño de un codo.

HERÓDOTO: *Historia*

▶ ¿Quién crees que venció en la disputa entre los dos dioses? Razona tu respuesta.

El castigo de las mujeres carias

Caria, ciudad del Peloponeso, conspiró contra los griegos con ayuda de los persas. Como respuesta a su traición, declararon la guerra a los carios y, tras conquistar la ciudad, asesinaron a sus habitantes y se llevaron como esclavas a las mujeres. Para que este hecho fuera recordado, los vencedores las representaron sufriendo el peso de una carga como pago del crimen de su ciudad. Así, en sus edificios, los arquitectos antiguos, mediante el uso de estatuas, legaron a la posteridad el recuerdo del crimen de los carios.

VITRUVIO: *Tratado de arquitectura*

▶ ¿De dónde procede el nombre de *cariátide*?

¿UN PASADO EN BLANCO Y NEGRO? En un principio los templos y las esculturas antiguas no eran del color del mármol blanco con el que hoy los contemplamos, sino de vivos colores.

El paso del tiempo desnudó las estatuas de su colorido, y la serena visión del color blanco del mármol fue la que se impuso cuando los escultores y arquitectos del Renacimiento y el Neoclasicismo decidieron imitar las formas del mundo clásico.

Los métodos fotográficos y microscópicos actuales han permitido conocer su colorido original.

Detalle de un relieve del Partenón con sus probables colores originales y en su estado actual.

EXPLORA UN TEXTO LA MIRADA DE UN VIAJERO

En su novela *El coloso de Marussi* (1941), el escritor norteamericano Henry Miller (1891-1980) viaja a Atenas en busca del origen de la belleza y de las raíces de Occidente.

Tradicionalmente se ha destacado la sensación de equilibrio, serenidad y perfección que desprende la Acrópolis, pero aquí el autor da valor también a su carácter de ruina y a lo caótico del paisaje. La luz del monumento no es solo una luz que transmite serenidad, sino también inspiradora de emociones y sentimientos no racionales.

La luz que baña la Acrópolis

Muchas veces por la mañana caminaba hasta la Acrópolis. Prefiero la base de la Acrópolis a la Acrópolis misma. Me gusta el deterioro de las ruinas, el caos, la erosión, el carácter anárquico del paisaje.

A la luz del Sol brilla como una joya; durante la noche reluce con un millón de centelleantes luces que parecen encenderse y apagarse con la velocidad del rayo: no está empotrada en la tierra sino que flota en un constante cambio de luz y su pulso late con ritmo ***cromático*****.*

Aquí todo habla, ahora como hace siglos, de luz, de jubilosa y cegadora luz. La luz adquiere en este lugar una cualidad transcendental: no es solamente la luz mediterránea, es algo más, algo insondable, algo sagrado. Aquí la luz penetra directamente en el alma, abre las puertas y ventanas del corazón.

Sus rocas, expuestas a esta luz divina durante siglos, yacen en la mayor tranquilidad y silencio anidadas entre la coloreada danza de los arbustos, sobre un suelo manchado de sangre. Tocarlas era arriesgarse a llevarse entre los dedos todo lo que se agarra y que parecía tener firmeza, solidez y fijeza.

HENRY MILLER: *El coloso de Marussi*

VOCABULARIO

Cromático: del griego *khroma*, 'color'): relativo a los colores.

Comprende

Las formas perfectas de los templos de la Acrópolis contrastan con la irregularidad del terreno de su base. Es un lugar de difícil acceso, pues los atenienses se asentaron ahí con intenciones defensivas.

1. ¿Qué contrastes establece Miller?

El mármol de sus ruinas refleja los colores del Sol al amanecer, al mediodía y al atardecer. Por la noche, la Acrópolis iluminada brilla como la Luna y las estrellas.

2. ¿Qué palabras usa el autor para indicar la sensación de cambio?

La luz ilumina, pero también puede cegar. En la claridad de la Acrópolis se encierran misterios que escapan a la razón. Se trata de un lugar sagrado que los antiguos griegos convirtieron en morada de los dioses.

3. ¿Cómo expresa el carácter sagrado de la Acrópolis?

A pesar de la serenidad que trasmite, la Acrópolis ha sido testigo y escenario de algunos de los momentos más gloriosos y más terribles de la historia: la creación de una de las civilizaciones más maravillosas y el desastre de guerras tan sangrientas como las Médicas o la Guerra del Peloponeso.

4. ¿Qué quiere decir el autor con "firmeza, solidez y fijeza"?

Concluye

La luminosidad de la Acrópolis trasmite serenidad y sensación de equilibrio, pero bajo esa luz también se esconden emociones que no tienen que ver con la armonía, sino con la cantidad de sensaciones que trasmite el sentido sagrado de sus edificios y el peso de su historia.

5. Expresa tu opinión sobre este texto de Henry Miller. ¿Qué puedes deducir de las ideas que expone el autor?

6. Escribe un texto breve y personal en el que relates una visita imaginaria a la Acrópolis.

Relaciona el arte y su sociedad

1. Observa los edificios neoclásicos que aparecen en esta página. ¿A qué orden arquitectónico pertenece cada uno? ¿En qué se diferencian de los edificios clásicos? ¿Qué función tiene cada uno de ellos?

2. Observa la imagen del "Partenón" de Nashville. ¿Crees que sería así el original griego en la época clásica? ¿Qué sentido puede tener la reproducción actual de construcciones clásicas? ¿Por qué crees que se construyó esta reproducción en Estados Unidos hace más de un siglo?

Aprecia y valora el arte

3. Señala cuál de los edificios que aparecen en esta página te parece más interesante desde un punto de vista estético y explica por qué.

4. Busca más información en internet sobre el Partenón de Nashville y la estatua de Atenea que hay en su interior. Escribe un texto breve con tus impresiones personales y tu juicio estético.

5. Observa las esculturas que aparecen en la página siguiente. ¿Cuál te gusta más? ¿Por qué? ¿Qué te parece más interesante de ella ? En tu opinión, ¿qué crees que expresa? Piensa en algún objeto o hecho pasado o presente con el que se pueda relacionar y explica dicha relación.

1 Un modelo eterno

El movimiento artístico del Neoclasicismo, en el siglo XVIII, culmen del redescubrimiento de Grecia y Roma que tuvo lugar en el Renacimiento, tomó como modelo en todas las disciplinas las formas artísticas grecolatinas.

En arquitectura y artes plásticas se tomó como patrón el acabado en mármol pulido y blanco, en la idea de que así eran los edificios y esculturas grecolatinas, aunque luego se descubrió que muchas de estas obras estaban decoradas con policromía.

Puerta de Brandenburgo, Berlín.

Museo Británico, Londres.

Iglesia de la Madeleine, París.

2 Un "Partenón" en el Nuevo Mundo

En Estados Unidos, la admiración por la cultura europea y su historia ha llevado a la reproducción de muchas de sus obras de arte. En Nashville, en el estado norteamericano de Tennessee, se construyó una réplica del Partenón a tamaño natural para una exposición estatal que tuvo lugar en 1897.

En la actualidad es un museo de arte que alberga una versión actual de la célebre *Atenea Parthenos* de Fidias, recubierta de oro como se supone que estaba la obra del escultor griego.

El "Partenón" de Nashville, en Estados Unidos.

3 De bronce o de mármol

Muchas de las esculturas en mármol que conservamos son copias de originales en bronce. Estas desaparecieron en su mayor parte fundidas y reutilizadas en la construcción, para fabricar armamento o nuevas esculturas.

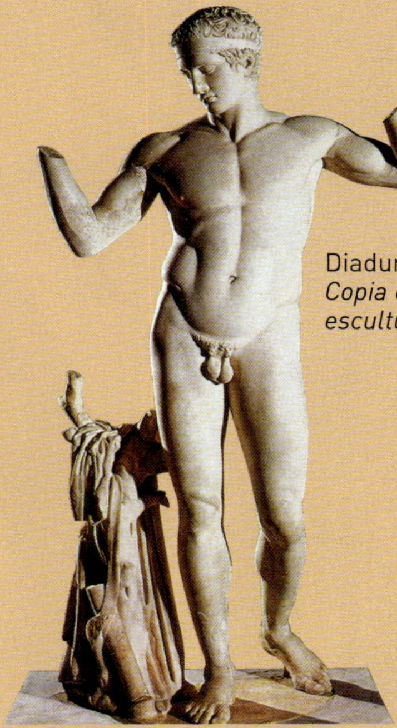

Diadumenos *de Policleto. Copia en mármol de una escultura griega en bronce.*

El Auriga de Delfos *es una de las pocas esculturas en bronce conservadas.*

Recopila y analiza información

6. Busca en internet imágenes de las siguientes esculturas de bronce halladas en el mar a lo largo del siglo XX: el *Apoxyomenos de Croacia*, los *Guerreros de Riace* y el *Poseidón* o *Zeus de Artemisio*.

Busca información sobre una de ellas y explica cómo se encontró y dónde se conserva actualmente.

7. Investiga qué significa la palabra *apoxyomenos*. ¿Qué otro *Apoxyomenos* es famoso? ¿Quién lo esculpió?

8. ¿Por qué crees que nos han llegado más esculturas en mármol que en bronce?

9. Busca más información sobre el *Auriga de Delfos* y responde a las siguientes cuestiones. ¿Dónde se encontró? ¿Qué función tenía esta escultura? ¿De qué material están hechos los ojos? ¿Y los labios y párpados?

4 El arte de usar los materiales

Los griegos y romanos aplicaron su arte a otras disciplinas como la numismática y la orfebrería.

La acuñación de monedas está relacionada con el arte por el diseño de la moneda en sí y por las imágenes que nos muestra de esculturas o edificios antiguos. La orfebrería grecorromana tuvo un gran desarrollo en la creación de piezas de carácter militar o en objetos de lujo, y su estilo se reprodujo a partir del Renacimiento.

Monedas romanas.

Escudo renacentista de inspiración clásica.

Camafeo romano.

Contrasta el pasado y el presente

10. ¿Qué motivos se representan en las monedas, el escudo y el camafeo? ¿Qué utilidad tenía cada uno de estos objetos en la Antigüedad? ¿Qué utilidad tienen ahora?

11. ¿De qué materiales se hacían antes las monedas? ¿Y ahora? ¿Por qué antes se usaban metales preciosos? ¿En las monedas actuales crees que existe una relación directa entre el metal y el valor de la moneda? ¿Y en los billetes?

9

Filosofía, ciencia y concepción del mundo

Aprenderás...

1 Cómo y por qué nació la filosofía.

2 Qué importancia tuvo la oratoria.

3 Cómo era la ciencia clásica y cómo se aplicó en la vida cotidiana.

▶ Cómo se reflejan los mitos en la astronomía.

Serás capaz de...

- Investigar los fenómenos celestes y registrar los datos.
- Realizar cálculos matemáticos para conocer los diferentes calendarios.
- Calcular las diferencias horarias y formular hipótesis.
- Construir un reloj de sol.
- Analizar textos con diferentes intenciones.

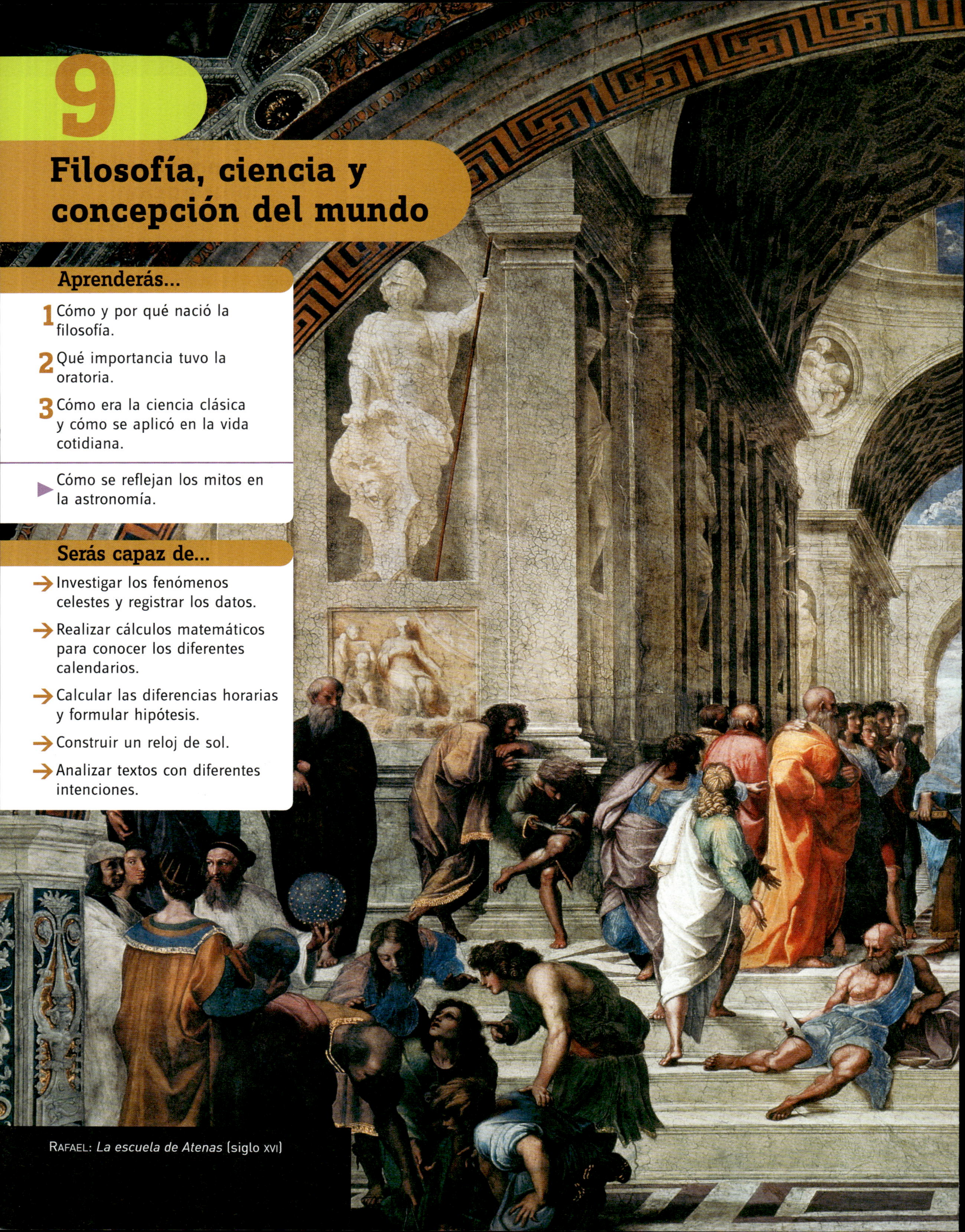

RAFAEL: *La escuela de Atenas* (siglo XVI)

DESARROLLA TUS COMPETENCIAS

Contar el tiempo: del mito a la ciencia

Desde tiempos remotos el cosmos fue motivo de admiración y preocupación para el ser humano. En Mesopotamia se observaba el movimiento de los astros y se creó un calendario que dividía el tiempo en años, meses, días, horas, minutos y segundos. Pero también se creía en la influencia de los astros sobre el destino del ser humano.

Los griegos y los romanos heredaron estas inquietudes y establecieron calendarios, que fueron corrigiendo según avanzaron sus conocimientos astronómicos. También se interesaron por la influencia de los astros en la vida humana (astrología), y la desarrollaron a partir de historias míticas. Una de ellas narra como el gigante Atlas fue condenado a soportar el firmamento sobre sus hombros durante toda la eternidad, por haber participado en la lucha contra Zeus.

Este mito se refleja en el *Atlas Farnesio*, una escultura romana que representa a Atlas con la bóveda celeste sobre sus hombros. En ella pueden verse las constelaciones griegas, cuya posición revela la fecha de las observaciones en las que se basó el escultor. Se trata de una representación del catálogo estelar del astrónomo Hiparco (siglo II a. C.).

La relación entre mitología y ciencia ha llegado hasta nuestros días: en anatomía, por ejemplo, se denomina *atlas* a la primera vértebra de las cervicales porque es la que sostiene el cráneo, así como Atlas sostenía la bóveda celeste.

- ¿Sabes qué nombre recibe nuestro calendario?
- ¿Cuál es la diferencia entre la astronomía y la astrología?
- ¿Qué es un atlas? ¿Por qué recibe ese nombre?

Analiza la imagen

La imagen corresponde a *La escuela de Atenas*, un fresco pintado por Rafael en el siglo XVI. En ella se representa a diferentes sabios de la Antigüedad clásica, como filósofos científicos y matemáticos. ¿Qué relación existía entre la ciencia y la filosofía en la Antigüedad? ¿Qué crees que están haciendo los personajes del fresco?

1 Filosofía: el amor a la sabiduría

Personajes

Empédocles: ¿un sabio o un loco?

Nacido en la Magna Grecia en torno al 440 a. C., **Empédocles** elaboró la teoría de la existencia de cuatro elementos (fuego, agua, tierra y aire) que, mezclándose entre sí, daban lugar a las sustancias de la realidad que nos rodea. Mezcla de filósofo, profeta, científico, poeta y charlatán, en sus poemas llegó a autoproclamarse dios, y para demostrarlo se arrojó al cráter del volcán Etna. Una llamarada devolvió una de las sandalias de bronce que solía llevar de calzado.

Reflexiona

1. ¿Por qué crees que los primeros filósofos intentaban buscar una explicación de la realidad?

1.1. Del mito al logos

En un principio todos los pueblos han recurrido al mito para tratar de explicar la realidad. A partir del siglo VI a. C. en las regiones griegas de **Jonia** y la **Magna Grecia**, los griegos comenzaron a buscar explicaciones **lógicas** a las cuestiones que les preocupaban.

De esta manera el **logos** ('razón') fue desplazando al mito, y surgieron los primeros intentos de explicar el origen del mundo y los principios que gobernaban las leyes de la naturaleza. Esta búsqueda del conocimiento pasó a denominarse **filosofía** ('amor a la sabiduría').

A los primeros filósofos les preocupaba encontrar el **elemento** que había dado origen a las cosas. En Jonia, **Tales de Mileto**, que fue capaz de predecir un eclipse solar, decía que ese elemento original era el **agua**. Sus sucesores afirmaron que era el **aire** o el **fuego**, como defendía Heráclito. En la Magna Grecia **Pitágoras** apuntó que el principio estaba en el **número**, mientras que para **Empédocles** los elementos eran agua, fuego, tierra y aire.

1.2. Sócrates y Platón

Sócrates (470-399 a. C.) marcó un antes y un después en la historia de la filosofía. Mientras que los filósofos anteriores (llamados **presocráticos**) se centraban en la ***physis*** ('naturaleza'), él se interesó por el **ser humano**.

Sócrates se dedicaba a recorrer las plazas y las calles **dialogando** con todo aquel que quisiera, acerca de cuestiones humanas como la justicia, la felicidad, el amor, la belleza, etc.

Con sus preguntas ponía en aprietos a quienes creían estar en posesión de la verdad. Por eso, su célebre lema era "**solo sé que no sé nada**". También conseguía que sus interlocutores sacaran al exterior conocimientos que pensaban que no poseían. Este método era conocido como **mayéutica**.

Pero esta actitud molestaba a personajes influyentes y fue acusado de corromper a la juventud e introducir nuevas divinidades. Por ello fue condenado a muerte y, aunque le facilitaban la huida, quiso cumplir con la ley.

Uno de los discípulos de Sócrates fue **Platón**, el fundador de la Academia y el más grande de los filósofos clásicos. Su sistema filosófico decía que las cosas de la realidad son solo copias de un **modelo ideal**.

Las enseñanzas de Platón nos han llegado a través de sus **diálogos**, obras filosóficas, pero de alto nivel literario, que tienen como protagonista a su maestro Sócrates. Entre sus diálogos más famosos están *El banquete*, acerca del amor, *Fedón*, sobre la inmortalidad del alma, y la *República*, sobre el gobierno ideal. El juicio de su maestro aparece narrado en la *Apología de Sócrates*.

Palabras y expresiones

El amor platónico

En ***El banquete*** de Platón, uno de los personajes relata el siguiente mito: hubo un tiempo en que los hombres poseían una forma esférica con dos caras, cuatro piernas y cuatro brazos. En lugar de dos sexos existían tres: el masculino, el femenino y el andrógino (hombre-mujer). Debido a su soberbia, Zeus los castigó partiéndolos con su rayo, con lo que se vieron condenados a ir siempre en busca de su mitad perdida.

Explora

2. Define tu propia idea del amor. ¿Se parece a la teoría expuesta en *El banquete*?

1.3. Las escuelas helenísticas en Roma

Los romanos se interesaron por aquella filosofía que suponía una guía práctica para la vida, por eso se sintieron atraídos por las escuelas filosóficas griegas cuyo objetivo era la **búsqueda de la felicidad**.

- El **epicureísmo** fue fundado por el filósofo griego **Epicuro** (siglo IV a. C.) con el propósito de liberar a los hombres del temor a los dioses y a la muerte. Consideraban la filosofía como un instrumento para lograr la felicidad. Sus fines eran la búsqueda del placer, identificado como el bien, y la ausencia de dolor.
- El **estoicismo** (del griego *stoa*, 'pórtico', por el lugar donde se reunían estos filósofos) fue fundado por **Zenón de Citio** (siglo IV a. C.) también como una filosofía encaminada a conseguir la felicidad. Su receta era muy sencilla: vivir de acuerdo con la naturaleza, rechazando los males y las pasiones o los impulsos que nos desvían de ella.

1.4. Lucrecio, Cicerón y Séneca

Estas doctrinas llegaron a Roma en el siglo II a. C. de la mano de los maestros de filosofía griega afincados en la ciudad. No obstante, los primeros escritos filosóficos romanos aparecieron un siglo después, recogiendo o sintetizando las principales ideas griegas.

Entre los representantes del pensamiento romano destacan:

- **Lucrecio** (siglo I a. C.), fue el máximo representante del **epicureísmo** romano. En su poema *Sobre la naturaleza* ofrece una explicación integral de la naturaleza y de sus principios a través de la **teoría atomista**: lo que existe es un cúmulo de átomos sin un principio o razón que les dé sentido.
- **Cicerón** (siglo I a. C.) fue el máximo representante del **eclecticismo***, otra corriente que tuvo especial aceptación en Roma, y que incorporó a su filosofía lo que se adaptaba mejor al carácter romano de las **diferentes doctrinas griegas**. Consiguió crear una terminología filosófica de la que carecía la lengua latina y que en gran parte han heredado las lenguas romances.
- **Séneca** (siglo I d. C.) es el pensador romano que más ha influido en la filosofía europea posterior. Nació en Córdoba, pero pasó casi toda su vida en Roma, donde fue preceptor del joven emperador Nerón.

  Aunque cultivó otros géneros, su producción más importante fue la filosófica. Elaboró una doctrina encaminada a lograr la felicidad, según los preceptos del **estoicismo** griego: una felicidad que solo podría alcanzar el hombre sabio, obedeciendo al orden natural.

DOC. 2

El tiempo es lo único que nos pertenece

Sigue mis consejos, querido Lucilio: hazte dueño de ti mismo y el tiempo que hasta ahora te arrebataban, te quitaban o se te escapaba sin darte cuenta, recupéralo y cuídalo. Todo aquello de nuestra existencia que dejamos atrás, lo posee la muerte. Así que, querido Lucilio, hazte dueño de todo tu tiempo. Todo, Lucilio, nos es ajeno, el tiempo es lo único que nos pertenece.

SÉNECA: *Cartas a Lucilio*

Trabaja con el texto

4. ¿Estás de acuerdo con el consejo que le da Séneca a su amigo Lucilio? Argumenta tu respuesta.

DOC. 1

El fundamento de la sociedad

El primer principio [de la sociedad humana] *es la razón y el habla, los cuales, enseñando, aprendiendo, comunicando, discutiendo, juzgando, hermanan entre sí a los hombres y los unen en una sociedad natural. Y no hay otra cosa que nos separe tanto de la naturaleza de los animales, en los que decimos que existe muchas veces la fortaleza, pero jamás decimos que haya en ellos justicia, equidad y bondad porque están privados de la razón y el habla.*

CICERÓN: *Sobre los deberes*

Trabaja con el texto

3. Según lo que expone Cicerón en el texto, ¿cuál es la diferencia fundamental entre el hombre y el resto de los animales?

* **Eclecticismo:** (del griego *eklektikos*, 'que elige'): escuela que procura conciliar ideas que parecen mejores, de diferentes sistemas.

Actividades

Explica

5. ¿Cuál era la finalidad del método que empleaba Sócrates? ¿Cómo se denominaba?

6. ¿Qué forma literaria empleó Platón para exponer su filosofía? ¿Quién es su personaje principal?

7. ¿Qué buscaban los filósofos romanos en la filosofía?

Relaciona

8. [LIBROSVIVOS.NET➡UD9➡INTERACTIVOS➡145. Realiza una actividad interactiva acerca de las escuelas filosóficas.

2 Oratoria: el poder de la palabra

DOC. 3

La mala fama de los sofistas

– ¿Ves la puerta de esa casita? Es un "pensadero" de mentes sabias. Dentro habitan unos señores que hablan del cielo y te convencen de que es la tapadera de un horno y de que nosotros somos las brasas. Si les das dinero te enseñan a ganar hablando con o sin razón. No sé exactamente su nombre, pero son pensadores buenos y honrados.

– ¡Bah! Los conozco, son gentuza. Son unos bocazas de cara pálida que andan descalzos.

ARISTÓFANES: *Las nubes*

Trabaja con el texto

9. ¿Por qué tenían mala fama los sofistas?

Personajes

Demóstenes: un ejemplo de superación

Demóstenes se quedó huérfano desde pequeño y sus tutores malgastaron su fortuna, por lo que quedó en una situación de extrema pobreza. A los 16 años asistió a un juicio y quedó sorprendido por el talento del orador, lo que le animó a aprender retórica. Pero Demóstenes era tartamudo y su primer discurso fue un rotundo fracaso. Cuentan que se rapó el pelo para no salir a la calle y practicar en casa durante el día; al atardecer acudía a la playa y gritaba al mar con toda su fuerza; por la noche practicaba metiéndose piedras en la boca. Finalmente reapareció en público para defender a un fabricante de lámparas a quien sus hijos querían quitarle sus bienes, y logró un gran éxito.

Reflexiona

10. ¿Qué sentimiento crees que movió a Demóstenes a convertirse en un orador?

2.1. Los profesionales del saber

En el siglo V a. C. aparecieron en Atenas una serie de personas que conmocionaron la vida intelectual y política, los **sofistas**. Al principio el sofista era el experto en una determinada materia, pero poco a poco el término fue desplazándose hacia la esfera intelectual, con lo que acabaría acercándose a la figura del filósofo.

A nivel popular se solía confundir a filósofos y sofistas, pero mientras que los filósofos buscaban un conocimiento de la realidad, los sofistas se centraban en **saberes prácticos**, como saber hablar en público. Además, los sofistas cobraban grandes sumas por sus enseñanzas, ya que prometían a sus clientes el éxito personal y profesional.

Muchos diálogos de Platón llevan el nombre de los más famosos sofistas. Platón aprovecha para criticar su **relativismo***. Entre los sofistas destacaron:

- **Protágoras**, que fue el máximo representante de la sofística; su máxima era "el hombre es la medida de todas la cosas". Según él las cosas son como cada uno las percibe.
- **Gorgias**, que se dedicó a enseñar retórica. El diálogo platónico que lleva su nombre constituye un despiadado ataque contra los sofistas.

2.2. La retórica y la oratoria

Los sofistas inventaron la retórica y la oratoria. Aunque se emplean como sinónimos, la **retórica** se ocupa del **arte de hablar bien en público** desde su aspecto teórico (las técnicas y recomendaciones), mientras que la **oratoria** es su **aplicación práctica**.

El poder de la palabra era fundamental en Atenas ya que los ciudadanos debían hablar bien en sus discursos ante la **Asamblea** y los **tribunales**. En Atenas era habitual acudir a juicio y, como no había abogados, los ciudadanos debían aprender a desenvolverse por sí mismos. Como no todo el mundo era capaz de hacerlo, recurrían a los **logógrafos** o 'escritores de discursos'.

Los distintos **tipos de discurso** fueron clasificados por Aristóteles según su objetivo: el **deliberativo** era el tipo de discurso político que se pronuncia en una asamblea en la que se discute o delibera qué decisión tomar; el **judicial** era el discurso pronunciado ante los jueces en un tribunal y el **demostrativo** correspondía al discurso pronunciado para alabar o criticar a una persona en una ocasión solemne.

El máximo esplendor de la oratoria se alcanzó con oradores famosos como **Lisias**, **Isócrates** y, sobre todo, **Demóstenes**.

El arte de hablar bien en público era fundamental en Grecia. Se convirtió en una disciplina que ayudaba a exponer los argumentos, a persuadir y conmover por medio de la palabra.

P. TIBALDI: *La retórica en un fresco de la biblioteca de San Lorenzo de El Escorial, Madrid (siglo XVI).*

2.3. La oratoria en Roma

En Roma la oratoria adquirió gran importancia sobre todo durante la República, es decir, en un contexto en el que el ciudadano disponía de libertad para expresar y defender sus ideas.

Los oradores, para aprender el arte de la **elocuencia***, se formaban en las escuelas de retórica que comenzaron a existir en Roma a partir del siglo II a. C. El estudio de la oratoria, junto con la filosofía, constituía la última etapa de formación de los jóvenes acomodados romanos que querían dedicarse a la política o las leyes.

En estas escuelas, donde se formaron célebres oradores como Cicerón, los **rétores** (maestros de retórica) enseñaban a sus alumnos a componer, memorizar y recitar discursos sobre diferentes temas. El maestro corregía la pronunciación, el tono de la voz, los gestos, etc.

2.4. El arte del discurso

La retórica definió las características principales de la elocuencia y estableció cómo se debían estructurar los discursos. Estas pautas perviven en la actualidad y son aplicables a cualquier discurso. La preparación del discurso tenía las siguientes **fases**:

- **Escoger el tema** del discurso y los argumentos.
- **Decidir la disposición** de los contenidos.
- **Elegir el estilo** en función del contenido y de la finalidad.
- **Memorizar los elementos** y el contenido del discurso.
- **Planificar cómo se iba a exponer** para convencer al auditorio.

Una vez que el orador ha cumplido con estos requisitos, puede pasar a elaborar su discurso de acuerdo con esta **estructura**: la **introducción** en la que se anuncia el tema central del discurso; la **exposición** detallada de los contenidos; la **enumeración de los argumentos** que prueban o refutan el tema; el **resumen** de todo lo anterior y el **alegato final** de la idea que defiende el discurso.

DOC. 4

La importancia del gesto

No importa solo qué decimos y cómo, sino también en qué lugar; hay necesidad, por tanto, de una organización. Mas no podremos decir todo lo que demanda cada tema ni en su posición adecuada si no es con el apoyo de la memoria. Todo este conjunto, sin embargo, lo desvirtúa y lo echa prácticamente a perder una representación inconveniente por la voz o por el gesto.

QUINTILIANO: *La instrucción del orador.*

Trabaja con el **texto**

11. ¿Por qué son tan importantes la voz y los gestos al pronunciar un discurso?

Historias y tradiciones

La oratoria, el arte de la libertad

En la actualidad no nos extrañamos cuando oímos a políticos defender sus ideas con la palabra. Sin embargo, esta actividad que nos parece tan normal solo es posible en un sistema democrático. Por esta razón en Roma la oratoria se desarrolló en un momento muy concreto de su historia: la República. Y se extinguió cuando esta forma de gobierno fue reemplazada por el Imperio, un sistema en el que la oposición política no tenía cabida.

Reflexiona

12. El arte del discurso siguió vivo fuera de la política. Cita otras situaciones en que un personaje público pronuncie un discurso.

* **Relativismo:** postura filosófica que mantiene que existen tantas verdades acerca de las cosas como personas creen tener conocimiento de ellas.

Elocuencia: facultad de hablar o escribir de modo eficaz para deleitar, conmover o persuadir.

Actividades

Explica

13. ¿Cuál era la diferencia entre los sofistas y los filósofos?

14. ¿Qué es lo que criticaba Platón de los sofistas?

15. ¿Por qué tenía tanta importancia la oratoria en el mundo clásico?

16. Elabora una lista con las partes del discurso y una pequeña explicación de cada una.

17. [LIBROSVIVOS.NET → UD9 → INTERACTIVOS → 147. Realiza una actividad interactiva acerca de la elaboración de los discursos.

3 Ciencia: el conocimiento del mundo

Palabras y expresiones

¡Eureka!

El matemático, ingeniero y geómetra siracusano **Arquímedes** (287-212 a. C.) es el célebre autor de una expresión universal: "¡eureka!" ('lo encontré'), que pronunció al ver que el nivel del agua subía al meterse en la bañera. Así solucionó el problema que le había planteado el tirano de Siracusa.

Este último le había dado oro a un orfebre para que le hiciese una corona. Cuando el orfebre le entregó la corona, el tirano temió que el orfebre hubiese sustituido parte del oro por cobre, de forma que el peso de la corona fuese el mismo. El episodio de la bañera le dio a Arquímedes la clave para averiguar si la corona tenía la proporción de oro que el orfebre decía.

Investiga

18. ¿Cómo pudo saber que la corona tenía la cantidad de oro que decía el orfebre? Busca la solución en alguno de los enlaces propuestos en [LIBROSVIVOS.NET ➡ **UD9 ➡ RECURSOS ➡ 148**.

* **Teorema:** afirmación que puede ser demostrada como verdadera.

3.1. Ciencia y filosofía: la figura de Aristóteles

Para los griegos no había distinción entre ciencia y filosofía. De hecho, los filósofos presocráticos trataron de explicar las leyes de la naturaleza y del universo por medio de teorías físicas.

Por su parte, Platón demostró en diálogos como el *Menón* que la geometría era un saber asociado a la indagación filosófica, y para ingresar en su Academia se requería haber estudiado matemáticas.

Pero fue sin duda **Aristóteles**, discípulo de Platón y fundador del **Liceo**, quien mejor aunó filosofía y ciencia a través de sus múltiples y variados escritos. En sus obras no solo abordó asuntos relativos a cuestiones éticas (*Ética a Nicómaco*), literarias (*Poética*) o políticas (*Política*), sino que también trató temas de zoología, biología, botánica, astronomía, física, lógica y matemáticas.

Además, Aristóteles fue el primero en llevar a cabo una **clasificación** y **organización de los saberes**, y sus tratados sobre biología y zoología fueron la base de las ciencias naturales hasta cerca de veinte siglos después de su muerte en el siglo IV a. C.

3.2. Las disciplinas científicas

En Grecia se pusieron las bases de la mayoría de las **ciencias**:

- **Matemáticas:** sus principios básicos fueron formulados por filósofos como **Tales** y **Pitágoras**, que dan nombre a sus respectivos **teoremas***. **Euclides** reunió todos los conocimientos matemáticos de la Antigüedad en su obra *Elementos*.
- **Astronomía:** nació por el interés en el movimiento y situación de los astros. **Aristarco** calculó la distancia a la Luna y **Eratóstenes** calculó la circunferencia de la Tierra.
- **Física:** en este campo destacó la figura de **Arquímedes**, que aplicó sus conocimientos de física a la elaboración de inventos.
- **Medicina:** la medicina occidental surgió en el siglo V a. C. con la figura de **Hipócrates** y su escuela. Su obra generó una gran cantidad de tratados médicos acerca de diversas dolencias y curaciones.

DOC. 5

El juramento hipocrático

Juro por Apolo Médico, por Asclepio, Higiea y Panacea, así como por el resto de dioses, a los que pongo por testigo, dar cumplimiento a este juramento y compromiso en la medida de mis fuerzas y de acuerdo con mi criterio.

A cualquier casa que entre, iré por el beneficio de los enfermos, absteniéndome de todo error voluntario y corrupción. Guardaré silencio sobre todo aquello que en mi profesión, o fuera de ella, oiga o vea en la vida de los hombres, manteniendo estas cosas en privado. Si cumplo este juramento y no lo quebranto, que los frutos de la vida y el arte sean míos, que sea siempre honrado por todos los hombres, pero si lo rompo, que me ocurra lo contrario.

HIPÓCRATES (médico griego): *Tratados hipocráticos*

Trabaja con el texto

19. ¿En qué parte del juramento se habla del secreto profesional? ¿Qué otras profesiones deben mantener el secreto profesional?

3.3. Una ciencia práctica

Los romanos no fueron creadores de brillantes teorías científicas. Sin embargo, debido a su mentalidad práctica y a su gusto por la **erudición***, demostraron una gran capacidad para sintetizar, adaptar y en algunos casos desarrollar los grandes descubrimientos del pensamiento científico y técnico griego.

Su gusto por la recopilación de material les llevó a componer tratados enciclopédicos sobre aquellos aspectos de la ciencia que tenían una aplicación práctica en la vida, como la **agricultura**, la **arquitectura** y en general todas las ciencias relacionadas con el hombre y su hábitat. Sin esta labor, muchos saberes científicos y técnicos de la Antigüedad grecorromana no habrían llegado hasta nosotros.

3.4. Las ciencias aplicadas de los romanos

Entre las diferentes **ciencias aplicadas** a la vida, destacaron:

- La **agricultura**: que despertó desde época primitiva la vocación campesina que siempre acompañó a los romanos. El primer tratado lo compuso en época arcaica **Catón el Censor** (siglo III a. C.).

  La obra más completa y precisa sobre el tema llegó de la mano del escritor hispano **Columela** (siglo I d. C.). En su ***Res rustica*** (*Sobre los trabajos del campo*) trata desde la práctica de la agricultura, la ganadería y la **apicultura***, hasta la cura de animales, pasando por la elaboración de distintos productos y conservas.

- La **arquitectura**: el único tratado que nos ha llegado de la Antigüedad fue obra de **Vitruvio**, arquitecto e ingeniero romano que sirvió como oficial de Julio César y Augusto en el siglo I a. C. Su obra ***De arquitectura*** es una guía técnica sobre la planificación de ciudades y la construcción de edificios, basada en su experiencia y la de arquitectos griegos anteriores. Su influencia fue muy relevante en autores del Renacimiento italiano, como Leonardo da Vinci o Miguel Ángel.

DOC. 6

La cuadratura del círculo

El "hombre de Vitruvio" es un famoso dibujo realizado por el artista italiano Leonardo da Vinci en uno de sus diarios a finales del siglo XV.

Se trata de un estudio de las proporciones canónicas del cuerpo humano realizado a partir de un texto de Vitruvio.

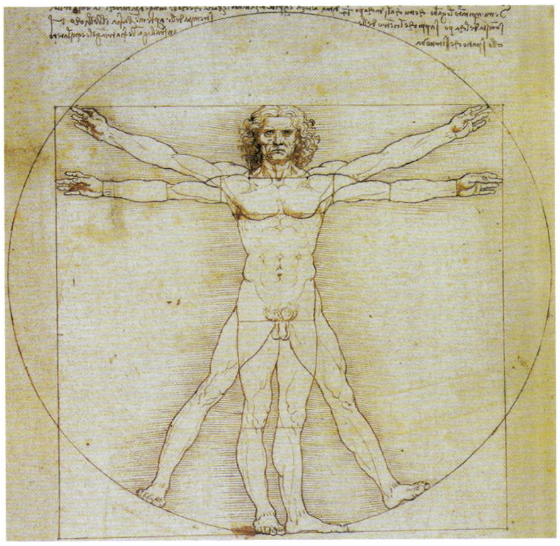

Trabaja con la imagen y el texto

20. ¿Qué crees que representan el cuadrado y el círculo? ¿Tienen alguna relación con el ombligo?

21. [LIBROSVIVOS.NET➟UD9➟RECURSOS➟149. Busca la solución y más información en el texto de Vitruvio que encontrarás en este enlace.

La herencia clásica

Una recopilación del saber

La *Historia Natural* de Plinio el Viejo (siglo I d. C.) es una obra descomunal de la que se conservan 37 libros, que constituye una auténtica enciclopedia del saber de su tiempo. En ella aborda con detalle distintas disciplinas científicas y técnicas: cosmología, geografía, antropología, zoología, botánica, medicina, mineralogía, historia del arte, etc. Para componerla, se basó en numerosas fuentes y en su experiencia personal. Su curiosidad científica le llevó a querer observar de cerca la erupción del Vesubio, por lo que murió como una víctima más del volcán.

Reflexiona

22. ¿Por qué crees que era importante recopilar todo el saber de la época?

* **Erudición:** amplio conocimiento de los documentos relativos a una ciencia o arte.

Apicultura: (del latín *apis*, 'abeja' y *cultura*, 'acción de cultivar'): arte de criar abejas para aprovechar sus productos.

Actividades

Investiga

23. ¿Por qué crees que los griegos no hacían distinción entre ciencia y filosofía?

24. Indica qué campo del saber estudian las siguientes disciplinas: botánica, biología, zoología, astronomía, física y geometría.

25. Investiga en qué consiste el *principio de Arquímedes*.

EN RESUMEN

FILOSOFÍA → tuvo su origen en → **GRECIA**

- **GRECIA**
  - Del mito al logos → en busca del elemento origen →
    - Tales de Mileto.
    - Heráclito.
    - Pitágoras.
    - Empédocles.
  - Sócrates → su discipulo es → Platón → su discipulo es → Aristóteles

FILOSOFÍA → **ROMA** → influencia de las escuelas helenísticas →
- Epicureísmo (Lucrecio).
- Estoicismo (Séneca).
- Eclecticismo (Cicerón).

ORATORIA
- Los sofistas →
  - Protágoras.
  - Gorgias.
- El discurso → Importancia del arte de la elocuencia.

CIENCIA
- Aristóteles
- Disciplinas científicas →
  - Matemáticas.
  - Física.
  - Astronomía.
  - Medicina.
- Ciencias aplicadas →
  - Agricultura.
  - Arquitectura.

OTROS RECURSOS

LIBROS

- Eratóstenes: *Mitología del firmamento*, Madrid, Alianza, 1999.

  En su pequeño tratado sobre la transformación en estrellas de distintos personajes mitológicos, Eratóstenes (director de la Biblioteca de Alejandría) aunó conocimientos científicos y elementos literarios. Es una obra muy rica en información acerca de cómo veían los griegos el firmamento y su relación con la mitología clásica.

INTERNET

- **www.e-sm.net/cclaeso-24**

  Conoce más acerca de la vinculación de la filosofía con la ciencia en la Antigüedad a través de este enlace.
- **www.e-sm.net/cclaeso-25**

  En este enlace podrás conocer más sobre la leyenda de Atlas y descubrir los misterios de la bóveda celeste.
- **www.e-sm.net/cclaeso-26**

  Una web para descubrir qué es la astronomía y aprender a distinguir las grandes constelaciones y las estrellas.

ACTIVIDADES DE SÍNTESIS

26. Define los siguientes conceptos.

- Logos
- Eclecticismo
- Retórica
- Estoicismo
- Epicureísmo
- Relativismo

27. Empareja las siguientes afirmaciones con los filósofos que podrían haberlas formulado.

Lucrecio, Séneca, Cicerón, Tales, Heráclito, Empédocles, Pitágoras, Sócrates, Platón.

a. *Solo conocemos copias de la realidad, las ideas.*

b. *Todo lo que existe está formado por átomos.*

c. *El fuego es el origen de todo.*

d. *Solo sé que no sé nada.*

e. *La felicidad se alcanzará siguiendo el orden natural, con integridad y sin pasión.*

f. *El elemento original es el agua.*

g. *El primer principio de la sociedad es la razón y el habla.*

h. *Todo empieza en el número.*

i. *Lo que existe es un complejo de cosas y seres sin un principio o razón que dé sentido.*

28. Lee el texto y responde a las preguntas.

Es un hecho muy conocido que a la edad de tres años el cuerpo de una persona ha alcanzado la mitad de la altura que llegará a tener. Observándolo en general, se ve que en la raza humana la estatura está casi diariamente decreciendo, y que los hijos son raramente más altos que los padres, ya que la fertilidad de la semilla se está secando por el calor de la conflagración a la que el mundo se está acercando rápidamente.

PLINIO: *Historia Natural*

a. ¿Estás de acuerdo con el texto? ¿Crees que es correcto?

b. ¿Qué conclusión se sacaría de los datos sobre el tema en la actualidad?

c. Investiga en internet cuál es la estatura media de la población española.

29. Di si las siguientes afirmaciones son verdaderas o falsas y escribe correctamente las falsas.

a. El paso del mito al logos se dio cuando se intentó dar una explicación racional a la naturaleza.

b. El método de aprendizaje de Sócrates es el banquete.

c. La retórica es la teoría y la oratoria su aplicación práctica.

d. La medicina occidental surgió en el siglo V a. C. gracias a Arquímedes y su escuela.

e. Plinio el Viejo reunió en su obra *Historia Natural* una enciclopedia del saber de su tiempo.

30. Observa la siguiente imagen en la que aparece Aristóteles.

a. ¿Quién fue Aristóteles? ¿Qué importancia tuvo?

b. ¿Qué crees que representa la imagen? ¿Cómo se llamaba su escuela?

31. Lee el siguiente texto y responde a las preguntas.

Está claro que solo un discurso ponderado y elegante fue capaz de convencer a hombres dotados de un gran vigor para que, cediendo a la justicia sin hacer uso de la violencia, consintieran en hacerse iguales que aquellos otros a los que podían someter, y dejaran atrás voluntariamente un modo de vivir al que estaban aficionados y al que el tiempo había dado carácter de derecho natural. Así fue, según parece, como surgió y progresó la elocuencia, y también así como posteriormente fue útil a los más elevados intereses humanos en asuntos tan decisivos como la paz y la guerra.

CICERÓN: *De la invención*

a. Explica a qué se refiere Cicerón con "la elocuencia".

b. ¿Qué adjetivos emplea para alabar la elocuencia?

c. ¿Qué ventajas destaca el texto que suponen un progreso de la sociedad?

32. Copia en tu cuaderno las dos columnas y relaciona cada disciplina con su protagonista.

Matemáticas •	• Hipócrates
Astronomía •	• Vitruvio
Física •	• Demóstenes
Medicina •	• Arquímedes
Agricultura •	• Aristarco
Arquitectura •	• Columela
Oratoria •	• Euclides

AUTOEVALUACIÓN

33. [LIBROSVIVOS.NET → UD9 → AVERIGUA LO QUE SABES → 151. Realiza las actividades de **autoevaluación** en la web del libro.

Taller de Lectura

Un cielo lleno de mitos

El universo siempre ha sido fuente de enigmas y misterios que el ser humano ha intentado descifrar: averiguar la distancia entre los astros o medir las estaciones, los días y las horas. Estas fueron algunas de las cuestiones por las que surgió en la Antigüedad el interés por el estudio de las leyes que rigen el movimiento de los astros (astronomía). Pero también se creía que los astros ejercían algún tipo de influencia sobre nosotros (astrología).

LEE Y CONOCE

¿CUÁL ES EL CENTRO DEL UNIVERSO? En el siglo III a. C. Aristarco de Samos afirmó que el Sol ocupaba el centro del universo y alrededor de él giraban todos los planetas. Sin embargo, esta teoría heliocéntrica fue arrinconada y en su lugar cobró fuerza la teoría geocéntrica de Tolomeo (siglo II d. C.), según la cual la Tierra permanecía inmóvil en el centro y los demás cuerpos celestes giraban a su alrededor. Habría que esperar a Copérnico (siglo XVI d. C.) para que el Sol recuperara su lugar en el centro del sistema solar.

Estrellas errantes

Las cinco estrellas que llamamos Planetas *('errantes') poseen movimiento propio. Se dice que pertenecen a cinco dioses: la primera, Fenonte ('brillante') pertenece a Zeus. La segunda es más pequeña y se llama Faetonte ('resplandeciente'). La tercera pertenece a Ares y se denomina Piroente ('de fuego'). La cuarta se llama Fósforo ('portador de la luz') y pertenece a Afrodita. El quinto pertenece a Hermes.*

ERATÓSTENES: *Mitología del firmamento*

▶ Busca en internet a qué planetas se refieren los nombres griegos que menciona el texto.

El origen de la galaxia

Aparece visible entre los círculos del cielo, y la denominan Galaxia. Los hijos de Zeus no tenían derecho a participar de los honores celestes a no ser que mamasen del pecho de la diosa Hera; dicen que por ese motivo Hermes tomó a Hércules nada más nacer y se lo puso en el pecho de Hera. Hércules mamó de su pecho, pero al darse cuenta Hera lo apartó bruscamente y el abundante chorro de leche que salió formó la Vía Láctea.

ERATÓSTENES: *Mitología del firmamento*

▶ ¿Qué es la Vía Láctea?

TRANSFORMACIÓN EN ESTRELLA La observación del firmamento en época helenística dio lugar también a un tipo de narración poética que contaba cómo algunos de los personajes de los mitos habían acabado sufriendo un ***catasterismo*** o transformación en estrella.

Las Pléyades.

La Osa Mayor

Había una muchacha que se dedicaba a cazar las fieras del monte junto a la diosa Ártemis. Fue seducida por Zeus sin que Ártemis se diera cuenta. Pero cuando estaba a punto de dar a luz, un día que se estaba bañando, la diosa se enteró de su estado y, enfadada con ella, la convirtió en osa. Pasado el tiempo, se atrevió a entrar en el recinto sagrado de Zeus por lo que los hombres la persiguieron con intención de matarla. Sin embargo, Zeus, debido a su antigua relación, la elevó al firmamento con el nombre Osa Mayor.

ERATÓSTENES: *Mitología del firmamento*

▶ ¿Qué es la Osa Mayor? Averigua en qué parte del cielo se encuentra.

Ulises navega bajo la Osa

No caía el sueño sobre los párpados de Ulises mientras contemplaba las Pléyades y la Osa, a la que también llaman el Carro, y es la única que no se sumerge en el Océano.

HOMERO: *Odisea*

▶ Investiga quiénes eran las Pléyades.

EXPLORA UN TEXTO LOS SIGNOS DEL ZODIACO

El interés por la astrología nació en Mesopotamia, se desarrolló en Egipto y de ahí se transmitió a Grecia y Roma. La astrología antigua pretendía explicar la influencia de los astros del zodiaco sobre la vida de las personas. El zodiaco es la región del cielo por donde, desde el punto de vista de la Tierra, parecen transitar el Sol y los planetas. En la Antigüedad esta zona celeste fue dividida en doce partes y a cada una de ellas se le dio el nombre de la constelación más próxima. El poeta romano Marco Manilio (s. I d.C.) escribió un poema en el que expone su interpretación del zodiaco.

La influencia de los astros

Aries *siempre dará frutos para la mayor parte de la gente, que de mil formas producirá diversas formas de ganancia. Estas habilidades son las que otorgará Aries a los que nacen bajo él, así como en el agitado pecho un corazón indeciso.*

Los nacidos bajo ***Tauro*** *aman el mérito silencioso; sus mentes y sus cuerpos adquieren fuerza por el trabajo lento, y detrás de su semblante habita el niño Cupido.*

De ***Géminis*** *procede un esfuerzo más suave y una vida más agradable. Ellos quieren alejar las armas y las trompetas de guerra, y pasan el tiempo libre y la juventud dedicados al amor.*

Cáncer*, de espíritu tenaz y cerrado a las relaciones amistosas, concede diversas formas de ganancia y la habilidad en el lucro.*

Leo *siempre prepara nuevas luchas, nuevas guerras entre fieras. Su natural está igualmente dispuesto para la repentina cólera y el afable perdón, y sus sentimientos son sencillos en un corazón honesto.*

De ***Virgo*** *surgirá un escribiente rápido, que convierte la palabra en letras. Este bien está entre defectos: el pudor es un obstáculo para sus tiernos años.*

La ***Balanza*** *conocerá las tablas de las leyes, los arcanos del derecho, lo que está permitido y el castigo que toca al que hace lo prohibido.*

Escorpio *crea espíritus ardorosos para la guerra, así como mentalidades que se alegran con la abundancia de sangre.*

A quienes la suerte les ha concedido nacer bajo el cuerpo biforme del ***Centauro****, éste les otorga vigor a los miembros, agudeza a la mente, movimientos rápidos y un espíritu infatigable.*

De ***Capricornio*** *dependerá explorar minas ocultas, fundir las riquezas depositadas en el interior de la tierra, doblar con mano segura los materiales, todo lo fabricado con plata y oro.*

De ***Acuario*** *nace un carácter dulce y suave, y con un corazón noble; con facilidad son arrastrados a las desgracias. La riqueza ni les falta ni les sobra.*

Los nacidos bajo los dos ***Peces****, la última constelación, tendrán afición al mar. Tendrán un linaje fecundo, una voluntad dispuesta a la amistad, rapidez de movimientos y un cambio continuo a través de sus vidas.*

MARCO MANILIO: *Astronómica*

Comprende

El poeta expone su concepción del universo y la relación de este con el hombre. Hace un repaso de las doce constelaciones del zodiaco comenzando por Aries y terminando por Piscis (Peces en el texto). De hecho, el año en la Antigüedad comenzaba en el mes de marzo, coincidiendo con el primer signo del zodiaco.

1. ¿Qué es una constelación?

Según estas teorías, la posición del Sol con respecto a las doce constelaciones del zodiaco el día del nacimiento determina unas características específicas en cada persona. En la descripción que hace de cada constelación, hace referencia a aspectos de la personalidad y físicos.

2. ¿Crees que lo que dice el texto de tu signo se corresponde con tu carácter?

Según Manilio, estas características están asociadas a la figura de cada constelación. Por ejemplo, Tauro (un toro), simboliza la fortaleza; Cáncer (un cangrejo), la tenacidad; Virgo (una virgen), el pudor; Balanza (Libra), la justicia y el equilibrio, o Centauro (Sagitario, un ser mitológico mitad hombre mitad caballo con un arco) representa la agudeza mental.

3. ¿Qué figuras representan a Aries, Acuario y Escorpio?

Concluye

Se trata de un texto que pretende explicar cómo el carácter y la vida de las personas dependen de la posición de los astros en el momento de su nacimiento. Aunque la astrología pudo tener un carácter científico en la Antigüedad, para la ciencia moderna no hay base científica en sus afirmaciones.

Reflexiona en grupo

4. ¿Crees que todas las personas nacidas bajo el mismo signo tienen rasgos de personalidad comunes? ¿Crees que es científico este modo de razonar?

APRENDE A PENSAR

Comparte tu opinión en el blog **www.clasica20.aprenderapensar.net**, participando en el debate con otros alumnos.

1 Un sistema de engranajes

El calculador de Anticitera es un objeto hallado en 1901 en el mar junto con otros restos de un naufragio del siglo I d. C. Consta de 27 ruedas dentadas conectadas entre sí que podían accionarse por una manivela. Es el ejemplo más antiguo de un sistema de engranajes; el siguiente hay que buscarlo en el siglo XVI. Según las últimas investigaciones se trata de un planetario muy preciso. Modelos semejantes a este, pero en madera, fueron utilizados en las clases de astronomía de la película *Ágora*.

2 La medida del tiempo: el año

La medición del tiempo entre los antiguos se basaba en tres fenómenos celestes que no llegaron a interpretar correctamente: la rotación y traslación terrestre y la traslación lunar. Estos movimientos son el origen del día, el año y el mes respectivamente. Para mayor complicación, cada uno no está contenido en otro de manera exacta sino fraccionaria: el mes lunar tiene 29 días, 12 horas y 3 segundos y el año, 365 días, 5 horas y 48 minutos, casi 365,25 días.

La duración del año en el calendario ático del siglo V a. C. era de 354 días, con 12 meses de 29 ó 30 días. Para solucionar el desfase del calendario con el año solar, cada dos años se incluía un mes intercalar, haciendo un año de 13 meses. Se intentaron otros ciclos de 8 años, de 19 y de 76 años. Existieron varios calendarios hasta que Julio César instauró un calendario con meses de 30 y 31 días y con un día adicional cada cuatro años, que se añadiría al mes de febrero. Este calendario, llamado *juliano*, se oficializó en todo el territorio romano.

Busca y analiza la información

1. ¿Qué es un engranaje? ¿Puedes citar algún sistema de engranajes de uso muy corriente en nuestros días?

2. Se pueden predecir fenómenos celestes con total exactitud gracias a la ayuda de calendarios astronómicos como el de Anticitera. Elige un planeta del Sistema Solar e investiga cuáles son sus horas de aparición en el firmamento en cada época del año. Elabora un calendario de observación con tus datos.

Realiza cálculos

3. Si un año en el calendario juliano dura 365 días (y 366 si es bisiesto), calcula cuántos días hay en cuatro años, teniendo en cuenta que uno de ellos debe ser bisiesto. ¿Cuántos días había en cuatro años según el calendario ático de 354 días?

4. Calcula la diferencia que se acumulaba en días entre ambos calendarios a lo largo de cuatro años. ¿Cuál sería la diferencia acumulada a lo largo de 40 años? ¿Y a lo largo de un siglo?

5. Nuestro calendario actual se llama *gregoriano*. Investiga cuál es la diferencia con el calendario juliano y desde cuándo está en vigor. Entra en este enlace para conocer cómo se estableció el calendario.

www.e-sm.net/cclaeso-27

3 La medida del tiempo: el día

En relación con la rotación terrestre medimos el día y sus partes. La primera forma de medirlo era observar la sombra de los edificios en las plazas públicas. En Alejandría se instaló en una torre el *gnomon*, una vara vertical que proyectaba su sombra sobre marcas en el suelo. Más parecido al reloj de sol tal como lo conocemos hoy era el *horologion*, una vara horizontal que proyectaba su sombra sobre una piedra cóncava con diversas marcas que indicaban la hora según la época del año.

Para las noches y días sin sol se recurrió a los relojes de agua o clepsidras, de funcionamiento parecido al reloj de arena.

4 La medida del tiempo: el mes

El ciclo lunar está relacionado con la medida del tiempo intermedia: el mes. La influencia de la Luna sobre aspectos muy diversos era conocida por los antiguos, aunque más bien era su atracción un tanto irracional lo que les cautivaba.

... y a Maratón, donde Milcíades más tarde derrotó a las fuerzas persas de Datis el Persa, sin esperar a los Lacedemonios, que llegaron tarde porque querían esperar a la Luna llena.

Estrabón (geógrafo griego): *Geografía*

Cuando ya iban a zarpar y todo estaba preparado hubo un eclipse de Luna, pues casualmente estaba llena. La mayoría de los atenienses pedía a los generales que se quedaran considerándolo mal presagio, y Nicias (que era afecto quizá demasiado a los presagios y la superstición) dijo que ya no se debatiría salir antes de que pasaran 3 veces nueve días, como mandaban los adivinos.

Tucídides: *Historia de la Guerra del Peloponeso*

Es seguro que la Luna, que siempre tiene los cuernos de espaldas al Sol, cuando está creciente mira al este y cuando está menguante, al oeste. Además cada día desde el segundo tras el cambio de fase añade cada día 47 minutos y medio hasta que está llena y de nuevo decrece al mismo ritmo. También es seguro que se hace invisible cuando está por debajo de 14° respecto a la inclinación del Sol. Este es un argumento a favor del mayor tamaño de los planetas que el de la Luna, puesto que estos se hacen visibles por encima de 7° de inclinación.

Plinio: *Historia Natural*

Conoce y aplica

6. Recuerda lo que has estudiado en Ciencias Sociales y explica de qué depende la distinta duración de los días en cada época del año. Si para medir el tiempo solo se usaban relojes de sol y cada día, desde que salía el sol hasta que se ponía, se dividía en 12 horas, ¿qué sucedía con la duración de las horas en distintas épocas del año? ¿Era igual de larga una hora romana en junio que en diciembre? ¿Por qué?
7. ¿Cuánto dura el ciclo lunar? ¿Cómo se llaman las diferentes fases?

Elabora un reloj

8. Construye un reloj de sol con una vara y una caja recortada. ¿A qué punto cardinal tendrás que orientarlo para que dé sombra?
9. Puedes elaborar una bitácora solar recogiendo la longitud de la sombra de un objeto cada día al mediodía durante varios meses: el día de sombra más larga es el solsticio de invierno. ¿Cuál es el día de la sombra más corta?

Analiza el lenguaje

10. Busca el origen de la palabra *bisiesto*. Para ello puedes consultar este enlace: **www.e-sm.net/cclaeso-28**
11. Lee los textos acerca de la influencia de la Luna y explica el carácter (científico, histórico y supersticioso) que refleja cada uno de ellos.

10 Las ciudades y la genialidad técnica

Aprenderás...

1. Cómo eran las ciudades de la época clásica.
2. Qué diferenciaba los tipos de viviendas romanas.
3. Qué obras de ingeniería diseñaron los romanos.

▶ Qué importancia tenía la ingeniería romana en el arte de la guerra.

Serás capaz de...

→ Comprender la importancia del estudio de la historia.

→ Valorar la ingeniería romana y el progreso que representa.

→ Relacionar el diseño de las ciudades romanas con tu localidad.

→ Apreciar la huella de los romanos en la organización de nuestras ciudades.

DESARROLLA TUS COMPETENCIAS

La organización de la sociedad: fundar una ciudad

El primer paso para fundar un campamento o una ciudad en el mundo romano primitivo consistía en una ceremonia denominada *inauguratio*. Se trataba de un ritual dirigido por un augur, es decir, un sacerdote especialista en adivinación (de ahí el término *in-augur-atio*). El augur sacrificaba un animal e inspeccionaba sus entrañas con el fin de conocer la voluntad divina en cuanto al lugar escogido para la fundación. Si los dioses se mostraban favorables, se trazaba con un arado el surco sagrado que delimitaba el perímetro de la ciudad, el *pomerium*.

Esta práctica, que los romanos heredaron de los etruscos, es defendida por Vitruvio en su tratado de arquitectura con argumentos científicos:

> *Cada día estoy más convencido de que hay que recuperar la antigua usanza. Nuestros antepasados, después de sacrificar unas reses que pacían en los parajes donde querían establecer sus plazas fuertes y campamentos fijos, inspeccionaban los hígados, y si a primera vista estaban lívidos o presentaban alguna anormalidad, sacrificaban otras ante la duda de si se habían dañado debido a una enfermedad o a un pasto en malas condiciones. Si los encontraban defectuosos, deducían que toda el agua y el alimento que había en esos parajes sería perjudicial para las personas, y consiguientemente se marchaban en otra dirección, tratando de buscar la salubridad por todos los medios.*

- ¿Qué era lo primero que se trazaba de una ciudad?
- ¿Quién determinaba si el emplazamiento elegido era bueno? ¿En qué basaba su decisión?

Analiza la imagen

¿Cómo se llama esta obra de ingeniería romana que se encuentra en Mérida? ¿Cuál era su función? ¿Qué importancia tuvo en el desarrollo de las ciudades romanas?

1 La ciudad antigua

DOC. 1

Dos ciudades, dos mundos

Si la ciudad de los espartanos fuera destruida y subsistieran solamente sus templos y las plantas de sus edificios, creo que las generaciones venideras tendrían serias dudas de su poder al compararlo con su fama. Sin embargo, si esto mismo le ocurriera a Atenas, nos haríamos la idea de que su poder, a juzgar por su apariencia fue el doble de lo que es. Por tanto, no es lógico hacer más caso a la apariencia que al poder de las ciudades.

TUCÍDIDES: *Historia de la Guerra del Peloponeso*

Trabaja con el **texto**

1. Explica qué quiere decir Tucídides en este texto.

Muchas ciudades modernas tuvieron su origen en la época clásica, ya que fueron fundadas o diseñadas por los griegos o los romanos. El urbanismo clásico se refleja en muchas ciudades actuales.

1.1. La ciudad griega

El núcleo original de la ciudad griega fue la **acrópolis** o 'ciudadela alta' que se remonta a la época micénica (siglos XVI-XII a. C.). Se trataba de una fortificación situada en un lugar elevado donde los ciudadanos se refugiaban en caso de un ataque enemigo.

- En **época micénica**, los reyes edificaron sus palacios en las acrópolis. En ellos se encontraba el ***megaron*** ('salón del trono'), un gran hogar para el fuego rodeado por cuatro columnas.

  Asimismo, las ciudades-fortaleza micénicas disponían de **murallas ciclópeas**, así llamadas porque los griegos decían que las habían construido los cíclopes.

- Las ciudades de la **época clásica** contaban con una **acrópolis**, que era el centro religioso de la ciudad y acogía los templos de dioses y héroes de la ciudad, y un **ágora**, donde se desarrollaba la vida cotidiana, comercial y política de los griegos.

  Además, en el ***gymnasion***, que se encontraba a las afueras de la ciudad, normalmente junto a un río, los ciudadanos realizaban actividades atléticas y debatían en contacto con la naturaleza.

1.2. El ágora y sus edificios

El centro de la vida cotidiana de los griegos era el **ágora**, la plaza pública donde se reunían los ciudadanos y se celebraba el **mercado**. En un principio la palabra ágora significaba 'reunión', y de ahí pasó a designar el lugar donde estas reuniones se producían. Tan importante era el ágora que la hora del mediodía se llamaba "la hora en la que el ágora está llena".

Aparte de ser el lugar donde los comerciantes vendían su mercancía al aire libre o en tenderetes, el ágora contaba con anchas **avenidas** y paseos, así como con importantes **edificios** de carácter público.

DOC. 2

El ágora de Atenas

Trabaja con el **dibujo**

2. Identifica los siguientes edificios públicos del ágora: el *pritaneo*, las *stoa*, el templo.

Entre los edificios destacan:

- El ***bouleuterion***: sala con forma semicircular en la que se reunía el Consejo (*Boule*).
- La ***stoa***: galerías porticadas que rodeaban el ágora y en cuyo interior había comercios y oficinas para los magistrados.
- El ***pritaneo***: era el edificio de gobierno. Tenía forma circular y en él se guardaba el fuego de la diosa Hestia, símbolo de la vida de la ciudad.
- Los **templos**: construcciones dedicadas a los dioses y héroes vinculados especialmente con la ciudad.

1.3. La ciudad romana

Las ciudades romanas más primitivas, como Roma, tenían un trazado desordenado porque se formaron por la unión de los habitantes de las diversas aldeas. Por el contrario, el plano de las ciudades romanas de nueva creación seguía el modelo de los **campamentos militares** (*castra*): un recinto rectangular amurallado en el que se cruzaban dos vías principales, una de norte a sur (*cardo*) y otra de este a oeste (*decumanus*). De este modo la ciudad quedaba dividida en **cuadrículas**.

El **foro** era el núcleo de la vida pública y política de la ciudad romana. Era el centro físico y simbólico de la **urbe** y donde se localizaban los edificios públicos más importantes de la ciudad.

Existían otros tipos de edificios de carácter público: las **termas** y las construcciones destinadas al ocio, como el **teatro**, el **circo** y el **anfiteatro**. Se daba especial importancia a los **acueductos** y **fuentes**, así como al sistema de **alcantarillado**, que garantizaba la higiene.

Una ciudad romana.

1.4. El foro y sus edificios

Al principio el foro era un espacio abierto para la celebración del mercado, pero pronto comenzaron a celebrarse actos religiosos, políticos, legales o sociales, por lo que se construyeron edificios con esta finalidad:

- La **basílica**: era un espacio multiusos en el que se celebraban juicios, se pronunciaban discursos políticos y los maestros impartían clases. A partir del siglo IV los cristianos comenzaron a construir iglesias con la forma de las basílicas.
- Los **templos**: estaban dedicados a los dioses y a emperadores divinizados.
- La **curia**: era la sede de las reuniones del Senado.
- Los ***rostra***: plataforma desde la que los oradores se dirigían al público.
- El ***macellum***: aunque se podían vender productos en diversas partes del foro (como en el exterior de las basílicas), existía un edificio rectangular con un patio central dedicado principalmente a la venta de frutas y verduras.
- Los **arcos de triunfo**: construcción dedicada a conmemorar a un general que había alcanzado una gran victoria militar.

Palabras y expresiones

Urbs, *civitas* y polis

El concepto actual de ciudad responde a varias acepciones que en el mundo clásico estaban diferenciadas. Una ciudad puede ser definida al mismo tiempo como una *urbs*, una *civitas* o una polis en función de la faceta de ella a la que se aluda.

Los romanos designaban con la palabra *urbs* al espacio físico construido con características propiamente urbanas, como edificios, calles e infraestructuras. Por su parte, la *civitas* era la realidad social constituida por los ciudadanos que habitaban ese espacio físico. Por último, la ciudad puede también considerarse una unidad político-administrativa autónoma del mismo modo que lo era la polis griega.

Investiga

3. ¿Con qué palabras castellanas traducirías estos tres conceptos de ciudad (*urbs*, *civitas* y *polis*) en función de su significado?

Actividades

Explica

4. ¿Cuál era el centro de la vida pública en la ciudad griega y en la romana?
5. ¿Qué edificios se destinaban al ocio en Grecia y Roma?
6. ¿Qué edificio civil romano influyó en la arquitectura religiosa cristiana?
7. [LIBROSVIVOS.NET ➡ UD10 ➡ INTERACTIVOS ➡ 159. Relaciona cada parte de la ciudad griega y romana con la función que tenían.

2 La vivienda romana

DOC. 3

Un paseo peligroso

Mira la distancia que hay entre los elevados aleros de las casas, desde donde una teja te machaca los sesos. Cuántas veces caen tiestos que se estrellan en el suelo. Tal vez te consideren un descuidado si acudes a una cena sin haber hecho antes testamento, porque hay tantas desgracias como ventanas abiertas a tu paso. Ruega que desde ellas solo te caigan encima orinales llenos.

JUVENAL (poeta romano): *Sátiras*

Trabaja con el **texto**

8. Enumera los peligros de la *insula* romana para el viandante.

2.1. La *insula*

Desde el siglo III a. C. la superpoblación y las necesidades de espacio hicieron que en Roma apareciera un tipo de viviendas llamadas ***insulae***, es decir, 'islas'. Se trataba de **bloques de edificios** de varias plantas (hasta cinco), que se elevaban como islas entre las estrechas calles de la ciudad.

En la planta inferior se encontraban las ***tabernae***, tiendas o almacenes que también servían de vivienda. En los pisos superiores se encontraban los ***cenacula*** donde, debido a lo elevado de los alquileres, se alojaban varios inquilinos.

Poseían un patio interior, ventanas y balcones por los que penetraba la luz, pero eran viviendas de reducido tamaño. La falta de agua corriente y de conexiones con el alcantarillado a partir de la primera planta, hacía **poco confortable** la vida en el interior, ya que no contaban ni con cocina ni con baño.

A esto se le sumaba el hecho de que la **baja calidad** de los materiales exponía a sus habitantes a la amenaza de derrumbe o de incendio.

2.2. La *domus*

Las familias adineradas vivían en una ***domus***, que tenía un ***atrium*** central, elemento que los romanos habían heredado de los etruscos. El atrio contaba con un ***impluvium*** ('estanque') que recogía el agua de la lluvia que entraba por un hueco llamado ***compluvium***.

El resto de las estancias se agrupaban en torno al atrio:

- El ***vestibulum*** era el acceso desde la calle, a cuyos lados se encontraban las ***tabernae*** ('tiendas'), que solían estar alquiladas para algún tipo de negocio.
- A ambos lados del atrio solían estar los ***cubicula***, habitáculos generalmente empleados como dormitorios.
- En la parte de atrás del atrio se encontraban las dos estancias más importantes: el ***triclinium*** o comedor y el ***tablinum*** o despacho en el que propietario recibía a los visitantes.
- En la parte de atrás de la casa se encontraba el ***peristylum***, un jardín rodeado de columnas, junto al que se encontraban dependencias como la ***culina*** ('cocina').

DOC. 4

La *domus*

Trabaja con el **dibujo**

9. Localiza las siguientes dependencias. *Atrium, tabernae, cubicula, triclinium, vestibulum, tablinum, compluvium.*

Plano de una domus.

2.3. La villa

Las ***villae*** romanas eran propiedades agrícolas pertenecientes a las familias más poderosas. Se situaban a las afueras de la ciudad (***villa urbana***) o en el campo (***villa rustica***). Los esclavos dedicados a la producción de la *villa* vivían en un edificio anexo a la casa de sus acaudalados señores.

No solo se trataba de una **residencia campestre**, sino que además funcionaban como **granja** y contaban con huertos de frutas y hortalizas, además de **establos** para los animales.

Su estructura y distribución era muy semejante a la de la domus, si bien contaba con un mayor número de dependencias que servían como **graneros** o **almacenes**, o con habitaciones que no existían en la *domus*, como la ***bibliotheca***.

Historias y tradiciones

Las termas

La mayoría de las viviendas no disponían de baño (*balneum*), ya que por su elevado coste se consideraba un lujo. Por esta razón las ciudades solían disponer de varios baños comunales, algunos privados (*balnea meritoria*) y otros, de mayor tamaño, públicos: las termas (*thermae*).

Por la tarde, una de las distracciones favoritas era ir a las termas, donde se podían realizar todo tipo de actividades: tomar baños, leer en sus bibliotecas, conversar en sus salones, pasear por sus jardines o hacer deporte en sus palestras.

Termas romanas.

En las termas el itinerario comenzaba en el vestuario. Después se hacía ejercicio en la palestra. Continuaba con el baño de vapor (*laconicum*); de ahí se pasaba al baño de agua caliente (*calidarium*) y a una zona de bañeras de agua tibia (*tepidarium*); el recorrido finalizaba en una gran sala no caldeada (*frigidarium*) y en una piscina cubierta (*natatio*).

Una de las razones por las que se popularizaron tanto los complejos termales, fue la invención de un sistema para caldear las estancias termales. El invento permitía hacer circular aire caliente a través de unos tubos bajo el suelo de las salas y entre los tabiques de las paredes. El aire se calentaba en un horno de combustión (hipocausto) que también daba calor a las calderas de agua.

Investiga

10. [LIBROSVIVOS.NET→**UD10→RECURSOS→161**. Conoce en este enlace cómo conseguían los romanos caldear las estancias de las termas.

La herencia clásica

La Villa de los Papiros de Herculano

A las afueras de Herculano, una de las ciudades que sepultó el Vesubio, se halla una villa de impresionantes dimensiones compuesta por un grupo de estancias y un jardín con piscina y vista panorámica sobre la costa. En ella se han encontrado espléndidos suelos de mosaico, fragmentos de frescos y una gran colección de esculturas de bronce y mármol. Todo el conjunto es llamado "Villa de los Papiros" porque allí fue encontrada una biblioteca con unos 2000 papiros carbonizados con textos griegos de carácter filosófico. Los preciosos rollos negros fueron desenrollados pacientemente con ayuda de una máquina especial y leídos con microscopio.

Investiga

11. Jean Paul Getty se construyó una casa en Malibú (California) basada en la Villa de los Papiros. Busca información en internet acerca de este personaje y averigua qué es en la actualidad dicha casa.

Actividades

Explica

12. Señala las diferencias y semejanzas entre la *domus* y la *villa*.

13. Nombra las habitaciones y espacios de la *villa* que no se solían encontrar en la *domus*.

Investiga

14. ¿Cómo se denominan en la actualidad los centros que tienen instalaciones similares a las termas romanas?

15. Entra en este enlace y accede a un juego sobre la vida en la *domus*: **www.e-sm.net/cclaeso-33**

3 La ingeniería romana

La herencia clásica

Las primeras calzadas

Cuando a partir del siglo IV a. C. los romanos comenzaron sus conquistas por el territorio de la península itálica, trazaron las primeras calzadas tomando como punto de partida la ciudad de Roma. La Vía Apia iba de Roma al sur del Adriático y debe su nombre a la persona que la encargó, el censor Apio Claudio el Ciego. La Vía Flaminia, llamada así también por su constructor, el censor Cayo Flaminio, partía hacia el norte del Adriático. La Vía Salaria, que comunicaba Roma con la costa del Adriático, debe su nombre a que tradicionalmente por ella se transportaba la sal.

Recuerda

16. ¿Quiénes eran los censores?

Al paso de sus conquistas, los romanos sembraron el paisaje de los nuevos territorios de puentes, acueductos, fortificaciones e infraestructuras como alcantarillado y calzadas que todavía hoy en muchos casos están en uso.

3.1. Las calzadas

La necesidad de **controlar los territorios** conquistados impulsó la construcción de una densa **red de caminos** con cerca de 400 vías que sumaban más de 70 000 kilómetros de longitud, y que unían Roma con los más recónditos lugares del Imperio.

La calzada es el tipo de vía romana más importante y difundida, sus características principales eran:

- Tenía una **anchura** de unos seis metros, que permitía el paso de dos carros a la vez y contaba con arcenes o aceras.
- Su **solidez** era tal que aún se conservan muchos tramos de calzada romana, algunos todavía en uso.
- Su **pavimento**, de medio metro de espesor, estaba compuesto por cuatro capas de diferentes materiales, cubiertas en su parte superior por losas de piedra.
- Las distancias se señalaban con unos mojones de piedra clavados en el suelo cada mil pasos (unos 1500 metros), denominados **miliarios**. En el Foro de la ciudad de Roma se hallaba el ***miliarium aureum***, del que partían todas las calzadas romanas, de ahí la famosa frase "todos los caminos conducen a Roma".

3.2. Los puentes y puertos

Los ríos, barrancos o zonas pantanosas no supusieron un obstáculo para el trazado de las calzadas, ya que los romanos construyeron puentes, primero en madera, luego en piedra, con una **técnica** tan avanzada que muchos han llegado hasta la actualidad.

La base del puente era un **arco** formado por una bóveda de medio cañón, construida con bloques de piedra encajados. Sobre él pasaba la calzada, de una anchura que permitía el paso de dos carros a la vez, bordeada por aceras.

Los romanos fueron durante muchos siglos los dueños de todo el Mediterráneo, al que llamaron ***Mare Nostrum*** ('nuestro mar'). Para poder mejorar las comunicaciones y el comercio marítimo construyeron **puertos** dotados de diques, muelles, malecones, almacenes y faros. El puerto más importante, por su proximidad con Roma, fue el de Ostia, en la desembocadura del río Tíber.

Sabías que...

Los ingenieros romanos cuidaban todos los detalles. Por ejemplo, idearon un sistema de bloques sobresalientes en el pavimento de las calzadas para permitir que los peatones pudieran cruzar las calles cuando llovía mucho, como se puede ver en esta calle de Pompeya.

Calzada romana en Ávila.

Puente romano de Alcántara (Cáceres).

3.3. Los acueductos y alcantarillados

El abastecimiento y la evacuación de agua de las ciudades fueron otros de los sistemas a los que prestaron su atención los romanos. Para ello desarrollaron técnicas heredadas de los etruscos y llevaron a cabo obras de ingeniería como las siguientes:

- Los **pozos** y **cisternas** recogían el agua de lluvia que caía en el *impluvium* de las viviendas urbanas unifamiliares y de las casas de las zonas rurales.
- El **acueducto** era un canal de **paredes impermeables** que recogía las aguas de los ríos, fuentes e incluso pantanos artificiales a lo largo de muchos kilómetros.

  Para acomodarlo a los desniveles de terreno, los romanos idearon un **sistema de puentes** con varios pisos de arcadas sobre los que pasaba el canal de agua. A la entrada de las ciudades se construían enormes depósitos que recogían el agua transportada por los acueductos, para abastecer a la población y a los edificios públicos que requerían de agua, como las termas o las fuentes. Roma, por ejemplo, era abastecida por quince acueductos.
- El **alcantarillado** era un complejo sistema que servía para evacuar el agua que se consumía en las ciudades. Era un entramado de **galerías subterráneas**, construidas con bóvedas de medio cañón siguiendo la planimetría de las calles. En ellas se vertían las aguas de la lluvia, casas, termas y fuentes, que acababan en un río próximo o en el mar, si se trataba de ciudades costeras.

3.4. Las murallas y fortificaciones

Muchas de las ciudades romanas no necesitaron dotarse de un sistema de fortificación, debido a que se construyeron en una época en la que no existía amenaza exterior. Sin embargo, otras, como la propia Roma, se tuvieron que proteger en aquellos momentos en los que sí existía peligro. Para ello construyeron:

- **Murallas urbanas,** que se abrían con un número variable de puertas monumentales que permitían el paso de carros y de personas. A lo largo de sus muros y entre las puertas, se levantaban torreones.
- **Fortificaciones** (*limites*) a lo largo de las fronteras que se veían amenazadas por los pueblos bárbaros.

Roma cuenta con dos murallas. Las primeras (izquierda) fueron construidas por el rey etrusco Servio Tulio siguiendo el modelo de construcción de las ciudades etruscas.

Las segundas (derecha) tienen un perímetro mucho mayor, son de finales del siglo III d. C. y fueron levantadas por orden del emperador Aureliano debido al peligro suscitado por las incursiones de los pueblos bárbaros.

DOC. 5

La Cloaca Máxima

La Cloaca Máxima era la "alcantarilla mayor" de Roma. Según la tradición, su construcción comenzó en torno al 600 a. C., gracias a las técnicas introducidas por los ingenieros etruscos. La cloaca primitiva consistía en un canal a cielo abierto que recogía las aguas de los cursos naturales que descendían de las colinas y que ayudaba a drenar, también, la llanura del foro. Este canal fue cubierto progresivamente y ampliado con redes subterráneas, algunas de las cuales comunican con la red de alcantarillado de la Roma actual.

Trabaja con el texto

17. ¿Cuál era la función de la Cloaca Máxima?

Actividades

Explica

18. ¿De qué formas obtenían agua potable en las poblaciones romanas?
19. ¿Con qué construcciones recogían las aguas fecales?

Investiga

20. Busca en internet cómo se llaman las principales calzadas que construyeron los romanos en España.
21. [LIBROSVIVOS.NET ➜ UD10 ➜ INTERACTIVOS ➜ 163. Realiza una actividad interactiva acerca de las obras de ingeniería romanas.

EN RESUMEN

LA CIUDAD

- **GRECIA**
  - Época micénica — dispone de →
    - *Megaron* en los palacios.
    - Murallas ciclópeas.
  - Época clásica — dispone de →
    - Acrópolis.
    - *Gymnasion*.
    - **Ágora.** → **Edificios del ágora:**
      - *Bouleuterion*.
      - *Stoa*.
      - *Pritaneo*.
      - Templos.
- **ROMA**
  - Ciudades en cuadrícula (excepto Roma) — dispone de →
    - Edificios públicos: termas, teatro, circo, anfiteatro.
    - Obras de ingeniería.
    - **Foro.** → **Edificios del foro:**
      - Basílica.
      - Templos.
      - Curia.
      - *Rostra*.
      - *Macellum*.
      - Arcos de triunfo.
  - **VIVIENDA ROMANA** — tipos
    - ***Insula***
    - ***Domus***
    - ***Villa***
  - **OBRAS DE INGENIERÍA** — tipos
    - **Calzadas**
    - **Puentes y puertos**
    - **Acueductos**
    - **Alcantarillado**
    - **Murallas**

OTROS RECURSOS

CINE

- *Ben Hur*, (1959) dirigida por Willian Wyler.

  La acción se desarrolla durante los reinados de los emperadores Augusto y Tiberio. Judá Ben-Hur, hijo de una familia noble de Jerusalén, y Mesala, tribuno romano que dirige los ejércitos de ocupación, son dos antiguos amigos, pero un accidente involuntario los convierte en enemigos irreconciliables: Ben-Hur es acusado de atentar contra la vida del nuevo gobernador romano y Mesala lo encarcela a él y a su familia. La película permite conocer la majestuosidad de las ciudades romanas.

LIBROS

- Connolly, Peter y Godge, Hazel: *La Ciudad Antigua. La vida en la Atenas y Roma clásicas.* Madrid, Acento, 1998.

INTERNET

- **www.e-sm.net/cclaeso-34**

  Entra en este enlace para conocer cómo era la ciudad romana.

- **www.e-sm.net/cclaeso-35**

  A través de este enlace podrás conocer las principales calzadas de España.

22. Señala en tu cuaderno si las siguientes afirmaciones son verdaderas o falsas, y escribe correctamente las falsas.

a. El *pritaneo* era el lugar donde se reunía el Consejo (*Boule*).

b. La *stoa* era un conjunto de galerías porticadas que rodeaban el ágora.

c. Las termas eran unos baños públicos que construyeron los griegos.

d. Los arcos de triunfo conmemoraban las acciones de algún dios romano.

e. La *domus* era el tipo de vivienda de la gente humilde.

f. Las *tabernae* eran los bares de las ciudades romanas.

g. Los romanos construyeron las calzadas que unían Roma con los lugares más recónditos del Imperio.

h. El acueducto era un tipo de muralla que servía para proteger la ciudad de las invasiones.

23. Lee el texto sobre el *megaron* de Ulises y responde a las preguntas.

Y una vez que encuentres cobijo en la casa y el patio, cruza rápidamente el megaron *para llegar hasta mi madre; se encuentra sentada en el hogar a la luz del fuego, hilando copos purpúreos, apoyada en la columna, y sus esclavas se sientan detrás de ella. Allí también está el trono de mi padre apoyado contra la columna, en el que se sienta a beber su vino como un dios inmortal.*

HOMERO: *Odisea*

a. ¿Qué era el *megaron*?

b. ¿En qué civilización se encontraba?

c. ¿Cuántas columnas rodeaban el fuego?

24. Encuentra el elemento extraño en cada serie.

a. *Bouleuterion*, *megaron*, *stoa*, *pritaneo*, templo.

b. Basílica, ágora, curia, *rostra*, *macellum*.

c. *Insula*, *domus*, *castrum*, *villa*.

d. *Scaena*, *atrium*, *impluvium*, *compluvium*, *peristylum*.

e. Calzada, dique, vía, miliario.

25. Copia esta tabla en tu cuaderno y complétala.

Sala	Función	Situada en
Frigidarium	....	....
Triclinium	....	....
Tepidarium	....	....
Culina	....	....
	....	....

26. Observa este dibujo y responde a las preguntas.

a. ¿Qué representa el dibujo?

b. ¿Quiénes construyeron ese tipo de obra, los griegos o los romanos?

c. ¿Qué características tenía?

d. ¿Qué función e importancia tenía?

27. Observa la siguiente imagen, se trata del centro de la ciudad de Roma.

a. ¿Qué nombre tenía este lugar?

b. ¿Qué función cumplía?

c. ¿Qué edificios se encontraban en esta zona de la ciudad?

d. ¿Cuál es el lugar equivalente en las ciudades griegas?

28. [LIBROSVIVOS.NET→UD10→RECURSOS→165.

Consulta la web del libro y lee la información adicional que encontrarás acerca de las termas. ¿Qué función tenían las termas? ¿Qué método utilizaban para calentar las diferentes salas?

AUTOEVALUACIÓN

29. [LIBROSVIVOS.NET→UD10→AVERIGUA LO QUE SABES→165.
Realiza las actividades de **autoevaluación** en la web del libro.

Taller de Lectura

El arte de la guerra

La guerra fue un elemento íntimamente unido a la evolución y forma de vida de los pueblos griego y romano. En Grecia los ciudadanos eran, además, soldados dispuestos a sacrificarse por los valores de su polis y los grandes acontecimientos de su historia giran entorno a sus enfrentamientos. Por su parte, la historia de Roma va de la mano de las conquistas de sus famosas legiones, a cuyo paso la trayectoria de todos los pueblos de Europa quedó marcada para siempre y acompañada de importantes progresos técnicos.

LEE Y CONOCE

LOS OTROS PLACERES DEL DIOS DE LA GUERRA En la *Ilíada* los héroes griegos y troyanos acudían al combate invocando al dios Ares (Marte en Roma). Hijo de Zeus y Hera, Ares es el dios de la guerra en su aspecto más brutal. Sin embargo, su episodio más conocido tiene un carácter cómico: cuentan que Ares y Afrodita eran amantes. Cuando Hefesto, marido de Afrodita, se enteró de que le era infiel con el apuesto dios de la guerra, diseñó una estrategia para atraparles y ponerles en ridículo ante todos los dioses.

Ares cae en la trampa

En una ocasión se unieron en secreto Ares y Afrodita, deshonrando el matrimonio del dios Hefesto. Pero pronto acudió Helios a comunicárselo, y entonces Hefesto martilleó sobre el yunque unas ataduras irrompibles; se dirigió a su dormitorio y allí las dispuso como hilos de araña imposibles de ver. Así, cuando Ares y Afrodita sintieron deseos de acostarse, los lazos fabricados por Hefesto los atraparon y ya no se pudieron mover ni levantar.

HOMERO: *Odisea*

► Investiga qué cuadro de Velázquez plasma el momento en que Helios comunica a Hefesto (Vulcano) el engaño de su esposa.

HOPLITAS *VERSUS* LEGIONARIOS Los hoplitas griegos eran aquellos ciudadanos que podían costearse las armas (*hopla*): escudo redondo, coraza, espinilleras, yelmo, lanza y espada corta. Todo este equipo llegaba a pesar 30 kilos. La táctica de combate era muy simple: filas compactas que acudían al choque contra las líneas enemigas.

Los legionarios romanos eran soldados profesionales, por lo que había distintos tipos de tropas. Su armamento consistía en un escudo rectangular (*scutum*), una coraza (*lorica*), una espada de doble filo (*gladius hispaniensis*), una lanza arrojadiza (*pilum*) y sandalias (*caligae*). Su táctica más famosa era la *testudo* ('tortuga') en la que los legionarios formaban un impenetrable caparazón de escudos.

Las mulas de Mario

En campaña Mario extenuaba a su ejército haciéndoles ejercitarse en carreras y en largas marchas, obligando a los legionarios a que transportaran su propio bagaje y se prepararan su rancho; de ahí que a los soldados que ejecutan las órdenes en silencio y sin rechistar se les llame "mulas de Mario".

PLUTARCO: *Vida de Mario*

► ¿En qué pueblo griego crees que se inspiró Mario?

La virtud del guerrero

No hay hombre de más valor en la guerra que el que osa presenciar la masacre sangrienta y se lanza contra el fiero enemigo. Esa es la virtud y la máxima gloria, y el premio más hermoso para un joven guerrero. Un bien para la ciudad es aquel que, en la vanguardia, expone su vida a pie firme sin darse a la fuga, animando al compañero y deteniendo el oleaje de la batalla.

TIRTEO DE ESPARTA (poeta lírico griego): *Fragmentos*

► ¿Con qué palabras describe el poeta la táctica de combate del hoplita?

EXPLORA UN TEXTO LA INGENIERÍA MILITAR

Basándose en los informes que enviaba al Senado, el gran general y estadista romano Julio César elaboró sus famosos *Comentarios a la Guerra de las Galias*. La obra constituye una de las cumbres de la literatura historiográfica, no solo por lo ágil de su narración, sino por la riqueza de detalles y descripciones acerca de los territorios y pueblos que César encontró en su aventura militar. En el verano del 52 a. C. el galo Vercingétorix se refugió en la ciudad fortificada de Alesia. Aquí se describe el asedio de este emplazamiento en el que se produjo la derrota definitiva de los galos a manos de César.

César sitia la plaza fuerte de Alesia

Puesta en fuga toda la caballería, Vercingétorix hace que las tropas se replieguen y sin más tardanza marcha hacia Alesia.

César conduce su impedimenta a una colina cercana, deja dos cohortes* vigilándola y se lanza en persecución de los enemigos. Tras dar muerte a tres mil, levanta un campamento ante Alesia y construye una empalizada a su alrededor. Se encontraba esta plaza fuerte sobre una colina, y daba la impresión de ser inexpugnable.*

La fortificación que estaban levantando los romanos tenía un perímetro de diez mil pasos y contaba con veintitrés fortines en los que dejaban cuerpos de guardia para que no se produjeran salidas repentinas. Para que los enemigos no puedan atacar las defensas por la noche cava dos fosos de quince pies de anchura, levanta un terraplén y una empalizada de doce pies y añade almenas.

Cortaron troncos y ramas, afilaron las puntas y las clavaron en zanjas de cinco pies de profundidad, y los que caían lo hacían sobre postes afiladísimos a los que llamaban cipos. También hincaron en el terreno ocho líneas de palos apilados que apenas sobresalían cuatro dedos y que cubrían con ramaje para ocultarlos. Delante del todo clavaron palos con garfios de hierro repartidos por todas partes a intervalos regulares a los que llamaban aguijones.

JULIO CÉSAR: *Comentarios a la Guerra de las Galias*

VOCABULARIO

Impedimenta: equipamiento de la tropa, que entorpece la marcha de los soldados.

Cohorte: cada una de las diez unidades de 480 hombres que componía una legión.

LIONEL NOEL ROYER: *Vercingétorix arroja sus armas a los pies de Julio César* (1899).

Comprende

Tras la victoria en Gergovia, Vercingétorix pensó que podía vencer a César en campo abierto, pero fue derrotado, por lo que buscó refugio en la plaza fuerte más poderosa de la Galia.

1. ¿Qué país actual era la Galia?

Entre las características del estilo narrativo de César están el uso de la tercera persona para referirse a sí mismo y el del presente para narrar hechos del pasado, el llamado "presente histórico".

2. ¿Qué efecto crees que quería conseguir con este estilo narrativo?

Alesia se encontraba sobre una meseta. Ocupaba una posición dominante por lo accidentado del terreno que la rodeaba. A pesar de ello César decide sitiar a los galos para dejarlos sin víveres.

Las cifras exactas de cantidades y medidas son características de este tipo de narraciones ya que dotan al relato de un aire de objetividad.

3. ¿Por qué crees que el relato resulta más objetivo al citar medidas y cantidades?

A los anillos defensivos de los fosos, los ingenieros romanos añaden trampas en la tierra como unas estacas a las que los legionarios llamaban, empleando un siniestro humor, "cipos" (estelas funerarias).

4. ¿Para que servían estas estructuras que describe el texto?

Concluye

César nos ofrece la descripción objetiva de una de las mejores operaciones de asedio de la historia. Esta operación significó la victoria definitiva de César sobre los galos y demostró que la inteligencia y eficacia técnica de sus ingenieros fue tan importante en las conquistas romanas como el valor y disciplina de sus legionarios. Gracias a sus ingenieros logró lo que parecía imposible: sitiar Alesia mediante un complejo sistema de asedio de ciudades.

5. Explica qué importancia tenía la inteligencia y eficacia de los ingenieros romanos para el desarrollo de la guerra.

Conoce y comprende

1. Investiga de dónde importaban los romanos el trigo, el aceite y el vino.

2. En el puerto de Roma se descargaban los productos importados en las ánforas y estas, una vez vacías, se tiraban. El monte Testaccio es una gran colina formada por las ánforas que los romanos tiraban. Accede en este enlace a la historia del monte Testaccio y responde a las cuestiones.

www.e-sm.net/cclaeso-36

a. ¿Por qué se deshacían de las ánforas?

b. ¿Qué valor arqueológico tiene dicho descubrimiento?

1 La población de una ciudad

Los arqueólogos han debatido acerca de cuál era la población de Roma en la Antigüedad. Se calcula que en el siglo II d. C. la ciudad contaba con un millón de personas e incluso posiblemente más.

Uno de los métodos empleados para calcular la población de Roma se basa en las estimaciones del trigo que repartía la *annona* (abastecimiento estatal de alimentos), una práctica que regularizó Augusto. En el año 5 a. C. se llegó a distribuir grano a 320 000 hombres.

Otro método ha sido la comparación con poblaciones modernas de acuerdo a la superficie y la densidad de población.

La ciudad de Roma crecía en habitantes y para ello tuvieron que importar productos desde otras regiones del Mediterráneo, especialmente aceite, vino y trigo.

2 La importancia de la canalización del agua

Un punto importante en la mejora de la salubridad de las ciudades antiguas fue la canalización del agua, tanto potable como de desecho.

La fuerza que se empleó para el traslado de agua a grandes distancias fue únicamente la de la gravedad: los ingenieros romanos pusieron mucho cuidado en construir los acueductos con la inclinación adecuada para que el agua no se estancara ni circulara tan rápido que pudiera dañar o erosionar la estructura. De su buena labor dan cuenta algunos acueductos en uso hasta época moderna.

En ocasiones los ingenieros recurrieron a los vasos comunicantes para salvar un valle o una depresión. Procedían del siguiente modo: se aseguraban de sellar bien el canal por donde circulaba el agua, construido a ras de suelo, y ponían la salida del tubo ligeramente más baja que la de entrada. La presión del agua hacía que la corriente no se detuviera.

Acueducto de Pont du Gard (sur de Francia).

Conoce y valora la tecnología y el progreso

3. ¿Por qué fueron tan importantes los acueductos para el desarrollo de las ciudades?

4. Explica la importancia que tuvo la canalización de las aguas residuales a través de las alcantarillas en Roma.

5. Busca información acerca de cuántos acueductos se conservan en España.

3 El diseño de las ciudades

El diseño urbanístico de las ciudades de planta ortogonal (en cuadrícula) en la que las calles se cortan perpendicularmente, tiene grandes ventajas para el tráfico interior, para la seguridad y para la salubridad de las calles. Todas las nuevas fundaciones romanas siguieron este modelo, cuyo origen fueron los campamentos militares romanos.

Las ciudades modernas de nueva creación presentan el mismo planteamiento que las ciudades antiguas. Este es el método que se siguió en la urbanización de la isla de Manhattan en Nueva York.

En las ciudades antiguas también se ha implantado este sistema en las zonas de crecimiento y nueva urbanización. Los barrios de ensanche de Madrid y Barcelona, diseñados durante el siglo XIX, también presentan este modelo urbanístico.

Nueva York.

Barcelona.

4 La agrupación de los oficios

En la planificación de la ciudad se tuvo también en cuenta el trabajo urbano: los talleres de los artesanos se agrupaban en el mismo barrio por oficios: la zona de los ceramistas, la de los herreros, la de los escultores, la de los curtidores de pieles, etc.

Esta costumbre pervivió en la Edad Media y, en época contemporánea, la agrupación de oficios se da incluso en ciudades industrializadas, con la creación de polígonos especializados, por ejemplo, en el transporte, en medios audiovisuales o en comercio al por mayor.

Relieve romano que representa el oficio de herrero y sus herramientas.

Compara y relaciona con tu entorno

6. Busca en internet un plano de Nueva York. ¿Qué nombre tienen las vías trazadas de norte a sur? ¿Y las que van de este a oeste? ¿Con qué nombres romanos las relacionas?

7. El arquitecto Hipódamo de Mileto fue el primero en racionalizar este tipo de urbanismo. Investiga qué ciudades diseño él en Grecia.

8. Busca un plano de tu localidad. ¿Qué tipo de diseño urbanístico tiene?

Valora el patrimonio

9. ¿Qué ventajas crees que tiene la agrupación de actividades artesanales e industriales? ¿Crees que favorece la prosperidad de los profesionales o la perjudica?

10. ¿Existe en tu localidad alguna calle con nombre de oficio? ¿Siguen agrupadas las profesiones en tu ciudad o comunidad?

11

El legado clásico y su transmisión

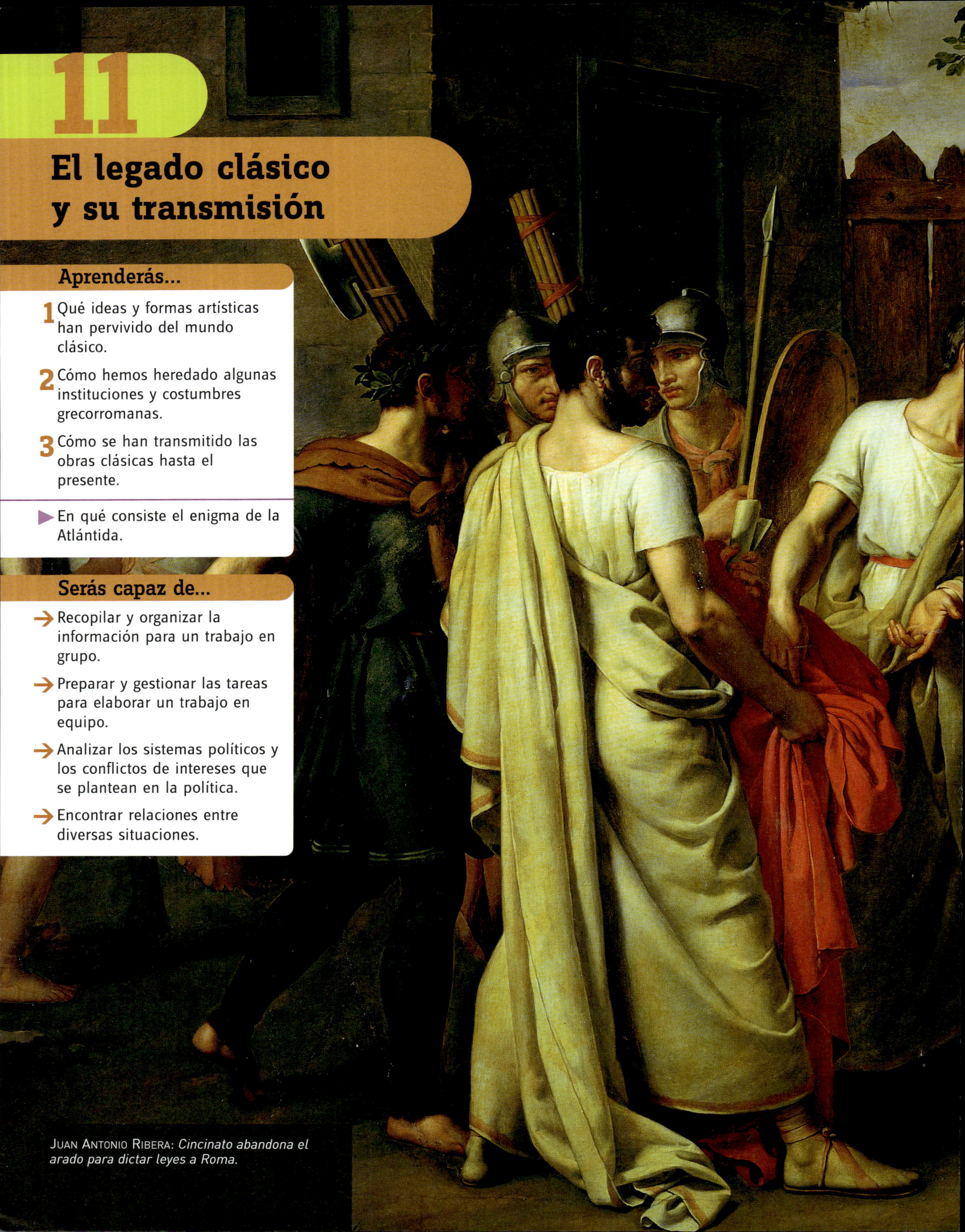

Aprenderás...

1. Qué ideas y formas artísticas han pervivido del mundo clásico.
2. Cómo hemos heredado algunas instituciones y costumbres grecorromanas.
3. Cómo se han transmitido las obras clásicas hasta el presente.

▶ En qué consiste el enigma de la Atlántida.

Serás capaz de...

→ Recopilar y organizar la información para un trabajo en grupo.

→ Preparar y gestionar las tareas para elaborar un trabajo en equipo.

→ Analizar los sistemas políticos y los conflictos de intereses que se plantean en la política.

→ Encontrar relaciones entre diversas situaciones.

JUAN ANTONIO RIBERA: *Cincinato abandona el arado para dictar leyes a Roma.*

DESARROLLA TUS COMPETENCIAS

Las virtudes cívicas: Cincinato, un modelo de honradez política

Cincinato fue un patricio romano que, en tiempos de la República, recibió el poder absoluto durante seis meses para que solucionara la guerra contra los sabinos. Una vez derrotado el enemigo, Cincinato renunció al tiempo de poder que le quedaba y volvió a sus tierras.

Modelo de honradez, integridad y sencillez, Cincinato fue un compendio de las virtudes cívicas republicanas. Así relata el escritor Plinio el Viejo el momento en que se le comunica su elección como dictador temporal:

> *Cincinato estaba arando sus cuatro yugadas de tierra sobre la columna vaticana, cuando el mensajero le trajo el anuncio de su elección para la dictadura, lo encontró, según la tradición, entregado al trabajo y con la cara manchada de polvo. "Ponte la toga", le dijo, "que debo entregarte el mando del Senado y el Pueblo de Roma".*
>
> PLINIO EL VIEJO: *Historia Natural*

La historia de Cincinato y, en general, la admiración por las virtudes cívicas de la República romana han tenido una gran influencia en la política posterior hasta la actualidad, pues a partir de dichas virtudes cívicas se han elaborado constituciones y se han diseñado sistemas políticos aún vigentes.

- ¿Qué significa "el mando del Senado y el Pueblo de Roma" que le entrega el mensajero?
- ¿Crees que la política debe regirse por principios de honradez e integridad? Si no se respetan estos principios, ¿de quién es la responsabilidad en un país democrático que elige a sus políticos?
- Observa la imagen de la derecha, representa a Julio César, que fue dictador cuatro siglos después que Cincinato. ¿Por qué fue asesinado Julio César? ¿Era dictador en el momento de su muerte?

Analiza la imagen

La imagen representa el momento en que Cincinato va a recibir el poder dictatorial. ¿Qué personaje crees que es Cincinato? Este cuadro fue pintado por el artista neoclásico Juan Antonio Ribera. ¿Qué es el Neoclasicismo?

1 La pervivencia del mundo clásico: las ideas

DOC. 1

Un saber para la vida

La experiencia filosófica abarca la lógica, la ética, los valores, los significados, la racionalidad, la toma de decisiones en situaciones conflictivas o arriesgadas; en suma, toda la inmensa complejidad característica de la vida humana.

Las personas que se enfrentan a dichas situaciones necesitan términos suficientemente profundos y amplios para exponer sus inquietudes. Sirviéndose de sus respectivas filosofías de la vida, y valiéndose a veces de los grandes pensadores del pasado, logran construir un marco de referencia con el que afrontar cualquier situación con una mayor entereza espiritual o filosófica.

LOU MARINOFF (filósofo estadounidense): *Más Platón y menos Prozac*

Trabaja con el texto

1. Según este texto, ¿en qué tipo de circunstancias de la vida resulta útil la filosofía?

1.1. La filosofía: un saber útil

Al contrario de lo que se cree comúnmente, en la Antigüedad la filosofía tenía una vertiente **práctica**. El "amor a la sabiduría" tenía como objeto la mejora de la vida en la comunidad, por lo que los filósofos tenían una **función activa** dentro de la sociedad.

En muchas de sus obras, como en la *República*, **Platón** abordó el tema del **gobierno ideal**, e incluso Dioniso, tirano de Siracusa, le llamó a su corte para que pusiera en práctica sus ideas políticas. Platón también elaboró el famoso mito de la Atlántida acerca de una sociedad perfecta.

Otros filósofos tuvieron un destacado papel político, como **Aristóteles**, que fue maestro del propio Alejandro Magno, o **Séneca**, que se encargó de la educación del joven Nerón. Uno de los mejores emperadores romanos, **Marco Aurelio**, escribió en griego sus *Meditaciones*, obra que constituye un hondo ejercicio filosófico de conocimiento de uno mismo.

Estos cuatro filósofos dejaron obras y pensamientos que a lo largo de la historia han ayudado al ser humano a desenvolverse en los aspectos más cotidianos de la vida, que también son los más importantes: el amor, las relaciones con los demás o la búsqueda de un sentido a la existencia. La filosofía griega sigue cumpliendo un papel activo para la sociedad.

1.2. El legado de los filósofos griegos

Platón elaboró un sistema filosófico que ha influido decisivamente en la historia del pensamiento humano:

- La **Academia** fundada por Platón fue el centro de pensamiento más importante de la Antigüedad.
- El **neoplatonismo** heredó la idea platónica de que las cosas del mundo sensible imitan un modelo ideal. Para los neoplatónicos, existía una **realidad superior** de la que emanaban seres imperfectos, idea que influyó en el **cristianismo** y sobre todo en **San Agustín**.
- En el **Renacimiento**, la propuesta de sociedad ideal de la República tuvo su eco en creadores de **utopías*** como **Tomás Moro**. El **racionalismo** de **Descartes** bebe de la idea platónica de que el conocimiento verdadero se obtiene por la razón, no por los sentidos.
- Filósofos posteriores como **Marx** y **Nietzsche** criticaron a Platón por su idealismo, ya que para ellos el mundo físico era el único existente.

Aunque discípulo de Platón, también **Aristóteles** había criticado el idealismo de su maestro. Su filosofía, que llegó a Occidente a través de los filósofos árabes, dio lugar a la tradición del **empirismo***.

* **Utopía:** (del griego *ou*, 'no', y *topos*, 'lugar'): plan o idea que parece irrealizable en el momento en que se formula.

Empirismo: conocimiento basado en los datos de la experiencia y a partir de las cosas reales.

Historias y tradiciones

La ciudad ideal

En una de sus obras más conocidas, la *República*, Platón proponía una sociedad utópica dividida en tres clases sociales: los filósofos (representantes de la razón que se encargarían del gobierno), los guerreros (encargados de proteger la ciudad) y los trabajadores (encargados de la producción). Para que su misión no se viera afectada por intereses personales, los filósofos gobernantes y los guerreros se abstendrían de poseer bienes, esposas e hijos.

Analiza y reflexiona

2. ¿Crees que la sociedad ideada por Platón podría funcionar? Razona tu respuesta.

1.3. La cultura clásica y el cristianismo

La difusión del legado clásico ha sido posible en gran medida gracias a la **acción transmisora de la cultura cristiana**, que integró y adaptó a su propia tradición ciertas facetas de la cultura clásica.

- Las bases del pensamiento cristiano se asientan en el legado cultural clásico. Durante la Edad Media, los cristianos fueron los **únicos transmisores de la tradición literaria clásica**, que ellos sentían como propia. De hecho, la Edad Media no distingue entre autores **clásicos** o **medievales**, sino que los textos paganos y cristianos circularon juntos sin ningún tipo de distinción.
- Como la enseñanza se siguió realizando en latín durante la Edad Media, las obras clásicas se aprovecharon como **material didáctico y escolar**.
- El cristianismo primitivo asimiló algunas **conmemoraciones paganas** incorporándolas a sus ritos. De este modo, ciertas fiestas cristianas tienen en su origen un trasfondo clásico.

GIOTTO: Adoración de los Reyes Magos (siglo XIV).
Las fiestas navideñas se empezaron a celebrar a partir del siglo III d. C. A ellas se incorporaron elementos de las Saturnalia, *fiestas romanas en honor de Saturno que celebraban el solsticio de invierno y en las que era costumbre intercambiarse regalos.*

1.4. El clasicismo en la historia de Occidente

El legado artístico y literario de la Antigüedad ha sido reinterpretado una y otra vez durante la historia de Occidente en una corriente que hoy denominamos **clasicismo**. El clasicismo recupera los principios estéticos armónicos de la Antigüedad grecorromana, adaptándolos a cada contexto histórico. Aunque esta huella ha estado siempre presente, adquiere especial relevancia en determinadas épocas:

- En el **Renacimiento** (siglos XIV-XVI): después de la transformación que sufrió la cultura clásica al haber sido asimilada por la cultura cristiana, los humanistas del Renacimiento se propusieron recuperar las **lenguas y la cultura grecorromana originales**, convirtiéndolas en un modelo estético y literario.
- En el **Neoclasicismo** (siglo XVIII): el modelo clásico volvió a convertirse en un patrón artístico y literario en oposición a las formas desarrolladas por la literatura y el arte barrocos.
- Las **vanguardias artísticas** de comienzos del siglo XX revitalizaron el clasicismo de raíz grecolatina para crear una nueva estética a partir de un tratamiento nuevo de las formas heredadas de la tradición clásica.

Palabras y expresiones

Historia del término *clásico*

El término *clásico* tiene un curioso origen, ajeno por completo a la concepción cultural actual. El adjetivo *classicus* procede de *classis*, 'clase social' y significa 'el que pertenece a la clase social con mayores recursos económicos'.

El primer autor en darle a este término un sentido, ya no social ni económico, sino metafórico aplicado a la literatura, fue el escritor romano Aulo Gelio (siglo II d. C.), quien se refiere a los autores latinos de época arcaica como *classici* ('autores de primera línea').

En el siglo XVI los humanistas del Renacimiento rescataron este término para aplicarlo a los autores griegos y romanos que se leían en la escuela y que eran un modelo estético. En el siglo XVIII adquirió una dimensión más amplia, tanto para referirse a los autores grecolatinos como a los mejores autores de una literatura.

Razona

3. ¿Qué relación existe entre el sentido original de la palabra *classicus* y el uso actual de *clásico*?

Actividades

Explica

4. Explica qué es la filosofía para ti y qué importancia puede tener para la vida en comunidad.
5. ¿Qué es el clasicismo? ¿En qué campos se ha manifestado a lo largo de la historia de Occidente?

Reflexiona

6. En la *Apología de Sócrates*, Platón pone en boca de su maestro la frase "una vida no examinada, no merece la pena ser vivida". ¿Cuál crees que es el sentido de esta frase?

2 La pervivencia de las instituciones y de las costumbres

DOC. 2

Los ciclos de gobierno

Existen seis tipos de gobierno: monarquía, aristocracia y democracia. La primera en formarse de forma natural es la monarquía, cuya versión mala y degradada es la tiranía. La caída de este régimen da lugar a la aristocracia. Cuando la naturaleza ha hecho que esta degenere en oligarquía, y el pueblo encolerizado ha castigado los crímenes de sus dirigentes, entonces surge la democracia. Por último, los excesos e ilegalidades de este régimen producen con el tiempo el "dominio de la muchedumbre" no preparada.

POLIBIO (historiador griego): *Historia general*

Trabaja con el texto

7. Según Polibio, ¿cuáles son los tres sistemas de gobierno justos y cuáles sus versiones degradadas?

2.1. La herencia política de los griegos

Los pensadores griegos reflexionaron acerca de las distintas formas de gobierno y emplearon una **terminología** todavía en uso:

- Mediante la palabra ***arche*** ('poder', 'mando') llamaron **monarquía** al poder de uno solo (*monos* significa 'solo' en griego), y **oligarquía** al gobierno de un reducido número de personas (*oligos* significa 'poco'). La ausencia de gobierno o el desorden que se produce sin este, es la **anarquía**.
- También el sufijo ***-kratia*** ('gobierno', 'poder') dio lugar a términos como **aristocracia** (de *aristos*, 'el mejor') o **democracia**, palabra formada con *demos* ('pueblo').

No solo se mantiene en uso la terminología, sino que los sistemas de gobierno como la monarquía o la democracia aún persisten, aunque de forma evolucionada.

2.2. La pervivencia de las instituciones romanas

Algunos principios del sistema político republicano perviven en las democracias actuales, como el **carácter electivo y temporal** de los cargos o el **equilibrio de poderes**. Del mismo modo, las instituciones, magistraturas y organización territorial con las que se regía el pueblo romano han dejado su huella en los sistemas políticos modernos.

El **senado** como órgano consultivo y de control del gobierno formado por miembros electos, sigue existiendo en muchas democracias modernas, como en la española.

Aunque el concepto de **comicios** (asamblea del pueblo) y sus funciones han variado, el término se sigue utilizando en nuestra lengua para designar las elecciones de los cargos políticos.

También los nombres de algunas **magistraturas** siguen vivos en el vocabulario actual, si bien en algunos casos con significado y funciones distintas a los que tenían en el mundo romano. Por ejemplo, los términos **cónsul** o **censor** se usan en nuestra lengua con un significado diferente. Por su parte, el término **edil** se utiliza como sinónimo de concejal para designar funciones similares a las de los ediles romanos.

El modelo de **división administrativa** de los romanos (provincias, municipios) sigue vigente en muchos estados modernos, que además han desarrollado un tipo de burocracia administrativa para el control de los mismos similar a la romana.

Palabras y expresiones

Las palabras del poder

Muchos de los términos pertenecientes al campo de las instituciones y el gobierno han sobrevivido en las lenguas actuales, en ocasiones con una acepción distinta a la original.

Senatus en latín está relacionado con el término *senex* 'anciano', pues seguramente en origen significaba 'asamblea de ancianos'. ***Tribunus*** procede de la palabra *tribus*, 'tribu' (división del pueblo romano) y de ella derivan también términos como 'tribunal', 'tributo', 'tribuna', 'tribuno', etc. ***Municipium*** procede del término *munus*, 'función, cargo, favor', y es el origen de términos castellanos como 'municipio', 'municipal' o 'remunerar'.

Investiga

8. Busca el significado de los términos castellanos *tribunal*, *tributo*, *tribuna*, *municipio* y *remunerar*, y comprueba si han cambiado de significado con respecto al latín.

2.3. El Derecho romano

Aunque todas las civilizaciones han establecido unas normas para regirse, nuestra **idea de justicia** y la forma en que esta se imparte la hemos heredado directamente de Roma. Los romanos se preocuparon de someterlo todo a unas **leyes escritas** que regulaban hasta los menores detalles de la vida cotidiana.

- La historia del derecho romano comienza con la **Ley de las XII Tablas** (hacia 450 a. C.), donde se recogen por primera vez los derechos y deberes de los ciudadanos romanos. Con la evolución de la sociedad, los juristas elaboraron con mayor profundidad las leyes, sentando las bases de la ciencia jurídica. El emperador **Justiniano** (siglo VI d. C.) encargó la recopilación de toda esta doctrina jurídica romana en el ***Corpus Iuris Civilis*** (*Compendio de Derecho Civil*).
- La gran innovación del derecho romano es la distinción entre el **derecho público**, que afecta a la organización del Estado, y el **derecho privado**, relativo a las relaciones entre los ciudadanos.
- El Derecho romano se convirtió en una **materia fundamental** en los estudios de Derecho desde la Edad Media. Hasta el siglo XIX se estudiaba como un derecho vigente y constituía la materia más importante de esta carrera. En la actualidad, aunque ha perdido su vigencia por la aparición de los códigos civiles nacionales, sigue presente en los planes de estudio de las facultades de Derecho.

2.4. El cómputo del tiempo

El **calendario** por el que nos regimos deriva del calendario creado por los romanos, así como la **división de la semana** en siete días.

Cada día estaba consagrado a una divinidad: *Lunae dies* (lunes), *Martis dies* (martes), *Mercurii dies* (miércoles), *Iovis dies* (jueves), *Veneris dies* (viernes), *Saturni dies* (sábado) y *Solis dies* (domingo). Los dos últimos son los únicos que no hemos heredado de la cultura romana, ya que son de origen judeocristiano (del hebreo *sabbat*, 'descanso', y del latín *Dominicus dies*, 'día del Señor').

Tras la reforma de Julio César y la aplicación del **calendario juliano**, los romanos dividieron el año en **365 días** y **doce meses**. Cada cuatro años se añadía un día más a febrero, día llamado *bi sextus* ('bisiesto').

Los nombres de los **meses** latinos y su origen son:

Mes latino	Origen
Ianuarius	Por el dios Jano, dios de los inicios.
Februarius	Por el dios *Frebruus* y las purificaciones de fin de año.
Martius	Por el dios Marte.
Aprilis	Posiblemente del nombre etrusco de Afrodita (*Apru*), a quien estaba consagrado este mes, el mes de la primavera.
Maius	Posiblemente por la diosa Maya, madre de Mercurio.
Iunius	Por la diosa Juno, mujer de Júpiter.
Iulius	Por Julio César.
Augustus	Por Augusto.
September	Por el numeral *septem*, 'siete'. Era el mes séptimo porque el año del calendario primitivo empezaba en marzo.
October	Por el numeral *octo*, 'ocho'.
November	Por el numeral *novem*, 'nueve'.
December	Por el numeral *decem*, 'diez'.

Palabras y expresiones

Léxico jurídico

La influencia que ha ejercido el derecho romano en nuestra cultura y el hecho de que la ciencia jurídica haya sido una de las que han mantenido durante más tiempo el uso del latín como vehículo de expresión, ha condicionado que el lenguaje jurídico esté lleno de expresiones latinas.

Determinados conceptos jurídicos han mantenido su forma latina, como *de facto*, *de iure* ('de hecho' y 'de derecho'), *habeas corpus* ('tengas tu cuerpo'), fórmula que indica que ningún ciudadano puede ser encarcelado sin orden judicial.

En muchos casos estas frases se han generalizado en el uso común, como *stricto sensu* ('en sentido estricto'), *dura lex, sed lex* ('la ley es dura, pero es la ley'), *in dubio pro reo* ('en caso de duda, a favor del reo').

Investiga

9. [**LIBROSVIVOS.NET → UD11 → RECURSOS → 175.** Busca el significado de estos latinismos: *cui bono*; *excusatio non petita, accusatio manifesta*.

Actividades

Explica

10. A lo largo de la historia el sufijo *-kratia* ha seguido dando lugar a nuevos términos. Explica el significado de *plutocracia*, *burocracia* y *tecnocracia*.

11. ¿Qué es un cónsul en la actualidad? ¿En qué se diferencia de un cónsul romano?

12. ¿Quién fue el emperador Justiniano? ¿Dónde reinó?

3 La transmisión de las obras clásicas

DOC. 3

Las primeras bibliotecas

Con las armas de los macedonios, los griegos se convirtieron en pocos años en la casta dominante del mundo conocido. Los griegos no aprendieron las lenguas de sus nuevos súbditos pero entendieron que para dominarlos había que entenderlos, y que para entenderlos hacía falta recopilar y traducir sus libros. Así nacieron bibliotecas en todas las capitales helenísticas, no solo como factor de prestigio sino como instrumento de dominio. En ello tuvieron un puesto privilegiado los libros sagrados de los pueblos dominados ya que la religión era para quienes intentaban dominarlos la puerta de su alma.

LUCIANO CANFORA (helenista italiano): *La biblioteca desaparecida*

Trabaja con el texto

13. ¿Qué función o funciones tenían las bibliotecas en la Antigüedad?

3.1. Los filólogos alejandrinos

Los primeros testimonios literarios de occidente fueron compuestos y transmitidos de **forma oral**, pero con la innovación de la **escritura** se sintió la necesidad de fijarlos por escrito para evitar su pérdida.

Sin embargo, ni siquiera el uso de la escritura impidió que numerosas obras se perdieran en el camino, mientras que muchas otras solo nos han llegado en **fragmentos** o a través de **citas** de otros autores.

En época helenística los **filólogos*** de **Alejandría** decidieron llevar a cabo la labor de conservar la riqueza literaria de Grecia **adquiriendo**, **copiando**, **estudiando** y **comentando** las obras griegas. A ellos debemos, por ejemplo, la división de cada uno de los poemas de Homero en veinticuatro cantos.

Todo barco que llegaba al puerto de Alejandría era registrado, y cuando encontraban algún texto lo llevaban a la **Biblioteca** para proceder a su copia y estudio. Durante la época helenística, Alejandría fue depositaria del saber de su época hasta que el incendio del 47 a. C. hizo que la misión de conservar y transmitir los textos pasara a Roma.

En Roma, desde los siglos II y III a. C. se copiaban los textos griegos, pero no todos, sino que se llevó a cabo una **selección** de aquellos autores y textos que se consideraban más importantes.

3.2. Los copistas medievales

El legado literario y cultural romano ha sobrevivido gracias a la labor de los **monjes de los monasterios medievales**, algo similar a lo que ocurrió con la literatura griega en el Imperio bizantino.

Estos monjes, preocupados por la transmisión del saber clásico, copiaron pacientemente los manuscritos que se habían salvado de la destrucción a finales de la Antigüedad. Su labor fue **selectiva**, es decir, copiaban lo que consideraban más valioso, de ahí que solo haya llegado hasta hoy una **pequeña parte de toda la literatura clásica**. Sin embargo, sin su trabajo, hoy no se podría hablar de cultura clásica.

En los grandes monasterios medievales había una **biblioteca** que albergaba, además de obras teológicas, textos clásicos de filosofía, derecho, medicina y literatura, especialmente de los autores escogidos que se empleaban para la enseñanza del latín en las escuelas.

Sabías que...

Hasta que en el siglo V a. C. se extendió la idea del comercio de obras literarias, apenas se disponía de un ejemplar de cada una, como si se tratara de una estatua o de una pintura.

* **Filólogo:** (del griego *philos*, 'amigo', y *logos*, 'palabra'): persona dedicada al estudio de una lengua y su literatura.

Caligrafía: (del griego *kalos*, 'hermoso', y *graphe*, 'escritura'): arte de escribir con letra bella y correcta.

En nuestras grandes bibliotecas públicas y privadas, así como en las de las catedrales y monasterios, se conserva el legado cultural transmitido por los monjes medievales. Hoy día, con el trabajo de digitalización y catalogación emprendido por muchas de ellas, podemos contemplar desde nuestras casas el trabajo realizado por los copistas medievales.

Para enriquecer sus fondos, los monasterios realizaban **intercambios o préstamos temporales** con otras bibliotecas monacales. Los monjes copiaban estas obras en el ***scriptorium*** de la biblioteca.

Los copistas eran monjes escogidos especializados en esta tarea. No solo cuidaban la **caligrafía***, sino que además enmendaban los errores de escritura que encontraban. Algunos manuscritos presentan **miniaturas** de gran belleza, que eran realizadas por especialistas.

3.3. Temas y tópicos de la literatura clásica

Gracias a la labor transmisora de los hombres de la Edad Media, han pervivido en la literatura universal muchos temas y tópicos literarios que, reelaborados durante siglos, continúan vigentes en la actualidad.

La mayoría de ellos hacen referencia a las cuestiones centrales de la existencia humana, como la vida, la muerte y la felicidad, y por ello se han convertido en temas universales.

- La **vida como un camino de conocimiento**: ciertos temas aluden al deseo humano de buscar lo desconocido. Es el caso de la búsqueda de su propia identidad en el *Edipo rey* de Sófocles; o también del viaje como forma de conocimiento, presente en la *Odisea*, temas que han pervivido en toda la literatura occidental.
- El **elogio de la vida sencilla**: los tópicos del ***carpe diem*** (la vida es fugaz, por lo que hay que aprovechar el presente), del ***beatus ille*** (es feliz aquel que vive alejado de las preocupaciones) o de la ***aurea mediocritas*** (la vida ideal es la que huye de los extremos) fueron acuñados para la posteridad por el poeta latino Horacio.
- La **búsqueda del lugar perfecto**: otra serie de tópicos creados por la literatura clásica hacen referencia a la existencia de un mundo mejor, un lugar donde todo es perfecto. Los formula el tópico del ***locus amoenus***, un lugar armónico en medio de la naturaleza, dotado de agua, un prado y al abrigo de la sombra de los árboles. Es un tópico que encontramos en Homero o en Virgilio. Del mismo modo, el tema de la **utopía**, un lugar perfecto pero inalcanzable para el ser humano, ha tenido un largo recorrido en nuestra literatura.

DOC. 4

Algunos clásicos universales

Coged de vuestra alegre primavera
el dulce fruto antes que el tiempo airado
cubra de nieve la hermosa cumbre.

GARCILASO DE LA VEGA

¡Qué descansada vida
la del que huye el mundanal ruido
y sigue la escondida
senda por donde han ido
los pocos sabios que en el mundo han sido!

FRAY LUIS DE LEÓN

Caminante, no hay camino,
se hace camino al andar.
Al andar se hace el camino,
y al volver la vista atrás
se ve la senda que nunca
se ha de volver a pisar.
Caminante no hay camino
sino estelas en la mar.

ANTONIO MACHADO

H. BALDUNG GRIEN: *La armonía o las tres gracias.*

Trabaja con los textos

15. Identifica los temas y tópicos clásicos en estos textos de la literatura española.

Palabras y expresiones

El significado de tu nombre

Muchos nombres propios o **antropónimos*** proceden del latín o del griego y esconden un significado concreto.

Algunos de ellos son: Sofía (del gr. *sophia*, 'sabiduría'), Carmen (del lat. *carmen*, 'poema'), Alicia (del gr. *aletheia*, 'verdad'), Cristina (del gr. *khristos*, 'ungido'), Felipe (del gr. *philos* 'amante' y *hippos* 'caballo'), Irene (del gr. *eirene*, 'paz'), Jorge (del gr. *georgos*, 'campesino'), Nicolás (del gr. *nike*, 'victoria' y *laos* 'pueblo'), Laura (del lat. *laurus*, 'laurel'), Lucía (del lat. *lux*, 'luz'), Pedro (del lat. *petrus*, 'piedra'), Margarita (del lat. *margarita*, 'perla'), Víctor (del lat. *victor*, 'vencedor'), Patricia (del lat. *patricia*, 'noble'), Ángel (del gr. *angelos*, 'mensajero').

Investiga

14. Busca en internet o en una enciclopedia la etimología y el significado de tu nombre y el de tus compañeros.

* **Antropónimo:** (del griego *anthropos*, 'hombre', y *onoma*, 'nombre'): nombre propio de persona.

Actividades

Explica

16. ¿Cómo se transmitió la cultura clásica a lo largo de la Edad Media?

Elabora

17. Elige un poema o texto breve que te guste y cópialo en tu cuaderno empezando por una letra capital, cuidando mucho la caligrafía e incluyendo una miniatura de tu propia invención.

Relaciona

18. [LIBROSVIVOS.NET→UD11→INTERACTIVOS→177. Relaciona los conceptos y sus definiciones.

EN RESUMEN

PERVIVENCIA DE LAS IDEAS

- **En la filosofía** — que constituye → Un saber útil:
  - En la vida diaria.
  - En la política.
- **En el cristianismo** — mediante →
  - La transmisión de la cultura clásica.
  - La enseñanza medieval.
  - La adopción de costumbres romanas.
- **En el clasicismo en Occidente** — en varias épocas →
  - Renacimiento (siglos XIV-XVI).
  - Neoclasicismo (siglo XVIII).
  - Vanguardias del siglo XX.

INSTITUCIONES Y COSTUMBRES

- **Política** → Formas de gobierno en Grecia.
- **Instituciones romanas**
- **Derecho romano** → *Corpus Iuris Civilis.*
- **Cómputo del tiempo** → Calendario:
  - Semana.
  - Meses.
  - Año.

TRANSMISIÓN DE LAS OBRAS CLÁSICAS

- **En la Antigüedad** → Filólogos en la Biblioteca de Alejandría.
- **En la Edad Media** → Monjes copistas en los monasterios.
- **Temas y tópicos** →
  - La vida como camino de conocimiento.
  - Elogio de la vida sencilla.
  - Búsqueda de un lugar perfecto.

OTROS RECURSOS

CINE

- *El nombre de la rosa* (1986), dirigida por Jean-Jacques Annaud.

  Un grupo de monjes trabaja copiando libros en un monasterio medieval en las montañas del norte de Italia. En el mismo se ha producido una extraña muerte. Por esta causa, a Guillermo de Baskerville, un monje benedictino ajeno al monasterio, se le encarga que investigue el crimen, así como otros asesinatos que se irán produciendo.

  Basada en la novela homónima del escritor y filólogo italiano Umberto Eco, es una interesante historia de misterio y suspense ambientada en la Edad Media, en un monasterio donde se copiaban manuscritos y textos procedentes de la Antigüedad. Dichos textos juegan un papel importante en la resolución de los misteriosos asesinatos que se producen en el monasterio.

INTERNET

- **www.e-sm.net/cclaeso-32**

  Europa en papel: una exposición virtual de la Biblioteca Nacional de España sobre la historia y la idea de Europa. Con la posibilidad de ver en la web reproducciones de los manuscritos, textos, ilustraciones y mapas expuestos.

LIBROS

- ESCOLAR, Hipólito: *La Biblioteca de Alejandría*, Madrid, Gredos, 2003.

  Una monografía sobre la historia de la mítica Biblioteca de Alejandría, donde se conservaron y estudiaron los saberes del mundo griego. Un relato de su fundación, desarrollo y labor, así como de sus sucesivas destrucciones.

ACTIVIDADES DE SÍNTESIS

19. Lee el siguiente texto y responde a las preguntas.

Entre las literaturas europeas, la literatura de la Grecia antigua ocupa un sitio singular. Es la más antigua que realmente sobrevive, y ha ejercido la mayor influencia en la posteridad. Los principios, formas y medidas de los griegos gobernaron la literatura naciente de Roma, y a través de Roma, el conjunto del mundo moderno.

Pero su interés no es principalmente histórico. La literatura griega merece atención por su propio valor, porque los griegos inventaron y perfeccionaron cierto tipo de arte literario, y realizaron obras maestras que aún hoy nos asombran y deleitan, a pesar del transcurso de las generaciones y de los grandes cambios ocurridos en la visión humana del mundo.

En la poesía épica, la lírica y la dramática, en la prosa histórica, filosófica y retórica los griegos llegaron a resultados tan satisfactorios en la forma y tan seductores en el contenido que sus obras se han considerado siempre como el tipo de perfección, y suelen proponerse e imitarse como verdaderos modelos.

C. M. Bowra: *Historia de la literatura griega*

a. ¿Qué interés tiene en primer lugar, según el autor, la literatura griega? ¿Y secundariamente?

b. ¿En qué géneros literarios destacaron los griegos?

c. ¿Se cultivan aún esos géneros?

20. Observa esta imagen de un manuscrito del sabio griego Dioscórides y responde a las preguntas.

a. ¿Cuál crees que es el tema del tratado?

b. ¿Crees posible que la transmisión de textos se haga con las imágenes que los acompañan? ¿Cuál es la finalidad de las imágenes?

c. ¿Cómo se llaman las imágenes que ilustran un manuscrito?

21. Copia las siguientes columnas en tu cuaderno y empareja las expresiones latinas con su significado.

Beatus ille •	• Aprovecha el presente.
Locus amoenus •	• Elogio del equilibrio.
Aurea mediocritas •	• Lugar ideal.
Carpe diem •	• Felicidad lejos de las preocupaciones.

22. Señala si las siguientes afirmaciones son verdaderas o falsas, y escribe correctamente las falsas.

a. Uno de los objetivos de la filosofía era la mejora de la vida de la comunidad.

b. El neoplatonismo fue completamente rechazado por el cristianismo.

c. Durante la Edad Media la lengua de la enseñanza en Occidente era el griego.

d. En el Renacimiento la civilización grecolatina se convirtió en un modelo estético y literario.

e. La Ley de las XII Tablas recogió por primera vez los derechos y obligaciones de los ciudadanos.

f. La Biblioteca de Alejandría atesoró el saber literario de Grecia desde la época arcaica hasta el 323 a. C.

23. Encuentra el elemento extraño en cada serie y explica por qué no pertenece a la misma.

a. Platón, Aristóteles, César, Séneca, Marco Aurelio.

b. Clasicismo, Renacimiento, Neoclasicismo, Romanticismo, vanguardias artísticas.

c. Monarquía, anarquía, tragedia, aristocracia, democracia.

d. Carmen, Laura, Rocío, Lucía, Margarita.

24. La familia estuvo muy presente en la legislación romana. Explica qué significan las siguientes palabras relacionadas con la ley y la familia. Señala cuáles de ellas siguen presentes en la legislación actual: matrimonio, patria potestad, divorcio, adopción, esclavo, primogenitura.

25. Observa esta imagen de la Biblia Políglota Complutense. Investiga por qué se llama 'políglota', dónde se realizó y a qué época corresponde.

AUTOEVALUACIÓN

26. [LIBROSVIVOS.NET ➞ UD11 ➞ AVERIGUA LO QUE SABES ➞ 179. Realiza las actividades de **autoevaluación** en la web del libro.

Taller de Lectura

El enigma de la Atlántida

En dos de sus diálogos, *Timeo* y *Critias*, Platón nos habla acerca de una gran isla o continente perdido llamado Atlántida. Según Platón, los atlantes habían intentado adueñarse de Grecia y Egipto, pero debido a su soberbia los dioses destruyeron su civilización. Desde entonces el misterioso continente ha alimentado la imaginación de arqueólogos, viajeros y artistas de diversas épocas que piensan que la Atlántida ocupó un lugar real más allá de lo imaginado por Platón.

LEE Y CONOCE

EL PAÍS DEL NO-LUGAR "El hombre que la soñó la hizo desaparecer": con estas palabras Aristóteles quería dar a entender que la Atlántida nunca había existido, sino que era una utopía, es decir, un "no-lugar" del que Platón se habría servido para exponer sus ideas acerca de una sociedad ideal que había sido destruida por su soberbia.

Platón inauguraba así el género literario de la utopía, cuyo máximo representante es la *Utopía* de Tomás Moro, publicada en 1516, donde recreaba una sociedad imaginaria que vivía en paz y felicidad.

Los reyes de los atlantes

Existían diez reyes que imperaban sobre los hombres y sobre las leyes de la parte que les correspondía y su ciudad, castigando y dando muerte a quienes querían. Durante generaciones obedecieron las leyes y respetaron las divinidades al estar emparentados con ellas. Despreciaban todo excepto la virtud, pero cuando tras mezclarse con los mortales desapareció la parte divina y predominó la humana, se pervirtieron y se volvieron injustos y soberbios, por lo que Zeus decidió castigarlos.

PLATÓN: *Critias*

▶ ¿Por qué fueron castigados los atlantes?

El paraíso perdido

De todo había gran abundancia. La tierra producía lo mejor que existe en cada lugar: raíces, follaje, madera y jugos de frutos y de flores. También los frutos cultivados que usamos para la comida y todo lo procedente de los árboles que nos dan alimento y bebida… La isla divina que estaba entonces bajo el sol producía todas estas cosas bellas y admirables en una cantidad ilimitada.

PLATÓN: *Critias*

▶ ¿Por qué crees que casi todos los lugares utópicos que se describen son paraísos?

La Atlántida fue representada en numerosos atlas y mapas, como el que se encuentra en el Mundus subterraneus *de Athanasius Kircher, de 1664.*

¿DÓNDE ESTABA LA ATLÁNTIDA? Platón situaba el continente perdido en las Columnas de Hércules (el estrecho de Gibraltar), por lo que se ha pensado que estaba en el sur de la península ibérica. Hay quienes piensan que la Atlántida es el propio continente americano, o bien que se encontraba entre Europa y América, en el océano Atlántico. Pero no es improbable que el motivo que inspirara a Platón fuera la isla griega de Tera, que entró en erupción hacia el 1500 a. C., causando muy probablemente el fin de la civilización minoica.

La destrucción de la Atlántida

Entonces se produjeron violentos temblores de tierra y cataclismos, y en el curso de una noche y un día funestos la Atlántida desapareció en los abismos del mar. Por esa razón, todavía hoy ese mar es infranqueable e inexplorable, debido a la capa de lodo y los sedimentos que la isla dejó al hundirse.

PLATÓN: *Timeo*

▶ ¿Crees que sería posible encontrar algún resto de la Atlántida si hubiese existido?

Detalle del Fresco de la flotilla, *hallado en la isla de Tera.*

EXPLORA UN TEXTO BUSCADORES DE UTOPÍAS

En *Los viajes de Gulliver* (1726), el gran escritor satírico inglés Jonathan Swift realizó una crítica burlona de la sociedad de su tiempo, poniendo de relevancia la soberbia y la hipocresía del género humano en general y de los políticos en particular. En dicha obra, Gulliver viaja a lugares imaginarios como el famoso Liliput o el país de unos caballos parlantes llamados "houyhnhnms" (que se pronuncia 'huinems').

Gulliver

El país de los houyhnhnms

La amistad y la benevolencia son las principales virtudes de los houyhnhnms. Un extraño, procedente del lugar más remoto, recibe igual trato que el más vecino. Cuidan la cortesía y la afabilidad hasta el más alto grado, no tienen debilidades ni absurdas ternuras con sus crías y potros, pues sus cuidados al educarlos proceden enteramente de los dictados de la razón. He visto a mi amo tratar con el mismo cariño a la cría de un vecino que a la suya.

Al casarse, el galanteo, el amor, los regalos y las dotes, no tienen lugar en su pensamiento ni términos para expresarlos en su idioma. La joven pareja se encuentra y se une, sencillamente, porque así lo quieren sus padres y sus amigos; lo miran como un acto necesario en un ser racional: jamás hay celos, riñas ni disgustos.

Su método para educar a los jóvenes de ambos sexos es admirable y merece que lo imitemos. Mi amo pensaba que era monstruoso que nosotros diésemos a las hembras educación diferente que a los machos, excepto en algunos puntos de organización doméstica. Razonaba él que por este medio una mitad de nuestra especie no servía sino para echar hijos al mundo, y que entregar el cuidado de nuestros pequeños a esos inútiles animales era un ejemplo más de brutalidad.

JONATHAN SWIFT: *Los viajes de Gulliver*

SAWREY GILPIN: *Gulliver se presenta ante los houyhnhnms.*

Comprende

Gulliver llega a un país habitado por caballos que hablan y razonan sin dejarse dominar por los sentimientos, lo que, paradójicamente, mejora la convivencia dentro de la comunidad.

1. **¿Cómo explica el texto que los houyhnhnms no se dejan dominar por los sentimientos?**

En la sociedad inventada por Swift, las cuestiones en las que entran en juego las pasiones son manejadas por la razón, lo que evita los problemas que se derivan de ellas (pero también se pierden elementos positivos).

2. **Según el autor, ¿qué se ganaría si en cuestiones como las relaciones de pareja solo interviniera la razón? En tu opinión, ¿qué se perdería?**

A pesar de manifestar un prejuicio como el de que la hembra debe de ocuparse de la organización de la casa, el autor defiende la educación igualitaria entre ambos sexos.

Swift identifica como un claro rasgo de brutalidad el hecho de que la mitad de la especie no reciba formación y que su función quede reducida únicamente a la procreación.

3. **¿En la época en que Swift escribió el libro existía una educación igualitaria para ambos sexos?**

Concluye

Al presentar a los houyhnhnms como una sociedad perfecta el autor pretende criticar los defectos de su sociedad, pero a la vez deja ver una serie de prejuicios propios de su época.

El pesimismo del autor acerca de la condición humana le lleva a considerar a los caballos más inteligentes y sensatos que los propios hombres.

4. **¿Qué aspectos de la sociedad de los houyhnhnms contrastan en mayor medida con la realidad?**

Reflexiona y opina

5. **¿Con qué comportamientos y actitudes de la "sociedad ideal" de los houyhnhnms estás de acuerdo y con cuáles no? Explica tus argumentos al respecto.**

Busca información para un trabajo en grupo

1. Vamos a elaborar un trabajo en grupo sobre Cincinato, su importancia en Roma y su influencia posterior. En primer lugar buscamos información acerca de las siguientes cuestiones.

a. ¿Quién fue y qué hizo Cincinato? ¿Cómo fue considerado en Roma?

b. ¿Por qué admiraban los americanos a Cincinato? ¿Quiénes formaban la "Sociedad de los Cincinatos"? ¿Qué ideales y objetivos tenían?

c. Para el trabajo también se pueden usar imágenes. Observa las de esta página. ¿Qué llevan los magistrados que se presentan ante Cincinato en el cuadro de la apertura de la unidad? ¿Qué está haciendo Cincinato en la estatua?

Planificad y elaborad el trabajo en grupo

2. Junto con tus compañeros de grupo, seguid los siguientes pasos para elaborar el trabajo.

a. Organizad toda la información que hayáis recopilado en la cuestión anterior.

b. Preparad entre todos el guión para elaborar el trabajo del grupo.

c. Repartiros las tareas y calculad el tiempo que necesitáis para llevarlas a cabo.

d. Cuando cada uno haya completado su parte, unidlas según habíais previsto en el guión.

1 La independencia de los Estados Unidos

En el siglo XVIII se volvió a mirar al mundo clásico como modelo y algunos de sus ideales recobraron actualidad, como la lucha contra la tiranía y la oposición al poder absoluto de un solo hombre.

Un grupo de norteamericanos, que estaba en desacuerdo con la administración británica de las colonias de América del Norte y deseaban su libertad, se inspiró en Cincinato, el personaje romano que aparece en la apertura de esta unidad, como modelo de entrega al Estado sin acaparar el poder personal.

En su memoria los ilustrados americanos crearon la "Sociedad de los Cincinatos". Este grupo luchó a favor de la independencia de los Estados Unidos y logró su objetivo el 4 de julio de 1776. La ciudad de Cincinnati, en el estado de Ohio, fue nombrada así en honor de la *Society of the Cincinnati*.

Cincinato abandona el poder dictatorial

Cuando Cincinato hubo tomado posesión del campamento enemigo, que estaba repleto de provisiones, entregó el botín a sus tropas exclusivamente... Al décimo sexto día de su dictadura, Cincinato entregó el poder que había recibido para seis meses.

TITO LIVIO: *Historia de Roma desde su fundación*

Estatua de Cincinato en la ciudad de Cincinnati, Estados Unidos

2 El símbolo de las fasces

Las fasces eran el símbolo del poder civil en Roma. Era un haz de treinta varas con un hacha (segur) en un extremo. Esta era el arma con que los lictores aseguraban la autoridad de los magistrados y cónsules, a los que protegían y acompañaban.

Entre los independentistas americanos se tomó como símbolo del poder civil y se ha usado en muchos emblemas e insignias. Como imagen del poder ciudadano forma parte del emblema de la Guardia Civil, fundada en 1844. Figura también en el escudo de la República Francesa y en el del Senado de los Estados Unidos. En el siglo XX fue adoptado por el Partido Fascista Italiano, que tomó su nombre de dicho símbolo.

3 La lucha por la libertad

De acuerdo con Polibio, que sigue a Aristóteles, había seis sistemas de gobierno (doc. 2 de esta unidad, p. 174). Para él la única constitución que podía perdurar en el tiempo era la mixta, que comparte el poder entre el pueblo y la clase dirigente, limitándose y controlándose unos a otros. Así se lograba un equilibrio entre los poderes.

Los independentistas americanos incluyeron estas ideas en su Constitución. Uno de los pilares del sistema político norteamericano es la separación de poderes y el reparto del poder entre el Presidente y el Congreso.

Congreso de los Estados Unidos.

Analiza los sistemas políticos y los conflictos de intereses

3. ¿Cuál es el sistema político actual de España? ¿En qué modo de gobierno de la clasificación de Polibio lo incluirías?

4. ¿En qué consiste la separación de poderes? ¿Te parece beneficiosa para evitar los abusos de poder?

5. ¿Crees que puede haber separación de poderes en un sistema de gobierno unipersonal como el del Imperio romano?

6. Julio César ejerció un poder dictatorial en defensa de la plebe, pero limitó las libertades de los ciudadanos. ¿Qué conflicto de intereses se planteó entonces? Imagina una posible solución y escribe un discurso para defender tu propuesta ante el Senado de Roma.

4 El paso adelante de César

Julio César, miembro de una de las familias patricias más nobles de Roma, ha sido considerado por algunos historiadores el primer emperador de Roma, aunque él nunca usó ese título. En todo caso es cierto que, como dictador vitalicio, acumuló un gran poder al erigirse como defensor de una plebe hambrienta y empobrecida contra una clase senatorial cada vez más rica.

Los patricios, en nombre de la libertad de Roma, se conjuraron contra César y lo asesinaron en el Senado. Dijeron que al acabar con el tirano habían devuelto la libertad a Roma, pero ellos también defendían sus intereses y privilegios.

Un sobrino de César, Octavio Augusto, recogió la herencia política de su tío, vengó su asesinato, persiguió a sus enemigos y opositores e instauró en Roma un régimen autoritario que duraría cinco siglos: el Imperio.

Entrada triunfal de Julio César en Roma.

Encuentra relaciones

7. En la saga cinematográfica *Star Wars*, la guerra que se narra es un enfrentamiento civil entre el líder del Senado y luego fundador del Imperio galáctico y la Alianza rebelde que quiere mantener la antigua República galáctica.

Investiga qué sistema político defienden los rebeldes y qué posición ocupa el líder imperial. ¿Cuál es la relación con la historia de Roma? ¿Qué problemas comunes hay entre *Star Wars* y la historia de la República y el Imperio romanos?

12

El patrimonio clásico en España

Aprenderás...

1. Dónde se encuentra la presencia griega en España.
2. Qué importancia tuvo Roma en la historia de nuestro país.
3. Qué huellas dejó la romanización de Hispania.

▶ En qué fuentes clásicas hay referencias a la península ibérica.

Serás capaz de...

→ Observar y registrar con detalle datos arqueológicos.

→ Conocer las instituciones encargadas de conservar nuestro patrimonio clásico.

→ Usar las tecnologías de la información para generar conocimiento.

→ Comprender la influencia humana en el paisaje.

DESARROLLA TUS COMPETENCIAS

La conservación del patrimonio: yacimientos arqueológicos

La disciplina que se ocupa de los restos materiales de civilizaciones pasadas es la arqueología. El primer objetivo de esta ciencia fue localizar y sacar a la luz los restos materiales de gran valor artístico.

En su primera época, los arqueólogos buscaron y descubrieron los restos de importantes ciudades. La siguiente generación de arqueólogos se propuso catalogar, clasificar y datar detalladamente toda clase de objetos. Una escuela posterior buscó la interpretación y relación de los restos materiales.

Por último, la arqueología contemporánea se propone conocer al hombre antiguo en su contexto, acudiendo al empleo combinado de las fuentes disponibles: restos materiales, inscripciones, literatura, arqueología experimental (reconstrucciones), antropología y etnología.

El análisis de un yacimiento arqueológico requiere de la participación de ciencias y conocimientos muy diversos para obtener una visión lo más completa posible de la vida que se desarrollaba en el lugar.

- ¿Con qué fin se empezaron a hacer prospecciones arqueológicas en el pasado? ¿Por qué se siguen haciendo?
- ¿Qué ciencias y saberes intervienen en una investigación arqueológica?
- Observa la imagen de la derecha. Se trata de un busto del emperador Adriano encontrado en el yacimiento de Itálica.
  - ¿Cuándo reinó este emperador?
  - ¿Cuál era la provincia romana de la que procedía?

Analiza la imagen

La fotografía muestra una parte del conjunto arqueológico de Itálica (Sevilla), una importante ciudad romana de la Bética. ¿Qué tipo de suelos se pueden ver? ¿Por qué apenas quedan muros en pie? ¿Por qué es importante la conservación de los restos arqueológicos?

1 La presencia griega en la Península

DOC. 1

Los griegos en Iberia

Los habitantes de Focea fueron los primeros griegos que realizaron largos viajes por mar. Son ellos los que descubrieron el Adriático, Tirrenia (Toscana), Iberia y Tartessos. Y al llegar a Tartessos trabaron amistad con Argantonio, el rey de los tartesios, quien gobernó Tartessos durante ochenta años, viviendo un total de ciento veinte. Pues bien, los focenses se hicieron tan amigos de este rey que, primero los animó a abandonar Jonia y establecerse en la zona de sus dominios que prefiriesen.

HERÓDOTO: *Historia*

Trabaja con el texto

1. Sitúa en un mapa del Mediterráneo los lugares que nombra Heródoto y traza la ruta que siguieron los focenses. Recuerda que la navegación antigua era de cabotaje, es decir, seguía la línea de la costa.

1.1. Los colonos griegos en Iberia

Antes del 1200 a. C. los **griegos micénicos** habían alcanzado las costas de la península ibérica en busca de **cobre**, como demuestran los yacimientos de Cuesta del Negro (Granada) y El Oficio (Almería), donde se han encontrado piezas de fabricación micénica.

En torno al año 1000 a. C. los **fenicios** fundaron **Gadir** (Cádiz) y luego establecieron sus factorías comerciales desde el cabo de San Vicente hasta Alicante.

Para entonces la fama de un rico reino llamado **Tartessos**, probablemente en Huelva, llegó a oídos de los griegos, quienes enviaron colonos para establecerse en la Península. Aunque encontraron la oposición de los fenicios, lograron fundar, hacia el siglo VII a. C., **Hemeroskopeion** (Denia) y **Mainake** (Málaga).

A comienzos del siglo VI a. C. los griegos de la colonia de Massalia (Marsella) fundaron a su vez **Emporion** (Ampurias), **Rhode** (Rosas) y **Akra Leuke** (Alicante), que sobrevivieron a la lucha contra los fenicios.

1.2. Emporion, colonia griega

El testimonio más antiguo de la presencia colonial de los griegos en la Península es **Ampurias**, cuyo nombre griego, **Emporion**, significa 'enclave comercial', lo que pone de manifiesto la actividad principal de la colonia allí fundada.

Los fundadores griegos de Ampurias se instalaron hacia el 575 a. C. en un pequeño promontorio: la **Palaiapolis** o 'Ciudad vieja'. Poco después, hacia el 550 a. C., ocuparon también una zona tierra adentro frente al puerto natural: la **Neapolis** o 'Ciudad nueva'.

La intención de los griegos era acceder a los **recursos metalíferos** de la Península para adquirirlos a cambio de los productos artesanales (cerámica, tejidos, joyas y vino) que ellos traían. Además, gracias a estas relaciones comerciales, los griegos aportaron a los nativos el uso de la moneda, la escritura y el torno para la elaboración de objetos cerámicos.

En la historia posterior de la ciudad destaca el desembarco de Escipión en Ampurias en el 218 a. C. con el objetivo de hacer frente a los cartagineses, lo que significó el inicio de la **ocupación romana** de la península ibérica.

Personajes

Argantonio, rey de Tartessos

Las fuentes bíblicas y grecolatinas hablan de un legendario reino situado en los límites del mundo antiguo, concretamente en el sur de la península ibérica. En torno al 1000 a. C. la zona del suroeste andaluz, rica en cobre y plata, entró en contacto con los fenicios, cuya influencia fue decisiva para la configuración de Tartessos.

De su rey Argantonio –el primer habitante de la Península cuyo nombre se conoce–, unas fuentes, como Heródoto, dicen que vivió 120 años; Plinio ofrece la increíble cifra de 150 años, e incluso otras fuentes hablan de 300.

Tesoro del Carambolo, hallado en Camas (Sevilla). En un principio se consideró tartésico, pero su origen es, muy probablemente fenicio.

Analiza

2. ¿Qué factores pudieron facilitar que Tartessos fuera visto como un reino de riquezas increíbles?

1.3. La Península en la mitología griega

Coincidiendo con la llegada de los primeros exploradores griegos, las tierras de la península ibérica comenzaron a convertirse en escenario de aventuras míticas. A esta tierra tras la que el sol se ocultaba al llegar la tarde la denominaron **Hesperia** (palabra griega relacionada con la latina *vesper*, 'tarde', de la que deriva en nuestra lengua el adjetivo *vespertino*), es decir, 'el país del atardecer'.

Según el mito, el propio **Heracles** (Hércules) habría viajado hasta estos parajes en uno de sus famosos doce trabajos con la misión de conseguir las manzanas de oro que daban la inmortalidad. Estas se encontraban en un extraordinario jardín custodiado por las **Hespérides**, las 'ninfas del atardecer'.

Según una versión del mito, Heracles las consiguió tras matar al dragón que las custodiaba; según otra el héroe había pedido la ayuda del titán **Atlas**, que estaba encargado de sujetar el firmamento. Heracles le sustituyó mientras Atlas cogía las manzanas.

En otro de sus trabajos, Heracles acudió a la Península para robar los rebaños de **Geriones**, fabuloso hombre de tres cuerpos con sus correspondientes cabezas y extremidades. Dado que la lengua de tierra que unía la Península y África le estorbaba el paso, Heracles la separó. Para conmemorar esta hazaña levantaron dos columnas, las **Columnas de Hércules** (el estrecho de Gibraltar), el límite del mundo conocido para los navegantes griegos.

Algunas fuentes mitológicas señalan a Heracles como padre de **Ibero** y **Celto**, con lo que el pueblo **celtíbero** procedería del héroe griego.

Mitos y leyendas

El Prado: un museo de mitos

La fuerza narrativa de los mitos griegos encontró una de sus mejores formas de expresión en la pintura. Durante el Renacimiento y el Barroco todas las escuelas pictóricas representaron las historias de los dioses griegos.

El Museo del Prado atesora en sus salas las obras de temática mitológica de grandes genios de la pintura universal:

RUBENS: *Orfeo y Eurídice* (1636).

- Entre los pintores de la escuela veneciana destacan las pinturas de los renacentistas **Tiziano** y **Veronés**.
- Entre los pintores de la escuela flamenca destaca la obra de **Jordaens** y de **Rubens**.
- Del pintor sevillano **Velázquez** se conservan en el Prado obras como *Las hilanderas* (también conocida como *La fábula de Aracne*), *Marte*, *La fragua de Vulcano*, *Mercurio y Argos* y *Los borrachos* (o *El triunfo de Baco*). De **Goya** destaca *Saturno devorando a un hijo*.

Investiga

4. Busca en la red uno de los cuadros de tema mitológico que se hallan en el Museo del Prado y narra el mito que representa.

DOC. 2

Las hijas de la Noche

La tenebrosa Noche también engendró, sin unirse a nadie, a las Hespérides, que guardan las valiosas manzanas de oro y los árboles portadores de fruta que se extienden más allá del glorioso Océano.

HESÍODO: *Teogonía*

Trabaja con el texto

3. ¿Quiénes eran los padres de las Hespérides? ¿Qué ocupación tenían las Hespérides?

Mosaico romano hallado en Liria (Valencia) que representa a Hércules robando las manzanas del Jardín de las Hespérides.

Actividades

Explica

5. ¿Qué aportaron los colonizadores griegos a los pueblos de la península ibérica?
6. ¿Por qué los griegos situaban en la península ibérica a las Hespérides, las 'ninfas del atardecer'?
7. [LIBROSVIVOS.NET→UD12→RECURSOS→187. Lee el mito de Orfeo y Eurídice y averigua quiénes son los personajes representados en el cuadro de Rubens. ¿Dónde se encuentran? ¿Qué instante del mito recoge la imagen?

2 La Hispania romana

Palabras y expresiones

"Roma no paga a traidores"

A mediados del siglo II a. C. el líder lusitano Viriato se convirtió en el símbolo de la resistencia y causó numerosos problemas a las tropas romanas. Finalmente estos consiguieron acabar con él mediante una traición urdida por el cónsul romano Cepión, quien compró a tres embajadores lusitanos enviados por Viriato para que le asesinaran.

Tras cometer el crimen, los traidores fueron al cónsul para reclamar su dinero y recibieron como respuesta: "Roma no paga a traidores".

Reflexiona

8. ¿Qué te parece la respuesta que dio el cónsul a los traidores? Explica tu opinión.

La conquista romana de la Península y la difusión de la lengua latina y de su cultura durante varios siglos fueron procesos fundamentales para la historia y la cultura de nuestro país.

2.1. La conquista de la Península

Los intereses de los romanos por la península ibérica no fueron, en un principio, de índole expansionista, sino estratégica. En el siglo III a. C. los **cartagineses** dominaban el sur de la Península y, para frenar su avance, los romanos pusieron pie por primera vez en ella.

- Tras su derrota en la Primera Guerra Púnica (264-241 a. C.), los cartagineses reforzaron su presencia en la península ibérica con el fin de reconstruir sus efectivos. En el 219 a. C., el **ataque cartaginés** encabezado por **Aníbal** a la ciudad de **Sagunto**, aliada de los romanos, fue la excusa perfecta para que estos se presentaran con su ejército en **Ampurias** y ocuparan la zona.
- La lucha contra los cartagineses, desarrollada durante la **Segunda Guerra Púnica** (218-201 a. C.), fue larga y encarnizada. Los romanos desembarcaron en la Península y derrotaron varias veces a los cartagineses, hasta que, tras ocupar **Gadir** (Cádiz) el 206 a. C., los expulsaron definitivamente.
- La **conquista romana** del territorio peninsular se realizó desde el litoral mediterráneo hacia el interior y el norte en varias fases. Los romanos tuvieron que hacer frente a una **fuerte resistencia** por parte de los pueblos que habitaban el interior de la Península: por un lado, los **lusitanos**, al mando del célebre **Viriato**, y por otro, los **celtíberos**, que fueron víctimas del famoso asedio y conquista de **Numancia** (133 a. C.).
- En el siglo I a. C. solo los pueblos del norte, **cántabros**, **astures** y **vascones**, estaban libres del dominio romano. Augusto se encargó personalmente de ocupar esta zona en el 19 a. C.

* **Citerior:** (del latín *citerior*): situado en la parte de acá de un lugar.

Ulterior: (del latín *ulterior*): situado en la parte de allá de un lugar.

Diócesis: cada una de las divisiones administrativas del Imperio romano desde época de Diocleciano.

2.2. Hispania, provincia romana

A partir del siglo I a. C., la Península pasó a ser una **provincia del Imperio** y, por primera vez desde el comienzo de su historia, quedó unificada bajo un solo gobierno: el de Roma.

Durante todo el proceso de romanización, el territorio peninsular sufrió **diferentes divisiones**:

- Tras las primeras conquistas, en el 197 a. C. se dividió la Península en dos: la **Hispania Citerior***, con capital en Carthago Nova (Cartagena) y la **Hispania Ulterior***, con capital en Corduba (Córdoba).
- Esta organización fue modificada por Augusto, que en el 27 a. C. dividió la Hispania Ulterior en dos: la **Bética** y la **Lusitania**. La Citerior, por su parte, pasó a llamarse **Tarraconense**.
- A comienzos del siglo III d. C., en época de Caracalla se creó una cuarta provincia, la **Gallaecia**, escindida de la Tarraconense.
- Por último, Diocleciano, a finales del siglo III, reorganizó Hispania en cinco provincias: **Bética**, **Lusitania**, **Tarraconense**, **Gallaecia** y **Cartaginense** (escindida también de la Tarraconense). Estas cinco, junto con Mauretania Tingitana, al norte de África, formaban la **diócesis*** de **Hispania**, dentro de la prefectura de la Galia.

Al frente de cada provincia había un **gobernador**, llamado procónsul o propretor, nombrado por el Senado entre excónsules o expretores.

DOC. 3

Hispania romana en tiempos de Diocleciano

Trabaja con el mapa

9. ¿Qué provincias actuales formaban parte de la Tarraconense en tiempos de Augusto?

2.3. La romanización

Los pueblos sometidos de Hispania se fueron adaptando al modo de vida romano. En el sur este proceso fue más rápido y profundo, mientras que en el norte fue menos intenso y más lento. La romanización se realizó a través de varios cauces:

- La **urbanización**: los romanos difundieron su modelo urbano. La mayoría de las ciudades fueron de nueva creación (**colonias**), pero los romanos también impulsaron las ciudades indígenas (**municipios**) para que la población se concentrara en las ciudades y se integrara mejor en el modo de vida romano.
- La **lengua latina**: fue un factor fundamental, ya que permitió que toda la población, que antes hablaba lenguas diferentes, usara el mismo vehículo de comunicación.
- El **ejército**: el reclutamiento de soldados indígenas para las tropas auxiliares propició su contacto con los legionarios romanos. Además, al finalizar sus servicios, podían obtener la ciudadanía romana.
- Las **obras públicas**: a la romanización también contribuyó la amplia red de calzadas, así como la construcción de obras de tipo civil.

Personajes

Hispania conquista Roma

Un buen ejemplo de la integración de los hispanos al modelo social romano lo ofrecen personajes que tuvieron un papel destacado en el poder y las letras romanas.

En el siglo II, **Trajano**, oriundo de Itálica, fue el primer hispano nombrado emperador y a él le sucedió su paisano **Adriano**. En el siglo IV fue emperador **Teodosio**, originario de Cauca (Coca, Segovia).

Hispania vio nacer también a grandes escritores y pensadores, como el filósofo **Séneca** y su sobrino, el poeta **Lucano** (procedentes de Córdoba), el poeta **Marcial** (originario de Bilbilis, la actual Calatayud) o el maestro de retórica **Quintiliano** (de Calagurris, la actual Calahorra).

Investiga

10. [LIBROSVIVOS.NET➞**UD12➞PASO A PASO➞189.** Lee un texto de Marcial sobre su vida en Bilbilis y responde a las cuestiones.

Historias y tradiciones

Nuevos pueblos en Hispania

A partir del siglo IV d. C. los suevos y los vándalos, tribus bárbaras procedentes del norte de Europa, entraron en la Península ocupando parte de su territorio. Un siglo después, Roma, ya maltrecha, acordó con los visigodos, otro pueblo bárbaro, que estos expulsasen a los primeros.

Cuando en el siglo V desapareció el poder de Roma, los visigodos se convirtieron en los amos de Hispania, donde formaron un reino con capital en Toledo. Aunque lograron imponerse a los pueblos hispanorromanos, los visigodos acabaron asimilando la mayor parte de las tradiciones culturales autóctonas: la lengua latina, la religión cristiana y el derecho romano.

Explica

11. ¿Qué pueblos no romanos ocuparon la Península a partir del siglo IV d. C.?

2.4. Los recursos económicos

Aunque al comienzo el interés de los romanos por la Península fuera solo estratégico, pronto se dieron cuenta de lo que suponía la explotación de este territorio tan **rico en recursos**.

- **Agricultura:** los romanos introdujeron nuevos métodos de cultivo que intensificaron la producción agrícola. En la zona central se cultivaban **cereales** y en el sur se producía **aceite** y **vino**.
- **Pesca:** las zonas del litoral mediterráneo y atlántico se especializaron en la creación de **industrias conserveras de pescado**, en especial en la fabricación de preciado *garum*.
- **Industria mineral y metalúrgica:** gracias al desarrollo de los procedimientos de extracción y a la proliferación de la mano de obra esclava, la producción de minerales y metales preciosos en las montañas cantábricas y en la Bética se convirtió en uno de los **pilares económicos** del Imperio.

Actividades

Analiza

12. ¿Contra qué pueblos tuvo que luchar Roma para someter Hispania?

13. Enumera los recursos económicos que explotaron los romanos en Hispania, agrupándolos por zonas geográficas. Señala los que sigan explotándose en la actualidad.

3 Las huellas de Roma

Las murallas romanas de Lugo (siglo III d. C.) son la fortificación romana más completa y mejor conservada de Europa occidental.

DOC. 4

Las calzadas romanas

Trabaja con el mapa

14. Compara el mapa con uno actual de la red de carreteras y señala los tramos de estas que coinciden con vías romanas.

3.1. Las ciudades romanas

Muchas ciudades de nuestra Península se remontan a época romana y algunas, incluso, son de fundación anterior. Las ciudades tuvieron un **estatus jurídico** diverso según el grado de dependencia con Roma:

- Las **colonias**, que fueron las más frecuentes, eran ciudades nuevas fundadas para albergar a ciudadanos romanos (soldados licenciados o colonos de Italia).
- Los **municipios** eran antiguos núcleos de población indígena que adoptaron el sistema político-administrativo romano con los mismos privilegios de las colonias.

Las principales ciudades en cada provincia eran:

- En la **Tarraconense**, su capital, Tarraco (Tarragona), además de Barcino (Barcelona), Caesaraugusta (Zaragoza) y Bilbilis (Calatayud).
- En la **Cartaginense**, su capital, Carthago Nova (Cartagena), y Saguntum (Sagunto), Toletum (Toledo) y Valentia (Valencia).
- En la **Bética**, su capital, Corduba (Córdoba), y las ciudades de Itálica, Hispalis (Sevilla) y Gades (Cádiz).
- En la **Lusitania**, su capital, Emerita Augusta (Mérida), además de Salmantica (Salamanca) y Conimbriga (Coimbra).
- En la **Gallaecia**, su capital, Bracara Augusta (Braga), y Lucus (Lugo), Legio (León) y Asturica Augusta (Astorga).

3.2. Las redes de comunicación

En Hispania se creó una importante **red de calzadas** que comunicaban las distintas provincias y que facilitaban el comercio entre las ciudades.

Las principales vías eran: la **vía Augusta**, que unía los Pirineos con Cartagena y, por medio de la ramificación de la **vía Hercúlea**, comunicaba Cartagena con Cádiz; la **vía de la Plata**, que unía Astorga con Mérida y Sevilla; la **vía del Norte**, que conectaba Zaragoza con Astorga, y la **vía del Atlántico** que unía Lugo con Lisboa.

Palabras y expresiones

Topónimos y gentilicios

Una de las herencias más ricas que los romanos dejaron en Hispania son los topónimos latinos (nombres propios de lugar) y sus gentilicios (nombre que reciben los habitantes de un lugar). Algunos ejemplos son:

Topónimo romano	*Topónimo actual*	*Gentilicio*
Asturica Augusta	Astorga	asturicenses
Calagurris	Calahorra	calagurritanos
Emerita Augusta	Mérida	emeritenses
Gades	Cádiz	gaditanos
Gerunda	Gerona	gerundenses
Ilerda	Lérida	ilerdenses
Lucus Augusti	Lugo	lucenses
Malaca	Málaga	malacitanos
Onuba	Huelva	onubenses
Osca	Huesca	oscenses
Tarraco	Tarragona	tarraconenses

Investiga

15. ¿De qué ciudad son los bilbilitanos? ¿Y los conimbricenses?

Sabías que...

Algunas localidades de la Península mantienen el nombre de los antiguos campamentos romanos (*castra*) que las originaron, como Castro Verde o Castrelos.

Los nombres de otras están relacionados con los promotores de esas ciudades, como *Caesaraugusta* (Zaragoza), por César Augusto, *Pompaelo* (Pamplona), por Pompeyo, o *Triana* por Trajano.

3.3. Los monumentos del pasado romano

Los romanos dotaron a Hispania de monumentales obras de **arquitectura e ingeniería**, muchas de las cuales siguen todavía en pie. El período de mayor actividad constructiva coincide con los reinados de **Trajano** (98-117) y **Adriano** (117-138), emperadores de origen hispano.

- **Murallas:** las nuevas ciudades se concibieron siguiendo el modelo del *castrum* romano, que tenía un perímetro amurallado defensivo. Destacan las murallas romanas de Barcelona, León, Astorga, Tarragona, Zaragoza o Lugo.
- **Acueductos y fuentes públicas:** los romanos se preocuparon por dotar a las ciudades de sistemas de suministro de agua, entre los que destacan las fuentes y los acueductos. De estos últimos el más conocido es el de Segovia.
- **Puentes:** se levantaron infinidad de puentes en todo el territorio peninsular, algunos de los más espectaculares son los de Alcántara, Salamanca, Córdoba o Mérida.
- **Faros y puertos:** en todo el litoral se construyeron importantes obras públicas para facilitar la comunicación por mar, como el puerto de Ampurias o la Torre de Hércules (faro de La Coruña).
- **Teatros:** los teatros romanos conservados son numerosos, algunos en tan buen estado que todavía hoy se siguen utilizando para representaciones, como los de Clunia, Sagunto, Itálica, Segóbriga o Mérida, que cada verano revive con su famoso festival de teatro.
- **Anfiteatros:** entre estos destacan por su buen estado de conservación los de Tarragona, Itálica y Mérida.
- **Templos:** son los monumentos romanos de los que se conservan menor número de testimonios, ya que fueron expoliados y destruidos tras la consolidación del cristianismo.
- **Arcos:** aunque muchos han desaparecido, se conservan algunos de gran interés, como el de Mérida o el de Medinaceli, que eran puertas de la ciudad. Entre los arcos de triunfo, destaca el Arco de Bará, en Tarragona.

La herencia clásica

Emerita Augusta

Mérida fue fundada el 25 a. C. para albergar a los soldados veteranos de las guerras cántabras. La ciudad nació como una colonia y recibió su nombre de Augusto y de los *emeriti* (veteranos de guerra).

La ciudad romana se encuentra en gran parte bajo la Mérida actual, aunque la disposición de algunas calles y el antiguo sistema de alcantarillado, todavía en uso, permiten conocer el antiguo trazado, que sigue el modelo clásico cuadriculado.

El templo de Diana en Mérida.

En el centro estaba el foro, con edificios públicos como basílicas, curia y templos, como el de Diana. Entre los edificios destinados a los espectáculos, destacan el anfiteatro, el circo y, sobre todo, el teatro mejor conservado de todos los construidos en España en esta época.

Explica

17. ¿Qué quiere decir que la ciudad nació como una colonia?

La herencia clásica

Patrimonio de la Humanidad

El acueducto de Segovia.

La Unesco (Organización de las Naciones Unidas para la Educación, la Ciencia y la Cultura) desarrolla el programa de "Patrimonio de la Humanidad" con el fin de garantizar la conservación de lugares de excepcional interés.

España es uno de los países con mayor número de enclaves y monumentos declarados Patrimonio de la Humanidad. Varios de estos son romanos, como el acueducto romano de Segovia, el conjunto arqueológico de Mérida, Las Médulas (antigua zona de explotación aurífera en León), las murallas romanas de Lugo, y el conjunto arqueológico de Tarraco.

Investiga

16. Busca en internet información sobre el acueducto de Segovia: averigua cuándo se construyó y qué año fue declarado Patrimonio de la Humanidad.

Actividades

Analiza

18. Explica la diferencia entre una colonia y un municipio romano.

19. Diseña una tabla de cinco columnas y agrupa los monumentos que se nombran en esta página según su función: para la defensa, la comunicación, la salud, la religión o el ocio.

20. [LIBROSVIVOS.NET ➡ **UD12** ➡ **RECURSOS** ➡ **191**. Consulta más información sobre algunos conjuntos arqueológicos romanos y responde a las preguntas.

EN RESUMEN

- **PRESENCIA GRIEGA**
  - **Colonias griegas** son:
    - Hemeroskopeion.
    - Mainake.
    - Rhode.
    - Akra Leuke.
    - **Emporion.** → **Fases de Emporion:**
      - Palaiapolis, 'Ciudad vieja'.
      - Neapolis, 'Ciudad nueva'.
  - **La Península en la mitología**
    - Hesperia.
    - Heracles:
      - El robo de las manzanas de las Hespérides.
      - El robo de los rebaños de Geriones.
      - Las Columnas de Hércules.

- **HISPANIA ROMANA**
  - **LA CONQUISTA ROMANA**
    - **Fases**
      - Aníbal ataca Sagunto (219 a. C.).
      - Segunda Guerra Púnica (218-201 a. C.).
      - Conquista del interior (siglos II-I a. C.).
    - **Divisiones provinciales**
      - Siglo II a. C.:
        - Hispania Citerior.
        - Hispania Ulterior.
      - Augusto:
        - Tarraconense.
        - Bética.
        - Lusitania.
      - Siglo III d. C.:
        - Caracalla añade la Gallaecia.
        - Diocleciano añade la Cartaginense.
  - **ROMANIZACIÓN** → **Proceso de adaptación a la cultura romana** mediante:
    - Urbanización.
    - Lengua latina.
    - Ejército.
    - Obras públicas.
  - **PRESENCIA ROMANA**
    - **Ciudades**
    - **Monumentos**
      - Murallas.
      - Acueductos.
      - Puentes.
      - Teatros y anfiteatros.
      - Templos.
      - Arcos.
    - **Calzadas**

OTROS RECURSOS

LIBROS

- ARROYO, Francisco: *Diccionario de Hispania romana*. Cuenca, Aldebarán Ediciones, 2010.

  Cientos de entradas y referencias sobre lugares, puentes, acueductos, teatros, termas, museos y todo tipo de monumentos romanos. Con información sobre las fuentes clásicas que hacen referencia a los mismos y datos sobre el estado actual de dichos monumentos o construcciones.

- PISA, Jorge: *Breve historia de Hispania*. Madrid, Ediciones Nowtilus, 2009

  Este libro relata la historia de la Hispania romana, desde la llegada de los romanos a la Península al inicio de la Segunda Guerra Púnica, el proceso de romanización, la división en provincias, los cambios y el esplendor que vivió Hispania bajo el dominio romano, hasta la decadencia del poder de Roma.

INTERNET

- **www.e-sm.net/cclaeso-37**

  El sitio web de la **villa romana de La Olmeda**, en Palencia, ofrece datos e informaciones prácticas acerca de una de las más espectaculares villas romanas que se conservan en nuestro país. También permite realizar una visita virtual de la villa, así como contemplar o descargar fotografías en alta resolución de sus extraordinarios mosaicos.

- **www.e-sm.net/cclaeso-38**

  Un portal con abundante información técnica sobre la ingeniería romana. Con secciones especiales dedicadas a las vías romanas, a los puentes, puertos, acueductos, presas, ciudades y murallas. Para consultar los documentos es necesario registrarse como usuario.

ACTIVIDADES DE SÍNTESIS

21. Relaciona en tu cuaderno el nombre de las siguientes ciudades romanas con el número correspondiente del mapa.

Caesaraugusta, Carthago Nova, Lucus, Gades, Legio, Toletum, Valentia, Emerita Augusta.

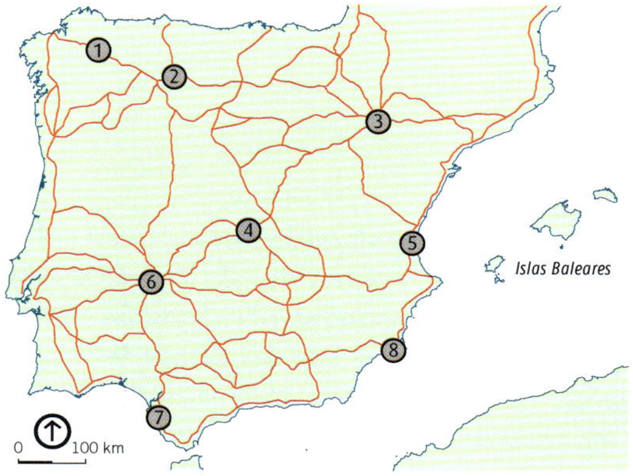

22. Encuentra los personajes ocultos en estas pistas.

a. Rey de Tartessos que vivió en torno al año 1000 a. C.

b. Personaje mítico que llegó a la península ibérica para conseguir las manzanas de las Hespérides.

c. General cartaginés que atacó Sagunto.

d. Caudillo lusitano que lideró una rebelión contra Roma.

e. Filósofo romano originario de Córdoba.

23. En tu cuaderno, empareja cada monumento romano con su foto correspondiente.

a. Arco de Medinaceli (Soria).

b. Teatro de Sagunto (Valencia).

c. Anfiteatro de Itálica (Sevilla).

d. Villa romana de Julióbriga (Cantabria).

24. Señala en tu cuaderno si las siguientes afirmaciones son verdaderas o falsas, y escribe correctamente las falsas.

a. Los griegos alcanzaron la península ibérica antes del 1200 a. C.

b. La conquista romana de Hispania comenzó en el 218 a. C. bajo el mando de Aníbal.

c. Diocleciano terminó la conquista de Hispania con el sometimiento de cántabros, astures y vascones.

d. Algunas ciudades españolas se fundaron como colonias para acoger a veteranos del ejército.

25. Elabora una ruta turística para visitar dos monumentos o yacimientos romanos de Hispania. Busca en internet información sobre los mismos y de cada uno incluye lo siguiente.

a. Cómo llegar al emplazamiento.

b. Una descripción de los restos.

c. La datación o época de los mismos.

d. Una explicación acerca de su importancia en tiempo de los romanos.

Incluye fotos de cada monumento o yacimiento que muestren las explicaciones del texto.

26. Lee el siguiente texto y responde a las preguntas.

Cuanto que esto más es querer saber historias que gramática, y, pues vosotros holgáis de esto, de muy buena gana os diré todo lo que acerca de ello he considerado. Estad atentos, porque sobre ello me digáis vuestros pareceres.

Y, porque la lengua que hoy se habla en Castilla, de la cual vosotros queréis ser informados, tiene parte de la lengua que se usaba en España antes que los romanos la enseñoreasen, y tiene también alguna parte de la de los godos, que sucedieron a los romanos, y mucha de la de los moros, que reinaron muchos años, aunque la principal parte es de la lengua que introdujeron los romanos, que es la lengua latina, será bien que primero examinemos qué lengua era aquella antigua que se usaba en España antes que los romanos viniesen a ella

JUAN DE VALDÉS (humanista español): *Diálogo de la Lengua*

a. ¿De qué lenguas procede la lengua española según Valdés? ¿Cuál es la principal?

b. ¿Qué lengua se hablaba en la España prerromana? ¿Era una o eran varias?

AUTOEVALUACIÓN

27. [LIBROSVIVOS.NET ➡ **UD12 ➡ INTERACTIVOS ➡ 193.** Relaciona las ciudades romanas con la provincia en la que se encontraban en tiempos de Diocleciano.

28. [LIBROSVIVOS.NET ➡ **UD12 ➡ AVERIGUA LO QUE SABES ➡ 193.** Realiza las actividades de **autoevaluación** en la web del libro.

Taller de Lectura

De Iberia a Hispania: la Península en las fuentes clásicas

Con la llegada de los griegos a la península ibérica, los escritores helenos comenzaron a dejar testimonio de sus regiones y habitantes. En sus obras reflejaron las noticias que llegaban desde los remotos confines occidentales del mundo conocido. Mucho tiempo después de la conquista romana de Hispania, también fue un griego, Apiano, quien ofreció la narración de ese suceso.

LEE Y CONOCE

IBERIA VISTA POR LOS GRIEGOS El primero en llevar a Grecia noticias de la península ibérica fue Heródoto (siglo v a. C.). La imagen que ofrecía era la de un país lleno de riquezas gobernado por un rey de legendaria hospitalidad.

Un siglo más tarde, Aristóteles describía a sus habitantes como un pueblo bárbaro y particularmente belicoso. En el siglo I a. C. el geógrafo griego Estrabón, que jamás pisó la Península, ofreció una descripción muy ajustada en su *Geografía*. Y en el siglo II d. C. el historiador griego Apiano reflejó un episodio de la historia de Iberia en su *Historia romana*.

Descripción de Iberia

Iberia en su mayor parte es poco habitable, pues se halla cubierta de montes, bosques y llanuras de suelo pobre y regado de forma desigual. La región norte es muy fría por ser en extremo accidentada, y por estar al lado del mar se ve privada de relaciones con las demás tierras, por lo que es muy poco habitable. La parte meridional casi toda ella es fértil, sobre todo la que está más allá de las Columnas. Se asemeja a una piel de toro extendida a lo largo de oeste a este, con la parte delantera mirando al este, y a lo ancho de norte a sur.

ESTRABÓN: *Geografía*

▶ ¿Crees que Estrabón hace una descripción realista de la Península? ¿En qué aspectos?

Los belicosos iberos

También entre las naciones no griegas lo suficientemente poderosas como para expandirse a costa de otros, el poder militar es tenido en gran honor: entre los iberos, una raza belicosa, se clavan pequeñas estacas alrededor de la tumba de un hombre para indicar el número de enemigos que ha matado.

ARISTÓTELES: *Política*

▶ ¿Cómo crees que pudo obtener Aristóteles esta información?

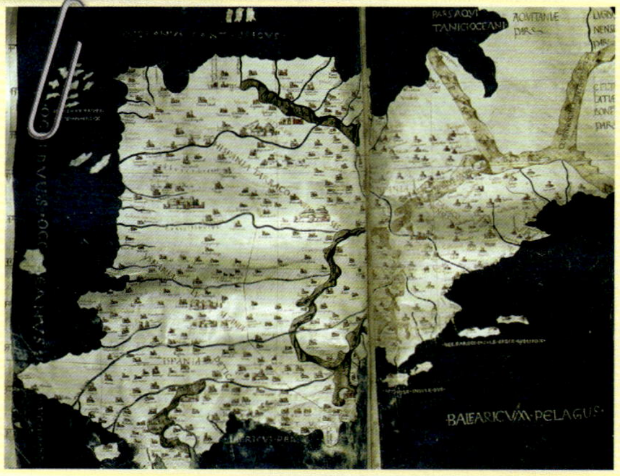

Mapa de la península ibérica de la Cosmographia *de Claudio Ptolomeo (siglo II), en un manuscrito del siglo XV.*

LOS NOMBRES DE LA PENÍNSULA El nombre de *Iberia* fue el que los griegos emplearon para la Península desde tiempos remotos. Procede del río Íber, que probablemente no fuera el Ebro, sino otro de igual nombre en el área de Huelva. Por su parte, el nombre latino de *Hispania* parece proceder de la palabra de origen fenicia *i-shepham-im*, cuyo significado sería 'isla de los conejos', término que los romanos adoptaron de los cartagineses y que aparece con ese significado en textos de Cicerón, César, Tito Livio, Plinio o Catulo, que llama a Hispania "cuniculosa" ('poblada de conejos').

Moneda romana de época de Adriano con la personificación de Hispania sujetando una rama de olivo.

Un ibero visto por un romano

A ella todos la amáis, y lo más indigno de todo es que todos sois unos insignificantes y callejeros adúlteros; tú más que ninguno, único de los de pelo largo, hijo de la conejera Celtiberia, Egnacio, al que bueno hacen tu negra barba y tus dientes, fregados con orina ibera.

CATULO: *Poemas*

▶ ¿Qué es un estereotipo? ¿Cuál crees que era la imagen de los iberos para los romanos? ¿Crees que los estereotipos se ajustan a la realidad?

EXPLORA UN TEXTO LA CONQUISTA DE HISPANIA

El historiador griego Apiano de Alejandría (95-160 d. C.) dejó escrita en su *Historia romana* la conquista de la península ibérica por los romanos, en la que destacan tres episodios especialmente importantes: el enfrentamiento entre Aníbal y Escipión, la guerra contra los celtíberos que termina con la toma de Numancia y la lucha contra el caudillo lusitano Viriato.

La rendición de Numancia

Agobiados por el hambre, los numantinos enviaron cinco hombres a Escipión para enterarse de si los trataría con clemencia si se entregaban. Y Avaro, su jefe, habló acerca del valor de los numantinos, y afirmó que ni siquiera en aquella ocasión habían cometido ningún acto reprochable, sino que sufrían desgracias de tal magnitud por salvar la vida de sus hijos y esposas y la libertad.

Escipión, que conocía la situación interna de la ciudad a través de los prisioneros, se limitó a decir que debían entregarle la ciudad. Cuando comunicaron esta respuesta, los numantinos, que ya de siempre tenían un espíritu indómito debido a su absoluta libertad y a que nunca habían recibido órdenes de nadie, dieron muerte a Avaro y a los que le habían acompañado al pensar que habían negociado con Escipión su seguridad personal.

Cuando se les acabaron todos los víveres comenzaron a lamer pieles cocidas. Cuando les faltaron las pieles, comieron carne humana cocida; primero la de los que habían muerto, después, los más fuertes violentaron a los más débiles. Se volvieron salvajes de espíritu a causa del hambre, de la peste y del tiempo transcurrido.

Al encontrarse en una situación tal, se entregaron a Escipión, quien les ordenó que en ese mismo día llevaran sus armas al lugar que había designado y que al día siguiente acudieran a otro lugar. Ellos, en cambio, solicitaron un día para disponerse a morir. Tan grande fue el amor a la libertad y el valor existentes en esta pequeña ciudad bárbara. En primer lugar se dieron muerte aquellos que lo deseaban, cada uno de una forma. Los restantes acudieron al tercer día al lugar convenido.

Escipión, después de haber elegido cincuenta de entre ellos para su triunfo, vendió a los restantes y arrasó hasta los cimientos a la ciudad.

APIANO: *Historia romana*

Ruinas de Numancia (Soria).

Comprende

Tras sucesivas derrotas de los romanos, Escipión se puso al frente de las operaciones. Asedió Numancia cortando la comunicación con el exterior para hacer perecer de hambre a sus habitantes. Una embajada acudió ante los romanos para negociar la rendición.

1. ¿Qué pedían los numantinos?

Sabedor de su posición de fuerza, Escipión pidió la rendición incondicional, cosa que los numantinos no aceptaron, prefiriendo luchar a someterse. Pensaron que su jefe había sido sobornado.

2. ¿Por qué pensaron los numantinos que Avaro había sido sobornado? ¿Qué podía obtener este?

El asedio había durado once meses y, sin alimentos, la situación se había vuelto insostenible. Los numantinos llegan al último extremo para sobrevivir.

3. ¿A qué se refiere la expresión "salvajes de espíritu"?

Cuando la situación no admitía otra salida que la rendición o la muerte, la mayoría de los numantinos decidió morir antes que entregar su libertad.

Escipión reserva algunos prisioneros para su triunfo, que era la celebración de una victoria militar, en la que se exhibía a los prisioneros de los vencidos.

4. ¿Qué les esperaba a los que se rendían?

Concluye

El asedio de Numancia es uno de los episodios más destacados de las Guerras Celtíberas. Apiano admira el ansia de libertad de los numantinos y destaca la resistencia de este pueblo.

5. ¿Cuál es el sentido de la expresión "resistencia numantina"? ¿Qué palabras del texto reflejan la admiración del autor por los numantinos?

APRENDE A PENSAR

6. ¿Qué habrías hecho tú si hubieras estado en Numancia? ¿Por qué? ¿Qué opciones había?

Comparte tus opiniones en el blog: **www.clasica20.aprenderapensar.net**, y participa en un debate sobre la libertad y la esclavitud.

Observa y registra los datos de los objetos arqueológicos

1. Siguiendo el modelo de la ficha arqueológica del *Vaso François*, elige otras tres piezas arqueológicas conocidas, cuyos datos se puedan encontrar en enciclopedias o en internet, y elabora sus correspondientes fichas. Incluye también una foto de cada una de las piezas.

Conoce las instituciones que conservan y divulgan nuestro patrimonio

2. Consulta la página web del Museo Arqueológico Nacional. Busca los "Tesoros del Museo" y localiza algunas de las principales piezas griegas y romanas. Elabora una ficha arqueológica de una pieza griega y de otra romana.

3. Visita la web del Museo Arqueológico de Alicante:

www.e-sm.net/cclaeso-39

y encuentra los yacimientos arqueológicos en los que participa el MARQ. ¿De qué época es cada uno de ellos?

4. ¿Qué misión tiene el Museo Nacional de Arqueología Subacuática? ¿En qué proyectos nacionales e internacionales participa? Busca esta información en su web:

www.e-sm.net/cclaeso-40

5. Busca información acerca de la autoridad arqueológica en tu comunidad autónoma. Averigua cuál es el museo o institución que conserva los hallazgos arqueológicos.

1 La investigación arqueológica

Para llevar a cabo un estudio arqueológico completo y útil es necesario fichar con precisión los objetos encontrados.

La ficha arqueológica de un objeto es como la cita bibliográfica de un libro, debe contener toda la información necesaria para localizarlo sin errores y sin dudas: el nombre, autor (si se conoce), fecha, materia, tipo de objeto o técnica, lugar de origen y lugar en que se encuentra.

Ejemplo de ficha:

Nombre: *Vaso François.*
Autoría: atribuido al pintor Ergótimos.
Material: cerámico.
Objeto: crátera.
Datación: hacia el 575 a. C.
Lugar de origen: Ática (Grecia).
Lugar de conservación: Museo Arqueológico de Florencia (Italia).

2 Los museos arqueológicos

El **Museo Arqueológico Nacional** (MAN) ha sido durante muchos años el gran beneficiado de los hallazgos arqueológicos de España. Las piezas más importantes de nuestro pasado material se encuentran en su sede. Un ejemplo es la escultura prerromana llamada *Dama de Elche*.

El Museo Arqueológico Nacional.

El **Museo Arqueológico Provincial de Alicante** (MARQ) fue creado con la vocación de definir lo que debe ser un museo arqueológico en el siglo XXI. La presentación didáctica, que forma parte de la tendencia museística actual, está muy cuidada en este museo. Además, se propone no solo conservar, catalogar y exponer, sino enriquecer la vida cultural de nuestro entorno con el intercambio de piezas y exposiciones temporales en colaboración con otros museos.

El **Museo Nacional de Arqueología Subacuática** (ARQUA), en Cartagena, fue inaugurado en su actual sede en 2008, aunque su origen se remonta a 1980. El museo desarrolla una actividad de conservación, protección y documentación del patrimonio arqueológico submarino. En su colección pueden verse objetos procedentes de excavaciones arqueológicas subacuáticas, con una importante presencia de piezas fenicias, cartaginenses y romanas.

3 El Museo de Arte Romano de Mérida

El enorme patrimonio romano existente en Mérida recibió desde el siglo XVI la atención de algunos eruditos que catalogaban y describían las obras de su ciudad de manera desinteresada e independiente.

En el siglo XIX se creó el Museo Arqueológico de Mérida con la finalidad de conservar y almacenar todo cuanto fuera posible.

En 1986 se inauguró la nueva sede del **Museo Nacional de Arte Romano** (MAR) en un edificio singular y emblemático, obra del arquitecto Rafael Moneo.

Museo Nacional de Arte Romano, Mérida.

Utiliza la tecnología para generar conocimiento

6. Internet pone a nuestra disposición gran cantidad de objetos en las visitas virtuales de los museos. Consulta la web del Museo Nacional de Arte Romano de Mérida:

www.e-sm.net/cclaeso-41

a. Busca un objeto de cerámica y descríbelo.

b. Averigua qué tipo de cerámica es la *terra sigillata*. ¿De dónde procede este nombre? ¿De qué color suele ser?

c. ¿Qué es una lucerna? ¿Para qué se usaba?

4 Huellas arqueológicas en el paisaje

En ocasiones lo que conservamos de la Antigüedad es la humanización del paisaje. Puede ser tan antiguo que parezca una obra natural, como los cerros erosionados de Las Médulas (León), un emplazamiento minero en el que se trabajó con la técnica más destructiva posible para el medio.

Paisaje de Las Médulas (León).

También algunas construcciones como caminos, puentes, acueductos o puertos han modelado el paisaje. Algunos ejemplos de esto son el embalse y acueducto de Proserpina en las afueras de Mérida o los restos del *frigidarium* y el embarcadero en la villa romana de Els Munts (Tarragona).

Sin embargo es muy difícil percibir cómo, ya en la Antigüedad, se destruyeron algunos recursos naturales. Sabemos por Platón que en los alrededores de Atenas no había árboles desde el tiempo de sus abuelos, porque se emplearon en construir la armada para defenderse de los persas.

Aunque en el mundo antiguo la presión poblacional sobre el medio ambiente era mucho menor que en la actualidad y su desarrollo tecnológico no era tan agresivo, afectaron irremediablemente al medio. Por eso, debemos aprender de estos casos y ser capaces de prever las consecuencias de nuestros hechos a largo plazo.

Comprende la influencia humana en el paisaje

7. Averigua en internet o en una enciclopedia cómo se explotaron las minas romanas de Las Médulas. ¿Qué técnica se utilizó? ¿Cómo afectó al paisaje?

8. Observa esta fotografía actual de una mina a cielo abierto en Riotinto (Huelva). ¿Qué consecuencias tiene para el paisaje? ¿Podría integrarse en el ecosistema de manera natural con el paso de los siglos?

VOCABULARIO

A

acrópolis (del griego *akros*, 'elevado', y *polis*, 'ciudad'). Ciudadela o parte alta de una ciudad griega en la que se encontraban los templos.

aedo (del griego *aoidos*, 'cantor'). Creador y cantor de poemas épicos.

agon En una obra de teatro, disputa de un actor con el coro.

ágora En Grecia, plaza pública donde se desarrollaba la actividad de la ciudad y las reuniones de la asamblea.

akratismos En Grecia, desayuno ligero consistente en pan mojado en vino y aceitunas o higos.

anarquía (del griego *a-*, 'sin', y *arche*, 'poder'). Ausencia de gobierno o desorden que se produce sin este.

anfiteatro Edificio romano de forma circular u oval destinado al combate de gladiadores.

ánfora Cántaro alto y de cuello estrecho.

annona En Roma, abastecimiento estatal de alimentos.

antropomórfico (del griego *anthropos*, 'hombre', y *morphe*, 'forma'). Con forma humana.

antropónimo (del griego *anthropos*, 'hombre', y *onoma*, 'nombre'). Nombre propio de persona.

Apella En Esparta, asamblea que aprobaba o rechazaba por aclamación las propuestas del Consejo.

apicultura (del latín *apis*, 'abeja', y *cultura*, 'acción de cultivar'). Arte de criar abejas para aprovechar sus productos.

arconte (del griego *arkhon*, 'jefe'). En Atenas, cada uno de los nueve magistrados que dirigían el gobierno.

Areópago En Atenas, antiguo tribunal en manos de los aristócratas, que se encargaba en exclusiva de los delitos de sangre.

aristocracia (del griego *aristos*, 'el mejor', y *kratos*, 'poder'). Sistema de gobierno en el que los nobles tienen el poder.

ariston En Grecia, pequeño almuerzo de verduras, queso, pescado o legumbres que se tomaba a media mañana.

arúspice Sacerdote romano que examinaba las vísceras de los animales sacrificados para averiguar los deseos de los dioses.

atrium Atrio o patio de una *domus* romana.

augur Sacerdote romano que descifraba la voluntad de los dioses a través del vuelo de las aves y otros prodigios naturales.

Augustus En Roma, elegido por los dioses. Título de todos los emperadores romanos desde Octavio Augusto.

B

basileus En Grecia, rey que poseía funciones políticas, militares y religiosas.

basílica Edificio romano en el que se celebraban juicios, se pronunciaban discursos políticos y los maestros impartían clases. A partir del siglo IV los cristianos construyeron sus iglesias según este modelo.

biga Carro tirado por dos caballos.

Boule En Atenas, consejo formado por 500 ciudadanos elegidos por sorteo, que se encargaba de elaborar y presentar las leyes que luego se debatían en la *Ekklesia*.

bouleuterion Sala de forma semicircular en la que se reunía el consejo (*Boule*).

bustrófedon (del griego *bous*, 'buey', y *strepho*, 'dar la vuelta'). Escritura de derecha a izquierda en un renglón y de izquierda a derecha en el siguiente. Su nombre deriva del modo en que araban los bueyes, trazando un surco en un sentido y el siguiente en el contrario.

C

caballero En Roma, miembro de la clase u orden social de la que procedía la caballería romana en los tiempos de la monarquía.

calcei Calzado romano para la calle.

calidarium o ***caldarium*** En las termas romanas, baño de agua caliente.

caligae Sandalias del legionario romano.

caligrafía (del griego *kalos*, 'hermoso', y *graphe*, 'escritura'). Arte de escribir con letra bella y correcta.

canon En escultura, regla de las proporciones ideales de la figura humana.

cardo Vía principal orientada de norte a sur en una ciudad romana.

castrum Campamento militar romano.

catacumbas Subterráneos que en principio fueron lugares de sepultura. La palabra está formada por el término griego *kata*, 'debajo', y el latino *cumbo*, 'yacer', con posible influencia de la palabra *tumba*.

catarsis En la tragedia, sensación de purificación que sentían los espectadores al contemplar la caída en desgracia del héroe trágico sin sufrir el castigo ellos mismos.

catasterismo Transformación en estrella de un personaje mítico.

cavea En un teatro, anfiteatro o circo, gradas para los espectadores.

cella En un templo romano, sala que contenía la estatua del dios.

censor Magistrado romano que elaboraba el censo y contrataba obras públicas.

centauro Bestia mitológica mitad caballo y mitad hombre.

cíclope Gigante mitológico con un solo ojo en la frente.

ciclópeo Muro edificado con grandes sillares que según los griegos había sido construido por los cíclopes.

circo Edificio romano destinado a la celebración de carreras de carros.

citerior Situado en la parte de acá de un lugar.

civitas En la cultura romana, en origen, conjunto de ciudadanos que constituyen una ciudad o un Estado. Por extensión, ciudad.

cliente En Roma, hombre libre que mantenía una relación de dependencia jurídica con un patrono.

códice (del latín *codex*). Libro formado por páginas, como lo conocemos en la actualidad.

cohorte En el ejército romano, cada una de las diez unidades de 480 hombres que componía una legión.

colegiado Compuesto por dos o más personas. Del latín *collegium*, 'colegio', conjunto de colegas o corporación de personas de la misma profesión o cargo.

colonia En Grecia, ciudad fundada por una polis fuera del espacio helénico por intereses comerciales o estratégicos. En Roma, ciudad fundada como establecimiento de veteranos del ejército.

colono En Roma, campesino que recibe protección y tierras a cambio de entregar parte de su cosecha al dueño de las tierras.

comicios En Roma, asambleas de tres tipos: comicios curiados (asamblea de patricios), comicios centuriados (asamblea militar de la que también formaban parte los plebeyos) y comicios tribunicios (asamblea organizada por tribus).

compluvium Hueco sobre el *impluvium* en el atrio de una *domus* romana, por donde entraba el agua de lluvia.

cónsul Magistrado romano que ejercía el máximo cargo de gobierno en la República romana y dirigía el ejército.

cosmogonía Conjunto de relatos míticos sobre el origen del mundo.

cosmopolita (del griego *kosmos*, 'mundo', y *polites*, 'ciudadano'). Dicho de un lugar, que es habitado por gente de diversos países. Dicho de una persona, que considera todos los lugares del mundo como su patria.

crátera (del griego *krater*, 'vasija para mezclar'). Vasija grande y ancha que servía para mezclar el agua y el vino antes de servirlo.

crisoelefantino (del griego *khrysos*, 'oro', y *elefas*, 'marfil'). De oro y marfil.

cuadriga Carro tirado por cuatro caballos.

cubiculum En una *domus* romana, habitáculo usado como dormitorio.

cuestor Magistrado romano encargado de la hacienda pública.

culina En una *domus* romana, cocina.

curia En las ciudades romanas, consejo municipal compuesto por exmagistrados y ciudadanos ricos, elegidos por la asamblea popular.

cursus honorum En Roma, carrera política en la que se fijaban los escalones hasta llegar al consulado.

D

decumanus Vía principal orientada de este a oeste en una ciudad romana.

deipnon En Grecia, comida principal del día, que se tomaba a la caída del sol.
democracia (del griego *demos*, 'pueblo', y *kratos*, 'poder'). Modo de gobierno en el que los ciudadanos ejercen el poder.
déspota (del griego *despotes*, 'amo'). Soberano absoluto. Persona que abusa de su poder.
diádoco Cada uno de los generales sucesores de Alejandro Magno, que se repartieron su imperio.
dictadura En Roma, gobierno extraordinario en el que el Senado entregaba a una persona la autoridad suprema en los momentos difíciles.
diócesis Cada una de las divisiones administrativas del Imperio romano desde época de Diocleciano.
domus Casa romana propia de las familias adineradas, edificada en torno a un atrio.
dracma Moneda griega común en muchas *poleis*.

E

eclecticismo (del griego *eklektikos*, 'que elige'). Escuela filosófica que procura conciliar ideas que parecen mejores, de diferentes sistemas.
edil Magistrado romano que ejercía la máxima autoridad municipal.
éforo (del griego *ephoros*, 'inspector'). En Esparta, cada uno de los cinco magistrados elegidos entre el conjunto de ciudadanos por espacio de un año.
Ekklesia En Atenas, asamblea que constituía el órgano de gobierno fundamental, encargada de elegir los cargos políticos y establecer leyes.
elegía Forma lírica griega que puede presentar diversos temas, entre ellos el lamento fúnebre. En Roma se centró en la temática amorosa con alusiones mitológicas.
elocuencia Facultad de hablar o escribir de modo eficaz para deleitar, conmover o persuadir.
empirismo Conocimiento basado en los datos de la experiencia y a partir de las cosas reales.
épica Poesía narrativa de los episodios míticos de los grandes héroes y dioses en versos recitados por aedos.
epicureísmo Escuela filosófica fundada por Epicuro (siglo IV a. C.) que busca la felicidad y el placer, identificado como el bien y la ausencia de dolor.
episkyros Juego griego en el que dos equipos repartidos en sendas zonas de un terreno de juego pugnaban por hacer que la pelota traspasara la línea de fondo del equipo rival.
epíteto Adjetivo que sirve para caracterizar el nombre al que acompaña.
erudición Amplio conocimiento de los documentos relativos a una ciencia o arte.
escena En un teatro clásico, construcción elevada que hacía de decorado de fondo.
escítala Sistema espartano de cifrado de mensajes mediante un cilindro en el que se enrollaba una tira con el mensaje.
esfinge Monstruo mitológico con rostro de mujer, pecho, patas y cola de león, y alas de ave.
estoicismo (del griego *stoa*, 'pórtico', por el lugar donde se reunían estos filósofos). Escuela filosófica fundada por Zenón de Citio (siglo IV a. C) con el fin de conseguir la felicidad, viviendo de acuerdo con la naturaleza.
estratego (del griego *strategos*, 'general'). Cargo político encargado del mando del ejército.
estuco Masa de polvo de mármol aplicada a la pared con una sustancia adherente, como cal o cola.
étimo Palabra raíz con la que se crean otras.
etimología (del griego *etymos*, 'auténtico', y *logos*, 'palabra'). Origen verdadero de una palabra.

F

fábula atelana Farsa popular romana que se representaba con máscaras.
filántropo (del griego *philos*, 'amigo', y *anthropos*, 'hombre'). Benefactor de la humanidad.
filólogo (del griego *philos*, 'amigo', y *logos*, 'palabra'). Persona dedicada al estudio de una lengua y su literatura.
filohelénico (del griego *philos*, 'amigo', y *helenikos*, 'griego'). Amante del mundo griego.
foro En una ciudad romana, espacio abierto para la celebración del mercado y de actos religiosos, políticos legales o sociales.
frigidarium En las termas romanas, gran sala no caldeada.

G

garum Salsa o condimento romano que se hacía macerando vísceras y restos de ciertos pescados.
gens En Roma, linaje, familia, dinastía.
gentilicio Nombre que reciben los habitantes de un lugar.
Gerousia En Esparta, consejo de ancianos compuesto por 28 miembros mayores de 60 años.
gineceo (del griego *gyne*, 'mujer'). Espacio del hogar donde las mujeres griegas desarrollaban su actividad.
gladius hispaniensis Espada de doble filo del legionario romano.
gorgona Monstruo mitológico femenino con cabello de serpientes.
gymnasion En Grecia, espacio público situado a las afueras de la ciudad, normalmente al lado de un río, al que los hombres acudían a ejercitarse en las distintas disciplinas deportivas.

H

harpaston Juego griego en el que los contrincantes trataban de arrebatarse la pelota mediante placajes con el fin de llegar a una línea de meta con el balón en las manos.
harpía Monstruo mitológico con forma de buitre y rostro y senos de mujer.
hecatombe (del griego *hekaton*, 'cien', y *bous*, 'buey'). En la Antigüedad, sacrificio de cien bueyes. Actualmente, catástrofe con un elevado número de muertes.
hegemonía (del griego *hegemon*, 'jefe'). Dominio y superioridad de un grupo, ciudad, etc., sobre otro.
helenismo Palabra de etimología griega presente en otras lenguas.
Heliea En Atenas, tribunal de justicia con un jurado popular de seis mil ciudadanos mayores de 30 años.
héroe Ser semidivino, superior a los hombres, pero inferior a los dioses, que realizó grandes hazañas.
hierático De aspecto rígido y solemne.
homoioi ('iguales'). En Esparta, ciudadanos propiamente dichos que constituían la clase dominante y la minoría de la población. Se dedicaban a la guerra y al gobierno.
homónimo (del griego *homos*, 'igual', y *onoma*, 'nombre'). Personas o cosas con un mismo nombre.
hoplita Soldado griego que podía costearse las armas pesadas (*hopla*).
horrea En Roma, almacenes de grandes dimensiones para alimentos.
hybris Soberbia que un héroe mostraba al compararse con los dioses.

I

idus En el calendario romano, el día 15 de marzo, mayo, julio y octubre, y el 13 de los demás meses.
ilotas En Esparta, esclavos que constituían la mayor parte de la población y se dedicaban al cultivo de las tierras.
impedimenta Equipamiento de la tropa, que entorpece la marcha de los soldados.
imperator En Roma, jefe de todos los ejércitos.
impluvium Estanque en el atrio de una *domus* romana, que recogía el agua de la lluvia.
indoeuropeo Grupo de lenguas de origen común que se extiende desde la India hasta el occidente de Europa.
insula En Roma, bloque de viviendas de varias plantas.

K

kilix Copa poco profunda y ancha, usada para servir vino, en cuyo fondo se representaban escenas.
koiné Forma 'común' de la lengua griega que se extendió a partir del siglo IV a. C., tras las conquistas de Alejandro Magno.
kore ('muchacha', plural *korai*). Representación escultórica griega de una joven.
kottabos Juego de habilidad griego practicado en los banquetes, que consistía en lanzar contra un blanco determinado (un plato o un vaso) el vino que quedaba en la copa.
kouros ('muchacho', plural *kouroi*). Representación escultórica griega de un joven.

L

laconicum En las termas romanas, baño de vapor.

lares Dioses romanos que cuidaban la salud y la concordia familiar.

latifundio (del latín *latus*, 'ancho', y *fundus*, 'terreno'). Gran propiedad territorial.

latinismo Palabra tomada directamente del latín, que se usa en una lengua actual.

liberto En Roma, antiguo esclavo que había conseguido la libertad mediante su compra o por méritos.

limes ('límite'). Sistema de fortificaciones y murallas en los tramos fronterizos más amenazados del Imperio romano.

logógrafo Escritor de discursos.

logos Razón, principio racional del universo.

lorica Coraza del legionario romano.

ludus grammaticus Enseñanza secundaria romana (entre los 12 y 16 años) en la que se aprendía gramática, entonación y comentario de textos clásicos griegos y latinos.

ludus litterarius Enseñanza primaria romana (entre los 7 y 11 años) en la que se aprendía escritura, lectura, cálculo y la Ley de las Doce Tablas.

ludus rhetoricus Enseñanza superior romana (entre los 16 y 20 años) para preparar la carrera política o de leyes. Se aprendía oratoria, filosofía y derecho.

M

macellum Edificio rectangular con un patio central dedicado a la venta de frutas y verduras.

magistratura Cargo con poder político.

manes En Roma, espíritus de los antepasados difuntos.

manumisión (del latín *manus*, 'mano', y *mittere*, 'dejar marchar'). Concesión de la libertad a un esclavo.

mayéutica Método de enseñanza con que el maestro, mediante preguntas, lograba que el discípulo descubriese conocimientos.

megaron En la civilización micénica, salón del trono con un gran hogar para el fuego, rodeado por cuatro columnas.

meteco En Atenas, extranjero libre sin derechos ciudadanos.

metrópoli (del griego *meter*, 'madre', y *polis*, 'ciudad'). Ciudad originaria de los que partían con la misión de fundar nuevas ciudades.

miliario Mojón de piedra que indicaba la distancia de mil pasos en una vía romana.

mimo Representación cómica romana en la que los actores iban sin máscaras.

mina Unidad monetaria griega equivalente a cien dracmas.

misantropía (del griego *miso*, 'odiar', y *anthropos*, 'hombre'). Rechazo al trato humano.

mito Historia o narración sobrenatural que trataba de dar respuesta a las grandes cuestiones de la humanidad.

monarquía (del griego *monos*, 'solo', y *arche*, 'poder'). Poder de uno solo.

municipium Comunidad indígena en el Imperio romano, con idéntico estatuto al de las ciudades itálicas.

N

naos En un templo griego, sala que contenía la estatua del dios.

neologismo (del griego *neos*, 'nuevo', y *logos*, 'palabra'). Palabra nueva que se incorpora a una lengua.

O

óbolo Moneda griega que era la sexta parte de una dracma.

oligarquía (del griego *oligos*, 'poco', y *arche*, 'poder'). Gobierno de un reducido número de personas.

oratoria Arte de persuadir con la palabra.

orchestra En un teatro clásico, gran espacio circular destinado a la danza del coro.

P

paidadogos (del griego *paidos*, 'niño', y *agein*, 'guiar'). Esclavo encargado de acompañar y formar a los niños.

paideia Modelo educativo o ideal de formación griego que los niños debían recibir para ejercer sus deberes y derechos ciudadanos.

palestra (del griego *palaistra*, 'lugar de lucha'). Edificio rectangular en el que se desarrollaban distintas actividades deportivas.

pancracio (del griego *pan*, 'todo', y *kratos*, 'poder'). Tipo de lucha deportiva en el que estaban permitidos todo tipo de golpes.

panhelénico (del griego *pan*, 'todo', y *hellenikos*, 'griego'). Relativo al conjunto de los griegos.

panteón (del griego *pan*, 'todo', y *theos*, 'dios'). Conjunto de los dioses. Por extensión, edificio donde se adora a varios dioses.

pantomima Representación teatral romana sin texto en la que los actores, con máscaras, escenificaban la trama mediante gestos.

parábasis En una obra de teatro, interrupción de la acción en la que los personajes se dirigen al público para obtener su aplauso.

parodia Imitación en tono de burla.

pater familias Cabeza de familia romana, que ejercía su autoridad sobre la mujer, los hijos, las hijas y las nueras.

patria potestad (del latín *patria potestas*, 'poder del padre'). Deberes y derechos que tienen los padres sobre sus hijos.

patriarcal (del latín *pater*, 'padre'). Dirigido por un jefe o patriarca que ejercía su autoridad sobre la familia.

patricio En Roma, miembro de una de las familias aristocráticas de las que procedían los senadores.

penates Dioses romanos guardianes de la despensa del hogar.

pentatlón (del griego *penta*, 'cinco', y *athlon*, 'prueba'). Deporte que consta de cinco especialidades.

peplo Túnica femenina griega.

perieco En Esparta, hombre libre sin poder militar ni político, que se dedicaba al comercio y a la artesanía.

peristylum o ***peristylium*** En una *domus* romana, jardín rodeado de columnas.

physis Naturaleza.

pilum Lanza arrojadiza del legionario romano.

pinacoteca (del griego *pinax*, 'pintura', y *theke*, 'depósito'). Galería donde se exponen pinturas.

plebe (del latín *plebs*, 'plebe'). Clase social popular.

plebeyo En Roma, miembro de la clase social popular.

polis (en plural, *poleis*). Ciudad-estado griega que tenía sus propias leyes.

pomerium Perímetro de una ciudad romana delimitado por un surco sagrado trazado con un arado.

pontifex maximus (de *pons*, 'puente', y *facere*, 'hacer'). Sumo pontífice romano que ejercía la máxima autoridad religiosa. Etimológicamente 'constructor de puentes', porque en su origen se habían encargado de los puentes sobre el Tíber.

pretor Magistrado romano que era el máximo responsable de la justicia.

princeps En Roma, el primer ciudadano o el más destacado.

pritaneo En Grecia, edificio de gobierno, de forma circular, donde se guardaba el fuego de la diosa Hestia.

prólogo En una obra literaria, escrito de introducción. En el teatro clásico, discurso que daba comienzo a la obra y que contaba lo que iba a suceder.

proscenio En un teatro clásico, tarima de madera de unos tres metros de altura donde actuaban los actores.

Q

quimera Monstruo mitológico con cuerpo de cabra, cola de serpiente y cabeza de león, que arroja fuego por la boca.

R

rapsoda (del griego *rapto*, 'trenzar', y *ode*, 'canto'). Recitador de poemas.

rétor Maestro de retórica.

retórica Teoría de la expresión hablada.

rostra Plataforma en el foro desde la que los oradores se dirigían al público.

S

scriptorium En una biblioteca monástica, lugar donde los monjes copiaban textos.

scutum Escudo rectangular del legionario romano.

Senado En Roma, asamblea de amplias funciones formada por patricios.

simposio Banquete griego en el cual debatían. Actualmente, reunión académica sobre un tema determinado.

sofista Maestro especialista en retórica.

soleae Calzado romano para estar por casa, similar a nuestras sandalias.

stoa Galería porticada que rodeaba el ágora, en cuyo interior había comercios y oficinas para los magistrados.

stola Vestido femenino romano de lana que llegaba hasta los pies e iba ceñido con un cinturón.

T

tabernae Tiendas o almacenes que también servían de vivienda.

tablinum En una *domus* romana, despacho en el que se recibía a los visitantes.

talasocracia (del griego *thalassa*, 'mar', y *kratos*, 'poder'). Sistema de poder basado en el dominio del mar.

talento En Grecia y Roma, unidad monetaria de cuenta equivalente a sesenta minas o seis mil dracmas.

teogonía Conjunto de relatos míticos sobre nacimiento de los dioses.

tepidarium En las termas romanas, zona de bañeras de agua tibia.

termas o ***thermae*** Conjunto de baños públicos romanos.

tholos Templo circular griego.

tirano En Grecia, hombre que tomaba el poder por la fuerza. En un principio no tenía un sentido negativo. En la actualidad, dictador que impone su voluntad.

toga Vestido masculino romano de lana blanca que cubría el brazo izquierdo y dejaba al descubierto el derecho.

topónimo Nombre propio de lugar.

tragedia Representación del género dramático, que pone en escena los dilemas del individuo y de la comunidad a través de los grandes personajes de los mitos.

triclinium En una *domus* romana, comedor.

triunvirato Gobierno ejercido por tres aliados entre sí.

U

ulterior Situado en la parte de allá de un lugar.

urania Juego griego en el que se lanzaba al aire la pelota con el objetivo de atraparla de un salto.

Urbs Ciudad. Por lo general, en latín *urbs* hace referencia específicamente a la ciudad de Roma.

utopía (del griego *ou*, 'no', y *topos*, 'lugar'). Plan o idea que parece irrealizable en el momento en que se formula.

V

vestal Sacerdotisa romana que cuidaba del fuego sagrado de la diosa Vesta.

villa Gran propiedad agrícola romana.

volumen Rollo de papiro escrito por una sola cara. Era la forma común de los libros en la Antigüedad.

W

wanax En la civilización micénica, soberano.

ALGUNAS EXPRESIONES LATINAS COMUNES

a priori 'de lo anterior', 'en principio'. Antes de examinar el asunto que se va a tratar.

ab intestato 'sin testamento'. Expresión jurídica que indica la sucesión de un difunto que no ha dejado testamento.

ad libitum 'a placer'. Indica que en una receta no hay una cantidad determinada, o que en una ejecución musical se deja algo a la libertad del intérprete.

alter ego 'otro yo'. Indica que una persona es como "otro yo" por compartir por completo sus ideas. También se puede referir a otras personalidades de una misma persona.

ante meridiem / post meridiem 'antes del mediodía' / 'después del mediodía'. Se usa para diferenciar las horas de la mañana y la tarde.

ars longa, vita brevis 'el arte es duradero, la vida es breve'.

audaces Fortuna iuvat 'la fortuna ayuda a los audaces'.

Ave Caesar, morituri te salutant 'Ave, César, los que van a morir te saludan'.

casus belli 'motivo de guerra'. Hecho que motiva una declaración de guerra.

cum grano salis 'con un grano de sal'. No tomar algo al pie de la letra o creerlo literalmente.

curriculum vitae 'carrera de la vida'. Relación de datos biográficos, estudios, trabajos y títulos de una persona.

de facto / de iure 'de hecho' / 'de derecho'. *De iure* indica que algo se ha hecho según la ley o de forma oficial, por oposición a *de facto* que señala una situación real.

deus ex machina 'el dios de la máquina'. Solución inesperada. En el teatro, personaje divino que bajaba mediante un mecanismo y resolvía una situación.

do ut des 'te doy para que me des'. Fórmula jurídica de reciprocidad en los intercambios. En las relaciones con la divinidad: ofrendas a cambio de favores.

dura lex, sed lex 'es una ley dura, pero es la ley'.

errare humanum est 'errar es humano'.

ex aequo 'a la par'. Se usa para señalar que dos competidores han quedado iguales.

ex cathedra 'desde la cátedra'. Dicho de alguien, que habla con una autoridad absoluta o se la atribuye.

excusatio non petita, accusatio manifesta 'excusa no pedida, acusación manifiesta'. Quien se excusa de algo, se acusa a sí mismo.

festina lente 'date prisa despacio'. Sin perder el tiempo, pero con cuidado.

historia magistra vitae 'la historia es maestra de vida'. Cita de Cicerón que incita al estudio de la historia.

in articulo mortis 'en el momento de la muerte'.

in flagranti delicto 'en evidente delito'. En el mismo momento en que se comete un delito.

in dubio pro reo 'en caso de duda se debe decidir a favor del acusado'.

in medias res 'en medio de la trama'. Indica que una historia se comienza a narrar a mitad de su desarrollo.

lapsus linguae 'error de la lengua'. Error involuntario que se comete al hablar.

memento mori 'recuerda que vas a morir'.

mens sana in corpore sano 'una mente sana en un cuerpo sano'.

modus vivendi 'modo de vivir'. Pacto provisional o acuerdo práctico en espera de una solución definitiva.

mutatis mutandis 'cambiando lo que se deba cambiar'.

primus inter pares 'el primero entre sus iguales'. Indica que el que manda no tiene un predominio o poder absoluto sobre los demás.

quid pro quo 'algo a cambio de algo'. Puede indicar que algo se sustituye por otra cosa equivalente o un error: algo o alguien tomado por otro.

quod erat demostrandum 'como se quería demostrar'. Fórmula con la que se cerraban las demostraciones de Euclides.

rara avis 'ave extraña'. Persona o cosa rara o excepcional.

si vis pacem, para bellum 'si quieres la paz, prepara la guerra'.

sine ira et studio 'sin ira ni parcialidad'. Con total objetividad.

stricto sensu / sensu lato 'en sentido estricto' / 'en sentido amplio'.

sub iudice 'bajo el juez'. Pendiente de una resolución judicial. Sujeto a discusión.

sub specie aeternitatis 'desde el punto de vista de la eternidad'. Perspectiva global o abstracta que pierde de vista la realidad concreta.

sui generis 'de su género'. Dicho de algo o alguien, peculiar, excepcional o de una especie singular.

vae victis! '¡ay de los vencidos!'. Impotencia del vencido ante el vencedor.

veni, vidi, vici 'vine, vi y vencí'. Supuesto mensaje de Julio César tras su victoria sobre el rey Farnaces. Indica una acción rápida y eficaz.

verba volant, scripta manent 'las palabras vuelan, lo escrito permanece'.

vis comica 'fuerza cómica'. Indica la comicidad de un actor, personaje, situación o autor.

CRONOLOGÍA de Grecia y el mundo helénico

FECHAS	HISTORIA POLÍTICA	CULTURA Y ECONOMÍA
Civilizaciones de la Edad del Bronce		
Antes del 1200 a. C.	▸ **Civilización minoica** (ss. XIX-XV a. C.): Creta: Cnosos, Festos h. 1450 a. C.: destrucción de los palacios minoicos. ▸ **Civilización micénica** (ss. XVI-XII a. C.): Micenas, Pilos, Argos, Tirinto. Guerra de Troya. h. 1200 a. C.: caída de Micenas.	▸ Escritura Lineal A (minoica). ▸ Talasocracia minoica. ▸ Escritura Lineal B (micénica). ▸ Hegemonía micénica.
Edad oscura		
1200-800 a. C. Siglos XII-IX a. C.	▸ Entrada de los dorios en Grecia. Cuatro siglos de formación de comunidades griegas. ▸ Fundación de Esparta (h. 900 a. C.). ▸ Fundación de Corinto (h. 800 a. C.).	▸ Uso del hierro. ▸ Abandono del uso de la escritura.
Época arcaica		
800-600 a. C. Siglos VIII-VII a. C.	▸ Aparición de las polis. ▸ Desarrollo de la falange. ▸ **Colonizaciones en el Mediterráneo.** ▸ Hegemonía de Corinto. ▸ Primeros códigos de leyes: Dracón (Atenas), Licurgo (Esparta).	▸ Desarrollo del alfabeto griego. ▸ Primeros Juegos Olímpicos (776 a. C.). ▸ Homero: *Ilíada y Odisea* (s. VIII a. C.). ▸ Hesíodo: *Teogonía* y *Trabajos y días.* ▸ Arquíloco ▸ Cerámica: estilo geométrico. ▸ Influencia oriental en el arte griego.
600-500 a. C. Siglo VI a. C	▸ Solón reforma la Constitución de Atenas (594 a. C.). ▸ Tiranía en Atenas (560-510 a. C.). ▸ Hegemonía de Esparta. ▸ Conquista persa de Jonia (546-540 a. C.). ▸ Constitución democrática en Atenas (509-507 a. C.).	▸ Uso de la moneda. ▸ Filosofía: Tales de Mileto, Heráclito, Pitágoras. ▸ Poesía: Safo. ▸ Cerámica: figuras negras y evolución a figuras rojas. ▸ Influencia egipcia en la arquitectura y el arte griegos.
Época clásica		
500-400 a. C. Siglo V a. C.	▸ Dionisio, tirano de Siracusa. ▸ Rebelión jonia contra los persas (499-494 a. C.). ▸ **Guerras Médicas** (490-448 a. C.). Maratón, Termópilas, Salamina. ▸ Hegemonía de Atenas: Liga de Delos. ▸ Pericles (495-429 a. C.) ▸ **Guerra del Peloponeso** (431-404 a. C.).	▸ Poesía: Píndaro. ▸ Tragedia: Esquilo (525-456 a. C.), Sófocles (497-406 a. C.) y Eurípides (480-406 a. C.). ▸ Comedia: Aristófanes (444-385 a. C.). ▸ Historia: Heródoto (484-425 a. C.) y Tucídides (460-396 a. C.). ▸ Filosofía: Sócrates (470-399 a. C.) y Platón (427-347 a. C.): Academia. Empédocles. ▸ Sofistas: Protágoras y Gorgias. ▸ Oratoria: Lisias. ▸ Partenón en Atenas. ▸ Arte: Fidias, Mirón y Policleto. ▸ Medicina: Hipócrates.
Época helenística		
400-300 a. C. Siglo IV a. C.	▸ Hegemonía de Tebas (379-362 a. C.). ▸ **Hegemonía de Macedonia: Alejandro Magno** (356-323 a. C.). Conquista del Imperio persa. ▸ Sucesores de Alejandro (diádocos): Antígono (Macedonia), Ptolomeo (Egipto), Átalo (Asia Menor), Seleuco (Oriente).	▸ Arte: Praxíteles. ▸ Oratoria: Isócrates y Demóstenes. ▸ Historia: Jenofonte (430-354 a. C.). ▸ Filosofía y ciencia: Aristóteles (384-322 a. C.): Liceo. ▸ Comedia: Menandro (h. 342-292 a. C.). ▸ Fundación de Alejandría (332 a. C.). ▸ Expansión de la koiné.
Desde el 300 a. C. Siglos III-I a. C.	▸ **Reinos helenísticos:** - Macedonia y Grecia. - Egipto: dinastía ptolemaica hasta 30 a. C. - Imperio seléucida: conquista de Asia Menor. ▸ **Guerras Macedónicas:** conquista romana de Grecia (214-146 a. C.).	▸ Filosofía: Zenón de Citio: estoicismo. Epicuro: epicureísmo. ▸ Ciencia: Euclides, Arquímedes, Aristarco y Eratóstenes (s. III a. C.). ▸ Alejandría, capital cultural: Biblioteca y escuela de filólogos. ▸ Geografía e historia: Pausanias (s. II a. C.) y Estrabón (s. I a. C.).

Las Guerras Médicas

La Guerra del Peloponeso

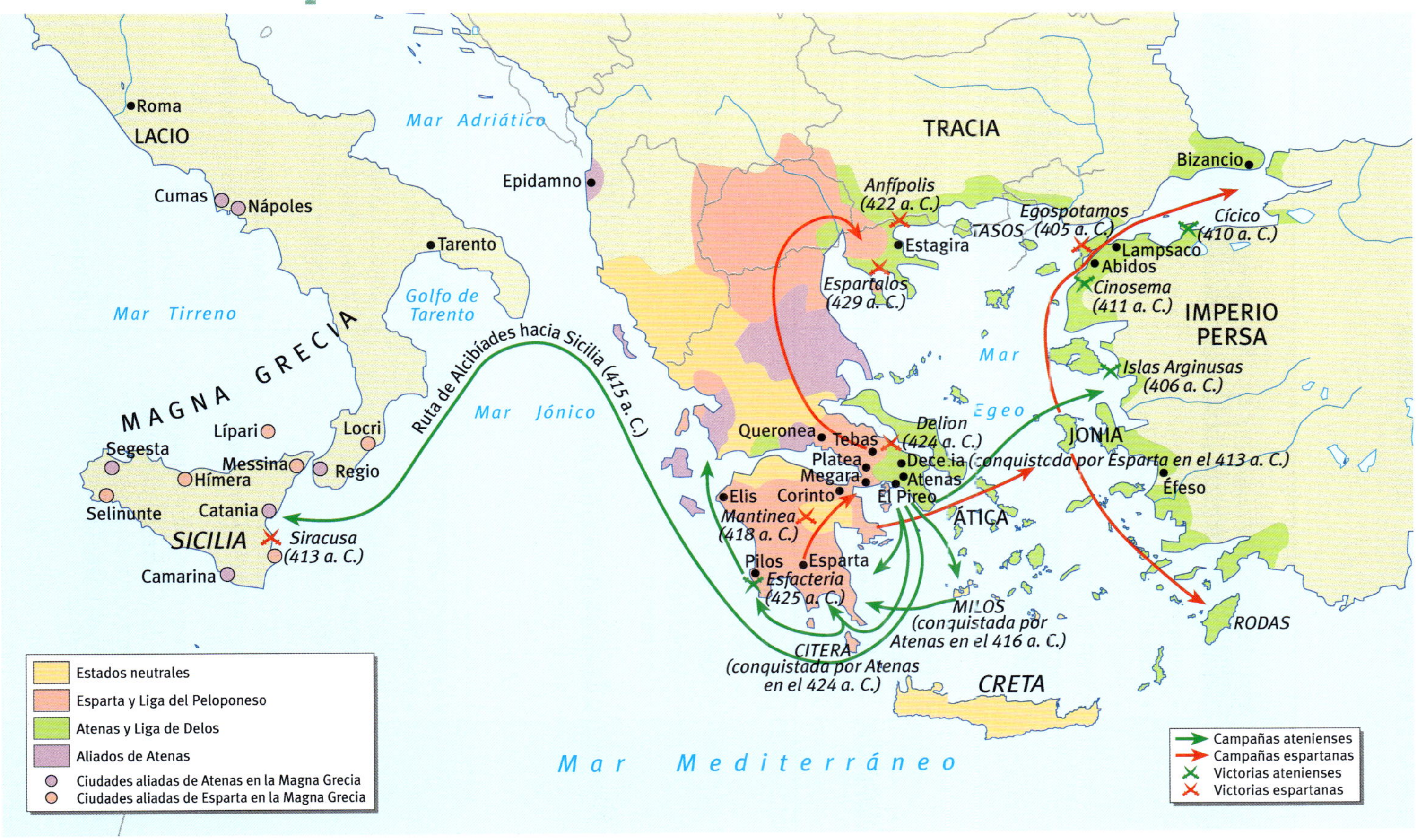

CRONOLOGÍA de Roma

FECHAS	HISTORIA POLÍTICA	CULTURA Y ECONOMÍA
Monarquía (753-509 a. C.)		
800-500 a. C. Siglos VIII-VI a. C.	▸ Fundación mítica de Roma (753 a. C.). ▸ Federación de tribus latinas. ▸ Reyes latinos (753-616 a. C.). ▸ Reyes etruscos (616-509 a. C.).	▸ Civilización etrusca. ▸ Influencia de la cultura etrusca. ▸ Influencia de las ciudades griegas del sur de Italia.
República (509-27 a. C.)		
500-300 a. C. Siglos V-IV a. C.	▸ Guerra latina (498-493 a. C.). ▸ Ley de las XII Tablas (h. 450 a. C.). ▸ Entrada de galos en el norte de Italia (h. 400 a. C.). Saqueo galo de Roma (390 a. C.). ▸ Guerras Samnitas (343-290 a. C.).	▸ Murallas de Roma (h. 380 a. C.).
300-100 a. C. Siglos III-II a. C.	▸ **Guerras Púnicas:** - Primera (264-241 a. C.). - Segunda (218-201 a. C.). - Tercera (149-146 a. C.): derrota definitiva de Cartago. ▸ **Guerras Macedónicas** (214-146 a. C.). Grecia: provincia romana (146 a. C.). ▸ Conflictos sociales (133-80 a. C.).	▸ Literatura latina arcaica: Livio Andrónico. Comedia: Plauto y Terencio. Épica: Ennio. Influencia de la literatura y el arte griegos en Roma (siglos II-I a. C).
100-1 a. C. Siglo I a. C	▸ Guerras contra Mitrídates (89-63 a. C.). ▸ Guerra de Mario y Sila (88 a. C.). ▸ Dictadura de Sila (82-79 a. C.). ▸ **Primer triunvirato:** César, Pompeyo y Craso (60 a. C.). Conquista de la Galia por César (58-51 a. C.). Guerra civil de César contra Pompeyo (49-46 a. C.). Muerte de César (idus marzo 44 a. C.). ▸ **Segundo triunvirato:** Marco Antonio, Lépido y Octavio (43 a. C.). Victoria de Octavio (Augusto) en Accio (31 a. C.). ▸ **Augusto**, *princeps* (27 a. C.).	▸ Literatura latina clásica: Historiografía: César (100-44 a. C.). Oratoria: Cicerón (106-43 a. C.). Poesía: Catulo (h. 87-54 a. C.). Filosofía: Lucrecio (99-55 a. C.). ▸ La época de Augusto: Virgilio (70-19 a. C.): *Eneida*. Horacio (65-8 a. C.): *Odas* y *Sátiras*. Ovidio (43 a. C.-17 d. C.): *Metamorfosis*. ▸ Historia: Tito Livio (59 a. C.-17 d. C.).

FECHAS	HISTORIA POLÍTICA	CULTURA Y ECONOMÍA
Imperio (27 a. C.-476 d. C.)		
1-100 d.C. Siglo I d. C.	▸ *Gens* **Julio-Claudia** (27 a. C.-68 d. C.): Augusto (27 a. C.-14 d. C.). Tiberio (14-37 d. C.). Calígula (37-41 d. C.). Claudio (41-54 d. C.). Nerón (54-68 d. C.). ▸ Año de los cuatro emperadores (68-69 d. C.). ▸ *Gens* **Flavia** (69-96 d. C.): Vespasiano, Tito y Domiciano. ▸ Destrucción de Pompeya (79 d. C.).	▸ Arquitectura: Vitruvio. ▸ Ciencia: Plinio el Viejo (23-79 d. C.). ▸ Filosofía estoica: Séneca (4 a. C.-65 d. C.). ▸ Novela: Petronio (20-66 d. C.). ▸ Retórica: Quintiliano (h. 39-95 d. C.). ▸ Poesía: Marcial (40-104 d. C.), Lucano (39-65 d. C.). ▸ Historia: Tácito (55-117 d. C.), Suetonio (70-146 d. C.).
100-300 d. C. Siglos II-III d. C.	▸ **Dinastía de los Antoninos** (96-192): Trajano (98-117): conquista de Dacia, Armenia y Mesopotamia. Adriano (117-138). Antonino Pío (138-161). Marco Aurelio (161-180). ▸ **Dinastía de los Severos** (193-235). Caracalla concede la ciudadanía a todos los habitantes del Imperio (212). ▸ Crisis política: anarquía militar (235-305).	▸ Literatura: Aulo Gelio (h. 125-180), Apuleyo (123-180). ▸ Astronomía: Claudio Ptolomeo. ▸ Filosofía estoica: Marco Aurelio (121-180). ▸ Filosofía neoplatónica: Plotino (205-270). ▸ Persecuciones de los cristianos. ▸ **Crisis económica** del siglo III.
300-500 d. C. Siglos IV-V d. C.	▸ Diocleciano (284-305): reorganización del Imperio en diócesis y provincias. ▸ **Constantino** (324-337). ▸ Entrada de los visigodos en el Imperio (376). ▸ **Teodosio:** división del Imperio (395): - Imperio occidental (hasta el 476). - Imperio oriental o bizantino (hasta 1453). ▸ Saqueo de Roma (410). ▸ Visigodos en Galia e Hispania.	▸ Fundación de Constantinopla (330). ▸ Edicto de Milán (313): tolerancia de todas las religiones. ▸ Edificaciones de basílicas cristianas. ▸ El cristianismo religión oficial del Imperio (391).

El Imperio romano

Dioses principales de la mitología grecorromana

Zeus (Júpiter)
Dios supremo del panteón olímpico, venerado por todos los griegos. Dios de la luz, de los cielos, del rayo y señor del Olimpo. Esposo y hermano de Hera, es protagonista de numerosos episodios míticos y padre de muchos dioses y héroes. Se le representa con el rayo, el águila y el cetro.
El Júpiter romano adoptó los rasgos del Zeus griego.

Hera (Juno)
Diosa del matrimonio y de la familia. Esposa y hermana de Zeus y reina de los dioses. De carácter violento, suele perseguir a las amantes de Zeus y vengarse de ellas o de sus hijos. Se representa con sus animales sagrados, un pavo real y una vaca, y también con una granada.
Fue asimilada a la Juno romana, que formaba parte de la tríada capitolina, con Minerva y Júpiter.

Poseidón (Neptuno)
Dios del mar, de los terremotos y los caballos. Hermano de Zeus. Esposo de la nereida Anfitrite, tiene incontables amantes y es padre de héroes y antepasado mítico de dinastías. Su atributo principal es el tridente, y también se le representa con el delfín y el caballo.
Se asimiló al Neptuno del panteón latino, que tomó las principales características del dios griego.

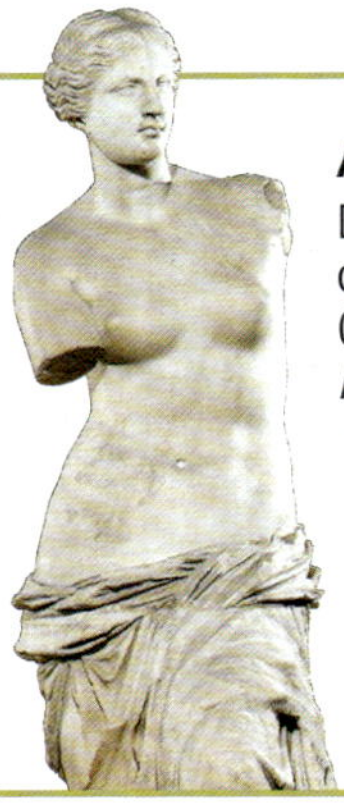

Afrodita (Venus)
Diosa del amor, la belleza y el deseo. Es olímpica aunque no es hija de Zeus ni de Crono. Casada con Hefesto, le fue infiel con Ares y otros muchos dioses, como Adonis, Hermes y Poseidón. De carácter vengativo, algunos de sus símbolos son la concha, la paloma y el cisne.
En Roma se asimila a Venus, que es bienhechora y diosa tutelar romana.

Ares (Marte)
Dios de la guerra. Hijo de Zeus y Hera, se enfrenta a muchos de los olímpicos, sobre todo a Atenea, su antítesis, que representa la fuerza inteligente frente a la furia violenta de Ares. Se le representa con espada y escudo. Algunos de sus animales sagrados eran el pájaro carpintero, el búho y el buitre.
El Marte romano, dios de los combates, adoptó los rasgos de Ares.

Dioniso (Baco)
Dios del vino, la embriaguez y el éxtasis. Hijo de Zeus y la mortal Sémele, no fue dios al nacer. Patrono del teatro, se le representa con pámpanos, hiedra, una copa, un tigre y una pantera.
Baco, otro nombre griego de Dioniso, fue el que adoptaron los romanos. Las bacanales eran las fiestas religiosas en su honor.

Apolo (Febo)
Dios de la música, la poesía, las artes plásticas, la profecía y el fuego solar. Hijo de Zeus, es hermano gemelo de Ártemis, como el sol es hermano de la luna. Considerado el más bello de los dioses, sus atributos son la lira, el sol, el laurel y el arco y la flecha.
Los romanos lo adoptaron con el nombre de Apolo, aunque también se le llamaba Febo.

Ártemis (Diana)
Diosa de la caza, la castidad y la luz lunar. Hija de Zeus y hermana de Apolo, a quien ayuda a nacer. Dama de las fieras, recorre bosques y montes y permanece virgen. Se la representa con arco y flechas, un ciervo, un perro de caza y un cuarto creciente lunar.
Asimilada a la Diana romana, diosa de los bosques y la luna.

Atenea (Minerva)
Diosa de la sabiduría, pero también de la guerra, las artes, las ciencias y la inteligencia. Hija predilecta de Zeus, nació de la cabeza de este, ya adulta y armada para la guerra. Diosa virgen (*parthenos*) de gran belleza, sus atributos son la lechuza y el olivo. Se la representa armada con casco, lanza y escudo.
Identificada con la Minerva romana, formaba parte de la tríada capitolina, con Júpiter y Juno.

Deméter (Ceres)
Diosa de la fertilidad, los cultivos y la naturaleza. Hermana de Zeus, donó los cereales a los hombres y les permitió así alcanzar la cultura. Se la suele representar coronada de espigas o con un canasto, además de una antorcha y en ocasiones una serpiente.
Los romanos la asimilaron a Ceres, la diosa itálica de las cosechas.

Hades (Plutón)
Dios del inframundo y de las riquezas del mismo. Hermano de Zeus y de Poseidón, se reparte el universo con ellos y recibe los infiernos. Su atributo principal es el casco de la invisibilidad.
Recibió el sobrenombre de Plutón, 'el rico', por las riquezas minerales de la tierra, y este fue su nombre común entre los romanos.

Hefesto (Vulcano)
Dios del fuego, de los volcanes y de la forja. Hijo de Zeus, es el dios herrero y artesano, que fabrica los rayos de Zeus y las flechas y armas de los dioses. Entre estos destaca por ser feo y deforme. Casado con Afrodita, sufre los engaños de esta. Sus símbolos son el fuego, el yunque y el martillo.
Los romanos lo identificaron con Vulcano, que habitaba bajo el Etna.

Crono (Saturno)
Rey de los titanes y padre de Zeus y de la primera generación de olímpicos. Se le suele confundir con el tiempo (*chronos*), aunque no hay relación entre ambos. Se le representa con los rasgos de un anciano.
Los romanos lo asimilaron a Saturno, al que estaba consagrado el mes de diciembre y las fiestas saturnales.

Hermes (Mercurio)
Mensajero de los dioses y dios del comercio, destaca por su astucia y su movilidad. Es hijo de Zeus y dios mediador. Representa la elocuencia y es el dios de los viajeros y de las fronteras. Se le representa con caduceo (una vara con dos culebras) y sandalias y sombrero alados.
Mercurio, el dios romano del comercio, fue asimilado a Hermes.

Hestia (Vesta)
Diosa del hogar y del fuego de la casa. Hermana de Zeus y diosa virgen, como Atenea y Ártemis, se encarga del buen orden de la casa.
Los romanos la identificaron con Vesta, diosa del fuego del hogar, que nunca debía apagarse. Las vestales, sus sacerdotisas, también mantenían dicho fuego sagrado en su templo del Foro romano.

Sistemas políticos en Grecia y Roma

CONSTITUCIÓN DE ATENAS

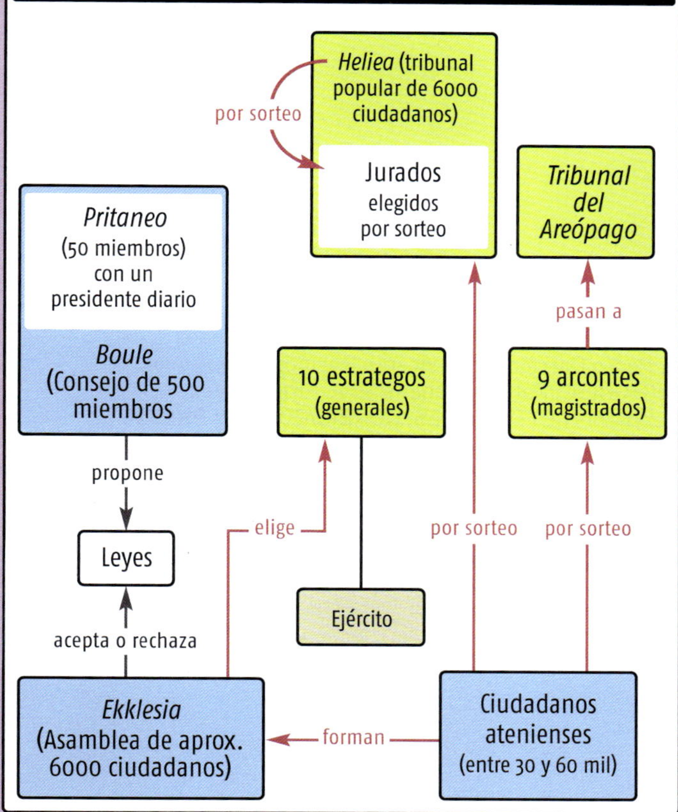

CONSTITUCIÓN DE ESPARTA

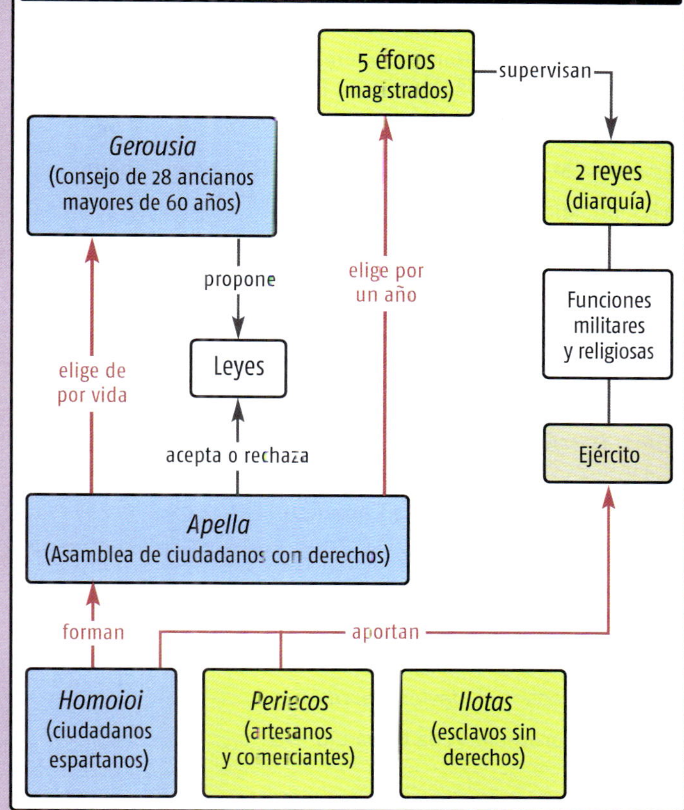

LA REPÚBLICA ROMANA

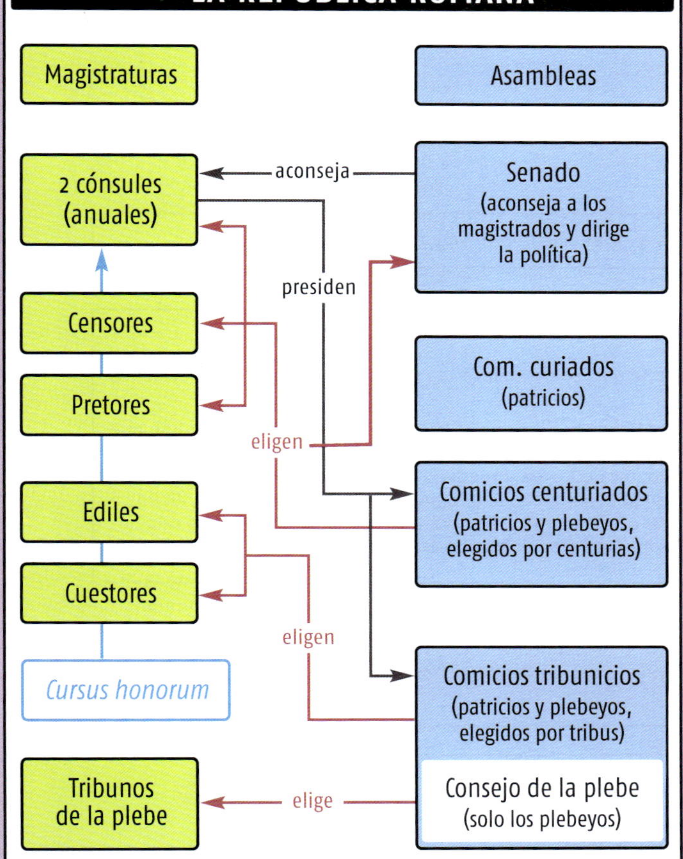

EL IMPERIO ROMANO

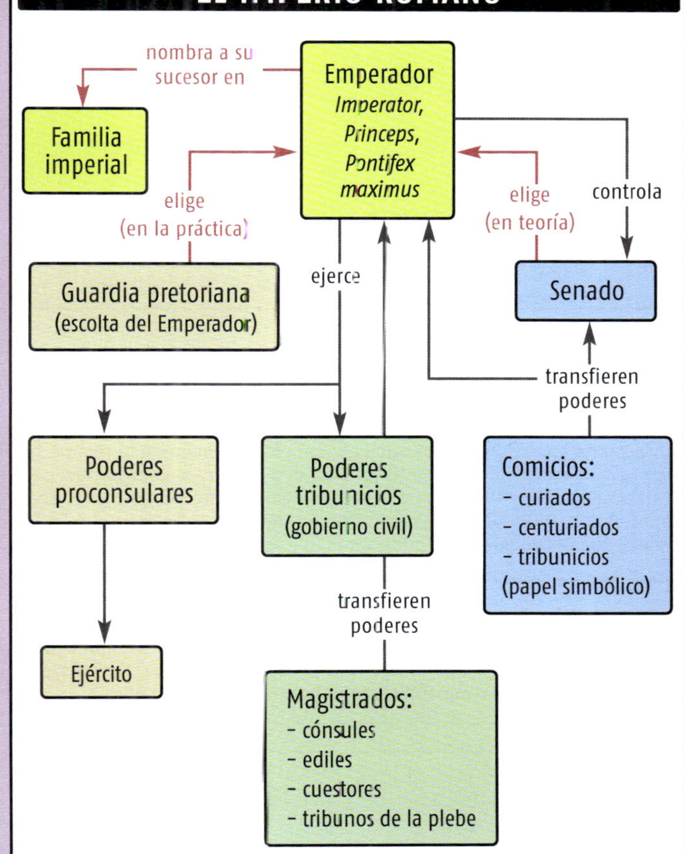

El libro **Cultura clásica** para **ESO** forma parte del Proyecto Editorial de Educación Secundaria del Grupo SM. La obra responde a un proyecto didáctico elaborado bajo la iniciativa, coordinación y según el plan de Ediciones SM, y en su realización ha participado el siguiente equipo:

Autoría: **Patricia Cañizares Ferriz, Óscar Martínez García**

Colaboraciones: **Isaac Ramos Benítez**
Ana Mª Hernández Prieto, Javier Rambaud Cabello (Ediciones SM)

Edición: **Ana Mª Hernández Prieto, Javier Rambaud Cabello**

Corrección: **Miguel Ángel Navarro**

Ilustración: **Carlos Fernandez del Castillo**

Cartografía: **José Luis Rodríguez**

Fotografía: Javier Calbet, Sonsoles Prada, Sergio Cuesta, José Manuel Navia/Archivo SM; J. M. Ruiz; Hidalgo – Lopesino; Olimpia Torres; Pascual Rubio; Luis Castelo; Juan Carlos Martínez Zafra; Pedro Carrión; José Vicente Resino; J. Rodríguez; Luis Davilla; Otus, BRIDGEMANN/INDEX; Schrem/PRISMA; Skip Nall/PHOTODISC; Patrick Pichard/SIPA-PRESS; Alex Timaios/EDREAMSTIME.COM; Paul LèFevre/iSTOCKPHOTOS.COM; Ed Freemann/GETTY IMAGES; CORBIS/CORDON PRESS; JUPITER IMAGES/KEYDISC; SUPERSTOCK/AGE FOTOSTOCK; CONTACTO; SCALA; ORONOZ; G TRES ON LINE; LATINSTOCK; ALINARI 24 ORE; PHOTONONSTOP; INGIMAGE; ABLESTOCK; ALBUM; Museo de Navarra; Museo del Prado

Edición gráfica: **Sergio Cuesta Caminero**

Diseño de cubierta e interiores: **Maritxu Eizaguirre Pereyra, Pablo Canelas Schütt, Alfonso Ruano Martín**

Maquetación: **José Manuel Pedrosa**

Coordinación técnica y de diseño: **Jose Luis Rodríguez Figueroa**

Coordinación editorial: **Javier Ibarra Alonso**

Dirección del proyecto: **Aída Moya Librero**

Algunos de los textos clásicos citados han sido adaptados con objeto de adecuarlos al nivel de comprensión del alumno.

ISBN: 978-84-675-4834-1
Depósito Legal: M-1481-2011
Impreso en la UE – *Printed in EU*

http://www.librosvivos.net
PROYECTOCONECTA 2.0